Benno Mohry
Peter Schwittlinsky

Besser in

Mathematik

Analysis

Oberstufe

Über die Autoren:

Benno Mohry (Teil Differenzialrechnung) ist ein erfahrener Mathematiklehrer. Er war lange an einem Gymnasium tätig und unterrichtete viele Jahre an einem Studienkolleg.

Peter Schwittlinsky (Teil Integralrechnung) ist langjähriger Mathematiklehrer und Lernhilfenautor. Er unterrichtet an einem Gymnasium.

Bibliografische Information der Deutschen Nationalbibliothek
Die Deutsche Nationalbibliothek verzeichnet diese Publikation in der
Deutschen Nationalbibliografie; detaillierte bibliografische Daten
sind im Internet über http://dnb.d-nb.de abrufbar.

Das Wort **Cornelsen** ist für den Cornelsen Verlag GmbH als Marke geschützt.

Alle Rechte vorbehalten.
Nachdruck, auch auszugsweise, vorbehaltlich der Rechte, die sich aus den Schranken des UrhG ergeben, nicht gestattet.
Für die Inhalte der im Buch genannten Internetlinks, deren Verknüpfung zu anderen Internetangeboten und Änderungen der Internetadressen kann der Verlag keine Verantwortung übernehmen und macht sich diese Inhalte nicht zu eigen. Ein Anspruch auf Nennung besteht nicht.

1. Auflage
© Cornelsen Scriptor 2012   D   C   B   A
Bibliographisches Institut GmbH
Dudenstraße 6, 68167 Mannheim

Redaktionelle Leitung: Simone Senk
Redaktion: Dr. Matthias Delbrück
Herstellung: Annette Scheerer
Layoutkonzept: Horst Bachmann, Weinheim
Umschlaggestaltung: glas AG, Seeheim-Jugenheim
Satz/Layout: Dagmar Lemme, Berlin
Illustrationen: R. J. Fischer, Berlin (Integralrechnung),
Stefan Giertzsch, Berlin (Differenzialrechnung)
Druck und Bindung: Heenemann GmbH & Co. KG
Bessemerstraße 83–91, 12103 Berlin
Printed in Germany

ISBN 978-3-411-87071-4

Differenzialrechnung

TEIL I

Vorwort 5

1 Wie steil? 6
   1.1 Gerade und Geradensteigung 6
   1.2 Steiler und flacher 8
   Test 10

2 Grenzwerte 12
   2.1 Unendlich und doch endlich 12
   2.2 Grenzwerte bei Funktionen 15
   Test 17

3 Sekanten und Tangenten 19
   3.1 Steigung in einem Kurvenpunkt 19
   3.2 Von Sekanten zur Tangente 22
   3.3 Die Ableitung 23
   3.4 Differenzierbar oder nicht differenzierbar? 26
   Test 28

4 Potenzfunktionen 30
   4.1 Potenzfunktionen mit positiven Exponenten 30
   4.2 Potenzfunktionen mit negativen Exponenten 32
   Test 35

5 Fundamentale Ableitungsregeln 37
   5.1 Konstanten und Funktionen 37
   5.2 Summen- und Differenzenregel 39
   5.3 Produkt und Quotientenregel 40
   5.4 Kettenregel 43
   5.5 Wurzelfunktionen 44
   5.6 Differenzialrechnung 46
   Test 47

6 Trigonometrische Funktionen 49
   6.1 Sinus- und Kosinusfunktion 49
   6.2 Tangens- und Kotangensfunktionen 52
   Test 53

Inhaltsverzeichnis

7 Exponential- und Logarithmusfunktionen 55
    7.1   Exponentialfunktionen und ihre Ableitungen 55
    7.2   Die e-Funktion 58
    7.3   Logarithmusfunktionen und ihre Ableitungen 60
    Test 62

8 Graphen und Ableitungen 64
    8.1   Monotonie 64
    8.2   Krümmung 66
    8.3   Extrema 67
    8.4   Wendepunkte 68
    8.5   Beispielaufgaben 69
    Test 71

9 Kurvendiskussion 73
    9.1   Charakteristische Eigenschaften 73
    9.2   Polynomfunktionen 76
    9.3   Bruchfunktionen 80
    9.4   Wurzelfunktionen 83
    9.5   Trigonometrische Funktionen 86
    9.6   Exponentialfunktionen 89
    9.7   Logarithmusfunktionen 91
    Test 94

10 Gesucht wird … 95
    10.1 Auf der Suche – grafisch 95
    10.2 Auf der Suche – rechnerisch 97
    Test 104

11 Extremwertprobleme 105
    11.1 So groß wie möglich 105
    11.2 So schnell wie möglich 109
    11.3 So preiswert wie möglich 111
    11.4 So nah wie möglich 113
    11.5 So stabil wie möglich 114
    Test 116

Lösungen 118

Stichwortverzeichnis 144

Verzeichnis der Zeichen und Abkürzungen 146

TEIL I

Vorwort

Liebe Schülerin, lieber Schüler,

dieser erste Teil des Bandes „Besser in Mathematik" hilft Ihnen, Ihre Kenntnisse speziell im Bereich Analysis zu verbessern. Sie können gezielt Stoff nachholen und wiederholen, um sicherer zu werden!
Zu allen Bereichen der Differenzialrechnung werden in diesem Teil zahlreiche Aufgaben angeboten, mit denen Sie selbstständig arbeiten können.

Die Schwerpunkte sind:
▷ Definitionen und Regeln kennen und anwenden,
▷ Aufgaben strukturieren und strategisch bearbeiten,
▷ Diagramme und Formeln erstellen und interpretieren,
▷ Zusammenhänge begründen und überprüfen.

Ein großer Lehrer, der Mathematiker Georg Polya, sagt: „Das Lösen von Aufgaben ist eine praktische Kunst wie Schwimmen oder Skilaufen oder Klavierspielen ...: Wer schwimmen lernen will, muss ins Wasser gehen, und wer Aufgaben lösen will, muss Aufgaben lösen." Erst wenn man das Gelesene eigenständig nachvollziehen kann, hat man es auch verstanden. Das gilt speziell für die angeführten Beispielaufgaben.

Die Texte und die Aufgaben in diesem Buch sind so ausgewählt und zusammengestellt, dass Ihnen die Bearbeitung möglichst leichtfällt.

TIPP	Zum Arbeiten mit diesem Buch

▶ Legen Sie sich ein eigenes Arbeitsheft zu, in das Sie schreiben.
▶ Sind Sie sich beim Lösen der Übungsaufgaben nicht ganz sicher, sehen Sie sich die Beispiele noch einmal genau an.
▶ Vergleichen Sie Ihre Ergebnisse mit den Lösungen.
  Überprüfen Sie bei Fehlern immer genau, was Sie falsch gemacht haben. Berichtigen Sie Fehler.
▶ Am Ende jeden Kapitels können Sie in einem Test überprüfen, ob Sie den Stoff nun beherrschen. Wenn nicht, bearbeiten Sie die entsprechenden Aufgaben in einigen Tagen noch einmal.

Viel Spaß und Erfolg beim Lernen!

Benno Mohry

1 Wie steil?

WAS SIE SCHON KÖNNEN MÜSSEN
▷ sich im kartesischen Koordinatensystem zurechtfinden: Punkte ins Koordinatensystem zeichnen, die Koordinaten von gezeichneten Punkten lesen
▷ wissen, was eine Funktion ist
▷ bei gegebener Funktionsgleichung eine Wertetafel erstellen
▷ zu einer Wertetafel den zugehörigen Graphen zeichnen
▷ Beziehungen zwischen Winkeln und Seitenverhältnissen im rechtwinkligen Dreieck kennen

DARUM GEHT ES
▷ Gleichungen von linearen Funktionen aufstellen
▷ Steigung von Geraden mithilfe des Steigungsdreiecks bestimmen
▷ Steigungen nicht linearer Funktionen mithilfe von Geraden bestimmen

1.1 Gerade und Geradensteigung

INFO — y-Achsenabschnitt und Steigung

Eine Gerade g wird beschrieben durch eine lineare Funktionsgleichung, häufig in der expliziten Form $y = mx + n$.
n heißt **y-Achsenabschnitt** der Geraden und gibt an, an welcher Stelle die Gerade g die y-Achse schneidet.
m heißt **Steigung** oder **Anstieg** der Geraden und gibt an, wie steil die Gerade g ansteigt bzw. fällt.

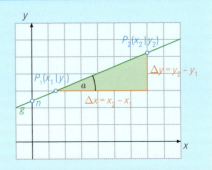

INFO — Steigungsdreieck

Sind $P_1(x_1|y_1)$ und $P_2(x_2|y_2)$ zwei Punkte der Geraden g, so lässt sich die Steigung m aus dem Steigungsdreieck ablesen:

$$m = \frac{\text{Differenz der } y\text{-Koordinaten}}{\text{Differenz der } x\text{-Koordinaten}}$$

$$m = \frac{\Delta y}{\Delta x} = \frac{y_2 - y_1}{x_2 - x_1} = \frac{y_1 - y_2}{x_1 - x_2}$$

m ist also im **Steigungsdreieck** das Verhältnis von Gegenkathete zu Ankathete; für den Steigungswinkel α gilt deshalb auch: $m = \tan \alpha$.

TEIL I

1.1 Gerade und Geradensteigung

BEISPIEL — Steigende und fallende Geraden

Die Gerade g verläuft durch die Punkte $A(-2|4)$ und $B(4|1)$.

a) Wie steil ist g, d. h., welchen Anstieg hat g?
b) Wie lautet ihre Funktionsgleichung?
c) Liegen die Punkte $C_1(8|-1)$, $C_2(-10|7)$, $C_3(46|-20)$ auf der Geraden g oder nicht?
d) Was lässt sich über Punkte von g aussagen, die in der Nähe von $D(12|-3)$ liegen?
e) Die Gerade k ist parallel zu g und verläuft durch $E(2|3)$. Wie lautet ihre Gleichung?

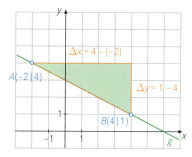

Zu a) Es ist: $\qquad m = \frac{\Delta y}{\Delta x} = \frac{1-4}{4-(-2)} = \frac{-3}{6} = -\frac{1}{2}$.

Der Anstieg ist negativ, die Gerade ist fallend.

Zu b) Die Funktionsgleichung ist von der Form: $y = mx + n$.
Es ist $m = -\frac{1}{2}$, d. h.: $\qquad y = -\frac{1}{2}x + n$.

Außerdem ist $A(-2|4) \in g$, d. h.: $\qquad 4 = -\frac{1}{2}(-2) + n$, d. h., $n = 3$.

Die Gleichung von g: $\qquad y = -\frac{1}{2}x + 3$

Zu c) $C_1(8|-1) \in g$, denn: $\qquad -1 = -\frac{1}{2} \cdot 8 + 3$ ist richtig.

$C_2(-10|7) \notin g$, denn: $\qquad 7 = -\frac{1}{2}(-10) + 3$ ist falsch.

$C_3(46|-20) \in g$, denn: $\qquad -20 = -\frac{1}{2} \cdot 46 + 3$ ist richtig.

Zu d) Wir untersuchen rechte und linke Nachbarn von $D(12|-3)$.
Wir wählen stellvertretend einen rechten Nachbarn $D_R(x_R|y_R)$, es gilt:
$x_R = 12 + 0{,}01$ und $y_R = -\frac{1}{2}(12 + 0{,}01) + 3 = -3 - 0{,}005$
Wir wählen stellvertretend einen linken Nachbarn $D_L(x_L|y_L)$, es gilt:
$x_L = 12 - 0{,}01$ und $y_L = -\frac{1}{2}(12 - 0{,}01) + 3 = -3 + 0{,}005$
Der rechte Nachbar D_R liegt etwas tiefer, der linke Nachbar D_L etwas höher als D.
Die elegantere Untersuchung prüft einen beliebigen Nachbarn von D. Für jeden Nachbarn $D_N(x_N|y_N)$ gilt:
$x_N = 12 + \Delta x$ und $y_N = -\frac{1}{2}(12 + \Delta x) + 3 = -3 - \frac{1}{2}\Delta x$.
Für einen rechten Nachbarn ist $\Delta x > 0$, für einen linken Nachbarn ist $\Delta x < 0$.
An y_N erkennt man: Ein rechter Nachbar liegt etwas tiefer, ein linker etwas höher als D. Dies muss so sein, denn es ist bekannt, dass die Gerade g fallend ist.

Zu e) Wegen der Parallelität gilt für die Gerade k ebenfalls $m = -\frac{1}{2}$.
Es ist $m = -\frac{1}{2}$ und $E(2|3) \in k$, d. h.: $3 = -\frac{1}{2} \cdot 2 + n$, d. h., $n = 4$
Die Gleichung von k: $y = -\frac{1}{2}x + 4$

1 Wie steil?

1 Die folgenden Gleichungen beschreiben Geraden.

Zeichnen Sie die zugehörigen Geraden in ein Koordinatensystem und geben Sie die Steigung jeder Geraden an. Vervollständigen Sie jeweils die fehlende Koordinate so, dass der Punkt auf der Geraden liegt.

a) $y = -3x + 4$

$A_1(2\,|\ \ )$, $A_2(20\,|\ \ )$,

$A_3(\ \ |\,2)$, $A_4(\ \ |\,0)$,

b) $y - 3 = \dfrac{3}{4}(x - 8)$

$B_1(2\,|\ \ )$, $B_2(20\,|\ \ )$,

$B_3(\ \ |\,2)$, $B_4(\ \ |\,0)$,

c) $5x + 2y = 4$

$C_1(2\,|\ \ )$, $C_2(20\,|\ \ )$,

$C_3(\ \ |\,2)$, $C_4(\ \ |\,0)$

2 Die Gerade g ist bestimmt durch die Punkte $A(-4\,|\,5)$ und $B(2\,|-4)$.

a) Zeichnen Sie die Gerade g in ein Koordinatensystem.

b) Zeichnen Sie ein Steigungsdreieck und bestimmen Sie die Steigung.

c) Geben Sie eine Gleichung für g an.

d) Wo schneidet g die x-Achse, wo die y-Achse?

e) Die Gerade p ist parallel zu g und verläuft durch $P(2\,|\,3)$. Zeichnen Sie p und geben Sie eine Gleichung für p an.

1.2 Steiler und flacher

> **INFO**
>
> Geraden haben nichts Aufregendes und Überraschendes. Ihre Gleichförmigkeit mag monoton erscheinen: Einmal steigend, immer steigend; einmal Steigung m, immer Steigung m! Und doch ist es genau diese Einfachheit, die Geraden so leicht kalkulierbar und so bedeutsam auch für andere Kurven macht.
>
> Bei allgemeinen Kurven ändert sich die Steigung fortwährend, wie bei einer Berg-und-Talfahrt. Wie lässt sich die Steigung messen, wenn sie sich so unbeständig und veränderlich gibt?
>
> Die zugrunde liegende *Denk- und Lösungsstrategie* basiert auf:
> 1. der Einbeziehung der Umgebung,
> 2. der konsequenten Nutzung der Eigenschaften von Geraden,
> 3. der schrittweisen Verfeinerung und Verbesserung der provisorischen Lösung.

TEIL I

1.2 Steiler und flacher

BEISPIEL — Steigung in einem Punkt

Wie steil ist der Graph $y = \frac{1}{x}$ exakt an der Stelle $x = 2$?
Eine **Wertetafel** verhilft zu einem ersten Überblick:

x	...	$\frac{1}{10}$	$\frac{1}{2}$	$\frac{1}{3}$	1	2	3	10	...
y	...	10	2	3	1	$\frac{1}{2}$	$\frac{1}{3}$	$\frac{1}{10}$	...

Man sieht: der Graph ist überall fallend, allerdings wird er mit zunehmendem x flacher und flacher.

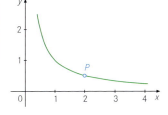

1. **Einbeziehung der Umgebung**
   Wir wählen Nachbarpunkte von $P\left(2 \mid \frac{1}{2}\right)$, einen linken $P_{L1}(2-1 \mid 1)$ und einen rechten $P_{R1}\left(2+1 \mid \frac{1}{3}\right)$.

2. **Nutzung der Geraden**
   Die Gerade $P_{L1} P_{R1}$ liefert einen ersten vorläufigen Wert für die gesuchte Steigung des Graphen an der Stelle $x = 2$:

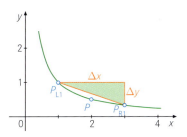

$$m_1 = \frac{\Delta y}{\Delta x} = \frac{\frac{1}{3} - 1}{3 - 1} = -\frac{1}{3} \approx -0{,}333$$

3. **Schrittweise Verfeinerung**
   Je dichter die **Nachbarpunkte** P_L, P_R und P liegen, desto genauer gibt $P_L P_R$ die Steigung m des Graphen an:

   a) $P_{L2}\left(2 - \frac{1}{2} \mid \frac{2}{3}\right)$, $P_{R2}\left(2 + \frac{1}{2} \mid \frac{2}{5}\right)$ ergeben den besseren Wert:

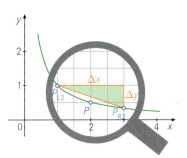

$$m_2 = \frac{\Delta y}{\Delta x} = \frac{\frac{2}{5} - \frac{2}{3}}{\frac{5}{2} - \frac{3}{2}} = -\frac{4}{15} \approx -0{,}2667.$$

   b) $P_{L3}\left(2 - \frac{1}{10} \mid \frac{10}{19}\right)$, $P_{R3}\left(2 + \frac{1}{10} \mid \frac{10}{21}\right)$ ergeben den noch besseren Wert:

$$m_3 = \frac{\Delta y}{\Delta x} = \frac{\frac{10}{21} - \frac{10}{19}}{\frac{21}{10} - \frac{19}{10}} = -\frac{100}{19 \cdot 21} \approx -0{,}2506.$$

   c) ... und so weiter ...

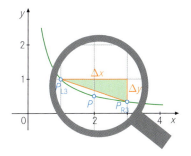

1 **Wie steil?**

> Dieses Verfahren hat Methode – mit jedem Schritt kommt man der exakten Lösung näher. Die Steigung des Graphen bei $x = 2$, so lässt sich vermuten, ist $m = -0{,}25$.

1 **Der Graph zu $y = x^2$**

a) Zeichnen Sie den Graphen zu $y = x^2$.

b) Es soll – näherungsweise – die Steigung des Graphen in $Q(1 \mid 1)$ berechnet werden. Wählen Sie wiederum linke und rechte Nachbarpunkte auf dem Graphen:

1. $L_1(1 - 1 \mid \boxed{})$, $R_1(1 + 1 \mid \boxed{})$. Welche Steigung hat die Gerade $L_1 R_1$?

2. $L_2\left(1 - \frac{1}{2} \mid \boxed{}\right)$, $R_2\left(1 + \frac{1}{2} \mid \boxed{}\right)$. Welche Steigung hat die Gerade $L_2 R_2$?

3. $L_3\left(1 - \frac{1}{10} \mid \boxed{}\right)$, $R_3\left(1 + \frac{1}{10} \mid \boxed{}\right)$. Welche Steigung hat die Gerade $L_3 R_3$?

4. $L_4\left(1 - \frac{1}{100} \mid \boxed{}\right)$, $R_4\left(1 + \frac{1}{100} \mid \boxed{}\right)$. Welche Steigung hat die Gerade $L_4 R_4$?

5. Wie steil ist der Graph demnach in $Q(1 \mid 1)$?

Test

1 **Untersuchen Sie, welche der angegebenen Punkte** |9|

a) auf der Geraden g,

b) über der Geraden g,

c) unter der Geraden g liegen.

$g\colon y = \frac{1}{2}x - \frac{7}{2}$	$A(-9 \mid -8)$	$B(-4 \mid -5)$	$C(5 \mid -2)$	$D\left(13 \mid \frac{5}{2}\right)$	$E(111 \mid 51)$
auf g					
über g					
unter g					

TEIL I

1 TEST Wie steil?

2 Geben Sie die Funktionsterme an, die zu den abgebildeten Geraden *a* bis *e* gehören. |5|

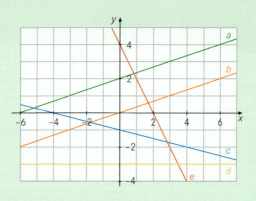

3 Überlegen Sie. |3|
Ein 8 × 8-Quadrat wird wie abgebildet in 4 Teile zerschnitten. Man legt die 4 Teile zu einem 5 × 13-Rechteck zusammen. Aus 8 × 8 = 64 ist 5 × 13 = 65 entstanden. Ist das möglich?

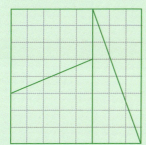 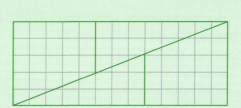

4 Die Funktion *f* ist gegeben durch $y = \frac{1}{2}x + \frac{1}{x}$. |12|

a) Vervollständigen Sie die Wertetafel

x	−10	−8	−6	−4	−2	−1	$-\frac{1}{2}$	0	$\frac{1}{2}$	1	2	4	6	8	10
y	−5,1							−		1,5					

b) Skizzieren Sie den zugehörigen Graphen.
c) Bestimmen Sie aus der Zeichnung, wie steil der Graph an der Stelle *x* = 1 ist.
d) Wählen Sie zu P(1 | 1,5) Nachbarpunkte, „pirschen" Sie sich dichter und dichter an P heran, berechnen Sie die Sekantenanstiege und ermitteln Sie rechnerisch, wie steil der Graph bei *x* = 1 ist.

||29||

Testauswertung:
Wie viele Punkte haben Sie? Erreichen Sie mehr als 23 Punkte, beherrschen Sie den Inhalt des Kapitels wirklich gut. Erreichen Sie weniger als 12 Punkte, dann sollten Sie dieses Kapitel wiederholen.

2 Grenzwerte

WAS SIE SCHON KÖNNEN MÜSSEN
▷ Rechenfertigkeit – sie ist unumgänglich!
▷ Trends bei Zahlenkolonnen erkennen
▷ Grundlegende Fertigkeiten im Umgang mit Funktionen: Erstellen von Wertetafeln, Zeichnen von Graphen ...

DARUM GEHT ES
▷ Grenzwerte von Zahlenfolgen und Funktionen ermitteln

2.1 Unendlich und doch endlich

BEISPIEL — Eine endlose Summe

1 $\frac{1}{2}$

Wir addieren: $a_1 = 1 + \frac{1}{2}$,

1 $\frac{1}{2}$ $\frac{1}{4}$

und addieren: $a_2 = 1 + \frac{1}{2} + \frac{1}{4}$,

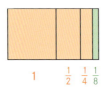

1 $\frac{1}{2}$ $\frac{1}{4}$ $\frac{1}{8}$

und weiter: $a_3 = 1 + \frac{1}{2} + \frac{1}{4} + \frac{1}{8}$,

und noch weiter: $a_{10} = 1 + \frac{1}{2} + \frac{1}{4} + \frac{1}{8} + \frac{1}{16} + \frac{1}{32} + \frac{1}{64} + \frac{1}{128} + \frac{1}{256} + \frac{1}{512} + \frac{1}{1024}$

...

immer weiter: $a_n = 1 + \frac{1}{2} + \frac{1}{4} + \frac{1}{8} + \frac{1}{16} + ... + \frac{1}{2^n}$

...

endlos weiter: $a = 1 + \frac{1}{2} + \frac{1}{4} + \frac{1}{8} + \frac{1}{16} + ... + \frac{1}{2^n} + ...$

TEIL I

2.1 Unendlich und doch endlich

Die **Folge der Summen** $a_1, a_2, a_3, ..., a_{10}, ..., a_n, ...$ hat von Schritt zu Schritt mehr Summanden, schließlich werden es endlos viele. Die Summen werden größer und größer, sie hören nicht auf zu wachsen.

Und dennoch: Die Summen werden keineswegs beliebig groß! Sie **streben der Zahl 2 zu** und stabilisieren sich bei diesem Wert. Man erkennt dies:

1. grafisch
Die Bilderfolge veranschaulicht dieses endlose Summieren.

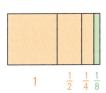

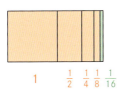

Sie zeigt: Die Summen kommen dem Wert 2 beliebig nahe.

2. rechnerisch
Mit einem Taschenrechner erhält man rasch die ersten Folgenglieder:

$a_1 = 1,5$
$a_2 = 1,75$
$a_3 = 1,875$
$a_4 = 1,9375$
$a_5 = 1,9688$
$a_6 = 1,9844$
$a_7 = 1,9922$
$a_8 = 1,9961$
$a_9 = 1,9980$
$a_{10} = 1,9990$
...

Man erkennt: Die Summen streben auf 2 zu.

3. begründend
Bilder und Zahlen können täuschen! Aber sie helfen, die Folgenglieder in ganz anderer Gestalt zu sehen:

$a_1 = 2 - \frac{1}{2}$

$a_2 = 2 - \frac{1}{4}$

$a_3 = 2 - \frac{1}{8}$

...

$a_{10} = 2 - \frac{1}{1024}$

...

$a_n = 2 - \frac{1}{2^n}$

Man erkennt auch hier: Die Summen unterscheiden sich – wenn nur weit genug addiert wird – beliebig wenig von 2.

Merke: Eine Zahlenfolge $a_1, a_2, a_3, ..., a_{10}, ..., a_n,...$ mit diesen Eigenschaften heißt **konvergent**, und die Zahl 2 nennt man ihren **Grenzwert**.

2 Grenzwerte

> **INFO — Grenzwert einer Zahlenfolge**
>
> Für den allgemeinen Fall bedeutet dies:
> Die Zahl a heißt Grenzwert der Folge $a_1, a_2, a_3, a_4, \ldots, a_{10}, \ldots, a_n, \ldots$, wenn die Folgenglieder $a_1, a_2, a_3, a_4, \ldots, a_{10}, \ldots, a_n, \ldots$ mit zunehmendem n der Zahl a beliebig nahe kommen.
> Mit anderen Worten: Die Zahl a heißt Grenzwert, wenn sich für hinreichend große n die Folgenglieder a_n von a um beliebig wenig unterscheiden.
> Man schreibt dafür: $a_n \to a$, falls $n \to \infty$
> oder auch: $\lim\limits_{n\to\infty} a_n = a$.

1 Endloses Teilen

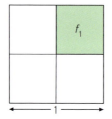 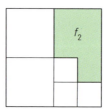 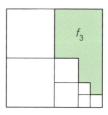 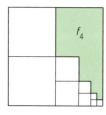

Ein Quadrat wird geviertelt und ein Viertel abgeschnitten.

Ein Teilquadrat wird geviertelt und ein Viertel abgeschnitten.

Wieder wird geviertelt und ein Viertel abgeschnitten.

Und wieder …

a) Beschreiben Sie formelmäßig die Summen jener Flächeninhalte $f_1, f_2, f_3, f_4, f_5, \ldots, f_{17}, \ldots, f_n$, die nach 1, 2, 3, 4, 5, …, 17, …, n Schritten abgeschnitten wurden.

b) Berechnen Sie diese Inhalte mit dem Taschenrechner. Die Zahlenergebnisse zeigen: Diese Inhalte nehmen ständig zu. Auf welchen Wert steuern sie zu?

c) Die Inhalte lassen sich als Differenzen schreiben:

$$f_1 = \frac{1}{4} = \frac{1}{3} - \frac{1}{3\cdot 4};\ f_2 = f_1 + \frac{1}{4^2} = \frac{1}{3} - \frac{1}{3\cdot 4^2};\ \text{usw.}$$

Stellen Sie $f_3, f_4, f_5, \ldots, f_{17}, \ldots, f_n$ in dieser Form dar.

Begründen Sie, dass $f = \frac{1}{3}$ Grenzwert dieser Folge ist.

d) Statt mit dem oberen rechten Viertelquadrat zu beginnen und nach rechts fortzufahren, beginnt man links und fährt nach links fort. Begründen Sie geometrisch, dass $f = \frac{1}{3}$ Grenzwert der Folge ist.

2.2 Grenzwerte bei Funktionen

> **INFO — Definitionslücken**
>
> Die Funktion f mit $f(x) = \frac{x^3 + x}{x}$ hat bei $x = 0$ eine Besonderheit: Sie ist dort nicht definiert, weil dort der Nenner 0 ist. Wie verhält sich f, wenn man sich $x = 0$ annähert?

> **BEISPIEL — Die Lücke lässt sich schließen**
>
> Wir untersuchen das Verhalten der Funktion $f(x) = \frac{x^3 + x}{x}$ bei $x = 0$ auf drei unterschiedliche Arten:
>
> ### 1. grafisch
> Der Graph von f – fast eine Parabel!
>
>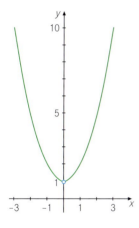
>
> Man erkennt: Gleichgültig, ob man sich von rechts oder links der Stelle $x = 0$ nähert, die Funktionswerte steuern dem Wert 1 zu; d. h.:
> $f(x) \to 1$ für $x \to 0$
> oder $\lim\limits_{x \to 0} f(x) = 1$.
>
> ### 2. rechnerisch
> Der Taschenrechner hilft, Funktionswerte in der Nähe von $x = 0$ zu berechnen:
>
> | | x | f(x) |
> |---|---|---|
> | von links | 1 | 2 |
> | | 0,5 | 1,25 |
> | | 0,1 | 1,01 |
> | | 0.01 | 1,0001 |
> | | 0,001 | 1,000001 |
> | | … | … |
> | von rechts | −0,001 | 1,000001 |
> | | −0,01 | 1,0001 |
> | | −0,1 | 1,01 |
> | | −0,5 | 1,25 |
> | | −1 | 2 |
>
> Man erkennt: Je näher x an 0 heranrückt, desto näher rückt $f(x)$ an 1 heran; d. h.:
> $f(x) \to 1$ für $x \to 0$
> oder $\lim\limits_{x \to 0} f(x) = 1$
>
> ### 3. begründend
> Geschickte Umformungen helfen, das Verhalten der Funktionen in der Nähe von 0 fast ohne Rechnung abzuschätzen.
>
> $f(x) = \frac{x^3 + x}{x}$
>
> $= \frac{x}{x}(x^2 + 1)$
>
> und für $x \neq 0$:
>
> $= x^2 + 1$
>
> Ist x eine Zahl dicht an 0, dann ist auch x^2 eine Zahl dicht an 0.
>
> Das bedeutet:
> $f(x) \to 1$ für $x \to 0$ oder
> $\lim\limits_{x \to 0} f(x) = \lim\limits_{x \to 0} \frac{x^3 + x}{x}$
>
> $= \lim\limits_{x \to 0} (x^2 + 1)$
>
> $= 1$

2 Grenzwerte

> **TIPP — Grenzwert von Funktionen**
>
> Die im vorangestellten Beispiel dargelegten Methoden stehen für viele:
> ▶ Grenzwerte von Funktionen können häufig bereits durch sorgfältig gezeichnete Graphen erahnt werden.
> ▶ Grenzwerte von Funktionen können durch „Heranpirschen" an die interessierende Stelle rechnerisch erkannt werden.
> ▶ Grenzwerte von Funktionen können schließlich durch geeignete, der Problemstellung angepasste Umformungen abgeschätzt werden. Die Methode ist die anspruchsvollste, aber auch die zuverlässigste und sicherste Methode; denn Bilder und Zahlenreihen können täuschen.

1 Ermitteln Sie Grenzwerte der dargestellten Funktionen, wenn sich x einmal von rechts, einmal von links der Stelle 2 nähert.

a)
b)
c)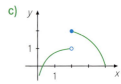

2 Es ist $f(x) = \frac{x^2 - 9}{x - 3}$. Bestimmen Sie den Grenzwert von f für $x \to 3$, indem Sie

a) den Graphen von f im Bereich $[0\,|\,6]$ zeichnen.
b) $f(3{,}1), f(3{,}01), f(3{,}001), ..., f(2{,}89), f(2{,}99), f(2{,}999)$ berechnen.
c) den Funktionsterm geeignet umformen.

3 Bestimmen Sie folgende Grenzwerte.

a) $\lim\limits_{x \to 1} \frac{x^2 + 1}{x^2 - 1}$
b) $\lim\limits_{x \to 0} \frac{x^2 + 1}{x^2 - 1}$
c) $\lim\limits_{x \to \infty} \frac{x^2 + 1}{x^2 - 1}$

TEIL I

2 TEST Grenzwerte

Test

1 Grenzwerte – die linksseitigen wie die rechtsseitigen – lassen sich häufig aus den Graphen der betreffenden Funktionen direkt erkennen und ablesen. |15|

a) Geben Sie von den nachfolgenden Funktionen an den „kritischen Stellen" die beidseitigen Grenzwerte an.

b) Begründen Sie Ihre Angaben, indem Sie sich an diese Stellen rechnerisch „heranpirschen" – von rechts, von links.

Funktionsterm	$a(x) = \dfrac{|x|}{x}$	$b(x) = \dfrac{|x|}{x} + \dfrac{|x-1|}{x-1}$
Graph	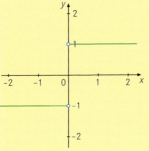	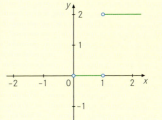
Rechtsseitiger Grenzwert	$\lim\limits_{x \to 0^+} a(x) =$	$\lim\limits_{x \to 2^+} b(x) =$
Linksseitiger Grenzwert	$\lim\limits_{x \to 0^-} a(x) =$	$\lim\limits_{x \to 2^-} b(x) =$

 $c(x) = x^2 + \dfrac{|x|}{x}$ $d(x) = \dfrac{1}{x + \dfrac{|x|}{x}}$ $e(x) = \dfrac{1}{2} \cdot |x^2 - 4|$

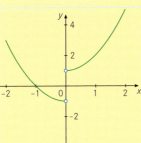 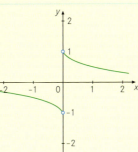 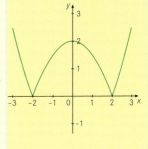

$\lim\limits_{x \to 0^+} c(x) =$ $\lim\limits_{x \to 0^+} d(x) =$ $\lim\limits_{x \to 2^+} e(x) =$

$\lim\limits_{x \to 0^-} c(x) =$ $\lim\limits_{x \to 0^-} d(x) =$ $\lim\limits_{x \to 2^-} e(x) =$

2 TEST Grenzwerte

2 **Die nachfolgenden Zahlenfolgen sind durch ihr Bildungsgesetz bestimmt.** |15|
Untersuchen Sie, welche der Folgen konvergent sind und welche nicht.
Geben Sie bei den konvergenten Folgen jeweils den Grenzwert an.

Folge	$a_n = \dfrac{1\,000}{n}$	$b_n = \dfrac{1}{n} + (-1)^n$	$c_n = \dfrac{n + \dfrac{(-1)^n}{2}}{n + 1}$
Konvergent			
Nicht konvergent			
Grenzwert			

Folge	$d_n = \dfrac{\dfrac{1}{n} - \dfrac{1}{n^2}}{\dfrac{1}{n} + \dfrac{1}{n^2}}$	$e_n = \dfrac{(-1)^n \, n}{n + 5}$
Konvergent		
Nicht konvergent		
Grenzwert		

3 **Es ist** $a_1 = \dfrac{1}{3}$; $a_2 = \dfrac{2}{5}$; $a_3 = \dfrac{3}{7}$; $a_4 = \dfrac{4}{9}$; $a_5 = \dfrac{5}{11}$; $a_6 = \dfrac{6}{13}$; ...; $a_{17} = \dfrac{17}{35}$; ... |9|

a) Geben Sie a_7; a_8; a_{10}; a_{100}; $a_{1\,996}$; a_n in Bruchschreibweise an.
b) Berechnen Sie a_1; a_2; a_3; a_4; a_5; a_6; a_{10}; a_{100}; $a_{1\,996}$ mit dem Taschenrechner.
   Die Rechenergebnisse lassen den Grenzwert der Folge erahnen. Wie heißt er?
c) Formen Sie a_n geeignet um und bestimmen Sie den Grenzwert der Folge.

4 **Die Funktion f ist stückweise definiert.** |9|
Es ist
1. $f(x) = \dfrac{1}{x + 1}$ für $x > 0$ 2. $f(x) = 0$ für $x = 0$ 3. $f(x) = \dfrac{1}{x - 1}$ für $x < 0$

a) Die Stelle $x = 0$ – das lässt bereits die Definition vermuten – verdient besondere Auf-
   merksamkeit. Untersuchen Sie die Grenzwerte von $f(x)$, wenn Sie sich von rechts bzw.
   von links an $x = 0$ „heranpirschen", d.h., bestimmen Sie $\lim\limits_{x \to 0^+} f(x)$ sowie $\lim\limits_{x \to 0^-} f(x)$.
b) Bestimmen Sie die Grenzwerte für sehr große $|x|$, d.h.
   $\lim\limits_{x \to +\infty} f(x)$ sowie $\lim\limits_{x \to -\infty} f(x)$.
c) Zeichnen Sie den Graphen von f.

||48||

Testauswertung:
Wie viele Punkte haben Sie? Erreichen Sie mehr als 38 Punkte, beherrschen Sie den Inhalt des Kapitels
wirklich gut. Erreichen Sie weniger als 19 Punkte, dann sollten Sie dieses Kapitel wiederholen.

TEIL I

 # Sekanten und Tangenten

WAS SIE SCHON KÖNNEN MÜSSEN
▷ Die Begriffe Steigung und Steigungsdreieck bei Geraden kennen
▷ Den Anstieg einer Geraden zahlenmäßig bestimmen
▷ Mit Grenzwerten umgehen

DARUM GEHT ES
▷ Die Steigung in einem Kurvenpunkt zeichnerisch und rechnerisch bestimmen
▷ Die Ableitung einer Funktion an der Stelle x_0 berechnen
▷ Die Differenzierbarkeit einer Funktion an der Stelle x_0 prüfen

3.1 Steigung in einem Kurvenpunkt

INFO — Variable Steigungen

Eine Gerade ist überall gleich steil – das macht die Geradensteigung so klar und einfach. Bei allgemeinen Kurven ändert sich die Steilheit unentwegt – das macht die Kurvensteigung so heikel und kompliziert.
Wir stellen als Erstes fest: Während einer Geraden eine und nur eine Steigung zukommt, ist jede andere Kurve mal steiler, mal flacher.
Zu einer Kurve gehören viele, meist unendlich viele verschiedene Steigungen, denn die Steigung einer Kurve ändert sich meist von Punkt zu Punkt.

Im Allgemeinen hat man einen sicheren Blick für Steigungen. Gleichgültig ob zu Fuß oder per Rad, ob im Auto oder im Flugzeug, man sieht und spürt sehr genau, ob es auf- oder abwärts geht, ob die Steigung stark oder schwach ist, ob sie sich fast unmerklich oder aber abrupt ändert.
Der Grund hierfür ist der natürliche Gleichgewichtssinn des Menschen. Er liefert uns allerdings nur qualitative Aussagen – um eine Steigung zahlenmäßig angeben zu können, ist man auf die Mathematik angewiesen.

BEISPIEL — Steigung in Zahlen

Unser sicherer Blick lässt sich testen. Liest man die abgebildete Kurve – wie hierzulande allgemein üblich – von links nach rechts, dann erkennt man:

3 Sekanten und Tangenten

In *A* ist die Kurve steigend.
In *B* ist die Kurve flach steigend.
In *C* ist die Kurve fallend.
In *D* ist die Kurve sehr stark steigend.
Steigend – fallend, das ist wenig präzise! Wir wollen Steigungen zahlenmäßig erfassen, wie bei Geraden auch. Und so sind es auch Geraden, die uns voranbringen.

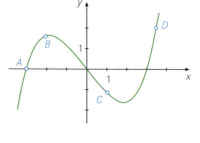

Die zweite Abbildung enthält zusätzlich Geradenstücke; nicht irgendwelche Geraden – es sind die **in *A*, *B*, *C*, *D* bestangepassten Geraden an die Kurve!**
So erhält man sie: Man legt z. B. durch *B* eine Gerade – irgendeine. Sie wird um *B* gedreht – recht, links. Unser Auge signalisiert untrüglich, in welcher Lage sich Gerade und Kurve bei *B* um möglichst wenig unterscheiden.
Eine solche Gerade ist die Tangente an die Kurve! Ihre Steigung lässt sich am Steigungsdreieck ablesen. Sie gibt an, wie steil die Kurve in diesem Punkt ist.
Wir erhalten:
Die Steigung der Kurve in *A* ist $m_A \approx 3$.
Die Steigung der Kurve in *B* ist $m_B \approx 0{,}5$.
Die Steigung der Kurve in *C* ist $m_C \approx -1$.
Die Steigung der Kurve in *D* ist $m_D \approx 4{,}5$.

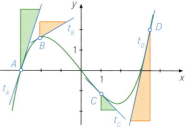

INFO   Steigung in einem Punkt

Die Steigung einer Kurve im Punkt *P* bestimmt sich zeichnerisch wie folgt:
1. Man zeichnet eine Sekante durch *P*, das ist irgendeine Gerade durch *P*.
2. Man dreht die Sekante um *P*, bis sie in der Umgebung von *P* der Kurve „bestangepasst" ist; die bestangepasste Gerade durch *P* ist die Tangente *t* in *P*.
3. Mit dem Steigungsdreieck wird die Tangentensteigung m_t festgestellt.
4. Die Tangentensteigung gibt die Steigung der Kurve im Punkt *P* an.

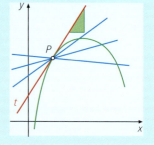

3.1 Steigung in einem Kurvenpunkt

BEISPIELE Sekanten und Tangenten

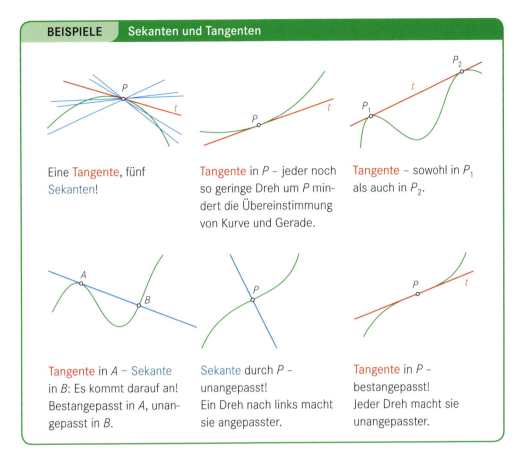

Eine Tangente, fünf Sekanten!

Tangente in P – jeder noch so geringe Dreh um P mindert die Übereinstimmung von Kurve und Gerade.

Tangente – sowohl in P_1 als auch in P_2.

Tangente in A – Sekante in B: Es kommt darauf an! Bestangepasst in A, unangepasst in B.

Sekante durch P – unangepasst! Ein Dreh nach links macht sie angepasster.

Tangente in P – bestangepasst! Jeder Dreh macht sie unangepasster.

1 Geben Sie an, welche der Aussagen wahr (w) und welche falsch (f) sind.

a) Die Tangente einer Kurve im Punkt P ist eine Gerade und hat in P die gleiche Steigung wie die Kurve.
b) Die Tangente einer Kurve hat mit der Kurve nur einen einzigen gemeinsamen Punkt, den Berührungspunkt.
c) Die Tangentensteigung bestimmt sich geometrisch aus dem Steigungsdreieck der Sekanten.
d) Die Tangentensteigung bestimmt sich rechnerisch aus dem Grenzwert der Differenzenquotienten.
e) Die Ableitung einer Funktion f an einer Stelle x_0 ist eine Zahl.

3 Sekanten und Tangenten

3.2 Von Sekanten zur Tangente

Kurvenanstieg ist Tangentenanstieg!
Das Problem, die Steigung einer Kurve in einem Punkt *P* zu bestimmen, hat damit seine zeichnerische Lösung gefunden. Doch diese „Lösung" krankt daran, dass die Tangente nach Gefühl und Augenmaß angepasst wird.
Umwege führen bisweilen bequemer und sicherer zum Ziel. Das Tangentenproblem ist ein Beispiel dafür. Über Jahrhunderte hinweg haben Mathematiker sich damit beschäftigt, doch der große Wurf, das Tangentenproblem nach einheitlicher Methode und für alle Fälle zu lösen – er gelang lange nicht, bis Pierre de Fermat im 17. Jahrhundert eine geniale Idee hatte: Er erlaubte sich, die Tangente über einen Umweg, die Sekante, zu erfassen.

Schritt für Schritt wird eine „bessere", weil angepasstere Sekante konstruiert.
Am Ende dieses Prozesses steht die Tangente; *die Tangente ist die Grenzlage der Sekanten.*

1. Man wählt auf der Kurve einen Nachbarpunkt P_1 von *P* und konstruiert die Sekante PP_1.

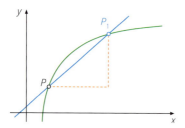

2. Man rückt längs der Kurve näher an *P*, von P_1 nach P_2. PP_2 ist eine *angepasstere* Sekante.

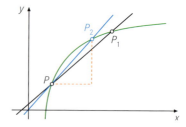

3. Man rückt längs der Kurve noch näher an *P*. PP_3 ist eine noch angepasstere Sekante.

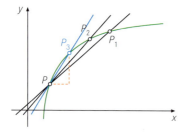

4. Gelingt es, das Ende dieses Prozesses abzusehen, dann erhält man die Tangente *t* und die Tangentensteigung *m*.

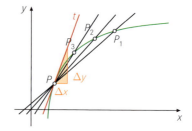

5. ... usw.

3.3 Die Ableitung

Fermats Idee ist eine generelle Methode, Tangenten bzw. Tangentensteigungen zu ermitteln:
▷ Sie garantiert, dass man Schritt für Schritt dichter an die Tangente heranrückt; noch dichter, als Zeichenwerkzeuge es erlauben; noch enger, als unser Vorstellungsvermögen es fasst!
▷ Und vor allem: Dieses Schritt-für-Schritt-Verfahren lässt sich rechnerisch begleiten. Es ermöglicht deshalb, Steigungen rechnerisch zu erfassen.
Wir veranschaulichen dies an einem Beispiel.

BEISPIEL

Eine Kurve ist bestimmt durch $f(x) = \frac{1}{4}x^2 - \frac{1}{2}$.
Gesucht ist ihre Steigung im Punkt $P(2\,|\,f(2))$.

Zeichnerische Lösung

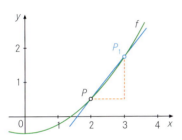

Der Start: Am Anfang stehen der Graph von f, der Punkt P, ein Nachbarpunkt P_1, die Sekante PP_1.

Rechnerische Lösung

Die Steigung der Sekante PP_1:

$$m_1 = \frac{\Delta y}{\Delta x} = \frac{f(2+1) - f(2)}{1}$$

$$= \frac{\left(\frac{1}{4}(2+1)^2 - \frac{1}{2}\right) - \left(\frac{1}{4}2^2 - \frac{1}{2}\right)}{1}$$

$$= \frac{\frac{1}{4}(4 \cdot 1 + 1^2)}{1}$$

$$= 1{,}25$$

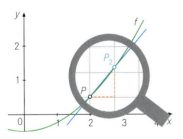

Die zweite Etappe bilden der engere Nachbar P_2 und die angepasstere Sekante PP_2 – hier durch die Lupe gesehen.

Die Steigung der Sekante PP_2:

$$m_2 = \frac{\Delta y}{\Delta x} = \frac{f(2+0{,}1) - f(2)}{0{,}1}$$

$$= \frac{\left(\frac{1}{4}(2+0{,}1)^2 - \frac{1}{2}\right) - \left(\frac{1}{4}2^2 - \frac{1}{2}\right)}{0{,}1}$$

$$= \frac{\frac{1}{4}(4 \cdot 0{,}1 + 0{,}1^2)}{0{,}1}$$

$$= 1{,}025$$

3 Sekanten und Tangenten

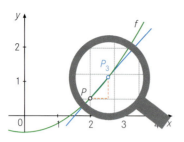

Die nächste Etappe: Der noch engere Nachbar P_3, die noch angepasstere Sekante PP_3 – gesehen durch eine noch stärkere Lupe

Die Steigung der Sekante PP_3:

$$m_3 = \frac{\Delta y}{\Delta x} = \frac{f(2 + 0{,}01) - f(2)}{0{,}01}$$

$$= \frac{\left(\frac{1}{4}(2 + 0{,}01)^2 - \frac{1}{2}\right) - \frac{1}{4} \cdot 2^2 - \frac{1}{2}}{0{,}01}$$

$$= \frac{\frac{1}{4}(4 \cdot 0{,}01 + 0{,}01^2)}{0{,}01}$$

$$= 1{,}0025$$

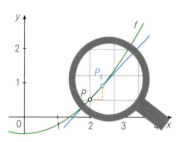

Und die nächste Etappe: P_4 – dem Punkt P noch viel näher, PP_4 – dem Graphen noch viel angepasster

Die Steigung der Sekante PP_4:

$$m_4 = \frac{\Delta y}{\Delta x} = \frac{f(2 + 0{,}00001) - f(2)}{0{,}00001}$$

$$= \frac{\left(\frac{1}{4}(2 + 0{,}00001)^2 - \frac{1}{2}\right) - \left(\frac{1}{4} \cdot 2^2 - \frac{1}{2}\right)}{0{,}00001}$$

$$= \frac{\frac{1}{4}(4 \cdot 0{,}00001 + 0{,}00001^2)}{0{,}00001}$$

$$= 1{,}0000025$$

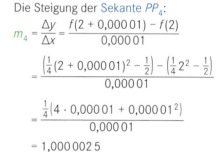

Dieser Prozess ist zwar endlos, dennoch ist klar erkennbar, wohin er führt:
▷ Die Sekanten neigen sich der Tangente zu.
▷ Die Sekantenanstiege steuern dem Tangentenanstieg zu.

$$\frac{\Delta y}{\Delta x} = \frac{f(2 + \Delta x) - f(2)}{\Delta x} \to 1 \text{ für } \Delta x \to 0, \text{ d. h.:}$$

Der Tangentenanstieg und damit auch der Anstieg des Graphen in $P\left(2 \mid \frac{1}{2}\right)$ ist $m_t = 1$.

3.3 Die Ableitung

Das Verfahren ist langwierig und ermüdend, Schritt für Schritt die gleiche Rechnung! Das lässt sich mit einem Schlag erledigen, wie das folgende Beispiel zeigt.

BEISPIEL — Die elegantere Lösung

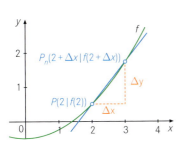

Der Graph von f, der Punkt $P(2\,|\,f(2))$, der Nachbarpunkt $P_n(2 + \Delta x\,|\,f(2 + \Delta x))$ und die Sekante PP_n.

Die Steigung der Sekante PP_n:

$$m_n = \frac{\Delta y}{\Delta x} = \frac{f(2 + \Delta x) - f(2)}{\Delta x}$$

$$= \frac{\left(\frac{1}{4}(2 + \Delta x)^2 - \frac{1}{2}\right) - \left(\frac{1}{4}2^2 - \frac{1}{2}\right)}{\Delta x}$$

$$= \frac{\frac{1}{4}(4 \cdot \Delta x + \Delta x^2)}{\Delta x}$$

$$= 1 + \frac{1}{4}\Delta x$$

$P_n \to P$ bedeutet $\Delta x \to 0$. Bei diesem Grenzprozess steuern die Sekantenanstiege dem Tangentenanstieg zu; d.h.: $m_n \to m_t = m$ wenn $\Delta x \to 0$ oder

$$m_t = \lim_{\Delta x \to 0} \frac{\Delta y}{\Delta x} = \lim_{\Delta x \to 0} \left(1 + \frac{1}{4}\Delta x\right) = 1$$

Dieses Beispiel steht für viele. Wir halten als Ergebnis fest:

INFO — Die Ableitung

Die geometrische Methode, die Tangente an der Stelle x_0 mithilfe einer endlosen Kette von Sekanten zu konstruieren, lässt sich rechnerisch begleiten:

1. Man berechnet den Differenzenquotienten
$$\frac{\Delta y}{\Delta x} = \frac{f(x_0 + \Delta x) - f(x_0)}{\Delta x}.$$

2. Man formt den Differenzenquotienten um und verfolgt, wie er sich entwickelt, wenn Δx gegen 0 strebt.

3. Existiert dieser Grenzwert
$$f'(x_0) = \lim_{\Delta x \to 0} \frac{\Delta y}{\Delta x} = \lim_{\Delta x \to 0} \frac{f(x_0 + \Delta x) - f(x_0)}{\Delta x},$$
dann heißt die Funktion f an der Stelle x_0 **differenzierbar** und der Grenzwert $f'(x_0)$ heißt **Ableitung** von f an der Stelle x_0.
$f'(x_0)$ bedeutet den Anstieg der Tangente bzw. des Graphen in x_0.

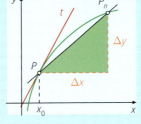

3.4 Differenzierbar – oder nicht differenzierbar?

> **TIPP — Differenzierbarkeit**
>
> Was bedeutet Differenzierbarkeit einer Funktion an einer Stelle x_0?
> ▶ Es bedeutet geometrisch, dass der zugehörige Graph an dieser Stelle x_0 eine eindeutige Tangente besitzt.
> ▶ Es bedeutet rechnerisch, dass der Grenzwert der entsprechenden Differenzenquotienten existiert.
> **Achtung:** Nicht jede Funktion ist differenzierbar – schon gar nicht an jeder Stelle!

> **BEISPIEL — Betragsfunktion und Ableitung**
>
> Ist die Funktion f mit $f(x) = |4 - x^2|$ und $x \in \mathbb{R}$ differenzierbar?
> **Hinweis:** Ist ein Term nicht negativ, dann unterscheiden sich der Term und sein Betrag in keiner Weise; ist er jedoch negativ, dann erhält man seinen Betrag durch Vorzeichenumkehr. In unserem Beispiel ist $|4 - x^2| = 4 - x^2$ für $4 - x^2 \geq 0$ bzw. $|4 - x^2| = x^2 - 4$ für $4 - x^2 < 0$. Das bedeutet für f:
>
> $$f(x) = \begin{cases} 4 - x^2 & \text{für } -2 \leq x \leq 2 \\ x^2 - 4 & \text{für } x < -2 \text{ oder } x > 2 \end{cases}$$

Zeichnung

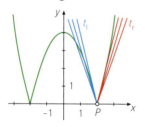

Der Graph zeigt: $P(2\,|\,0)$ ist ein besonderer, ein „kritischer" Punkt. Bei Annäherung an P von links stabilisieren sich die Sekanten in der Lage t_l; es ist $m_{t_l} \approx -4$. Bei Annäherung an P von rechts stabilisieren sie sich in der Lage t_r; es ist $m_{t_r} \approx +4$.

Rechnung

Rechts bzw. links von $x = 2$ ist mit unterschiedlichen Funktionstermen zu rechnen. Beim Grenzprozess $\Delta x \to 0$ sind $\Delta x > 0$ und $\Delta x < 0$ zu unterscheiden.

$$f(2 + \Delta x) = \begin{cases} (2 + \Delta x)^2 - 4 & \text{für } \Delta x > 0 \\ 4 - (2 + \Delta x)^2 & \text{für } \Delta x < 0 \end{cases}$$

$$f'(2) = \lim_{\Delta x \to 0} \frac{\Delta y}{\Delta x} = \begin{cases} \lim\limits_{\Delta x \to 0,\, \Delta x > 0} \frac{f(2 + \Delta x) - f(2)}{\Delta x} \\ \lim\limits_{\Delta x \to 0,\, \Delta x < 0} \frac{f(2 + \Delta x) - f(2)}{\Delta x} \end{cases}$$

$$f'(2) = \lim_{\Delta x \to 0} \frac{\Delta y}{\Delta x} = \begin{cases} \lim\limits_{\Delta x \to 0,\, \Delta x > 0} \frac{[(2 + \Delta x)^2 - 4] - [4 - 2^2]}{\Delta x} \\ \lim\limits_{\Delta x \to 0,\, \Delta x > 0} \frac{[4 - (2 + \Delta x)^2] - [4 - 2^2]}{\Delta x} \end{cases}$$

$$f'(2) = \lim_{\Delta x \to 0} \frac{\Delta y}{\Delta x} = \begin{cases} \lim\limits_{\Delta x \to 0,\, \Delta x > 0} \frac{4\Delta x + \Delta x^2}{\Delta x} \\ \lim\limits_{\Delta x \to 0,\, \Delta x < 0} -\frac{4\Delta x + \Delta x^2}{\Delta x} \end{cases}$$

$$f'(2) = \lim_{\Delta x \to 0} \frac{\Delta y}{\Delta x} = \begin{cases} \lim\limits_{\Delta x \to 0,\, \Delta x > 0} (4 + \Delta x) \\ \lim\limits_{\Delta x \to 0,\, \Delta x < 0} (-4 - \Delta x) \end{cases}$$

TEIL I

3.4 Differenzierbar – oder nicht differenzierbar?

$$f'(2) = \lim_{\Delta x \to 0} \frac{\Delta y}{\Delta x} = \begin{array}{l} +4 \text{ für } \Delta x > 0 \\ -4 \text{ für } \Delta x < 0 \end{array}$$

Für $x = 2$ besitzt der Graph keine (eindeutige) Tangente; er ist dort **nicht differenzierbar**! Entsprechendes gilt für $x = -2$.

Man erkennt: $f'(2)$ müsste gleichzeitig $+4$ und -4 sein; das ist unmöglich! Wir stellen fest: Der „linksseitige" Grenzwert ist vom „rechtsseitigen" verschieden.
f ist an der Stelle $x = 2$ **nicht differenzierbar**!

INFO — Differenzierbarkeit

Differenzierbarkeit an einer Stelle x_0 bedeutet,
▶ dass die Sekanten zu ein und derselben Grenzlage führen, gleichgültig, ob links- oder rechtsseitige Sekanten betrachtet werden.
▶ dass die Differenzenquotienten zu ein und demselben Grenzwert führen, gleichgültig, wie der Grenzprozess durchgeführt wird.

1 Die Abbildung zeigt den Graphen einer Funktion f. Entscheiden Sie: Welche der nachfolgenden Behauptungen sind möglich (m), welche absolut unmöglich (u)?

a) $f'(-2) = -2$
b) $f'(0) = 2$
c) $f'\left(\frac{3}{4}\right) = 0$
d) $f'(1) = -1$
e) $f'(2) = 0$
f) $f'(-2) - f'(0) = 0$
g) $f'(-1) - f'(1) = 0$
h) $f(0)\,f'(0) = 0$
i) $f(-3)\,f'(-3) = 2$
j) $f(-2)\,f'(2) = -9$

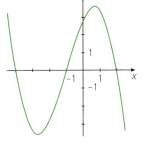

2 Vervollständigen Sie die Tabelle.

$f'(x)$	-2	-1	0	1	2
x					

Es kann mehrere Lösungen geben!

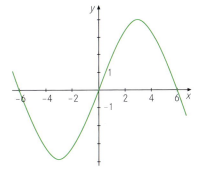

27

3 Sekanten und Tangenten

3 Die Funktion *f* wird dargestellt durch $f(x) = x^2$.

a) Zeichnen Sie den zugehörigen Graphen.
b) Bestimmen Sie zeichnerisch die Tangentenanstiege in den Punkten $A(-2|f(-2))$, $B(0|f(0))$, $C(0,5|f(0,5))$, $D(1,5|f(1,5))$.
c) Bestimmen Sie rechnerisch die Ableitungen für $x = -2$; $x = 0$; $x = 0,5$; $x = 1,5$; und vergleichen Sie diese mit Ergebnissen aus der Zeichnung.

Test

1 Die Anstiege der Graphen *A, B, C, D, E* werden durch *a, b, c, d, e* dargestellt. |5|
Ordnen Sie *A, B, C, D* bzw. *E* den ihm zugehörigen „Anstiegsgraphen" *a, b, c, d* bzw. *e* zu.

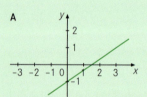
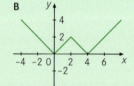
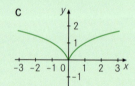
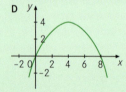
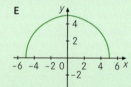
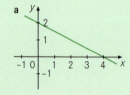
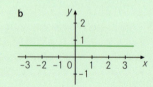
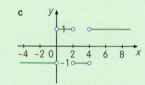
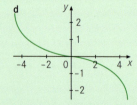
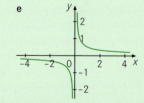

TEIL I

3 TEST Sekanten und Tangenten

2 Die Abbildung zeigt den Graphen zu $y = \sqrt{x}$. |9|

a) Passen Sie – nach Augenmaß – die Tangenten an den Graphen an den Stellen $x_1 = 1$ und $x_2 = 0$ ein. Wie groß sind die Anstiege?

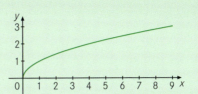

b) Bestimmen Sie den Tangentenanstieg an der Stelle $x_1 = 1$ rechnerisch:
Wählen Sie immer dichtere Nachbarstellen von x_1: $x_{1n} = x_1 + \Delta x$; berechnen Sie den Sekantenanstieg $\frac{\Delta y}{\Delta x}$, „pirschen" Sie sich dichter und dichter an x_1 heran und beobachten Sie, wie sich die Sekantenanstiege entwickeln.

$x_1 + \Delta x$	$\frac{\Delta y}{\Delta x}$
1 + 1	$\frac{\sqrt{(1+1)} - \sqrt{1}}{1} \approx 0{,}414$
1 + 0,1	
1 + 0,001	
1 + 0,00001	
...	

c) Bestimmen Sie den Tangentenanstieg ganz entsprechend an der Stelle $x_2 = 0$.

3 Auf einen Schlag! |6|

a) **Tipp**: Tangentenanstiege an einer beliebigen Stelle x_0 lassen sich auf einen Schlag ermitteln:
▷ Wählen Sie eine Nachbarstelle $\quad x_n = x_0 + \Delta x$.
▷ Bestimmen Sie den Sekantenanstieg $\quad \frac{\Delta y}{\Delta x}$.
▷ „Pirschen" Sie sich an x_0 heran, d. h., bestimmen Sie $\quad \lim\limits_{\Delta x \to 0} \frac{\Delta y}{\Delta x}$.

b) Vergleichen Sie das Ergebnis mit jenem von Übung 2.

||20||

Testauswertung:
Wie viele Punkte haben Sie? Erreichen Sie mehr als 16 Punkte, beherrschen Sie den Inhalt des Kapitels wirklich gut. Erreichen Sie weniger als 8 Punkte, dann sollten Sie dieses Kapitel wiederholen.

4 Potenzfunktionen

WAS SIE SCHON KÖNNEN MÜSSEN

▷ Potenzen verstehen und mit ihnen rechnen
▷ Potenzen von Summen und binomische Formeln kennen und anwenden
▷ Sekantenanstiege zutreffend beschreiben
▷ Den Prozess „von der Sekante zur Tangente" zeichnerisch und rechnerisch handhaben

DARUM GEHT ES

▷ Tangentenanstiege der Graphen von Potenzfunktionen zeichnerisch ermitteln
▷ Ableitungen von Potenzfunktionen berechnen

4.1 Potenzfunktionen mit positiven Exponenten

Eine Potenzfunktion p_n ist von einfacher Bauart. Ihr Funktionsterm lautet $\boldsymbol{p_n(x) = x^n}$. Der Exponent n heißt **Grad der Potenzfunktion** und kann jede ganze Zahl sein.

Die bekannteste Potenzfunktion ist die quadratische Funktion mit $n = 2$, also $y = f(x) = x^2$. Ihr Funktionsgraph ist eine (Normal-)Parabel, die in der Mittelstufe bereits ausführlich diskutiert wurde.

Für $n = 3$ heißt der Funktionsgraph kubische Parabel, bei $n = 4$ spricht man manchmal von einer biquadratischen Funktion. Negative Exponenten bedeuten bekanntlich, dass der Potenzterm in den Nenner wandert, bei $n = -1$ entspricht der Funktionsgraph einer Hyperbel.

Allen Potenzfunktionen gemein ist, dass ihre Tangentensteigungen auf ähnliche Weise bestimmt werden können. Im Folgenden werden wir sehen, dass es in diesem Fall sogar eine besonders einfache Rechenvorschrift gibt, mit der sich für beliebige Punkte im Graphen einer Potenzfunktion die Tangentensteigung sofort angeben lässt.

Wir untersuchen zunächst solche Potenzfunktionen mit positiven, danach mit negativen ganzzahligen Exponenten.

Wir begnügen uns mit der Untersuchung einiger weniger Vertreter dieser Funktionenfamilie.

Deren Ableitungen sollen auf zweifache Art entwickelt werden:

Zunächst – zugegebenerweise etwas grob – auf zeichnerische Weise, dann – zwar feiner, dafür aber weniger anschaulich – auf rechnerische Weise.

4.1 Potenzfunktionen mit positiven Exponenten

BEISPIELE — Zwei Wege zur Ableitung

1. Bestimmen Sie die Ableitung der Potenzfunktion $p_2(x) = x^2$.

   Zeichnerische Lösung

   Graph von p_2:

   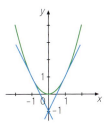

   Graph von p'_2:

   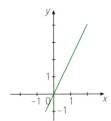

   Die Anstiege m_t:
   Für $x < 0$ sind sie negativ,
   für $x > 0$ positiv.

   Tabelle einiger Anstiege:

x	...	-2	-1	0	1	2	...
m_t	...	-4	-2	0	2	4	...

   Rechnerische Lösung

   Die Ableitung: Zuerst die Sekantenanstiege m_s, dann ihr Grenzwert m_t!

   $$m_s = \frac{\Delta y}{\Delta x} = \frac{p_2(x + \Delta x) - p_2(x)}{\Delta x} = \frac{(x + \Delta x)^2 - x^2}{\Delta x}$$

   Wegen $(a + b)^2 = a^2 + 2ab + b^2$: $m_s = \frac{2x\Delta x + \Delta x^2}{\Delta x} = 2x + \Delta x$

   Mit $\Delta x \to 0$ folgt: $p'_2 = \lim\limits_{\Delta x \to 0} \frac{\Delta y}{\Delta x} = \lim\limits_{\Delta x \to 0} (2x + \Delta x)$

   $p'_2(x) = (x^2)' = 2x^1 = m_t$

2. Bestimmen Sie die Ableitung der Potenzfunktion $p_3(x) = x^3$.

   Zeichnerische Lösung

   Graph von p_3:

   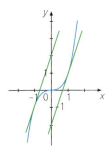

   Graph von p'_3:

   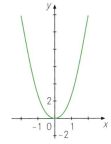

4 Potenzfunktionen

Die Anstiege m_t: Sie sind für kein einziges x negativ.

Tabelle einiger Anstiege:

x	...	-2	-1	0	1	2	...
m_t	...	12	3	0	3	12	...

Rechnerische Lösung
Die Ableitung: Zuerst die Sekantenanstiege, dann ihr Grenzwert!
$$m_s = \frac{\Delta y}{\Delta x} = \frac{p_3(x + \Delta x) - p_3(x)}{\Delta x} = \frac{(x + \Delta x)^3 - x^3}{\Delta x}$$
Wegen $(a + b)^3 = a^3 + 3a^2b + 3ab^2 + b^3$:
$$m_s = \frac{3x^2\Delta x + 3x\Delta x^2 + \Delta x^3}{\Delta x} = 3x^2 + 3x\Delta x + \Delta x^2$$
Mit $\Delta x \to 0$ folgt: $p'_3(x) = \lim_{\Delta x \to 0} \frac{\Delta y}{\Delta x} = \lim_{\Delta x \to 0} (3x^2 + 3x\Delta x + \Delta x^2)$
$$p'_3(x) = (x^3)' = 3x^2 = m_t$$

1 Tangentenanstiege und Funktionsterm

a) Zeichnen Sie in den Punkten A, B, C, D, E, F die Tangenten an den Graphen.
b) Bestimmen Sie aus der Zeichnung die Tangentenanstiege:

x	-3	-2	-1	0	1	2	3
$f'(x)$							

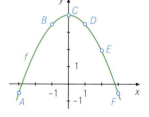

c) Zeichnen Sie ein zweites Koordinatensystem und tragen Sie dort die Tangentenanstiege ein.
d) Geben Sie einen Funktionsterm von f' an.
e) f' hilft, einen Funktionsterm von f anzugeben. Wie heißt er?

2 Der Graph zu $f(x) = \frac{1}{3}x^3 - 3x$

a) Zeichnen Sie den Graphen zu $f(x) = \frac{1}{3}x^3 - 3x$ im Bereich $[-4; 4]$.
b) Ermitteln Sie aus der Zeichnung die Ableitung an den Stellen 0; +1; −1; +2; −2; +3; −3.
c) Berechnen Sie die Ableitung als Grenzwert des Differenzenquotienten. Vergleichen Sie diese mit den zeichnerischen Ergebnissen.

4.2 Potenzfunktionen mit negativen Exponenten

> **BEISPIELE** — Negative Exponenten

1. Bestimmen Sie die Ableitung der Potenzfunktion $p_{-1}(x) = x^{-1} = \frac{1}{x}$.

   Zeichnerische Lösung

   Der Graph von p_{-1}:

   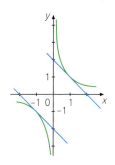

   Der Graph von p'_{-1}:

   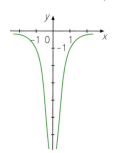

   Die Anstiege m_t: Sie sind überall negativ!

   Tabelle einiger Anstiege:

x	...	-1	$-\frac{1}{2}$	0	$\frac{1}{2}$	1	...
m_t	...	-1	-4	–	-4	-1	...

   Rechnerische Lösung

   Die Ableitung: Zuerst die Sekantenanstiege m_s, dann ihr Grenzwert m_t!

   $$m_s = \frac{\Delta y}{\Delta x} = \frac{p_{-1}(x+\Delta x) - p_{-1}(x)}{\Delta x} = \frac{\frac{1}{x+\Delta x} - \frac{1}{x}}{\Delta x} = \frac{\frac{x}{(x+\Delta x)x} - \frac{x+\Delta x}{(x+\Delta x)x}}{\Delta x}$$

   $$= \frac{\frac{-\Delta x}{(x+\Delta x)x}}{\Delta x} = \frac{-1}{(x+\Delta x)x}$$

   Mit $\Delta x \to 0$ folgt: $p'_{-1}(x) = \lim\limits_{\Delta x \to 0} \frac{\Delta y}{\Delta x} = \lim\limits_{\Delta x \to 0} \frac{-1}{(x+\Delta x)x}$

   $$p'_{-1}(x) = (x^{-1})' = \frac{-1}{x^2} = -x^{-2} = m_t$$

4 Potenzfunktionen

2. Bestimmen Sie die Ableitung der Potenzfunktion $p_{-2}(x) = x^{-2} = \frac{1}{x^2}$.

Zeichnerische Lösung

Der Graph von p_{-2}:

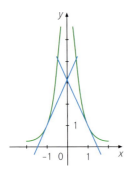

Der Graph von p'_{-2}:

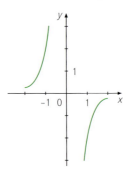

Die Anstiege m_t:
Für $x < 0$ sind sie positiv, für $x > 0$ negativ.

Tabelle einiger Anstiege:

x	...	-1	$-\frac{1}{2}$	0	$\frac{1}{2}$	1	...
m_t	...	2	16	$-$	-16	-2	...

Rechnerische Lösung

Die Ableitung: Zuerst die Sekantenanstiege m_s, dann ihr Grenzwert m_t!

$$m_s = \frac{\Delta y}{\Delta x} = \frac{p_{-2}(x + \Delta x) - p_{-2}(x)}{\Delta x} = \frac{\frac{1}{(x + \Delta x)^2} - \frac{1}{x^2}}{\Delta x} = \frac{\frac{x^2}{(x + \Delta x)^2 x^2} - \frac{(x + \Delta x)^2}{(x + \Delta x)^2 x^2}}{\Delta x}$$

$$= \frac{\frac{-2x\Delta x - \Delta x^2}{(x + \Delta x)^2 x^2}}{\Delta x} = \frac{-2x - \Delta x}{(x + \Delta x)^2 x^2}$$

Mit $\Delta x \to 0$ folgt: $p'_{-2}(x) = \lim\limits_{\Delta x \to 0} \frac{\Delta y}{\Delta x} = \lim\limits_{\Delta x \to 0} \frac{-2x - \Delta x}{(x + \Delta x)^2 x^2}$

$p'_{-2}(x) = (x^{-2})' = \frac{-2}{x^3} = -2x^{-3} = m_t$.

1 Es ist $f(x) = x^3$. Ergänzen Sie die Tabelle.

$f'(3)$	$f'(3^2)$	$f'(3^3)$	$f'(5^3)$	$f'(3^{-1})$	$f'(-3^{-1})$	$f'(-5^{-3})$	$f'(-3^{-3})$	$f'(-3)$

TEIL I

4 TEST Potenzfunktionen

Test

1 **Welche Steigung hat der Graph der jeweils angegebenen Funktion an der Stelle $x = 5$?** |5|

Kreuzen Sie den richtigen Steigungswert an.

$a(x) = x^2$		$b(x) = x^3$		$c(x) = x^{-1}$		$d(x) = x^{-2}$		$e(x) = x^{-3}$	
m		m		m		m		m	
5	☐	15	☐	-5	☐	-25	☐	-625	☐
10	☐	25	☐	$-\frac{1}{5}$	☐	$-\frac{2}{25}$	☐	-375	☐
15	☐	50	☐	$-\frac{1}{25}$	☐	$-\frac{1}{25}$	☐	-125	☐
20	☐	75	☐	$\frac{1}{5}$	☐	$-\frac{2}{125}$	☐	$-\frac{1}{625}$	☐
25	☐	125	☐	$\frac{1}{25}$	☐	$\frac{2}{125}$	☐	$-\frac{3}{625}$	☐

2 **Geben Sie die Stellen an, an denen die jeweils angegebene Funktion den Anstieg 1 hat, sowie die Tangentengleichung an diesen Stellen.** |10|

	$a(x) = x^1$	$b(x) = x^2$	$c(x) = x^3$	$d(x) = x^4$	$e(x) = x^5$
x_0 mit $m = 1$					
Tangenten-gleichung					

3 **Weitere Ableitungen von Potenzfunktionen.** |9|

a) 1. Skizzieren Sie den Graphen zu $y = x^3$.
2. Ermitteln Sie zeichnerisch an mehreren Stellen die Tangentenanstiege und übertragen Sie diese Werte in ein zweites Koordinatensystem. Sie erhalten die Ableitungsfunktion von $y = x^3$ – allerdings nur als grobe Näherung.

b) Bestimmen Sie – wie gewohnt – den Sekantenanstieg $\frac{\Delta y}{\Delta x}$ an einer beliebigen Stelle x_0 und führen Sie anschließend – wie gewohnt – den Grenzprozess $\Delta x \longrightarrow 0$ durch.

c) Vergleichen Sie die Ergebnisse von a) und b).

d) Testen Sie sich weiter: mit $y = x^4$ und mit $y = x^5$ ...

4 TEST Potenzfunktionen

4 Die Graphen zu $y = x^1$, $y = x^2$ und $y = x^3$ schneiden sich im Punkt $P(1|1)$. |6|
Bestimmen Sie sowohl zeichnerisch als auch rechnerisch jeweils den Schnittwinkel zwischen den Graphen und vergleichen Sie.

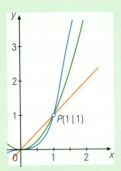

a) zeichnerisch

∢	$y = x^1$	$y = x^2$	$y = x^3$
$y = x^1$	0		
$y = x^2$		0	
$y = x^3$			0

b) rechnerisch

∢	$y = x^1$	$y = x^2$	$y = x^3$
$y = x^1$	0		
$y = x^2$		0	
$y = x^3$			0

||30||

Testauswertung:
Wie viele Punkte haben Sie? Erreichen Sie mehr als 24 Punkte, beherrschen Sie den Inhalt des Kapitels wirklich gut. Erreichen Sie weniger als 10 Punkte, dann sollten Sie dieses Kapitel wiederholen.

TEIL I

5 Fundamentale Ableitungsregeln

WAS SIE SCHON KÖNNEN MÜSSEN
▷ Den Weg von der Sekante zur Tangente zeichnerisch und rechnerisch gehen
▷ Die Begriffe Summenfunktion, Produktfunktion und Verkettung von Funktionen beherrschen

DARUM GEHT ES
Regeln zur Ableitung von Funktionen kennenlernen:
▷ Funktionen mit additiven und multiplikativen Konstanten
▷ Summen- und Differenzenregel
▷ Produkt- und Quotientenregel
▷ Kettenregel
▷ Potenzregel
▷ Wurzelfunktionen in Potenzschreibweise darstellen

5.1 Konstanten und Funktionen

INFO   Funktionen mit Konstanten

Eine Konstante a und eine Funktion f lassen sich sowohl additiv als auch multiplikativ zu neuen Funktionen kombinieren. Aus f entstehen die neuen Funktionen c bzw. k. Im Folgenden leiten wir die Regeln zur Ableitung der neuen Funktionen her.
Herleitung der Ableitungsfunktionen:

1. $c(x) = f(x) + a$

   Die additive Konstante a bewirkt: Der Graph von c ist gegenüber jenem von f um a in y-Richtung verschoben.
   Eine solche Verschiebung ändert naturgemäß nichts an den Steigungen; denn:

   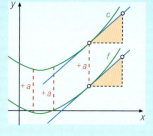

   $$m_c = \frac{\Delta y}{\Delta x} = \frac{c(x + \Delta x) - c(x)}{\Delta x}$$

   $$= \frac{[f(x + \Delta x) + a] - [f(x) + a]}{\Delta x}$$

   $$= \frac{f(x + \Delta x) - f(x)}{\Delta x} \text{ und damit:}$$

   $c'(x) = [f(x) + a]' = f'(x)$

   Merke: Eine additive Konstante fällt beim Differenzieren weg.

37

5 Fundamentale Ableitungsregeln

2. $k(x) = a \cdot f(x)$

Die multiplikative Konstante a bewirkt:
Der Graph von k ist gegenüber jenem von f um den Faktor a in y-Richtung gestreckt.
Durch diese Streckung werden die Steigungsdreiecke in y-Richtung gestreckt:

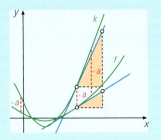

$$m_k = \frac{\Delta y}{\Delta x} = \frac{k(x + \Delta x) - k(x)}{\Delta x}$$

$$= \frac{[a \cdot f(x + \Delta x)] - a \cdot f(x)}{\Delta x}$$

$$= a \, \frac{f(x + \Delta x) - f(x)}{\Delta x} \quad \text{und damit:}$$

$$k'(x) = [a \cdot f(x)]' = a \cdot f'(x)$$

Merke: Eine multiplikative Konstante bleibt beim Differenzieren als Faktor erhalten.

❶ Es ist $f(x) = x^2$ und $g(x) = \frac{1}{x^2}$. Bestimmen Sie die Ableitungen der in der folgenden Tabelle gegebenen Funktionen.

	$[2^3 + f(x)]'$	$[2^3 \cdot f(x)]'$	$[2^3 + g(x)]'$	$[2^3 \cdot g(x)]'$	$[2^3 + f(x) + g(x)]'$	$[2^3 \cdot f(x) \cdot g(x)]'$
$x = 1$						
$x = 2^3$						

❷ Bilden Sie die Ableitungen auf zweierlei Weise:
mithilfe der Ableitungsregeln und mithilfe des Differenzenquotienten und anschließender Grenzwertbetrachtung.

a) $y = 7$
b) $y = 6x^3 - 8$

5.2 Summen- und Differenzenregel

> **INFO** — Ableitung der Summenfunktion
>
> Zwei Funktionen f und g lassen sich durch Addition zu einer neuen Funktion, der Summenfunktion $s = f + g$ kombinieren:
>
>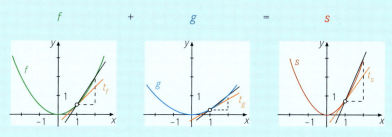
>
> Im Folgenden leiten wir die Regel zur Ableitung der Summenfunktion sowie der Differenzenfunktion her.

Herleitung der Summenregel

Sekantenanstiege von f:

$$m_f = \frac{\Delta y_f}{\Delta x} = \frac{f(x + \Delta x) - f(x)}{\Delta x}$$

Also: $f'(x) = \lim\limits_{\Delta x \to 0} \dfrac{f(x + \Delta x) - f(x)}{\Delta x}$

Sekantenanstiege von g:

$$m_g = \frac{\Delta y_g}{\Delta x} = \frac{g(x + \Delta x) - g(x)}{\Delta x}$$

Also: $g'(x) = \lim\limits_{\Delta x \to 0} \dfrac{g(x + \Delta x) - g(x)}{\Delta x}$

Sekantenanstiege von $s = f + g$:

$$m_s = \frac{\Delta y_s}{\Delta x} = \frac{s(x + \Delta x) - s(x)}{\Delta x} = \frac{[f(x + \Delta x) + g(x + \Delta x)] - [f(x) + g(x)]}{\Delta x}$$

$$= \frac{f(x + \Delta x) - f(x)}{\Delta x} + \frac{g(x + \Delta x) - g(x)}{\Delta x}$$

Also: $s'(x) = \lim\limits_{\Delta x \to 0} \dfrac{\Delta y_s}{\Delta x}$

$$= \lim\limits_{\Delta x \to 0} \left[\frac{f(x + \Delta x) - f(x)}{\Delta x} + \frac{g(x + \Delta x) - g(x)}{\Delta x} \right]$$

Existieren diese beiden einzelnen Grenzwerte, dann folgt:

$s'(x) = [f(x) + g(x)]' = f'(x) + g'(x)$

Entsprechendes lässt sich für Differenzenfunktionen zeigen. Wir halten fest:

5 Fundamentale Ableitungsregeln

INFO — Ableitungsregeln

Summenregel

Sind die beiden Funktionen f und g differenzierbar, dann ist auch die Summenfunktion $s = f + g$ differenzierbar.

Die Ableitung der Summe ist gleich der Summe der Ableitungen:

$s'(x) = [f(x) + g(x)]' = f'(x) + g'(x)$

Differenzenregel

Sind die beiden Funktionen f und g differenzierbar, dann ist auch die Differenzenfunktion $d = f - g$ differenzierbar.

Die Ableitung der Differenz ist gleich der Differenz der Ableitungen:

$d'(x) = [f(x) + g(x)]' = f'(x) + g'(x)$.

---

1 Bilden Sie die Ableitung.

a) $y = \dfrac{1}{3}x^3 + x\sqrt{3}$

b) $y = 3x^2 + \dfrac{2}{x^2} + 2\sqrt{5}$

c) $y = \dfrac{3}{x^3} + \dfrac{4}{x^4} + \dfrac{5}{x^5}$

5.3 Produkt- und Quotientenregel

Produktfunktionen sind Funktionen der Form $p(x) = f(x) \cdot g(x)$.

Im Folgenden leiten wir die Regel zur Ableitung von Produktfunktionen her.

TIPP

Achtung: Betrachten Sie die Funktion

$p(x) = x^2 \cdot x^3 = x^5$

$p'(x) = 5x^4$ (siehe Seite 30 f.).

Die Ableitungsregeln für Summen und Differenzen können hier dazu verleiten einfach die Faktoren abzuleiten, d. h.: $p'(x) = [f(x) \cdot g(x)]' = f'(x) \cdot g'(x)$.

Eine solche „Regel" ist falsch! Sie würde zu $p'(x) = [x^2 \cdot x^3]' = [x^2]' \cdot [x^3]' = 2x^1 \cdot 3x^2$ führen – und das ist fraglos falsch!

TEIL I

5.3 Produkt- und Quotientenregel

Herleitung der Produktregel

Die Ableitung der Produktfunktion erfolgt über die Differenzenquotienten und anschließende Grenzwertbetrachtung, d. h.:

$$m_p = \frac{\Delta y_p}{\Delta x} = \frac{p(x + \Delta x) - p(x)}{\Delta x} = \frac{f(x + \Delta x)\, g(x + \Delta x) - f(x)\, g(x)}{\Delta x}$$

$$= \frac{[f(x + \Delta x)\, g(x + \Delta x)] + 0 - f(x)\, g(x)}{\Delta x}$$

Die Null wird nun sehr raffiniert umgeschrieben:

$$0 = -f(x)\, g(x + \Delta x) + f(x)\, g(x + \Delta x).$$

$$m_p = \frac{f(x + \Delta x)\, g(x + \Delta x) - f(x)\, g(x + \Delta x) + f(x)\, g(x + \Delta x) - f(x)\, g(x)}{\Delta x}$$

$$m_p = \frac{f(x + \Delta x) - f(x)}{\Delta x}\, g(x + \Delta x) + f(x)\, \frac{g(x\,\Delta x) - g(x)}{\Delta x}$$

Der Grenzprozess $\Delta x \rightarrow 0$ führt auf

$$p'(x) = \lim_{\Delta x \to 0} \frac{\Delta y_p}{\Delta x} = \lim_{\Delta x \to 0} \left[\frac{f(x + \Delta x) - f(x)}{\Delta x}\, g(x + \Delta x) + f(x)\, \frac{g(x + \Delta x) - g(x)}{\Delta x} \right]$$

$$= f'(x)\, g(x) + f(x)\, g'(x)$$

INFO   **Produktregel**

Sind die beiden Funktionen f und g differenzierbar, so ist auch ihr Produkt differenzierbar. Es ist:

$$p'(x) = [f(x) \cdot g(x)]' = f'(x) \cdot g(x) + f(x) \cdot g'(x).$$

Eine Quotientenfunktion ist eine Funktion der Form $q(x) = \dfrac{f(x)}{g(x)}$ $(g(x) \neq 0)$.

Im Folgenden leiten wir die Regel für die Ableitung der Quotientenfunktion her.

Achtung: Auch bei der Funktion

$$q(x) = \frac{x^2}{x^3} = \frac{1}{x}$$

$$q'(x) = \frac{-1}{x^2}\ \text{(siehe Seite 32)}$$

ist eine Regel nach dem Motto „Die Ableitung einer Quotientenfunktion ist der Quotient der Ableitungen", d. h.:

$$q'(x) = \left[\frac{f(x)}{g(x)} \right]' = \frac{f'(x)}{g'(x)}$$

schlichtweg falsch. Dies führt zu dem nachweislich falschen Ergebnis $q'(x) = \dfrac{(x^2)'}{(x^3)'} = \dfrac{2}{3x}$.

41

5 Fundamentale Ableitungsregeln

Herleitung der Quotientenregel

Die Ableitung der Quotientenfunktion erfolgt über die Differenzenquotienten:

$$m_q = \frac{\Delta y_q}{\Delta x} = \frac{q(x + \Delta x) - q(x)}{\Delta x} = \frac{\frac{f(x + \Delta x)}{g(x + \Delta x)} - \frac{f(x)}{g(x)}}{\Delta x} = \frac{\frac{f(x + \Delta x)\, g(x) + 0 - f(x)\, g(x + \Delta x)}{g(x + \Delta x)\, g(x)}}{\Delta x}$$

Auch hier funktioniert der Trick mit der Null: $0 = -f(x)\, g(x) + f(x)\, g(x)$. Er führt auf

$$m_q = \frac{\frac{f(x + \Delta x)\, g(x) - f(x)\, g(x) + f(x)\, g(x) - f(x)\, g(x + \Delta x)}{g(x + \Delta x)\, g(x)}}{\Delta x}$$

$$m_q = \frac{\frac{f(x + \Delta x) - f(x)}{\Delta x}\, g(x) - f(x)\, \frac{g(x + \Delta x) - g(x)}{\Delta x}}{g(x + \Delta x)\, g(x)}$$

Der Grenzprozess $\Delta x \rightarrow 0$ führt auf

$$q'(x) = \lim_{\Delta x \to 0} \frac{\Delta y_q}{\Delta x} = \lim_{\Delta x \to 0} \frac{\frac{f(x + \Delta x) - f(x)}{\Delta x}\, g(x) - f(x)\, \frac{g(x + \Delta x) - g(x)}{\Delta x}}{g(x + \Delta x)\, g(x)} = \frac{g(x)\, f'(x) - f(x)\, g'(x)}{(g(x))^2}$$

INFO — Quotientenregel

Sind die beiden Funktionen f und g differenzierbar und ist $g(x) \neq 0$, so ist auch ihr Quotient differenzierbar. Es ist:

$$q'(x) = \left[\frac{f(x)}{g(x)}\right]' = \frac{g(x) \cdot f'(x) - f(x) \cdot g'(x)}{(g(x))^2}.$$

---

1 Bilden Sie die Ableitung mithilfe der Produkt- bzw. Quotientenregel.

a) $y = (x + x^2)(1 - x^2)$

b) $y = (1 + 2x + 3x^2)(1 - 2x - 3x^2)$

c) $y = \left(2x - \frac{2}{x}\right)\left(x^2 + \frac{1}{x^2}\right)$

d) $y = \frac{1 - x}{1 + x^2}$

e) $y = \frac{\sqrt{x}}{1 + x}$

f) $y = \frac{1 + \sqrt{x}}{1 - \sqrt{x}}$

2 Ableitungsregel

a) Entwickeln Sie eine Ableitungsregel für eine Funktion d, die sich als Produkt von 3 differenzierbaren Funktionen darstellen lässt, d. h. $d(x) = f(x)\, g(x)\, h(x)$.

b) Entwickeln Sie eine Ableitungsregel für eine Funktion v, die sich als Produkt von 4 differenzierbaren Funktionen darstellen lässt, d. h. $v(x) = f(x)\, g(x)\, h(x)\, k(x)$.

5.4 Kettenregel

> **INFO** — **Verkettung von Funktionen**
>
> Eine sehr wichtige Zusammensetzung zweier Funktionen g und f zu einer neuen Funktion ist die **Verkettung** v oder *Hintereinanderausführung* von g und f.

Beispiel 1:
$g: z = g(x) = \frac{1}{3}x + \frac{1}{3}$ und $f: y = f(z) = z^2$.
Führt man diese zwei Funktionen hintereinander aus, zuerst g und dann f, so erhält man
$v: y = f(g(x)) = \left(\frac{1}{3}x + \frac{1}{3}\right)^2$.
Im Folgenden leiten wir die Regel für Ableitung verketteter Funktionen her.

Herleitung der Kettenregel

Um die Ableitung der verketteten Funktion v zu ermitteln, untersuchen wir die Sekantensteigungen bzw. Differenzenquotienten von f, g und v:

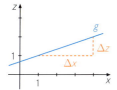 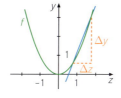 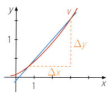

$m_g = \frac{\Delta z}{\Delta x}$

$g'(x) = \lim\limits_{\Delta x \to 0} \frac{\Delta z}{\Delta x}$

$m_f = \frac{\Delta y}{\Delta z}$

$f'(z) = \lim\limits_{\Delta z \to 0} \frac{\Delta y}{\Delta z}$

$m_v = \frac{\Delta y}{\Delta x}$

Es gilt: $\frac{\Delta y}{\Delta x} = \frac{\Delta y}{\Delta z} \cdot \frac{\Delta z}{\Delta x}$

Mit $\Delta x \to 0$ ist auch $\Delta z \to 0$, es folgt:

$\lim\limits_{\Delta x \to 0} \frac{\Delta y}{\Delta x} = \lim\limits_{\Delta z \to 0} \frac{\Delta y}{\Delta z} \cdot \lim\limits_{\Delta x \to 0} \frac{\Delta z}{\Delta x}$

$v'(x) = f'(z) \cdot g'(x)$

> **INFO** — **Kettenregel**
>
> Sind die beiden Funktionen $g: z = g(x)$ und $f: y = f(z)$ differenzierbar und liegen die Funktionswerte $z = g(x)$ im Definitionsbereich von f, so ist auch die verkettete Funktion $v: y = f(g(x))$ differenzierbar. Es gilt:
> $v'(x) = [f(g(x))]' = f'(z)\, g'(x)$ mit $z = g(x)$
> $f'(z)$ heißt *äußere Ableitung* oder auch Ableitung nach z,
> $g'(x)$ heißt *innere Ableitung* oder auch Ableitung nach x.

5 Fundamentale Ableitungsregeln

Reihenfolge der Verkettung
Bei der Kettenregel kommt es entscheidend darauf an, zu erkennen, welches die innere und welches die äußere Funktion ist.

Beispiel 2: $v(x) = f(g(x)) = \left(\frac{1}{3}x + \frac{1}{3}\right)^2$

Hier ist $g(x) = \frac{1}{3}x + \frac{1}{3}$ die innere Funktion und $f(z) = z^2$ die äußere Funktion.
Um Funktionswerte $v(x)$ zu berechnen, muss zuerst $g(x) = \frac{1}{3}x + \frac{1}{3}$ berechnet werden und danach wird quadriert.
Merke: Man rechnet stets „von innen nach außen"!

Beispiel 3: Führt man zuerst $f : z = f(x) = x^2$ und anschließend $g : y = g(z) = \frac{1}{3}z + \frac{1}{3}$ aus, so erhält man $u(x) = g(f(x)) = \frac{1}{3}x^2 + \frac{1}{3}$.
Der Vergleich mit Beispiel 1 zeigt: $g(f(x)) \neq f(g(x))$.

1 Bilden Sie die Ableitung mithilfe der Kettenregel.

a) $y = (1 + 10x + 200x^2)^5$ b) $y = \left(x^4 - 1 + \frac{1}{x^4}\right)^2$ c) $y = \left(\frac{1}{2x^2 + 3}\right)^3$

d) $y = (x^2 - 5)(2x + 3)^5$ e) $y = \frac{1}{(x^4 - 3x^2 + 2)^3}$

5.5 Wurzelfunktionen

INFO — Potenzen mit gebrochenzahligen Exponenten

Wurzelfunktionen lassen sich – wie andere Funktionen auch – grafisch darstellen. Tangentenkonstruktionen führen auch hier auf grafische Weise zur Ableitung. Bequeme rechnerische Wege ergeben sich durch den Umstand, dass Wurzelfunktionen sich in Potenzschreibweise darstellen lassen, dabei sind die Exponenten freilich nicht mehr ganzzahlig. Ihre Ableitungen lassen sich dann mithilfe der Kettenregel bestimmen.

BEISPIELE — Wurzeln als Potenzen

Beispiel 1: $y = \sqrt{x}$

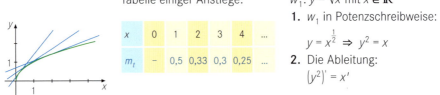

Tabelle einiger Anstiege:

x	0	1	2	3	4	...
m_t	–	0,5	0,33	0,3	0,25	...

$w_1 : y = \sqrt{x}$ mit $x \in \mathbb{R}^+$

1. w_1 in Potenzschreibweise:
$y = x^{\frac{1}{2}} \Rightarrow y^2 = x$

2. Die Ableitung:
$(y^2)' = x'$

TEIL I

5.5 Wurzelfunktionen

Der Graph von $y = \sqrt{x}$.
Die Anstiege sind für alle
$x > 0$ positiv; sie werden mit
zunehmenden x immer
flacher.

3. Vorsicht: Kettenregel!

$2y \cdot y' = x'$

$\Rightarrow y' = \dfrac{1}{2y} = \dfrac{1}{2\sqrt{x}}$

$\Rightarrow y' = \dfrac{1}{2}x^{-\frac{1}{2}}$

Diese Methode lässt sich im Prinzip bei jeder Wurzelfunktion durchführen:

Beispiel 2: $y = \sqrt[n]{x}$

1. w_2 in Potenzschreibweise:

$y - x^{\frac{1}{n}} \Rightarrow y^n = x$

2. Die Ableitung:

$(y^n)' = x'$

3. Vorsicht: Kettenregel!

$ny^{n-1} y' = x'$

$\Rightarrow y' = \dfrac{1}{ny^{n-1}} = \dfrac{1}{n\left(x^{\frac{1}{n}}\right)^{n-1}}$

$\Rightarrow y' = \dfrac{1}{n}x^{\frac{1}{n}-1}$

Beispiel 3: $y = \sqrt[n]{x^m}$

1. w_3 in Potenzschreibweise:

$y = x^{\frac{m}{n}} \Rightarrow y^n = x^m$

2. Die Ableitung:

$(y^n)' = (x^m)'$

3. Vorsicht: Kettenregel!

$ny^{n-1} y' = m \cdot x^{m-1} \cdot x'$

$\Rightarrow y' = \dfrac{m}{n}x^{\frac{m}{n}-1}$

| **INFO** | **Potenzregel für gebrochene Exponenten** |

Wurzelfunktionen lassen sich nach der **Potenzregel** ableiten:

$f(x) = x^n \Rightarrow f'(x) = n \cdot x^{n-1}$

Wurzeln sind als Potenzen mit gebrochenen Exponenten darstellbar. Die Potenzregel gilt nicht nur für ganzzahlige, sondern auch für gebrochene Exponenten.

---

1 **Bilden Sie die Ableitungen.**

Hinweis: Beachten Sie die Kettenregel.

a) $y = \sqrt{x^2 + 4x + 5}$

b) $y = \sqrt{\dfrac{x-1}{x+1}}$

c) $y = \sqrt{1 + \sqrt{1 + x}}$

d) $y = \sqrt{3x + 1}\,(3 - x^3)^4$

e) $y = \sqrt{x + \sqrt{x + \sqrt{x}}}$

f) $y = \sqrt[3]{x + \sqrt[3]{x + \sqrt[3]{x}}}$

5 Fundamentale Ableitungsregeln

5.6 Differenzialrechnung

Wer sich auf Differenzialrechnung einlässt, muss mit Ableitungsregeln sicher und routiniert umgehen können. Die im Folgenden gezeigten Lösungsmuster machen deutlich, wo die einzelnen Regeln für Ableitungen im konkreten Fall angewendet werden können.

BEISPIELE — Vermischte Aufgaben

Beispiel 1: $a(x) = 7x^2 - 1{,}8x^5 + \dfrac{2}{x^3}$

$$a'(x) = \left[7x^2 - 1{,}8x^5 + \dfrac{2}{x^3}\right]'$$

1. a ist eine Summenfunktion. Es greift die Summenregel.

$$\Rightarrow a'(x) = (7x^2)' - (1{,}8x^5)' + \left(\dfrac{2}{x^3}\right)'$$

2. Die Einzelterme: Es greifen die Potenzregel sowie die Regel über Konstanten.
$$(7x^2)' = 7 \cdot 2x^1 = 14x$$
$$(1{,}8x^5)' = 1{,}8 \cdot 5x^4 = 9x^4$$
$$\left(\dfrac{2}{x^3}\right)' = (2x^{-3})' = 2 \cdot (-3)x^{-4} = -\dfrac{6}{x^4}$$

3. Die Ableitung: $a'(x) = 14x - 9x^4 - \dfrac{6}{x^4}$

Beispiel 2: $b(x) = \sqrt[4]{x} + \dfrac{1 - 2x^2}{2 - x^2}$

$$b'(x) = \left[\sqrt[4]{x} + \dfrac{1 - 2x^2}{2 - x^2}\right]'$$

1. b ist eine Summenfunktion.

$$\Rightarrow b'(x) = \left(\sqrt[4]{x}\right)' + \left(\dfrac{1 - 2x^2}{2 - x^2}\right)'$$

2. Die Einzelterme:
Für den einen die Potenzregel, für den anderen die Quotientenregel.

$$\left(\sqrt[4]{x}\right)' = \left(x^{\frac{1}{4}}\right)' = \dfrac{1}{4}x^{-\frac{3}{4}} = \dfrac{1}{4 \cdot \sqrt[4]{x^3}}$$

$$\left(\dfrac{1 - 2x^2}{2 - x^2}\right)' = \dfrac{(2 - x^2)(1 - 2x^2)' - (1 - 2x^2)(2 - x^2)'}{(2 - x^2)^2} = -\dfrac{6x}{(2 - x^2)^2}$$

3. Die Ableitung: $b'(x) = \dfrac{1}{4\sqrt[4]{x^3}} - \dfrac{6x}{(2 - x^2)^2}$

TEIL I

5 TEST Fundamentale Ableitungsregeln

Beispiel 3: $c(x) = (1 + 2x + 3x^2)(4x^3 + 5x^4 + 6x^5)$

$\quad\quad\quad\quad c'(x) = [(1 + 2x + 3x^2)(4x^3 + 5x^4 + 6x^5)]'$

1. c ist eine Produktfunktion. Es greift die Produktregel.
   $\Rightarrow c'(x) = (1 + 2x + 3x^2)(4x^3 + 5x^4 + 6x^5)' + (1 + 2x + 3x^2)'(4x^3 + 5x^4 + 6x^5)$

2. Die Einzelterme:
   Es greifen die Summen- und Potenzregel sowie die Regel über Konstanten.
   $(4x^3 + 5x^4 + 6x^5)' = 12x^2 + 20x^3 + 30x^4$
   $(1 + 2x + 3x^2)' = 2 + 6x$

3. Die Ableitung:
   $c'(x) = (1 + 2x + 3x^2)(12x^2 + 20x^3 + 30x^4) + (2 + 6x)(4x^3 + 5x^4 + 6x^5)$
   $c'(x) = 12x^2 + 52x^3 + 140x^4 + 162x^5 + 126x^6$

Test

1 **Bilden Sie die Ableitung von $f(x) = 2x^3 + 3x^2$ auf zwei unterschiedliche Arten:** |6|

a) mithilfe von Ableitungsregeln; geben Sie die verwendeten Ableitungsregeln an.
b) mithilfe des Differenzenquotienten $\frac{\Delta y}{\Delta x}$ und anschließender Grenzwertbetrachtung.

2 **Vier Schüler behaupten:** |12|

S: „Die Ableitung einer Summe ist die Summe der Ableitungen."
D: „Die Ableitung einer Differenz ist die Differenz der Ableitungen."
P: „Die Ableitung eines Produktes ist das Produkt der Ableitungen."
Q: „Die Ableitung eines Quotienten ist der Quotient der Ableitungen."

a) Schreiben Sie diese Behauptungen in Formelsprache.
b) Welche dieser Behauptungen sind richtig, welche falsch?
c) Beispiel: $x^2 = x \cdot x$; $x^3 = x \cdot x^2$; $x^4 = x \cdot x^3$
   Nutzen Sie diese Identitäten, um P's Behauptung zu bewerten.
d) Beispiel: $x = \frac{x^2}{x}$; $x^2 = \frac{x^3}{x}$; $x^3 = \frac{x^4}{x}$
   Nutzen Sie diese Identitäten, um Q's Behauptung zu bewerten.

5 TEST Fundamentale Ableitungsregeln

3 Bilden Sie die Ableitungen. |5|

y	$(3x^2 + 4)\sqrt{x-4}$	$\frac{1}{x}\sqrt{1+x^2}$	$\frac{1+x^4}{1-x^4}$	$\frac{x^5-1}{x-1}$	$\sqrt{1+\sqrt{2+x}}$
y'					

4 Die obere Hälfte des Einheitskreises beschreibt sich – Pythagoras lässt grüßen – durch $x^2 + y^2 = 1$, $y \geq 0$. |9|

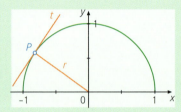

Wählen Sie auf dem Halbkreis verschiedene Punkte $P(x_0 | y_0)$ und bestimmen Sie für jeden dieser Punkte sowohl den Anstieg m_r des Radius als auch den Anstieg m_t der Tangente zeichnerisch und rechnerisch.

x_0	$-0{,}8$	$-0{,}6$	$-0{,}4$	$-0{,}2$	$0{,}2$	$0{,}4$	$0{,}6$	$0{,}8$
y_0								
m_r								
m_t								

a) Was fällt auf?
b) Wie lässt sich diese Auffälligkeit erklären?

||32||

Testauswertung:
Wie viele Punkte haben Sie? Erreichen Sie mehr als 26 Punkte, beherrschen Sie den Inhalt des Kapitels wirklich gut. Erreichen Sie weniger als 13 Punkte, dann sollten Sie dieses Kapitel wiederholen.

TEIL I

Trigonometrische Funktionen

WAS SIE SCHON KÖNNEN MÜSSEN
▷ Grundlegende Kenntnisse über trigonometrische Funktionen – was bedeuten sin, cos, tan, cot?
▷ Die Begriffe Periodizität, Amplitude und Phasenverschiebung kennen
▷ Den Zusammenhang von Sekante und Tangente (auch hier!) parat haben

DARUM GEHT ES
▷ Die Ableitung von Sinus-, Kosinus-, Tangens- und Kotangensfunktionen bestimmen, und zwar sowohl zeichnerisch als auch rechnerisch

6.1 Sinus- und Kosinusfunktion

Die Graphen
Die Graphen von Sinus und Kosinus lassen sich auf ähnliche Weise konstruieren: Ein Zeiger der Länge 1 dreht sich, ähnlich wie die Speiche eines Rades. Der Zeiger wird beleuchtet – einmal horizontal, das andere Mal vertikal. Sein Schatten zeigt einmal die Werte des Sinus, das andere Mal die des Kosinus.

Sinus

Kosinus

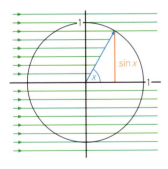
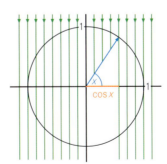

Grad- und Bogenmaß
Es genügt, von einigen Winkeln die zugehörigen Sinus- bzw. Kosinuswerte zu kennen, um ihre Graphen hinreichend genau zu zeichnen. Die folgende Tabelle ist dabei sehr hilfreich – und überdies leicht zu merken! (Übrigens, Grad- und Bogenmaß sind eng miteinander verknüpft. Es genügt zu wissen: 360° und 2π stehen jeweils für den Vollwinkel.)

49

6 Trigonometrische Funktionen

x im Gradmaß	0°	30°	45°	60°	90°
x im Bogenmaß	0	$\frac{\pi}{6}$	$\frac{\pi}{4}$	$\frac{\pi}{3}$	$\frac{\pi}{2}$
$\sin x$	$\frac{\sqrt{0}}{2}$	$\frac{\sqrt{1}}{2}$	$\frac{\sqrt{2}}{2}$	$\frac{\sqrt{3}}{2}$	$\frac{\sqrt{4}}{2}$
$\cos x$	$\frac{\sqrt{4}}{2}$	$\frac{\sqrt{3}}{2}$	$\frac{\sqrt{2}}{2}$	$\frac{\sqrt{1}}{2}$	$\frac{\sqrt{0}}{2}$

1 Bogen- und Gradmaß

a) Geben Sie die Winkel im Bogenmaß an.

α_g im Gradmaß	0°	10°	30°	36°	55°	200°	360°	1000°
α_b im Bogenmaß	0						2π	

b) Geben Sie die Winkel im Gradmaß an.

α_b im Bogenmaß	0	$\frac{\pi}{180}$	$\frac{\pi}{20}$	$\frac{\pi}{8}$	$\frac{5\pi}{9}$	1	2,7	100
α_g im Gradmaß								

c) Geben Sie eine Formel an, die α_b und α_g umzurechnen erlaubt.

Die Ableitung – zeichnerisch

Die Graphen – sorgfältig gezeichnet – verraten spätestens auf den zweiten Blick ihre Ableitungen.
Zur Erinnerung: Die Ableitung an einer Stelle bedeutet geometrisch den Anstieg der Tangente.

TIPP **Konstruktion der Ableitungsfunktion**

1. Zuerst wird die Sinus- bzw. die Kosinuskurve gezeichnet.
2. Dann werden an die Kurven Tangenten angepasst. An den Stellen $0, \frac{\pi}{2}; \pi; \frac{3}{2}\pi;$ $2\pi; \ldots$ erkennt man die Anstiege auf einen Blick; sie haben die Werte 0; 1 oder -1.
   An anderen Stellen muss gezählt und gemessen werden; so ist z. B. bei $x = \frac{\pi}{4}$ der Anstieg des Sinus etwa $\frac{3,5}{5} = 0,7$, jener des Kosinus etwa $\frac{-3,5}{5} = -0,7$.
3. Diese Werte werden in ein neues Koordinatensystem übertragen – es entsteht die Ableitungsfunktion.

6.1 Sinus- und Kosinusfunktion

Sinus

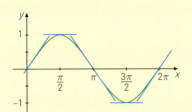

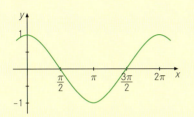

Ableitungsfunktion von Sinus
Diese Funktion ist dem Kosinus zum Verwechseln ähnlich! Wir wissen: Bilder allein haben keine Beweiskraft; doch es drängt sich die Vermutung auf:
sin' x = cos x

Kosinus

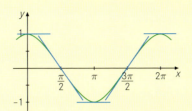

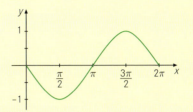

Ableitungsfunktion von Kosinus
Diese Funktion erinnert an den Sinus – bis auf das Vorzeichen! Die Ähnlichkeit scheint mehr als nur Zufall zu sein. Wir vermuten:
cos' x = – sin x

2 Der Graph ist aus Sinusbögen zusammengesetzt. Zeichnen Sie die Ableitungskurve.

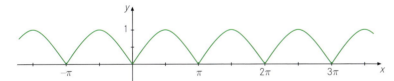

3 Bilden Sie die Ableitungen.

a) $a(x) = (x^3 + 5x^2 - 3) \sin x$
b) $b(x) = \sin 3x \cos x$
c) $c(x) = \sin^2 x + \cos^2 x$
d) $d(x) = \sin(\cos x)$
e) $e(x) = \sin^3 x + 4 \cos 2x$

6 Trigonometrische Funktionen

6.2 Tangens- und Kotangensfunktion

Die Ableitung – rechnerisch

Tangens und Kotangens sind Quotienten bekannter Funktionen; ihre **Ableitungen** findet man daher am bequemsten **mit der Quotientenregel**.

$$\tan' x = \left(\frac{\sin x}{\cos x}\right)'$$
$$= \frac{\cos x (\sin x)' - \sin x (\cos x)'}{\cos^2 x}$$
$$= \frac{\cos^2 x + \sin^2 x}{\cos^2 x}$$

$$\cot' x = \left(\frac{\cos x}{\sin x}\right)'$$
$$= \frac{\sin x (\cos x)' - \cos x (\sin x)'}{\sin^2 x}$$
$$= \frac{-\sin^2 x - \cos^2 x}{\sin^2 x}$$

Dieses Ergebnis lässt sich noch etwas eleganter und kürzer fassen. In einem rechtwinkligen Dreieck der Hypotenuse 1 haben die Katheten die Längen sin x bzw. cos x. Es ist der altehrwürdige Pythagoras, der die so wichtige Beziehung zwischen Sinus und Kosinus stiftet: $\sin^2 x + \cos^2 x = 1^2$. Damit folgt:

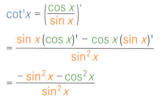

$$\tan' x = \frac{1}{\cos^2 x} \qquad\qquad \cot' x = -\frac{1}{\sin^2 x}$$

❶ Bilden Sie die Ableitungen.

a) $f(x) = \tan(\cot x)$

b) $g(x) = \tan x \cdot \cot x$

c) $h(x) = \sqrt{\tan 2x + \cot 4x}$

d) $i(x) = \dfrac{\sin \pi x}{\tan(x + \pi)}$

❷ Trigonometrische Funktionen sind untereinander verwandt.
Sie lassen sich durch andere trigonometrische Funktionen darstellen. Bilden Sie die Ableitungen und vergleichen Sie diese mit bekannten Ergebnissen.

a) $\cos x = \sin\left(x + \dfrac{\pi}{2}\right)$

b) $\cos x = \sqrt{1 - \sin^2 x}$

c) $\tan x = \dfrac{\sin x}{\sqrt{1 - \sin^2 x}}$

d) $\cot x = \dfrac{1}{\tan x}$

BEISPIELE — Ableitungen trigonometrischer Funktionen

Beispiel 1: $a(x) = 2x \sin x$
a) Man bestimme die Ableitung von a.
b) Wie lautet die Tangentengleichung an der Stelle $x = \pi$?

Beispiel 2: $b(x) = \sin x \cos x$
a) Man bestimme die Ableitung von b.
b) An welchen Stellen hat die Ableitung den Wert 0?
c) An welchen Stellen hat die Ableitung den Wert 1?

6 TEST Trigonometrische Funktionen

Lösung
a) a ist eine *Produktfunktion*.
$\Rightarrow a'(x) = (2x \sin x)'$
$= 2x(\sin x)' + (2x)' \sin x$
$a'(x) = 2x \cos x + 2 \sin x$

b) Für die Tangente gilt:
1. Sie ist eine Gerade, d. h. von der Form $y = mx + n$.
2. Sie geht durch den Punkt $(\pi \mid a(\pi))$.
Wegen $a(\pi) = 2\pi \cdot \sin \pi = 0$ ist deshalb:
$0 = m\pi + n$.
3. Die Tangente hat an der Stelle $x = \pi$ die gleiche Steigung wie der Graph, d. h.:
$a'(\pi) = 2\pi \cos \pi + 2 \sin \pi$
$= -2\pi = m$.
Aus **2.** folgt damit $n = 2\pi^2$.
Die Tangentengleichung lautet:
$y = -2\pi x + 2\pi^2$

Lösung
a) b ist eine *Produktfunktion*.
$\Rightarrow b'(x) = (\sin x \cos x)'$
$= \sin x (\cos x)' + (\sin x)' \cos x$
$b'(x) = -\sin^2 x + \cos^2 x$

b) $b'(x) = 0 \Rightarrow -\sin^2 x + \cos^2 x = 0$
wegen $\sin^2 x + \cos^2 x = 1$:
$\Rightarrow \sin^2 x = \frac{1}{2}$
$\Rightarrow \sin x = +\frac{\sqrt{2}}{2}$ oder $\sin x = -\frac{\sqrt{2}}{2}$
Diese Sinuswerte werden wegen der Periodizität von unendlich vielen Winkeln realisiert.
$x = 45° + k \cdot 360°$;
$x = 135° + k \cdot 360°$;
$x = 225° + k \cdot 360°$;
$x = 315° + k \cdot 360°$; $k \in \mathbb{N}$

c) $b'(x) = 1 \Rightarrow -\sin^2 x + \cos^2 x = 1$
$\Rightarrow \sin^2 x = 0$
$\Rightarrow \sin x = 0$
$x = 0° + k \cdot 180°$, $k \in \mathbb{N}$

Test

1 Die Abbildung zeigt den Graphen zu $y = \sin x$. |14|

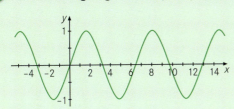

Zeichnen Sie jeweils den Graphen zu $y = \sin x$ und einen der nachfolgenden in das gleiche Koordinatensystem die Graphen zu

a) $y = \sin 2x$ b) $y = 2 \sin x$ c) $y = \sin \frac{1}{2}x$

d) $y = \sin\left(x + \frac{\pi}{2}\right)$ e) $y = \sin\left(x - \frac{\pi}{2}\right)$ f) $y = \sin x + \frac{\pi}{2}$

g) $y = a \sin(bx + c) + d$ kann man sich aus $y = \sin x$ entstanden denken.
Was bewirken die Parameter a, b, c, d?

6 TEST Trigonometrische Funktionen

2 Ordnen Sie jedem Graphen den ihm zugehörigen Funktionsterm zu. |5|

a)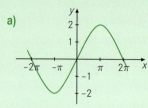

b)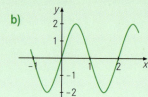

c)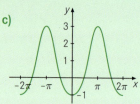

a)	b)	c)
2 sin x	2 sin x	3 sin x
2 sin $\frac{1}{2}$x	2 sin πx	2 + sin x
2 sin 2x	2 sin 2πx	1 − 2 cos 2x
2 sin (x − 2π)	2 sin $\frac{x}{\pi}$	1 − 2 cos x

d)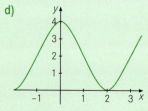

e)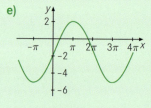

d)	e)
4 cos x	−2 + 3 sin $\frac{1}{2}$x
4 cos $\frac{\pi}{2}$x	−2 + 3 sin x
2 + 2 cos $\frac{\pi}{2}$x	2 sin (x − 2)
2 + 2 cos x	−2 sin (x − 5)

3 Kreuzen Sie die richtige Ableitung an: |5|

(2 cos 3x)'	(x sin x)'	(sin(x²))'	(sin²x)'	(sin²(x²))'
2 sin 3x	sin x	2x sin (2x)	2 sin x cos x	4 sin (x³)
6 sin 3x	x cos x	2x sin (x²)	2 (sin x)² cos x	4 sin (x³) cos x
− 6 sin 3x	1 + cos x	2 cos (x²)	2 sin x	4x sin (x²) cos (x²)
− 6 cos x	sin x + x cos x	2x cos (2x)	2 cos x	2 sin (x²) cos (x²)
− 6 cos 3x	x sin 1 + 1 sin x	2x cos (x²)	(cos x)²	2 cos (2x)

||24||

Testauswertung:
Wie viele Punkte haben Sie? Erreichen Sie mehr als 19 Punkte, beherrschen Sie den Inhalt des Kapitels wirklich gut. Erreichen Sie weniger als 10 Punkte, dann sollten Sie dieses Kapitel wiederholen.

TEIL I

Exponential-/Logarithmusfunktionen

WAS SIE SCHON KÖNNEN MÜSSEN
▷ Grundlegende Kenntnisse über Exponential- und Logarithmusfunktionen:
Was bedeuten 2^x, 10^x, e^x, a^x, und was die Logarithmusfunktionen $\ln x$, $\lg x$, $\log_2 x$, $\log_a x$?
▷ Einfache Exponential- und Logarithmusgleichungen lösen
▷ Die Tangentensteigung bestimmen

DARUM GEHT ES
▷ Die Ableitung von Exponential- und Logarithmusfunktionen zeichnerisch und rechnerisch bestimmen

7.1 Exponentialfunktionen und ihre Ableitungen

Die Ableitung – grafisch

INFO   **Eigenschaften von Exponentialfunktionen**

Exponentialfunktionen haben folgende Charakteristika gemein:
▶ Sie verlaufen alle durch den Punkt (0 | 1).
▶ Sie steigen unentwegt, wenn ihre Basis größer als 1 ist; zunächst fast unmerklich, dann aber stärker und immer stärker. Wenn aber die Basis kleiner als 1 ist, fallen sie unentwegt.
▶ Eine Nullstelle besitzen sie nicht (wenn keine additive Konstante hinzukommt).

Man kann zeigen, dass eine Exponentialfunktion im Grenzverhalten stärker ansteigt als jede Potenzfunktion. Dies ist jedoch nicht die größte Besonderheit dieser Funktionenklasse: Wie wir am Ende dieses Abschnitts sehen werden, ist die Exponentialfunktion so etwas wie das „neutrale Element" der Operation Ableitung – zumindest wenn man die eulersche Zahl e als Basis wählt und keine additiven Konstanten auftreten.

Wir untersuchen zunächst – stellvertretend für alle – die Exponentialfunktionen der Basis 2 bzw. 3.

7 Exponential-/Logarithmusfunktionen

BEISPIELE — Die Basen 2 und 3

Beispiel 1: der Graph zu $y = 2^x$

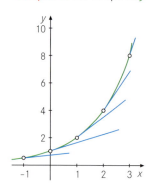

An einigen Stellen sind Tangenten gezeichnet. Ihre Steigungen werden festgestellt und in ein zweites Koordinatensystem übertragen.

Ableitung $y' = (2^x)'$:

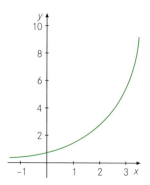

In der Tabelle sind einige Ableitungswerte festgehalten. Versuchen Sie, diese Konstruktionen selbstständig nachzuvollziehen.

Beispiel 2: der Graph zu $y = 3^x$

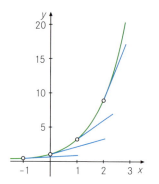

Je mehr Tangenten, je genauer die Zeichnung, desto genauer der Ableitungsgraph.

Ableitung $y' = (3^x)'$:

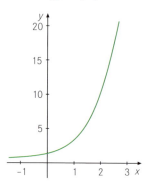

Bei genauerem Hinsehen erkennt man: Die Ableitungswerte y' verhalten sich ähnlich wie die Funktionswerte y; ihr Quotient hat jeweils ein und denselben Wert!

TEIL I

7.1 Exponentialfunktionen und ihre Ableitungen

x	-1	0	1	2	3
$y = 2^x$	0,5	1	2	4	8
$y' = (2^x)'$	0,33	0,7	1,4	2,8	5,5
$\dfrac{y'}{y}$	0,66	0,7	0,7	0,7	0,69

x	-1	0	1	2	3
$y = 3^x$	0,33	1	3	9	27
$y' = (3^x)'$	0,33	1,1	3,3	10	30
$\dfrac{y'}{y}$		1	1,1	1,1	1,1	1,1

Es gilt also: $y = 2^x$
$y' \approx 0{,}7 \cdot 2^x$ bzw.
$y' = y'_{x=0} \cdot 2^x$

$y = 3^x$
$y' \approx 1{,}1 \cdot 3^x$ bzw.
$y' = y'_{x=0} \cdot 3^x$

INFO   **Proportionale Ableitungen**

Funktion und Ableitung einer Exponentialfunktion sind zueinander proportional; sie unterscheiden sich nur um einen konstanten Faktor. Dieser Faktor ist jeweils die Ableitung an der Stelle $x = 0$. Ist diese Ableitung an dieser Stelle exakt bekannt, dann ist die Ableitung an allen anderen Stellen auch bekannt.

---

1 **Die Funktion $y = 10^x$**

a) Zeichnen Sie mithilfe der Wertetabelle den Graphen der Funktion $y = 10^x$ im Bereich $[-1; +1]$.
   Tipp: Wählen Sie den Maßstab möglichst groß, um eine gute Zeichengenauigkeit zu erhalten.

b) Zeichnen Sie an der Stelle $x = 0$ die Tangente an den Graphen. Wie groß ist der Anstieg?

c) Geben Sie die Gleichung der Tangente an.

d) Geben Sie die Ableitungsfunktion zu $y = 10^x$ an. Wie groß ist der Anstieg der Tangenten an den Graphen von $y = 10^x$ an den Stellen $x = 1$; $x = 10$; $x = -1$; $x = -10$?

x	$y = 10^x$
$-1{,}0$	0,100
$-0{,}8$	0,158
$-0{,}6$	0,251
$-0{,}4$	0,398
$-0{,}2$	0,631
0	1,000
0,2	1,585
0,4	2,512
0,6	3,981
0,8	6,310
1,0	10,000

7 Exponential-/Logarithmusfunktionen

7.2 Die e-Funktion

Die e-Funktion – Gleiche unter Gleichen?

INFO — Die Basis e

Exponentialfunktionen mit verschiedenen Basen sind nicht wesentlich verschieden. Und so lässt sich auch jede Exponentialfunktion in eine Exponentialfunktion mit anderer Basis transformieren: Wem beispielsweise Exponentialfunktionen der Basis 13 nicht behagen, der kann sie in solche der Basis 2 oder 10 umschreiben! Sowohl in der Mathematik als auch in Anwendungen wird für Exponentialfunktionen mit Vorliebe die merkwürdig anmutende Basis e – die eulersche Zahl – verwendet. Mathematiker bezeichnen sie als transzendente Zahl, um so ihren besonderen Charakter auszudrücken.

Als Dezimalzahl lässt sich die Basis e stets nur in begrenzter Genauigkeit angeben; denn sie ist weder eine endliche noch eine unendlich-periodische Dezimalzahl. Und das sind ihre ersten Ziffern:

e ≈ 2,718 281 828 459 045 235 360 287 471 352 662 497 757 247 093 699...

Sie lässt sich auch vollkommen exakt darstellen – freilich nur durch einen Grenzprozess! Wir geben (ohne nähere Begründung) die gängigsten Darstellungen an:

$$e = \lim_{n \to \infty} \left(1 + \frac{1}{n}\right)^n \text{ bzw.}$$

$$e = \lim_{n \to \infty} \left(1 + \frac{1}{1} + \frac{1}{1 \cdot 2} + \frac{1}{1 \cdot 2 \cdot 3} + \frac{1}{1 \cdot 2 \cdot 3 \cdot 4} + \frac{1}{1 \cdot 2 \cdot 3 \cdot 4 \cdot 5} + \ldots + \frac{1}{1 \cdot 2 \cdot 3 \cdot 4 \cdot 5 \cdot \ldots \cdot n} + \ldots \right)$$

Funktion und Ableitung zugleich

Einen Hinweis auf die Bedeutung der Zahl e als Basis geben die Exponentialfunktionen mit den Basen 2 bzw. 3. Für ihre Ableitungen haben wir $y' = (2^x)' \approx 0{,}7 \cdot 2^x$ bzw. $y' = (3^x)' \approx 1{,}1 \cdot 3^x$ gefunden. Funktion und Ableitungsfunktion unterscheiden sich nur um einen konstanten Faktor. Es lohnt sich deshalb, zwischen 2 und 3 nach jener Basis zu fahnden, bei der dieser Faktor den Wert 1 hat. Die Exponentialfunktion dieser Basis ist mit ihrer Ableitungsfunktion identisch. Genau das leistet die Funktion $y = e^x$. Wir untersuchen dies durch Zeichnung und Rechnung.

Für jede Exponentialfunktion, also auch für $y = e^x$, gilt: $y' = (e^x)' = c \cdot e^x$.
Es geht also darum, den Zahlenwert des Faktors c festzustellen.
Wir erinnern: c bedeutet die Ableitung bei $x = 0$, d. h. $c = y'_{x=0}$.

7.2 Die e-Funktion

Zeichnerisch bedeutet $c = y'_{x=0}$ den Anstieg der Tangenten bei $x = 0$.

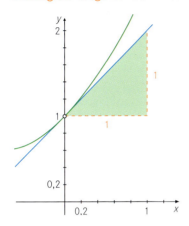

Rechnerisch ist c der Grenzwert

$$c = \lim_{\Delta x \to 0} \left(\frac{e^{\Delta x} - 1}{\Delta x} \right).$$

Wir begnügen uns, diesen Grenzwertprozess ein Stück zu begleiten – mit dem Taschenrechner keine Mühe!

Δx	$\dfrac{e^{\Delta x} - 1}{\Delta x}$
0,1	1,05
0,01	1,005
0,001	1,000 5
0,000 1	1,000 05
...	...

Die Zeichnung ergibt: $c = \frac{1}{1} = 1$.

Die Zahlenbeispiele legen nahe: $c = 1$.

Das bedeutet: $y' = (e^x)' = e^x$

Merke: Die e-Funktion $y = e^x$ ist mit ihrer Ableitungsfunktion identisch.

e^x und die anderen

Wie lassen sich Exponentialfunktionen von einer Basis in eine andere umschreiben?
Was bedeutet das für die Ableitung einer Exponentialfunktion?

BEISPIEL   **Basentransformation**

Wir machen dies deutlich, indem wir $y = 2^x$ in die Basis e transformieren.
$y = 2^x \rightarrow$ wegen $2 = e^{\ln 2}$ gilt: $y = 2^x = e^{x \ln 2}$
Die so vorteilhafte Darstellung in der Basis e hat freilich ihre nachteilige Kehrseite; denn mit $y = e^{x \ln 2}$ liegt nunmehr eine verkettete Funktion vor. Diese Darstellung erlaubt dennoch – allerdings unter Anwendung der Kettenregel – die Ableitung von $y = 2^x = e^{x \ln 2}$ exakt anzugeben:

$$y' = (2^x)' = (e^{x \ln 2})'.$$

Mit $u = x \ln 2$ folgt: $y' = (e^u)' u'$
$$y' = e^u \cdot \ln 2$$
also ist: $\quad y' = (2^x)' = 2^x \cdot \ln 2.$

7 Exponential-/Logarithmusfunktionen

Das Beispiel $y = 2^x$ steht für alle reellen Basen von Exponentialfunktionen.

Merke: $y' = (2^x)' = 2^x \cdot \ln 2$

$\qquad y' = (3^x)' = 3^x \cdot \ln 3$

$\qquad y' = (a^x)' = a^x \cdot \ln a$

1 Geben Sie die Lösungen folgender Gleichungen an.

a) $3e^{2x} = 20$

b) $2e^{-0{,}3x} = 1$

c) $e^{4-2x} = 1$

d) $10^x = 2 \cdot 5^x$

e) $2 \ln x = 5$

f) $\ln(\ln 4x) = 0$

2 Bestimmen Sie die Ableitungen.

a) $y = 4e^x$

b) $y = 5e^x + x^3$

c) $y = 10^x + 0{,}1^x$

d) $y = \sin x \, e^x$

e) $y = 2e^{3-x}$

f) $y = x\sqrt{1 + e^x}$

7.3 Logarithmusfunktionen und ihre Ableitungen

Die Ableitung – grafisch

INFO	Umkehrung der Exponentialfunktion

Logarithmus- und Exponentialfunktionen sind eng miteinander verwandt. Der Graph einer Logarithmusfunktion lässt sich mühelos herstellen: Man braucht lediglich die entsprechende Exponentialfunktion an der 1. Winkelhalbierenden $y = x$ zu spiegeln. Jede Logarithmusfunktion ist die Umkehrfunktion einer Exponentialfunktion!

Die Eigenschaften der Logarithmusfunktionen lassen sich aus jenen der Exponentialfunktionen erschließen. Jede Logarithmusfunktion verläuft durch den Punkt $(0 \,|\, 1)$. Logarithmusfunktionen mit Basen größer als 1 steigen unentwegt, jene mit Basen kleiner als 1 fallen.

7.3 Logarithmusfunktionen und ihre Ableitungen

BEISPIELE — Natürlicher und dekadischer Logarithmus

Wir präsentieren – stellvertretend für alle – die Logarithmusfunktionen der Basis e („natürlicher" Logarithmus, ln) bzw. 10 („dekadischer" Logarithmus, lg):

Beispiel 1: $f(x) = \ln x$ Beispiel 2: $f(x) = \lg x$

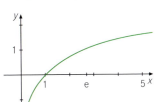 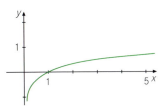

Wir empfehlen, diese und weitere Graphen sorgfältig zu zeichnen, ihnen Tangenten anzupassen und ihre *Anstiege* in ein neues Koordinatensystem zu übertragen:

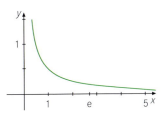 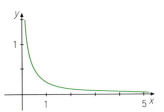

Einige wenige Ableitungswerte sind in den Tabellen festgehalten. Bei etwas genauerem Hinsehen wird auffallen: je größer x, desto kleiner y'. Es liegt also nahe, $y' \cdot x$ zu untersuchen.

x	0,5	1	2	5
$y' = (\ln x)'$	2	1	0,5	0,2
$y' \cdot x$	1	1	1	1

x	0,5	1	2	5
$y' = (\lg x)'$	1	0,5	0,25	0,1
$y' \cdot x$	0,5	0,5	0,5	0,5

Wir vermuten: $y' = (\ln x)' = \dfrac{1}{x}$ $y' = (\lg x)' = 0{,}5 \cdot \dfrac{1}{x}$

1 Bestimmen Sie die Ableitungen.

a) $y = \ln 2x$
b) $y = 3 \ln(e^x + e^3)$
c) $y = x^2 \ln x$
d) $y = 10^x \lg x$
e) $y = \ln(x^2 + 4x + 4)$
f) $y = \ln \sqrt{x}$

7 Exponential-/Logarithmusfunktionen

2 Die Funktion $y = 0{,}1 \cdot 10^{0{,}5x}$

a) Zeichnen Sie den Graphen der Funktion $y = 0{,}1 \cdot 10^{0{,}5x}$.
   Tipp: Bedenken Sie: Die Einheiten auf den Achsen sind hier recht unterschiedlich zu wählen!

b) Zeichnen Sie an den Stellen $x = 0$, $x = 1$, $x = 2$ die Tangenten an den Graphen und bestimmen Sie auf diese Weise die Anstiege an diesen Stellen.

c) Bestimmen Sie rechnerisch die Anstiege bei $x = 0$, $x = 1$, $x = 2$.
   Wie heißen die Gleichungen der Tangenten an diesen Stellen?

Test

1 Welche der angegebenen Umformungen ist richtig?　　|5|

$\ln (xy)^2 =$		$\lg (x^2 - y^2) =$		$\lg \dfrac{1}{x^2 y^3} =$	
$\ln x^2 \cdot \ln y^2$	☐	$2\lg x - 2\lg y$	☐	$\dfrac{1}{2\lg x} + \dfrac{1}{3\lg y}$	☐
$(\ln x)^2 + (\ln y)^2$	☐	$\ln x^2 - \ln y^2$	☐	$-\dfrac{1}{2\lg x} - \dfrac{1}{3\lg y}$	☐
$\ln 2x + \ln 2y$	☐	$\lg (x + y) + \lg (x - y)$	☐	$-\dfrac{2}{\lg x} - \dfrac{3}{\lg y}$	☐
$2\ln x + 2\ln y$	☐	$\lg (x + y)\, \lg (x - y)$	☐	$-2\lg x - 3\lg y$	☐

$e^{2(x+y)} =$		$10^{4 - x^2} =$	
$e^2\, e^{x+y}$	☐	$10^4 - 10^{x^2}$	☐
$e^{2x}\, e^{2y}$	☐	$10^{2+x}\, 10^{2-x}$	☐
$e^{2x} + e^{2y}$	☐	$\dfrac{10^4}{100^x}$	☐
$2e^{2x} + e^{2y}$	☐	$\dfrac{10^4}{10^{x^2}}$	☐

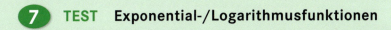

7 TEST Exponential-/Logarithmusfunktionen

2 Was ist die Ableitung? Kreuzen Sie das richtige Ergebnis an. |5|

$(e^{3-x})'$	$(e^{3x})'$	$(10^{3x})'$	$[\ln(1-3x)]'$	$[\lg(1-3x)]'$
e^{3-x} ☐	e^{3x} ☐	10^{3x-1} ☐	$\dfrac{1}{1-3x}$ ☐	$\dfrac{1}{1-3x}\dfrac{1}{\ln 10}$ ☐
$3e^{3-x}$ ☐	$3e^{2x}$ ☐	$3 \cdot 10^{3x-1}$ ☐	$\dfrac{3}{3x-1}$ ☐	$\dfrac{1}{1-3x}\ln 10$ ☐
$-e^{3-x}$ ☐	$3e^{3x}$ ☐	$10^{3x} \cdot 3 \ln 10$ ☐	$\dfrac{1}{3x}$ ☐	$\dfrac{3}{3x-1}\dfrac{1}{\ln 10}$ ☐
$-e^{2-x}$ ☐	$3e^{3x-1}$ ☐	$10^{3x} \ln e$ ☐	$3x-1$ ☐	$\dfrac{3}{3x-1}\ln 10$ ☐

3 Graphen und Tangenten |9|

a) Zeichnen Sie die Graphen zu $y = e^x$, $y = e^{-x}$, $y = \ln|x|$ und ihre Tangenten in den Schnittpunkten mit den Koordinatenachsen.
b) Zeigen Sie: Die Tangenten bilden ein Quadrat.
c) Es werden nun die Graphen zu $y = 10^x$, $y = 10^{-x}$, $y = \lg|x|$ gewählt und entsprechend zu a) die Tangenten in den Schnittpunkten mit den Koordinatenachsen gezeichnet. Bilden diese Tangenten ebenfalls ein Quadrat?

4 Wachstum der Weltbevölkerung |9|
Zu Beginn des Jahres 2009 betrug die Weltbevölkerung rund 6,75 Milliarden Menschen. Sie hat nach Schätzungen der UNO bis zum Jahresende um rund 78 Millionen zugenommen.
Im Folgenden gehen wir davon aus, dass sich die Bevölkerung mittelfristig weiter in diesem Sinne entwickelt und durch eine Exponentialfunktion beschrieben werden kann.

a) Beschreiben Sie die Entwicklung der Weltbevölkerung formelmäßig.
b) Wie groß wird die Weltbevölkerung demnach in 10 Jahren sein?
c) In wie vielen Jahren wird sich die Weltbevölkerung demnach verdoppelt haben?

||28||

Testauswertung:
Wie viele Punkte haben Sie? Erreichen Sie mehr als 22 Punkte, beherrschen Sie den Inhalt des Kapitels wirklich gut. Erreichen Sie weniger als 11 Punkte, dann sollten Sie dieses Kapitel wiederholen.

8 Graphen und Ableitungen

WAS SIE SCHON KÖNNEN MÜSSEN
▷ Graphen zu Funktionen (zumindest) punktweise bestimmen
▷ Tangenten an Graphen anlegen
▷ Den Zusammenhang zwischen dem Verlauf eines Graphen und dem seiner Tangenten verstehen
▷ Ableitungen von Funktionen bilden

DARUM GEHT ES
Die besonderen Merkmale von Funktionen bestimmen:
Monotonie, Krümmung, Extrema, Wendepunkte

8.1 Monotonie

Beispiel:
Wo geht es bei den Graphen bergauf, wo bergab?
Diese so simple Frage lässt sich nicht simpel beantworten!
So kann man beispielsweise den abgebildeten Graphen zwischen A und B sowohl als steigend als auch als fallend beschreiben: als steigend, wenn man ihn von A nach B durchläuft, und als fallend, wenn man ihn von B nach A durchläuft!

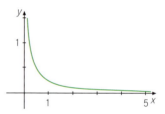

Solche Doppeldeutigkeiten erschweren die Verständigung.
Um sie zu vermeiden, werden Graphen stets so durchlaufen, wie die Achsenrichtungen es angeben; in x-Richtung wird üblicherweise von links nach rechts gelesen, in y-Richtung von unten nach oben. Der abgebildete Graph ist demnach bis A fallend, zwischen A und B ist er steigend, ab B ist er fallend!

> **BEISPIEL** Überprüfung der Monotonie
>
> Die Monotonie eines Graphen, d.h. sein Steigen und Fallen, lässt sich mit unterschiedlichen Mitteln untersuchen. Die eine Methode besteht darin, benachbarte Funktionswerte zu vergleichen; die andere Methode verwendet die Ableitung.

8.1 Monotonie

Beispiele:

a)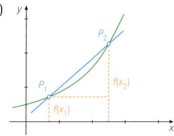

Der Graph ist (streng) **monoton steigend**; d. h.:
1. Für zwei benachbarte Stellen gilt: Der Funktionswert rechts ist größer als links.
   $x_1 < x_2 \Rightarrow f(x_1) < f(x_2)$.
2. $\dfrac{f(x_2) - f(x_1)}{x_2 - x_1} > 0$, d. h., der Sekantenanstieg ist positiv.

b)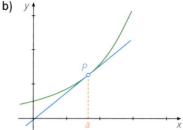

Der Graph ist (streng) **monoton steigend**; d. h.:
Der Anstieg ist an der Stelle a positiv: $f'(a) > 0$.

c)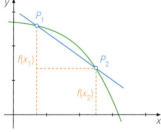

Der Graph ist (streng) **monoton fallend**; d. h.:
1. Für zwei benachbarte Stellen gilt: Der Funktionswert rechts ist kleiner als links.
   $x_1 < x_2 \Rightarrow f(x_1) > f(x_2)$.
2. $\dfrac{f(x_2) - f(x_1)}{x_2 - x_1} < 0$, d. h., der Sekantenanstieg ist negativ.

d)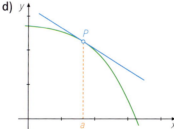

Der Graph ist (streng) **monoton fallend**; d. h.:
Der Anstieg ist an der Stelle a negativ: $f'(a) < 0$.

8 Graphen und Ableitungen

> **INFO — Ableitung und Monotonie**
>
> Die 1. Ableitung gibt Aufschluss über die Monotonie:
> Ist $f'(a) > 0$, dann ist der Graph an der Stelle $x = a$ steigend.
> Ist $f'(a) < 0$, dann ist der Graph an der Stelle $x = a$ fallend.

1 Welche der abgebildeten Graphen sind für alle x monoton steigend?

a) 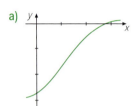   b) 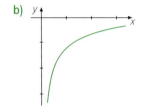   c)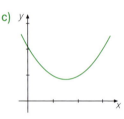

2 Bei welcher der abgebildeten Funktionen ist die Ableitung für alle x positiv?

a) 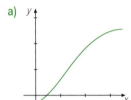   b) 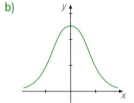   c)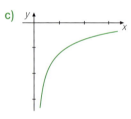

8.2 Krümmung

> **INFO — Rechts- und Linkskurven**
>
> Gleichgültig ob Rad- oder Autofahrer: Jeder weiß, was Rechts- und was Linkskurven sind. Bei der Krümmung von Graphen unterscheidet man ganz entsprechend Rechts- und Linkskurven.
> Bei der Untersuchung der Krümmung erweist sich insbesondere die zweite Ableitung als überaus nützlich. Dabei sollte man sich gut einprägen, dass positive Werte der zweiten Ableitung für „links" stehen, „rechts" ist (in diesem Fall) negativ.

TEIL I

8.3 Extrema

Beispiel a: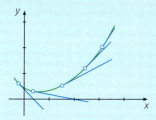

Beispiel b: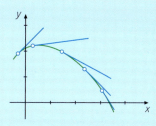

Der Graph ist nach links gekrümmt.
Die Ableitung wird größer und größer;
f' ist monoton wachsend.
Deshalb ist die Ableitung von f' positiv,
d.h. $f''(x) > 0$.

Der Graph ist nach rechts gekrümmt.
Die Ableitung wird kleiner und kleiner;
f' ist monoton fallend.
Deshalb ist die Ableitung von f' negativ,
d.h. $f''(x) < 0$.

INFO   Krümmung

Die 2. Ableitung gibt Aufschluss über die Art der Krümmung.
Ist $f''(a) > 0$, dann ist der Graph bei $x = a$ links gekrümmt.
Ist $f''(a) < 0$, dann ist der Graph bei $x = a$ rechts gekrümmt.

1 Bei welchen der abgebildeten Graphen ist der Anstieg überall monoton wachsend, d.h. $f'(x)$ wachsend und damit $f''(x) > 0$?

a) 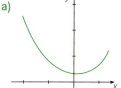   b) 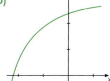   c)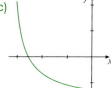

8.3 Extrema

INFO   Maxima und Minima

Extrema sind Maxima oder Minima. Ist $x = m$ eine Maximumstelle, dann ist der Funktionswert $f(m)$ an dieser Stelle größer, ist hingegen $x = m$ eine Minimumstelle, dann ist $f(m)$ kleiner als die Funktionswerte in der unmittelbaren Umgebung dieser Stelle. Extrema sind für Graphen sehr markante Stellen. Sie lassen sich ebenfalls mithilfe von Ableitungen rechnerisch erfassen.

8 Graphen und Ableitungen

Beispiel a:

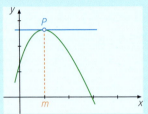

Beispiel b:

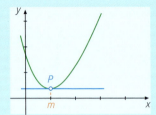

Der Graph hat bei $x = m$ ein Maximum. Bei $x = m$ ist der Anstieg des Graphen 0, außerdem ist er dort rechtsgekrümmt; d. h. $f'(m) = 0$ und $f''(m) < 0$.

Der Graph hat bei $x = m$ ein Minimum. Bei $x = m$ ist der Anstieg des Graphen 0, außerdem ist er dort linksgekrümmt; d. h. $f'(m) = 0$ und $f''(m) > 0$.

INFO — Ableitungen und Extrema

Die 1. und die 2. Ableitung geben Aufschluss über Extrema.
Ist $f'(m) = 0$ und $f''(m) < 0$, dann hat der Graph bei $x = m$ ein Maximum.
Ist $f'(m) = 0$ und $f''(m) > 0$, dann hat der Graph bei $x = m$ ein Minimum.

8.4 Wendepunkte

INFO — Wechselnde Krümmung

Wendepunkte sind jene Punkte, bei denen der Graph sein Krümmungsverhalten ändert und von einer Rechts- in eine Linkskurve übergeht oder umgekehrt. Es liegt auf der Hand, dass Wendepunkte in sehr engem Zusammenhang mit der 2. Ableitung stehen.

Beispiel a:

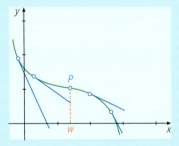

Beispiel b:

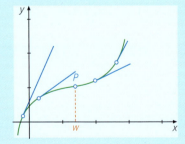

Der Graph hat bei $x = w$ einen Wendepunkt. Er geht in $x = w$ von einer Links- in eine Rechtskurve über. Das bedeutet: 1. $f''(w) = 0$, denn f'' wechselt hier sein Vorzeichen. 2. Vor dieser Stelle war f'' positiv, danach ist f'' negativ. f'' ist in $x = w$ fallend, d. h. $f'''(m) < 0$.	Der Graph hat bei $x = w$ einen Wendepunkt. Er geht in $x = w$ von einer Rechts- in eine Linkskurve über. Das bedeutet: 1. $f''(w) = 0$, denn f'' wechselt hier sein Vorzeichen. 2. Vor dieser Stelle war f'' negativ, danach ist f'' positiv. f'' ist in $x = w$ steigend, d. h. $f'''(m) > 0$.

INFO Ableitungen und Wendepunkte

Die 2. und die 3. Ableitung geben Aufschluss über Wendepunkte.
Ist $f''(w) = 0$ und $f'''(m) \neq 0$, dann hat der Graph bei $x = w$ einen **Wendepunkt**.

8.5 Beispielaufgabe

Die Funktion f ist gegeben durch $f(x) = \frac{1}{9}x^4 - 2x^2 + 5$, $x \in \mathbb{R}$.

a) Wo hat der Graph Extrema?
b) Wo ist der Graph rechts, wo links gekrümmt?
c) Wo hat der Graph Wendestellen?
d) Skizzieren Sie den Graphen.

Zuerst die Ableitungen: $f'(x) = \frac{4}{9}x^3 - 4x$, $f''(x) = \frac{4}{3}x^2 - 4$, $f'''(x) = \frac{8}{3}x$

1. Extrema: Sie sind dort möglich, wo $f'(x) = 0$ ist.
$f'(x) = 0 \Leftrightarrow \frac{4}{9}x^3 - 4x = 0 \Leftrightarrow x\left(\frac{4}{9}x^2 - 4\right) = 0$
$\Leftrightarrow x = 0$ oder $x = -3$ oder $x = 3$
Die 2. Ableitung informiert über die Krümmung und klärt die Art der Extrema.
$f''(0) = \frac{4}{3}0^2 - 4 = -4 < 0$, d. h. Maximum

$f''(-3) = \frac{4}{3}(-3)^2 - 4 = 8 > 0$, d. h. Minimum

$f''(3) = \frac{4}{3}3^2 - 4 = 8 > 0$, d. h. Minimum

2. Krümmung: Man erkennt sie am Vorzeichen der 2. Ableitung.
$f''(x) < 0 \Leftrightarrow \frac{4}{3}x^2 - 4 < 0 \Leftrightarrow x^2 < 3$
$\Leftrightarrow -\sqrt{3} < x < \sqrt{3}$: Rechtskrümmung
$f''(x) > 0 \Leftrightarrow x < -\sqrt{3}$ oder $x > \sqrt{3}$: Linkskrümmung

8 Graphen und Ableitungen

3. Wendepunkte: Sie sind dort möglich, wo $f''(x) = 0$ ist. Krümmungswechsel wird garantiert durch $f'''(x) \neq 0$.
$f''(x) = 0 \Leftrightarrow x = -\sqrt{3}$ oder $x = \sqrt{3}$
$f'''(-\sqrt{3}) = \frac{8}{3}(-\sqrt{3}) \neq 0$, d. h. Wendepunkt
$f'''(\sqrt{3}) = \frac{8}{3}(\sqrt{3}) \neq 0$, d. h. Wendepunkt

4. Graph: In einer knappen Wertetabelle werden diese besonderen Stellen festgehalten.

x	-3	-√3	0	√3	3
f(x)	-4	0	5	0	-4
	MIN	WP	MAX	WP	MIN

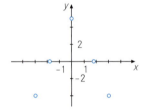

Die 5 besonderen Punkte

So liegen die Extrema bzw. Wendepunkte.

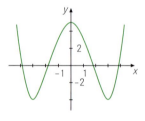

Der Graph!

1 Extrema und Wendepunkte

Vom Graphen einer Funktion f ist Folgendes bekannt: Seine Maxima sind in $H_1(-7|2)$, $H_2(0|10)$, $H_3(7|2)$, seine Minima in $T_1(-3|-6)$, $T_2(3|-6)$.
Er ist steigend bis H_1. Seine Wendepunkte sind $W_1(-9|1,5)$, $W_2(-2|0,5)$, $W_3(2|0,5)$, $W_4(9|1,5)$.
Zwischen W_1 und W_2 sowie zwischen W_3 und W_4 ist er links gekrümmt.

a) Stellen Sie diese Eigenschaften formelmäßig dar.
b) Zeichnen Sie einen möglichst einfachen Graphen mit diesen Eigenschaften.

2 Die Funktion f ist gegeben durch $f(x) = 2x^3 - 2x^2 - 16x + 24$.

a) Berechnen Sie die Extrem- und Wendestellen.
b) Wo ist der Graph steigend, wo fallend?
c) Wo ist der Graph rechts gekrümmt, wo links gekrümmt?
d) Skizzieren Sie den Graphen.

8 TEST Graphen und Ableitungen

Test

1 Bestimmen Sie näherungsweise. |6|

a) Wie viele Extrema hat der Graph?
Wo liegen sie – ungefähr?

b) Wie viele Wendepunkte hat der Graph?
Wo liegen sie – ungefähr?

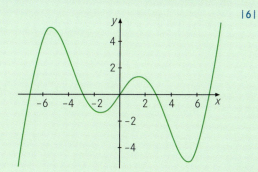

2 Beschreiben Sie den Graphen. |6|
Wo ist er monoton steigend,
wo monoton fallend?
Wo ist er rechts gekrümmt,
wo links gekrümmt?
Wo liegen Hochpunkte,
wo Tiefpunkte,
wo Wendepunkte?

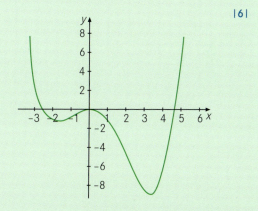

3 An welcher der angegebenen Stellen hat die jeweilige Funktion ein Minimum? |5|

$x^3 - 4{,}5x^2 - 12x$	$(x^2 - 2)(x^2 - 6)$	$\dfrac{2x}{1+x^2}$	$\sin x \cos x$	$(x^2 - 3)\,e^{-x}$
$x = 0$ ☐	$x = -6$ ☐	$x = -1$ ☐	$x = 0$ ☐	$x = -1$ ☐
$x = \dfrac{4}{3}$ ☐	$x = -2$ ☐	$x = 0$ ☐	$x = \dfrac{\pi}{4}$ ☐	$x = \sqrt{3}$ ☐
$x = \dfrac{8}{3}$ ☐	$x = 0$ ☐	$x = 1$ ☐	$x = \dfrac{\pi}{2}$ ☐	$x = e$ ☐
$x = \dfrac{12}{3}$ ☐	$x = \sqrt{2}$ ☐	$x = 2$ ☐	$x = \dfrac{3\pi}{4}$ ☐	$x = 3$ ☐

8 TEST Graphen und Ableitungen

4 Skizzieren Sie die Graphen der Funktionen *a, b, c, d, e* in der Umgebung der Stelle $x = 2$. |15|

Von diesen Funktionen sind an der Stelle $x = 2$ (bzw. an der linken und rechten Nachbarstelle $x_l = 2^-$, $x_r = 2^+$) gewisse Daten bekannt, sie sind in der Tabelle festgehalten.

$a(2) = 1$	$b(2) = 1$	$c(2) = 1$	$d(2) = 1$	$e(2) = 1$
$a'(2) = 0$	$b'(2) = 0$	$c'(2) = 0$	$d'(2) = 1$	$e'(2) = -1$
$a''(2) > 0$	$b''(2) < 0$	$c''(2) = 0$	$d''(2) < 0$	$e''(2) = 0$
		$c''(2^-) < 0,$		$e''(2^-) > 0,$
		$c''(2^+) > 0$		$e''(2^+) < 0$

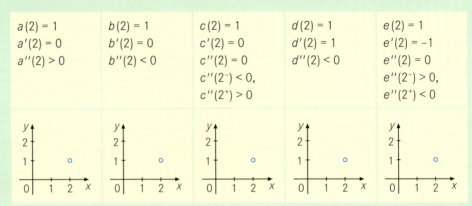

||32||

Testauswertung:
Wie viele Punkte haben Sie? Erreichen Sie mehr als 26 Punkte, beherrschen Sie den Inhalt des Kapitels wirklich gut. Erreichen Sie weniger als 10 Punkte, dann sollten Sie dieses Kapitel wiederholen.

9 Kurvendiskussion

TEIL I

WAS SIE SCHON KÖNNEN MÜSSEN
▷ Kenntnis der Grundfunktionen und ihrer Ableitungen
▷ Fundamentale Ableitungsregeln anwenden
▷ Zusammenhänge zwischen Graphen und Ableitungen erkennen

DARUM GEHT ES
Die charakteristischen Eigenschaften von Funktionen mithilfe einer Kurvendiskussion ermitteln

9.1 Charakteristische Eigenschaften

Graphen können mithilfe von Wertetafeln gezeichnet werden. Dies ist freilich eine sehr primitive Methode, denn sie zielt in keiner Weise auf die Besonderheit und Individualität der jeweiligen Funktion ab und kann zu Fehldeutungen führen.
Von ganz anderer Qualität ist die Kurvendiskussion; sie will typische und charakteristische Eigenschaften von Funktionen herausschälen.

In der nachfolgenden Liste sind solche Eigenschaften zusammengestellt. Im Anschluss daran wird an konkreten Beispielen die Methode der Kurvendiskussion verdeutlicht.

Eigenschaften von Funktionen

Eigenschaft Was sie bedeutet:	Wie man sie feststellt:
1. Maximaler Definitionsbereich D_{max}	
Er gibt an, in welchem Bereich die Funktionsvorschrift f angewandt werden kann und schließt jene Bereiche aus, in denen sie nicht ausführbar ist.	Man untersucht den Funktionsterm $f(x)$. Es geht um die Frage: Für welche x darf man $f(x)$ berechnen, für welche nicht? Typische „Ausschlusskriterien" sind ▶ Wird der Nenner eines Bruchs 0? ▶ Wird ein Radikand negativ? ▶ Wird das Argument einer Logarithmusfunktion 0 oder negativ?

9   Kurvendiskussion

Eigenschaft Was sie bedeutet:	Wie man sie feststellt:
2. Nullstellen	
Sie geben an, an welchen Stellen die Funktion den Wert 0 annimmt, d. h. jene Stellen, an denen der Graph die x-Achse schneidet.	Es ist nicht mehr und nicht weniger als die Gleichung $f(x) = 0$ zu lösen. Hier sind Formeln und Techniken wie die pq-Formel, die Polynomdivision oder die Verwendung jeweils geeigneter Umkehrfunktionen gefragt. Durch Probe muss gegebenenfalls ausgeschlossen werden, dass bei der Rechnung „falsche" Lösungen ermittelt wurden.
3a. Symmetrie	
Sie bedeutet, dass der Graph durch eine Symmetrieabbildung auf sich selbst abgebildet werden kann. Bei *Achsensymmetrie* zu y-Achse wird der Graph durch Klappen (Spiegeln) um diese Achse in sich überführt. Bei *Punktsymmetrie* zu $(0\,|\,0)$ wird er durch Drehen um 180° um $(0\,|\,0)$ in sich überführt.	Bei den erwähnten Symmetrien ist $f(x)$ mit $f(-x)$ zu vergleichen: $f(x) = f(-x)$ bedeutet *Achsensymmetrie* zur y-Achse. $f(x) = -f(-x)$ bedeutet *Punktsymmetrie* zum Nullpunkt.
3b. Periodizität	
Sie bedeutet, dass ein Teil des Graphen sich in regelmäßigen Abständen p wiederholt.	Es ist zu untersuchen, ob für alle x gilt: $f(x + p) = f(x)$. Periodizität ist eine typische Eigenschaft trigonometrischer Funktionen.
4. Asymptotisches Verhalten	
Es gibt das Verhalten des Graphen am Rand des Definitionsbereichs an, d. h. in der Nähe von nicht definierten Stellen (sogenannten Polstellen) und für sehr große Beträge von x.	Es sind Grenzwerte von Funktionswerten zu berechnen: $\lim\limits_{x \to a} f(x)$, wenn a Randstelle ist; $\lim\limits_{x \to \pm\infty} f(x)$, d. h. für sehr große $|x|$.
5. Monotonie	
Sie gibt an, wo der Graph steigend und wo er fallend ist.	Sie lässt sich mithilfe der 1. Ableitung feststellen:

9.1 Charakteristische Eigenschaften

TEIL I

Eigenschaft Was sie bedeutet:	Wie man sie feststellt:
	bei $f'(x) > 0$ ist der Graph steigend; bei $f'(x) < 0$ ist er fallend.
6. Krümmungsverhalten	
Es gibt an, wo der Graph links und wo er rechts gekrümmt ist.	Es lässt sich mithilfe der 2. Ableitung feststellen: bei $f''(x) > 0$ ist der Graph links-, bei $f''(x) < 0$ rechtsgekrümmt.
7. Extrema	
Sie geben an, wo der Graph vom Fallen zum Steigen übergeht bzw. umgekehrt. Sie geben also die Maxima und die Minima an.	Sie lassen sich mithilfe der 1. und 2. Ableitung feststellen: $f'(x) = 0$ und $f''(x) < 0$: Maximum. $f'(x) = 0$ und $f''(x) > 0$: Minimum.
8. Wendepunkte	
Sie geben an, wo der Graph von einer Rechtskurve in eine Linkskurve übergeht oder umgekehrt.	Sie lassen sich mithilfe der 2. und 3. Ableitung feststellen: $f''(x) = 0$ und $f'''(x) \neq 0$: Wendepunkt. Wendepunkte mit waagerechter Tangente bzw. mit Steigung 0 heißen Sattelpunkte. Für diese gilt $f'(x) = f''(x) = 0$; $f'''(x) \neq 0$.
9. Einfache Wertetabelle	
Es werden vor allem die besonderen Funktionswerte aufgenommen: Nullstellen, Extrema, Wendepunkte.	Sie lässt sich mithilfe des Funktionsterm bestimmen: $y = f(x)$.

1 Geben Sie charakteristische Eigenschaften der abgebildeten Graphen an.

a)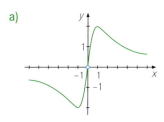

b)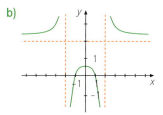

9 Kurvendiskussion

2 Welche Eigenschaften treffen auf den Graphen zu?

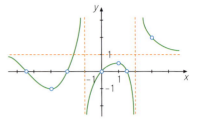

$D_f = \mathbb{R} \setminus \{-1; +1; +2\}$
$f(1) = 0{,}5 \wedge f'(1) = 0$
$f(0) = 0 \wedge f(1{,}5) = 0$
$f'(-2) < 0 \wedge f(1{,}5) > 0$
$f(3) = 2 \wedge f'(3) > 0$
$f(-2) = 0 \wedge f''(-2) > 0$
$f(-3) \cdot f''(-3) = 0$
$f'(-4{,}5) < 0 \wedge f''(-4{,}5) = 0$
$\lim\limits_{x \to \infty} |f(x) - 1| = 0$
$\lim\limits_{x \to 2} |f(x) - 2| = 0$

3 Überlegen Sie sich die Bedeutung folgender Formeln und skizzieren Sie einen Graphen mit diesen Eigenschaften.

$D_f = \mathbb{R} \setminus \{-\sqrt{3}; \sqrt{3}\}$
$f(0) = 0 \wedge f'(0) = 0 \wedge f''(0) = 0$
$f(3) = 4 \wedge f'(3) = 0 \wedge f'(3) \neq 0$
$f(-3) = -4 \wedge f'(-3) = 0 \wedge f''(-3) \neq 0$
$\lim\limits_{x \to (\sqrt{3})^+} f(x) = +\infty;\ \lim\limits_{x \to (\sqrt{3})^-} f(x) = -\infty;\ \lim\limits_{x \to -(\sqrt{3})^+} f(x) = +\infty;\ \lim\limits_{x \to -(\sqrt{3})^-} f(x) = -\infty;\ \lim\limits_{|x| \to \infty} |f(x) - x| = 0$

9.2 Polynomfunktionen

Beispiel 1:
Gegeben sei: $f : x \to f(x) = \frac{1}{3}(x^4 - 8x^3 + 18x^2)$.

1. Maximaler Definitionsbereich
$f(x)$ berechnet sich durch Multiplizieren, Addieren und Dividieren durch 3. Das ist ausnahmslos für alle Zahlen möglich!
$D_f = \mathbb{R}$

2. Nullstellen
$f(x) = 0 \Rightarrow \frac{1}{3} x^2 (x^2 - 8x + 18) = 0$

$\Rightarrow x = 0 \vee x^2 - 8x + 16 = -2 \Rightarrow x = 0 \vee (x-4)^2 = -2$
$x = 0$

TEIL I

9.2 Polynomfunktionen

3. Symmetrie
Ein Beispiel zeigt es: $f(1) = \frac{11}{3}$; $f(-1) = 9$, d. h.: weder $f(1) = f(-1)$ noch $f(1) = -f(-1)$.
Der Graph ist weder achsensymmetrisch zur y-Achse noch punktsymmetrisch zu (0 | 0).

4. Asymptotisches Verhalten
Es ist $f(x)$ für $x \to \infty$, $x \to -\infty$ zu untersuchen:

$$\lim_{x \to \infty} f(x) = \lim_{x \to \infty} \frac{x^4}{3}\left(1 - \frac{8}{x} + \frac{18}{x^2}\right) = \infty$$

$$\lim_{x \to -\infty} f(x) = \lim_{x \to -\infty} \frac{x^4}{3}\left(1 - \frac{8}{x} + \frac{18}{x^2}\right) = \infty$$

$f(x) \to \infty$ für $x \to \infty$
$f(x) \to \infty$ für $x \to -\infty$

5. Extrema
Die Ableitungen: $f'(x) = \frac{1}{3}(4x^3 - 24x^2 + 36x)$

$f''(x) = \frac{1}{3}(12x^2 - 48x + 36)$; $f'''(x) = \frac{1}{3}(24x - 48)$

$f'(x) = 0 \wedge \frac{4}{3}x(x^2 - 6x + 9) = \frac{4}{3}x(x-3)^2 = 0 \Rightarrow x = 0 \vee x = 3$

$f''(0) = 12 > 0 \Rightarrow$ Minimum
$f''(3) = 0 \Rightarrow$ Extremum ungewiss
$(0 | f(0))$ Minimum
$(3 | f(3))$ Extremum ungewiss

6. Wendepunkte
$f''(x) = 0 \Rightarrow \frac{1}{3}(12x^2 - 48x + 36) = 0$
$\Rightarrow 4(x^2 - 4x + 3) = 0$
$\Rightarrow x = 3 \vee x = 1$

$f'''(1) = -8 \neq 0 \Rightarrow$ Wendestelle
$f'''(3) = 8 \neq 0 \Rightarrow$ Wendestelle
$(1 | f(1))$ Wendepunkt
$(3 | f(3))$ Wendepunkt

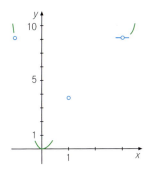

Nullstelle, Extrem- und Wendestellen, asymptotisches Verhalten

9 Kurvendiskussion

7. Einfache Wertetabelle

x	−1	0	1	3	5
y	9	0	$\frac{11}{3}$	9	25
		MIN	WP	WP	

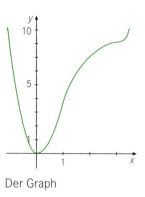

Der Graph

Hinweis: Monotonie und Krümmung werden, wie auch hier, häufig übergangen – wenn der Verlauf des Graphen ohnehin klar ist.

Beispiel 2:
Gegeben sei: $f: x \to f(x) = x^3 - \frac{1}{15}x^5$.

1. Maximaler Definitionsbereich
$f(x) = x^3 - \frac{1}{15}x^5$ lässt sich ausnahmslos für jedes x berechnen.
$D_f = \mathbb{R}$

2. Nullstellen
$f(x) = 0 \Rightarrow x^3\left(1 - \frac{1}{15}x^2\right) = 0 \Rightarrow x = 0 \vee x = -\sqrt{15} \vee x = \sqrt{15}$
$x = -\sqrt{15},\ x = 0,\ x = \sqrt{15}$

3. Symmetrie
$f(-x) = (-x)^3 - \frac{1}{15}(-x)^5$
$= -x^3 + \frac{1}{15}x^5 = -f(x)$
Punktsymmetrie zu (0 | 0).

4. Asymptotisches Verhalten
Definitionsrand bedeutet hier $x \to \pm\infty$.
$\lim_{x \to \infty} f(x) = \lim_{x \to \infty} x^5\left(\frac{1}{x^2} - \frac{1}{15}\right) = -\infty$
$\lim_{x \to -\infty} f(x) = \lim_{x \to -\infty} x^5\left(\frac{1}{x^2} - \frac{1}{15}\right) = \infty$

Für sehr große $|x|$ wächst $f(x)$ über alle Grenzen: rechts nach unten über alle Grenzen, links nach oben.

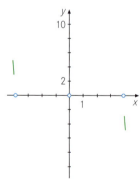

Nullstellen, asymptotisches Verhalten, Symmetrie

78

9.2 Polynomfunktionen

5. Extrema
Die Ableitungen: $f'(x) = 3x^2 - \frac{1}{3}x^4$;

$f''(x) = 6x - \frac{4}{3}x^3$; $f'''(x) = 6 - 4x^2$

$f'(x) = 0 \Rightarrow x^2\left(3 - \frac{1}{3}x^2\right) = 0$

$\Rightarrow x = 0 \vee x = 3 \vee x = -3$

$f''(0) = 0$ Extremum nicht garantiert
$f''(3) = -18 < 0 \Rightarrow$ Maximum
$f''(-3) = 18 > 0 \Rightarrow$ Minimum
$(-3 \mid f(-3))$ Minimum
$(0 \mid f(0))$ Extremum ungewiss
$(3 \mid f(3))$ Maximum

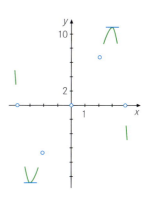

Extrema, Wendepunkte

6. Wendepunkte
$f''(x) = 0 \Rightarrow x\left(6 - \frac{4}{3}x^2\right) = 0 \Rightarrow x = 0 \vee x = \frac{3\sqrt{2}}{2} \vee x = -\frac{3\sqrt{2}}{2}$

$f'''(0) = 6 \neq 0$ $\Rightarrow$ Wendestelle

$f'''\left(\frac{3\sqrt{2}}{2}\right) = -12 \neq 0$ $\Rightarrow$ Wendestelle

$f'''\left(-\frac{3\sqrt{2}}{2}\right) = -12 \neq 0$ $\Rightarrow$ Wendestelle

$\left(-\frac{3\sqrt{2}}{2} \mid f\left(-\frac{3\sqrt{2}}{2}\right)\right)$ Wendepunkt

$(0 \mid f(0))$ Wendepunkt

$\left(\frac{3\sqrt{2}}{2} \mid f\left(\frac{3\sqrt{2}}{2}\right)\right)$ Wendepunkt

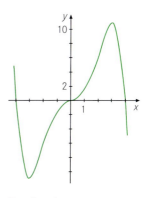

Der Graph

7. Einfache Wertetabelle

x	$-\sqrt{15}$	-3	$-\frac{3\sqrt{2}}{2}$	0	$\frac{3\sqrt{2}}{2}$	3	$\sqrt{15}$
y	0	$-\frac{54}{5}$	$-\frac{189\sqrt{2}}{40}$	0	$\frac{189\sqrt{2}}{40}$	$\frac{54}{5}$	0
	NS	MIN	WP	WP	WP	MAX	NS

❶ Diskutieren Sie die folgenden Funktionen und zeichnen Sie ihre Graphen.

a) $a(x) = \frac{1}{4}x^3 - 3x^2 + 9x$

b) $b(x) = \frac{1}{2}x^4 - 3x^2 + 4$

9 Kurvendiskussion

9.3 Bruchfunktionen

Beispiel 1:
Gegeben sei: $f: x \rightarrow f(x) = \dfrac{x^3 + 16}{4x}$.

1. Maximaler Definitionsbereich
Funktionswerte existieren nicht, wenn der Nenner 0 wird, d.h. für $x = 0$.
$D_f = \mathbb{R} \setminus \{0\}$

2. Nullstellen
$f(x) = 0 \Rightarrow x^3 + 16 = 0 \Rightarrow x = -\sqrt[3]{16} \in D_f$
$x = -\sqrt[3]{16}$

3. Symmetrie
Nicht einmal die Nullstelle liegt symmetrisch, $f(x)$ ist
weder achsensymmetrisch zur y-Achse noch punktsymmetrisch zu $(0 \mid 0)$.

4. Asymptotisches Verhalten
Randverhalten bedeutet hier die Untersuchung für $x \rightarrow \pm\infty$ und $x \rightarrow 0$:

$\lim\limits_{x \to \infty} f(x) = \lim\limits_{x \to \infty} \dfrac{x^3+16}{4x} = \lim\limits_{x \to \infty} \left(\dfrac{x^2}{4} + \dfrac{4}{x}\right) = \dfrac{x^2}{4}$

$\lim\limits_{x \to -\infty} f(x) = \lim\limits_{x \to -\infty} \dfrac{x^3+16}{4x} = \lim\limits_{x \to -\infty} \left(\dfrac{x^2}{4} + \dfrac{4}{x}\right) = \dfrac{x^2}{4}$

Für $x \rightarrow \pm\infty$ ist $y = \dfrac{x^2}{4}$ Asymptote.

$\lim\limits_{x \to 0} f(x) = \lim\limits_{x \to 0} \left(\dfrac{x^2}{4} + \dfrac{4}{x}\right) = \lim\limits_{x \to 0} \dfrac{4}{x} \rightarrow \pm\infty$

Oder genauer: Für $x \rightarrow 0$ ist $y = \dfrac{4}{x}$ Asymptote.

$f(x) \rightarrow \dfrac{x^2}{4}$ für $x \rightarrow +\infty$

$f(x) \rightarrow \dfrac{x^2}{4}$ für $x \rightarrow -\infty$

$f(x) \rightarrow +\infty$ für $x \rightarrow 0^+$
$f(x) \rightarrow -\infty$ für $x \rightarrow 0^-$
(„$x \rightarrow 0^+$" meint, dass x von rechts, also von der positiven Seite, gegen 0 strebt.)

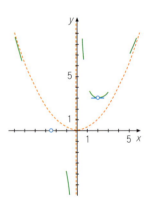

Nullstelle, Extrema, Wendepunkt, Asymptoten

9.3 Bruchfunktionen

5. Extrema
Wir erinnern: $f(x) = \frac{x^3 + 16}{4x} = \frac{x^2}{4} + \frac{4}{x}$

$f'(x) = \frac{x}{2} - \frac{4}{x^2}$; $f''(x) = \frac{1}{2} + \frac{8}{x^3}$; $f'''(x) = -\frac{24}{x^4}$

$f'(x) = 0 \Rightarrow \frac{x}{2} - \frac{4}{x^2} = 0 \Rightarrow x = 2$

$f''(2) = \frac{3}{2} > 0 \Rightarrow$ Minimum

$(2 \mid f(2))$ Minimum

6. Wendepunkte
$f''(x) = 0 \Rightarrow \frac{1}{2} + \frac{8}{x^3} = 0 \Rightarrow x = -\sqrt[3]{16}$

$f'''\left(-\sqrt[3]{16}\right) \neq 0 \Rightarrow$ Wendestelle

$\left(-\sqrt[3]{16} \mid f\left(-\sqrt[3]{16}\right)\right)$ Wendepunkt

7. Einfache Wertetabelle

x	−4	$-\sqrt[3]{16}$	0	2	4
y	3	0	−	3	5
		WP	nicht definiert	MIN	

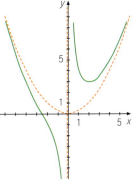

Der Graph

Beispiel 2:
Gegeben sei: $f: x \rightarrow f(x) = \frac{(x-)^2}{(x+1)^2}$.

1. Maximaler Definitionsbereich
$f(x)$ lässt sich nicht berechnen, wenn $(x + 1)^2 = 0$, d. h. $x = -1$ ist.
$D_f = \mathbb{R} \setminus \{-1\}$

2. Nullstellen
$f(x) = 0 \Rightarrow (x - 1)^2 = 0 \Rightarrow x = 1$
$x = 1$ Nullstelle

3. Symmetrie
Die Nullstellen und die Definitionslücke liegen nicht symmetrisch, $f(x)$ ist weder achsensymmetrisch zur y-Achse noch punktsymmetrisch zu (0|0).

9 Kurvendiskussion

4. Asymptotisches Verhalten
Rand bedeutet hier: $x \to \pm\infty$ und $x \to -1$.

a) $\lim\limits_{x \to \infty} f(x) = \lim\limits_{x \to \infty} \dfrac{x^2\left(1 - \frac{1}{x}\right)^2}{x^2\left(1 + \frac{1}{x}\right)^2} = 1$

b) $\lim\limits_{x \to -\infty} f(x) = \lim\limits_{x \to -\infty} \dfrac{x^2\left(1 - \frac{1}{x}\right)^2}{x^2\left(1 + \frac{1}{x}\right)^2} = 1$

c) Wir transformieren $x + 1 = h$,
$x \to -1$ bedeutet $h \to 0$:

$\lim\limits_{x \to -1} f(x) = \lim\limits_{h \to 0} \dfrac{(-2 + h)^2}{h^2}$
$= \lim\limits_{h \to 0} \left(\dfrac{-2}{h} + 1\right)^2 = +\infty$

(gleichgültig ob h vom Positiven oder Negativen gegen 0 strebt)

$f(x) \to 1$ für $x \to +\infty$
$f(x) \to 1$ für $x \to -\infty$
$f(x) \to +\infty$ für $x \to -1^+$
$f(x) \to +\infty$ für $x \to -1^-$

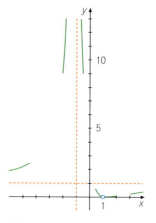

Nicht definierte Stelle, Nullstelle, asymptotisches Verhalten, Extrema, Wendepunkt

5. Extrema
Für die Ableitungen: Quotientenregel

$f'(x) = \dfrac{4(x-1)}{(x+1)^3}$; $f''(x) = \dfrac{8(2-x)}{(x+1)^4}$; $f'''(x) = \dfrac{24(x-3)}{(x+1)^5}$

$f'(x) = 0 \Rightarrow \dfrac{4(x-1)}{(x+1)^3} = 0 \Rightarrow x = 1$

$f''(1) = \dfrac{8(2-1)}{(1+1)^4} = \dfrac{1}{2} > 0 \Rightarrow$ Minimum

$(1 \mid f(1))$ Minimum

6. Wendepunkte
$f''(x) = 0 \Rightarrow \dfrac{8(2-x)}{(x+1)^4} = 0 \Rightarrow x = 2$

$f'''(2) = \dfrac{24(2-3)}{(2+1)^5} \neq 0 \Rightarrow$ Wendestelle

$(2 \mid f(2))$ Wendepunkt

7. Einfache Wertetabelle

x	−10	−2	−1	0	1	2	10
y	$\frac{121}{81}$	9	−	1	0	$\frac{1}{9}$	$\frac{81}{121}$
			nicht definiert		MIN	WP	

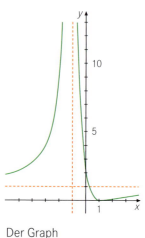

Der Graph

TEIL I

9.4 Wurzelfunktionen

1 Diskutieren Sie die folgenden Funktionen und zeichnen Sie ihre Graphen.

a) $c(x) = \dfrac{2x^2 - 16}{x^2 - 4}$

b) $d(x) = \dfrac{2x^2 - 16}{x^2 + 4}$

9.4 Wurzelfunktionen

Beispiel 1:
Gegeben sei: $f: x \to f(x) = (x - 5) \cdot \sqrt{x}$.

1. Maximaler Definitionsbereich
$\sqrt{x}$ lässt sich nur für nicht negative x berechnen; f ist deshalb für negative x **nicht** definiert.
$D_f = [0; \infty[= \mathbb{R}_0^+$

2. Nullstellen
$f(x) = 0 \Rightarrow (x - 5)\sqrt{x} = 0 \Rightarrow x = 5 \vee x = 0$
$x = 5, x = 0$ Nullstellen

3. Symmetrie
Die Nullstellen und der Definitionsbereich liegen nicht symmetrisch, $f(x)$ ist weder achsensymmetrisch zur y-Achse noch punktsymmetrisch zu $(0\,|\,0)$.

4. Asymptotisches Verhalten
Hier ist nur $f(x)$ zu untersuchen für
$x \to \infty$ und $x \to 0$.
$\lim\limits_{x \to \infty} f(x) = \lim\limits_{x \to \infty} (x - 5)\sqrt{x} = \infty$
$\lim\limits_{x \to 0} f(x) = \lim\limits_{x \to 0} (x - 5)\sqrt{x} = 0$
$f(x) \to \infty$ für $x \to \infty$
$f(x) \to 0$ für $x \to 0$

5. Extrema
Für die Ableitungen: Produkt- und Quotientenregel!

$f'(x) = (x - 5)\dfrac{1}{2\sqrt{x}} + \sqrt{x} = \dfrac{3x - 5}{2\sqrt{x}}$;

$f''(x) = \dfrac{3x + 5}{4x\sqrt{x}}$; $f'''(x) = -\dfrac{3(x + 5)}{8x^2\sqrt{x}}$

$f'(x) = 0 \Rightarrow \dfrac{3x - 5}{2\sqrt{x}} = 0 \Rightarrow x = \dfrac{5}{3}$

$f''\left(\dfrac{5}{3}\right) = \dfrac{3}{2}\sqrt{\dfrac{3}{5}} > 0 \Rightarrow$ Minimum

$\left(\dfrac{5}{3}\,\big|\,f\!\left(\dfrac{5}{3}\right)\right)$ Minimum

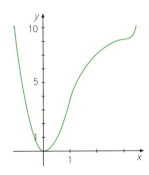

Definitionsbereich, Nullstellen, Extremum, asymptotisches Verhalten

83

9 Kurvendiskussion

6. Wendepunkte
$f''(x) = 0 \Rightarrow \frac{3x+5}{4x\sqrt{x}} = 0$

$\Rightarrow x = -\frac{5}{3}$

Diese Lösung gehört nicht zu D_f.
Keine WP.

7. Einfache Wertetabelle

x	0	$\frac{5}{3}$	5	10
y	0	$-\frac{10}{3}\sqrt{\frac{5}{3}}$	0	$5\sqrt{10}$
	NS Rand	MIN	NS	

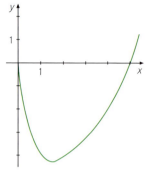

Der Graph

Beispiel 2:
Gegeben sei: $f: x \rightarrow f(x) = x \cdot \sqrt{9 - x^2}$.

1. Maximaler Definitionsbereich
$f(x)$ lässt sich nur berechnen, wenn für den Radikanden gilt: $(9 - x^2) \geq 0$.
$D_f = [-3; 3]$

2. Nullstellen
$f(x) = 0 \Rightarrow x\sqrt{9 - x^2} = 0 \Rightarrow x = 0 \lor 9 - x^2 = 0$
$x = -3, x = 0, x = 3$ Nullstellen

3. Symmetrie
$f(-x) = -x\sqrt{9 - (-x)^2} = -f(x)$
punktsymmetrisch zu (0|0)

4. Asymptotisches Verhalten
Es ist $f(x)$ für $x \rightarrow 3$ und für $x \rightarrow -3$ zu untersuchen:

$\lim_{x \to 3} x\sqrt{9 - x^2} = 0$

$\lim_{x \to -3} x\sqrt{9 - x^2} = 0$

$f(x) \rightarrow 0$ für $x \rightarrow 3^-$
$f(x) \rightarrow 0$ für $x \rightarrow -3^+$

9.4 Wurzelfunktionen

5. Extrema

Für die Ableitungen: Produkt- und Kettenregel!

$f'(x) = \dfrac{9 - 2x^2}{\sqrt{9-x^2}}$

$f''(x) = \dfrac{2x^3 - 27x}{(9-x^2)\sqrt{9-x^2}}$; $f'''(x) = \dfrac{-243}{(9-x^2)^2\sqrt{9-x^2}}$

$f'(x) = 0 \Rightarrow 9 - 2x^2 = 0 \Rightarrow x = \dfrac{3}{2}\sqrt{2} \vee x = -\dfrac{3}{2}\sqrt{2}$

$f''\left(\dfrac{3}{2}\sqrt{2}\right) = -4 < 0 \Rightarrow$ Maximum

$f''\left(-\dfrac{3}{2}\sqrt{2}\right) = 4 > 0 \Rightarrow$ Minimum

$\left(\dfrac{3}{2}\sqrt{2} \,\big|\, f\left(\dfrac{3}{2}\sqrt{2}\right)\right)$ Maximum

$\left(-\dfrac{3}{2}\sqrt{2} \,\big|\, f\left(-\dfrac{3}{2}\sqrt{2}\right)\right)$ Minimum

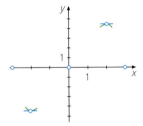

Definitionsbereich, Nullstellen, Extrema, Wendepunkt

6. Wendepunkte

$f''(x) = 0 \Rightarrow \dfrac{2x^3 - 27x}{(9-x^2)\sqrt{9-x^2}} = 0$

$\Rightarrow x = 0 \left(x = \pm\sqrt{\dfrac{27}{2}} \notin D_f\right)$

$f'''(0) \neq 0 \Rightarrow$ Wendestelle

$((0)\,|\,f(0))$ Wendepunkt

7. Einfache Wertetabelle

x	-3	$-\dfrac{3}{2}\sqrt{2}$	0	$\dfrac{3}{2}\sqrt{2}$	3
y	0	$-\dfrac{9}{2}$	0	$\dfrac{9}{2}$	0
	NS Rand	MIN	WP NS	MAX	NS Rand

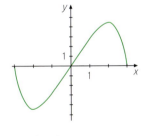

Der Graph

❶ Diskutieren Sie die folgenden Funktionen und zeichnen Sie ihre Graphen.

a) $e(x) = x - \sqrt{2x}$

b) $f(x) = \dfrac{3x}{\sqrt{36 - x^2}}$

9 Kurvendiskussion

9.5 Trigonometrische Funktionen

Beispiel 1:
Gegeben sei: $f: x \rightarrow f(x) = 3 \sin x + 4 \cos x$.

1. Maximaler Definitionsbereich
Sowohl die Sinus- als auch die Kosinusfunktion ist überall definiert, also auch f.
$D_f = \mathbb{R}$

2. Nullstellen
$f(x) = 0 \Rightarrow 3 \sin x + 4 \cos x = 0$
$\Rightarrow \tan x = -\frac{4}{3} \Rightarrow x \approx -0{,}93 + n\pi, n \in \mathbb{Z}$
(Die Nullstellen wiederholen sich nach π, s. u.)
$x \approx -0{,}93 + n\pi, n \in \mathbb{Z}$, Nullstellen

3. Periodizität
Die Nullstellen zeigen: Die Funktionswerte wiederholen sich nach π bzw. nach Vielfachen von π.
Es ist $f(x + \pi) = -f(x)$, also $f(x + \pi) \neq f(x)$; dagegen ist $f(x + 2\pi) = f(x)$
periodisch, Periodenlänge 2π.

4. Asymptotisches Verhalten
Eine eigene Untersuchung ist unnötig, denn kennt man f in einem Intervall der Länge 2π, dann kennt man ganz f.

5. Extrema
Die Ableitungen:
$f'(x) = 3 \cos x - 4 \sin x;\ f''(x) = -3 \sin x - 4 \cos x$
$f'''(x) = -3 \cos x + 4 \sin x$
$f'(x) = 0 \Rightarrow 3 \cos x - 4 \sin x = 0 \Rightarrow \tan x = \frac{3}{4}$
$\Rightarrow x \approx -0{,}64 + n\pi, n \in \mathbb{Z}$
$f''(0{,}64) \approx -5 < 0 \Rightarrow$ Maximum
$f''(0{,}64 + \pi) \approx 5 > 0 \Rightarrow$ Minimum
$0{,}64 + 2n\pi$ Maxima; $3{,}78 + 2n\pi$ Minima

6. Wendepunkte
$f''(x) = 0 \Rightarrow -3 \sin x - 4 \cos x = 0$
$\Rightarrow \tan x = -\frac{4}{3} \Rightarrow x \approx -0{,}93 + n\pi, n \in \mathbb{Z}$
$f'''(-0{,}93) \neq 0 \Rightarrow$ Wendepunkt
$f'''(-0{,}93 + \pi) \neq 0 \Rightarrow$ Wendepunkt
$(-0{,}93 + n\pi | f(-0{,}93 + n\pi))$ Wendepunkt

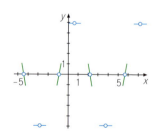

Nullstellen, Extrema, Wendepunkte
mit Steigung

9.5 Trigonometrische Funktionen

7. Einfache Wertetabelle

x	−0,93	0,64	2,23	3,78	−0,93 + 2π
y	0	5	0	−5	0
	NS/WP	MAX	NS/WP	MIN	NS/WP

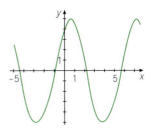

Der Graph

Beispiel 2:
Gegeben sei: $f: x \rightarrow f(x) = \sin^2 x + \frac{1}{2}\cos x$.

1. Maximaler Definitionsbereich
Sowohl die Sinus- als auch die Kosinusfunktion ist überall definiert, also auch f.
$D_f = \mathbb{R}$

2. Nullstellen
$f(x) = 0 \Rightarrow \sin^2 x + \frac{1}{2}\cos x = 0$; wegen $\sin^2 x + \cos^2 x = 1$:

$\Rightarrow \cos^2 x - \frac{1}{2}\cos x - 1 = 0 \Rightarrow \cos x = \frac{1 - \sqrt{17}}{4}$

$\left(\cos x = \frac{1 + \sqrt{17}}{4} > 1 \text{ und deshalb nicht möglich}\right)$

$\Rightarrow x \approx 2{,}47 + 2n\pi \vee x \approx 3{,}82 + 2n\pi, n \in \mathbb{Z}$

$x \approx 2{,}47 + 2n\pi, n \in \mathbb{Z}$, Nullstellen

$x \approx 3{,}82 + 2n\pi, n \in \mathbb{Z}$, Nullstellen

3. Periodizität
Sie ist an den Nullstellen erkennbar; und es ist tatsächlich $f(x + 2\pi) = f(x)$ für alle x; d. h. f ist periodisch, Periodenlänge 2π.

4. Asymptotisches Verhalten
Diese Untersuchung erübrigt sich wegen der Periodizität.

5. Extrema
Die Ableitungen – Produkt- oder Kettenregel!

$f'(x) = 2 \sin x \cos x - \frac{1}{2}\sin x$

$f''(x) = 2(-\sin^2 x + \cos^2 x) - \frac{1}{2}\cos x$

$f'''(x) = -8 \sin x \cos x + \frac{1}{2}\sin x$

$f'(x) = 0 \Rightarrow \sin x \left(2 \cos x - \frac{1}{2}\right) = 0$

$\Rightarrow \sin x = 0 \vee \cos x = \frac{1}{4}$

$\Rightarrow x = n\pi \vee x \approx 1{,}37 + 2n\pi \vee x \approx 4{,}97 + 2n\pi$

9 Kurvendiskussion

$f''(n\pi) = 2 - \frac{1}{2}\cos n\pi > 0 \Rightarrow$ Minima
$f''(1{,}37) \approx -2{,}30 < 0 \Rightarrow$ Maximum
$f''(4{,}97) \approx -0{,}60 \Rightarrow$ Maximum
$n\pi$ Minima
$1{,}37 + 2n\pi$ Maxima
$4{,}97 + 2n\pi$ Maxima

Nullstellen, Extrema, Wendepunkte mit Steigung

6. Wendepunkte
$f''(x) = 0 \Rightarrow 2(-2\sin^2 x + \cos^2 x) - \frac{1}{2}\cos x = 0$
wegen $\sin^2 x + \cos^2 x = 1$: $\Rightarrow \cos x = \frac{1 + \sqrt{129}}{16}$
$\vee \cos x = \frac{1 - \sqrt{129}}{16}$
$\Rightarrow x \approx 0{,}69 \vee x \approx 5{,}60$
$\vee x \approx 2{,}28 \vee x \approx 4{,}01$
Eine Wendestelle liegt vor, wenn dazu $f'''(x) \neq 0$.
$x \approx 0{,}69 + 2n\pi$ Wendestellen
$x \approx 2{,}28 + 2n\pi$ Wendestellen
$x \approx 4{,}01 + 2n\pi$ Wendestellen
$x \approx 5{,}60 + 2n\pi$ Wendestellen

7. Einfache Wertetabelle

x	0	0,69	1,32	2,28	2,47
y	0,5	0,79	1,06	0,25	0
	MIN	WP	MAX	WP	NS

x	3,14	3,82	4,01	4,97	5,60
y	−0,5	0	0,25	1,06	0,79
	MIN	NS	WP	MAX	WP

Der Graph

1 Diskutieren Sie die folgenden Funktionen und zeichnen Sie ihre Graphen.

a) $g(x) = \sin^2 x$
b) $h(x) = \sin 2x + 2\cos x$

9.6 Exponentialfunktionen

Beispiel 1:
Gegeben sei: $f: x \to f(x) = x^2 \cdot e^{-x}$.

1. Maximaler Definitionsbereich
Sowohl x^2 als auch e^{-x} sind für alle x definiert, also auch f.
$D_f = \mathbb{R}$

2. Nullstellen
$f(x) = 0 \Rightarrow x^2 e^{-x} = 0 \Rightarrow x = 0$
$x = 0$ Nullstelle

3. Symmetrie
$f(-x) = x^2 \cdot e^x \neq \pm f(x)$,
die Funktion ist weder achsensymmetrisch zur y-Achse noch punktsymmetrisch zu $(0|0)$.

4. Asymptotisches Verhalten
Es ist $f(x)$ für $x \to \pm\infty$ zu untersuchen.

$\lim\limits_{x \to \infty} f(x) = \lim\limits_{x \to \infty} (x^2 e^{-x}) = \lim\limits_{x \to \infty} \frac{x^2}{e^x} = 0$

$\lim\limits_{x \to -\infty} f(x) = \lim\limits_{x \to -\infty} (x^2 e^{-x}) = \infty$

$f(x) \to 0$ für $x \to \infty$
$f(x) \to \infty$ für $x \to -\infty$

5. Extrema
Ableitungen: mit der Produktregel!
$f'(x) = -x^2 e^{-x} + 2x e^{-x} = (2x - x^2) e^{-x}$
$f''(x) = (2 - 4x + x^2) e^{-x}; f'''(x) = (-6 + 6x - x^2) e^{-x}$
$f'(x) = 0 \Rightarrow (2x - x^2) e^{-x} = 0 \Rightarrow x = 0 \vee x = 2$
$f''(0) = (2 - 4 \cdot 0 + 0^2) e^{-0} = 2 > 0 \Rightarrow$ Minimum
$f''(2) = -2e^{-2} < 0 \Rightarrow$ Maximum
$(0 | f(0))$ Minimum
$(2 | f(2))$ Maximum

6. Wendepunkte
$f''(x) = 0 \Rightarrow (2 - 4x + x^2) e^{-x} \Rightarrow 2 - 4x + x^2 = 0$
$\Rightarrow x = 2 + \sqrt{2} \vee x = 2 - \sqrt{2}$
$f'''(2 + \sqrt{2}) \neq 0$
$f'''(2 - \sqrt{2}) \neq 0$
$(2 + \sqrt{2} | f(2 + \sqrt{2}))$ Wendepunkt
$(2 - \sqrt{2} | f(2 - \sqrt{2}))$ Wendepunkt

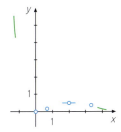

Nullstelle, asymptotisches Verhalten,
Extrema, Wendepunkte

9 Kurvendiskussion

7. Einfache Wertetabelle

x	-1	0	$2-\sqrt{2}$	2	$2+\sqrt{2}$	10
y	e	0	$\dfrac{6-4\sqrt{2}}{e^{2-\sqrt{2}}}$	$\dfrac{4}{e^2}$	$\dfrac{6+4\sqrt{2}}{e^{2+\sqrt{2}}}$	$\dfrac{100}{e^{10}}$
		MIN, NS	WP	MAX	WP	

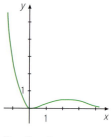

Der Graph

Beispiel 2:
Gegeben sei: $f: x \to f(x) = e^{-x^2}$.

1. Maximaler Definitionsbereich
Die e-Funktion ist für alle reellen Zahlen definiert, also auch f.
$D_f = \mathbb{R}$

2. Nullstellen
$f(x) = 0 \;\Rightarrow\; e^{-x^2} = \dfrac{1}{e^{x^2}} = 0$; keine Lösungen

3. Symmetrie
$f(-x) = e^{-(-x)^2} = e^{-x^2} = f(x)$
achsensymmetrisch zur y-Achse

4. Asymptotisches Verhalten
Es ist $f(x)$ für $x \to \pm\infty$ zu untersuchen.
$\lim\limits_{x\to\infty} f(x) = \lim\limits_{x\to\infty} e^{-x^2} = \lim\limits_{x\to\infty} \dfrac{1}{e^{x^2}} = 0$

Die Achsensymmetrie verrät, dass $\lim\limits_{x\to-\infty} f(x)$ auch null ergeben muss.
$f(x) \to 0$ für $x \to \infty$
$f(x) \to 0$ für $x \to -\infty$

5. Extrema
Für die Ableitungen: Kettenregel!
$f'(x) = \left(e^{-x^2}\right)' = -2x e^{-x^2}; \; f''(x) = (4x^2 - 2) e^{-x^2}; \; f'''(x) = (-8x^3 + 12x) e^{-x^2}$
$f'(x) = -2x e^{-x^2} = 0 \;\Rightarrow\; x = 0$
$f''(0) = -2 \;\Rightarrow\;$ Maximum
$(0 \mid f(0))$ Maximum

6. Wendepunkte
$f''(x) = 0 \;\Rightarrow\; (4x^2 - 2) e^{-x^2} = 0 \;\Rightarrow\; x = \dfrac{\sqrt{2}}{2} \;\vee\; x = -\dfrac{\sqrt{2}}{2}$
$\left(\dfrac{\sqrt{2}}{2} \mid f\left(\dfrac{\sqrt{2}}{2}\right)\right)$ Wendepunkt
$\left(-\dfrac{\sqrt{2}}{2} \mid f\left(-\dfrac{\sqrt{2}}{2}\right)\right)$ Wendepunkt

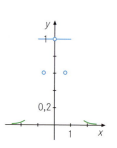

Extremum, Wendepunkte, asymptotisches Verhalten

7. Einfache Wertetabelle

x	-10	$-\frac{\sqrt{2}}{2}$	0	$\frac{\sqrt{2}}{2}$	10
y	e^{-100}	$\frac{1}{\sqrt{e}}$	1	$\frac{1}{\sqrt{e}}$	e^{-100}
		WP	MAX	WP	

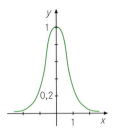

Der Graph

1 Diskutieren Sie die folgenden Funktionen und zeichnen Sie ihre Graphen.

a) $i(x) = xe^{-0,2x}$

b) $j(x) = (2x - x^2)e^x$

9.7 Logarithmusfunktionen

Beispiel 1:
Gegeben sei: $f: x \rightarrow f(x) = x^2 \cdot \ln x$.

1. Maximaler Definitionsbereich
Logarithmen sind nur für positive Argumente definiert.
$D_f = \,]0; \infty[\, = \mathbb{R}^+$

2. Nullstellen
$f(x) = 0 \;\Rightarrow\; x^2 \ln x = 0 \;\Rightarrow\; x^2 = 0 \lor \ln x = 0 \;\Rightarrow\; x = 1$ (denn $x = 0 \notin D_f$)
$x = 1$ Nullstelle

3. Symmetrie
Nullstelle und Definitionsbereich liegen nicht symmetrisch, f ist weder achsensymmetrisch zur y-Achse noch punktsymmetrisch zu $(0\,|\,0)$.

4. Asymptotisches Verhalten
Zu untersuchen ist $f(x)$ für $x \rightarrow 0$ und $x \rightarrow \infty$.
$\lim\limits_{x \to \infty} f(x) = \lim\limits_{x \to \infty} x^2 \ln x = \infty$
$\lim\limits_{x \to 0} f(x) = \lim\limits_{x \to 0} x^2 \ln x = 0$
$f(x) \rightarrow \infty$ für $x \rightarrow \infty$
$f(x) \rightarrow 0$ für $x \rightarrow 0^+$

9 Kurvendiskussion

5. Extrema
Für die Ableitungen: Produktregel!
$f'(x) = (x^2 \ln x)' = x + 2x \ln x$
$f''(x) = 3 + 2 \ln x$
$f'''(x) = \frac{2}{x}$
$f'(x) = 0 \Rightarrow x(1 + 2 \ln x) = 0 \Rightarrow \ln x = -\frac{1}{2} \Rightarrow x = \frac{1}{\sqrt{e}}$

$f''\left(\frac{1}{\sqrt{e}}\right) = 2 \Rightarrow$ Minimum

$\left(\frac{1}{\sqrt{e}}\middle| f\left(\frac{1}{\sqrt{e}}\right)\right)$ Minimum

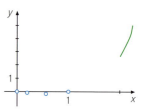

nicht definierte Stelle, Nullstelle, Extremum, Wendepunkt, asymptotisches Verhalten

6. Wendepunkt
$f''(x) = 0 \Rightarrow 3 + 2 \ln x = 0 \Rightarrow \ln x = -\frac{3}{2} \Rightarrow x = \frac{1}{\sqrt{e^3}}; f'''\left(\frac{1}{\sqrt{e^3}}\right) \neq 0 \Rightarrow$ Wendepunkt

$\left(\frac{1}{\sqrt{e^3}}\middle| f\left(\frac{1}{\sqrt{e^3}}\right)\right)$ Wendepunkt

7. Einfache Wertetabelle

x	0	$\frac{1}{\sqrt{e^3}}$	$\frac{1}{\sqrt{e}}$	1	e
y	–	$-\frac{3}{2e^3}$	$-\frac{1}{2e}$	0	e^2
	Rand	WP	MIN	NS	

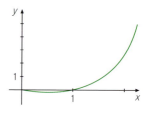

Der Graph

Beispiel 2:
Gegeben sei: $f : x \rightarrow f(x) = \frac{\ln^2 x}{x}$.

1. Maximaler Definitionsbereich
Logarithmen sind nur für positive Zahlen definiert.
$D_f =]0; \infty[= \mathbb{R}^+$

2. Nullstellen
$f(x) = 0 \Rightarrow \frac{\ln^2 x}{x} = 0 \Rightarrow \ln x = 0 \Rightarrow x = 1$
$x = 1$ Nullstelle

3. Symmetrie
Nullstellen und Definitionsbereich liegen nicht symmetrisch, f ist weder achsensymmetrisch zur y-Achse noch punktsymmetrisch zu (0|0).

9.7 Logarithmusfunktionen

4. Asymptotisches Verhalten
Zu untersuchen ist $f(x)$ für $x \to 0$ und $x \to \infty$.

$\lim\limits_{x \to 0} f(x) = \lim\limits_{x \to 0} \frac{\ln^2 x}{x} = \infty$

$\lim\limits_{x \to \infty} f(x) = \lim\limits_{x \to \infty} \frac{\ln^2 x}{x} = 0$

$f(x) \to \infty$ für $x \to 0^+$
$f(x) \to 0$ für $x \to \infty$

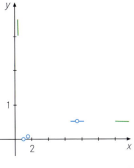

Nullstelle, Extrema, Wendestellen, asymptotisches Verhalten

5. Extrema
Die Ableitungen: Quotientenregel!

$f'(x) = \left(\frac{\ln^2 x}{x}\right)' = \frac{2 \ln x - \ln^2 x}{x^2}$; $f''(x) = \frac{2 - 6 \ln x + 2 \ln^2 x}{x^3}$

$f'''(x) = \frac{-12 + 22 \ln x - 6 \ln^2 x}{x^4}$

$f'(x) = 0 \Rightarrow \frac{2 \ln x - \ln^2 x}{x^2} = 0 \Rightarrow \ln x = 0 \lor \ln x = 2 \Rightarrow x = 1 \lor x = e^2$

$f''(1) = 2 > 0 \Rightarrow$ Minimum

$f''(e^2) = \frac{-2}{e^6} < 0 \Rightarrow$ Maximum

$(1 \,|\, f(1))$ Minimum
$(e^2 \,|\, f(e^2))$ Maximum

6. Wendepunkte
$f''(x) = 0 \Rightarrow \frac{2 - 6 \ln x + 2 \ln^2 x}{x^3} = 0 \Rightarrow \ln^2 x - 3 \ln x + 1 = 0$

Mit $\ln x = z$:

$\Rightarrow z^2 - 3z + 1 = 0 \Rightarrow \ln x = \frac{1}{2}(3 + \sqrt{5}) \lor \ln x = \frac{1}{2}(3 - \sqrt{5})$

$\Rightarrow x = \sqrt{e^{3+\sqrt{5}}} \lor x = \sqrt{e^{3-\sqrt{5}}}$

$\left(\sqrt{e^{3+\sqrt{5}}} \,\Big|\, f\!\left(\sqrt{e^{3+\sqrt{5}}}\right)\right)$ Wendepunkt

$\left(\sqrt{e^{3-\sqrt{5}}} \,\Big|\, f\!\left(\sqrt{e^{3-\sqrt{5}}}\right)\right)$ Wendepunkt

7. Einfache Wertetabelle

x	0	1	$\sqrt{e^{3-\sqrt{5}}}$	e^2	$\sqrt{e^{3+\sqrt{5}}}$
y	–	0	$\dfrac{(3-\sqrt{5})^2}{4\sqrt{e^{3-\sqrt{5}}}}$	$\dfrac{4}{e^2}$	$\dfrac{(3+\sqrt{5})^2}{4\sqrt{e^{3+\sqrt{5}}}}$
		MIN, NS	WP	MAX	WP

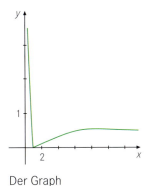

Der Graph

❶ Diskutieren Sie die folgenden Funktionen und zeichnen Sie ihre Graphen.

a) $k(x) = x \lg x$
b) $l(x) = (\ln x)^2 - \ln(x^2)$

9 TEST Kurvendiskussion

Test

1 Listen Sie wesentliche Eigenschaften von Graphen auf. |9|
Erläutern Sie kurz, was sie bedeuten und wie man sie untersucht.

2 Der Graph zeigt die Ableitung f' einer Funktion f. |9|
Was lässt sich aus diesem Graphen im Rahmen der Zeichengenauigkeit mit Sicherheit über f ablesen?

$f(-3) = 0$.
f hat drei Nullstellen.
f hat ein Maximum.
f hat zwei Maxima.
f hat einen Wendepunkt bei $x \approx -2{,}1$.
f hat 3 Wendepunkte
   bei $x \approx -2{,}1; x \approx 0; x \approx 2{,}1$.
f ist monoton fallend in $[-2{,}1; 0]$.
f ist monoton steigend in $[-3; 0]$.
f ist links gekrümmt in $[-1{,}1; 2{,}1]$.
f ist rechts gekrümmt in $[3{,}5; \infty[$.

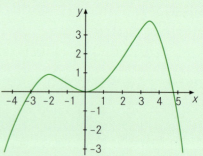

3 Welche Aussagen über den Graphen von $f(x) = xe^{-\frac{x^2}{50}}$ sind richtig? |9|

Maximaler Definitionsbereich	Anzahl der Nullstellen	$f'(0) =$	Anzahl der Extrema	Anzahl der Wendepunkte
$\mathbb{R}$	0	nicht definiert	0	0
$\mathbb{R}/\{0\}$	1	0	1	1
$\mathbb{R}/\{-1; 0; +1\}$	2	$+1$	2	2
$\mathbb{R}^+ =]0; \infty[$	3	-1	3	3
$\mathbb{R}^- =]-\infty; 0[$	5	e	5	5

4 Untersuchen Sie $f(x) = \dfrac{x^2 - 4}{9 - x^2}$. |9|

Führen Sie eine ausführliche Kurvendiskussion durch und zeichnen Sie aufgrund dieser Diskussion den Graphen von f.

||36||

Testauswertung:
Wie viele Punkte haben Sie? Erreichen Sie mehr als 29 Punkte, beherrschen Sie den Inhalt des Kapitels wirklich gut. Erreichen Sie weniger als 14 Punkte, dann sollten Sie dieses Kapitel wiederholen.

TEIL I

10 Gesucht wird ...

WAS SIE SCHON KÖNNEN MÜSSEN
▷ Funktionstypen kennen, unterscheiden und formelmäßig in Ansatz bringen
▷ Zusammenhänge zwischen Graph, Funktionsterm und Ableitungen kennen und handhaben
▷ In Worte gefasste Sachverhalte in die mathematische Formelsprache übersetzen
▷ Lösungen von Gleichungen und Gleichungssystemen auffinden

DARUM GEHT ES
Funktionen mit bestimmten Eigenschaften finden

10.1 Auf der Suche – grafisch

INFO — Funktionenfahndung

Die Suche nach Funktionen mit bestimmten Eigenschaften gleicht der Suche nach dem Täter im Krimi. Hier wie dort geht es darum, vorhandene Indizien ernsthaft zu prüfen, sie sorgsam aufzubereiten und sachgerecht fortzuentwickeln. Und hier wie dort wird man feststellen, dass sich der Fall nicht immer lösen lässt: mal sind die bekannten Tatsachen und Indizien zu dürftig, dann kommen zu viele als „Täter" infrage; mal sind sie in sich unstimmig, dann kann keiner der „Täter" sein.
Wie also sieht eine „Funktionenfahndung" aus? Wir behandeln dazu ein konkretes Beispiel und gehen es zunächst rein grafisch an. Die dabei gewonnenen Erkenntnisse sollen rechnerische Verfahren motivieren.

Beispiel:
Von einer Funktion ist Folgendes bekannt:
Ihr Graph verläuft durch den Nullpunkt, in den Punkten $(2\,|\,4)$ und $(-2\,|-4)$ hat der Graph waagerechte Tangenten.
Gibt es überhaupt eine Funktion mit diesen Eigenschaften?
Gibt es gar mehrere Funktionen mit diesen Eigenschaften?

10 Gesucht wird ...

1. Zunächst werden die genannten Eigenschaften im Koordinatensystem festgehalten:

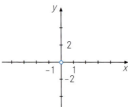 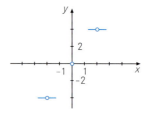

Der Graph verläuft durch (0 | 0).   In (2 | 4) und (−2 | −4) gibt es waagerechte Tangenten.

2. Zeichnerisch geht es darum, diese Einzelinformationen geeignet zu ergänzen und zu einem Ganzen zu formen. Dies kann, wenn weitere Tatsachen nicht bekannt sind, auf unterschiedliche Weise geschehen.

Zum Beispiel so: Oder so:

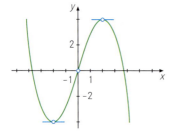 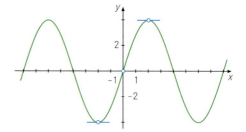

Oder so: Oder auch so:

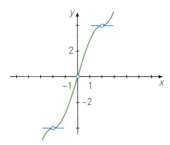 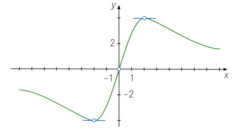

Alle diese Graphen haben die geforderten Eigenschaften; und es ist kein Problem, weitere Graphen mit ebendiesen Eigenschaften zu zeichnen. Die obigen Eigenschaften sind offenbar sehr allgemein und zu unspezifisch. Sie kreisen den „Täter" nicht eng genug ein.

TEIL I

10.2 Auf der Suche – rechnerisch

10.2 Auf der Suche – rechnerisch

> **INFO**   **Rechnerische Rasterfahndung**
>
> Die Graphen zeigten, dass die angegebenen Eigenschaften nicht ausreichen, eine
> ganz bestimmte Funktion zu charakterisieren. Das ist keineswegs verwunderlich;
> denn vom Funktionstyp, dem wichtigsten Charakteristikum, ist bei der „Fahndung"
> überhaupt nicht die Rede gewesen.
> Wir ergänzen daher unser Beispiel durch gewisse Annahmen über den Funktionstyp;
> dann erst wird ein rechnerischer Ansatz möglich. Daraus entwickeln wir zusammen
> mit den geforderten Eigenschaften ein Raster, in dem sich die gesuchte Funktion
> verfängt.

Gesucht – ein Polynom 3. Grades

Beispiel:

Gesucht ist eine Funktion mit folgenden Eigenschaften:

Ihr Funktionsterm ist ein Polynom 3. Grades. Ihr Graph verläuft durch den Nullpunkt, in den
Punkten $(2\,|\,4)$ und $(-2\,|-4)$ hat er waagerechte Tangenten.

Der Lösungsweg lässt sich in folgende Schritte gliedern:

1. Der Ansatz

Eine Polynomfunktion 3. Grades ist von der Form: $p(x) = ax^3 + bx^2 + cx + d$.

Es geht darum, die Parameter a, b, c und d zu bestimmen. Wir notieren zugleich auch die
Ableitung von p: $p'(x) = 3ax^2 + 2bx + c$.

2. Die Eigenschaften

Die im Aufgabentext versteckten Eigenschaften sind in die Formelsprache zu übersetzen.
Hier geht es um insgesamt 5 (!) Eigenschaften.

Der Graph verläuft durch den Nullpunkt; d. h.:   1. $p(0) = 0$
Der Graph verläuft durch $(2\,|\,4)$, d. h.:   2. $p(2) = 4$
Er hat dort eine waagerechte Tangente; d. h.:   3. $p'(2) = 0$
Entsprechendes gilt für $(-2\,|-4)$:   4. $p(-2) = -4$
     5. $p'(-2) = 0$

3. Das Gleichungssystem

Die Auswertung wird fortgesetzt und das zugehörige Gleichungssystem aufgestellt:

1. $p(0) = 0$ bedeutet: 1. $a0^3 + b0^2 + c0 + d = 0$
2. $p(2) = 4$ bedeutet: 2. $a2^3 + b2^2 + c2 + d = 4$
3. $p'(2) = 0$ bedeutet: 3. $3a2^2 + 2b2 + c = 0$
4. $p(-2) = -4$ bedeutet: 4. $a(-2)^3 + b(-2)^2 + c(-2) + d = -4$
5. $p'(-2) = 0$ bedeutet: 5. $3a(-2)^2 + 2b(-2) + c = 0$

10 Gesucht wird …

4. Das Lösen des Gleichungssystems

1. **Eliminationsverfahren:** Eine Gleichung wird genutzt, um in den restlichen Gleichungen eine der Variablen zu ersetzen.
2. **Additions- bzw. Subtraktionsverfahren:** Addition bzw. Subtraktion zweier Gleichungen führt gelegentlich auf einfachere Gleichungen – ein Vorteil für die weitere Rechnung!

BEISPIEL **Gleichungssysteme**

1. Während der Rechenarbeit darf nichts verloren gehen! Wer beispielsweise mit einem System mit fünf Gleichungen startet, der sollte auch mit fünf Gleichungen im „Ziel" ankommen!
2. Profis vergleichen zuallererst die Anzahl der Gleichungen mit der Anzahl der Variablen. Das folgende System besteht aus fünf Gleichungen, es enthält vier Variable – ob das gutgeht?

1.
$\begin{cases} 1.\ d = 0 \\ 2.\ 8a + 4b + 2c + d = 4 \\ 3.\ 12a + 4b + c = 0 \\ 4.\ -8a + 4b - 2c + d = -4 \\ 5.\ 12a - 4b + c = 0 \end{cases}$
$\Leftrightarrow$
2.
$\begin{cases} 1.\ d = 0 \\ 2.\ 8a + 4b + 2c = 4 \quad |1. \to 2. \\ 3.\ 12a + 4b + c = 0 \\ 4.\ -8a + 4b - 2c = -4 \ |1. \to 2. \\ 5.\ 12a - 4b + c = 0 \end{cases}$
$\Leftrightarrow$
3.
$\begin{cases} 1.\ d = 0 \\ 2.\ 8a + 4b + 2c = 4 \\ 3.\ 12a + 4b + c = 0 \\ 4.\ 8b = 0 \quad\quad |2. + 4. \\ 5.\ 24a + 2c = 0 \ \ |3. + 5. \end{cases}$

4.
$\begin{cases} 1.\ d = 0 \\ 2.\ 4a + 2b + c = 2 \\ 3.\ 12a + 4b + c = 0 \\ 4.\ b = 0 \\ 5.\ 12a + c = 0 \end{cases}$
$\Leftrightarrow$
5.
$\begin{cases} 1.\ d = 0 \\ 2.\ 4a + c = 2 \quad |4. \to 2. \\ 3.\ 12a + c = 0 \quad |4. \to 3. \\ 4.\ b = 0 \\ 5.\ c = -12a \end{cases}$
$\Leftrightarrow$

6.
$\begin{cases} 1.\ d = 0 \\ 2.\ 4a - 12a = 2 \quad |5. \to 2. \\ 3.\ 12a - 12a = 0 \ \ |5. \to 3. \\ 4.\ b = 0 \\ 5.\ c = -12a \end{cases}$
$\Leftrightarrow$
7.
$\begin{cases} 1.\ d = 0 \\ 2.\ a = -\frac{1}{4} \\ 3.\ 0 = 0 \\ 4.\ b = 0 \\ 5.\ c = 3 \quad\quad |2. \to 5. \end{cases}$

Die Rechnung führt auf das Polynom $p(x) = -\frac{1}{4}x^3 + 3x$.

5. Die Kontrolle

Es empfiehlt sich zu prüfen, ob das Rechnungsergebnis allen Anforderungen entspricht:
Die Funktion p mit $p(x) = -\frac{1}{4}x^3 + 3x$ ist eine Polynomfunktion 3. Grades.

Der Graph verläuft durch $(0\,|\,0)$, denn $p(0) = -\frac{1}{4}0^3 + 3 \cdot 0 = 0$.

Der Graph verläuft durch $(2\,|\,4)$, denn $p(2) = -\frac{1}{4}2^3 + 3 \cdot 2 = 4$.

Der Graph verläuft in $(2\,|\,4)$ waagerecht, denn $p'(2) = 3 \cdot \left(-\frac{1}{4}2^2\right) + 3 = 0$.

Der Graph verläuft durch $(-2\,|\,-4)$, denn $p(-2) = -\frac{1}{4}(-2)^3 + 3 \cdot (-2) = -4$.

TEIL I

10.2 Auf der Suche – rechnerisch

Der Graph verläuft in $(-2\,|-4)$ waagerecht, denn $p'(-2) = 3 \cdot \left(-\frac{1}{4}(-2)^2\right) + 3 = 0$.

Die Polynomfunktion 3. Grades mit den genannten Eigenschaften lautet:

p: $p(x) = -\frac{1}{4}x^3 + 3x$, $D = \mathbb{R}$.

Hinweis: Wir empfehlen, diese Funktion zu diskutieren und ihren Graphen zu zeichnen. Er findet sich unter den auf Seite 96 gezeichneten Graphen.

Gesucht – ein Polynom 4. Grades

Beispiel:

Gesucht ist eine Funktion mit folgenden Eigenschaften:

Ihr Funktionsterm ist ein Polynom 4. Grades. Ihr Graph verläuft durch den Nullpunkt, in den Punkten $(2\,|\,4)$ und $(-2\,|-4)$ hat er waagerechte Tangenten.

Das Problem gleicht in wesentlichen Teilen dem soeben behandelten. Wir erlauben uns deshalb, Lösungsweg und Kommentierung knapper zu halten.

1. Der Ansatz

$p(x) = ax^4 + bx^3 + cx^2 + dx + e$

$p'(x) = 4ax^3 + 3bx^2 + 2cx + d$

2. Die Eigenschaften und 3. Das Gleichungssystem

$$
\begin{cases}
1.\ p(0) = 0 \\
2.\ p(2) = 4 \\
3.\ p'(2) = 0 \\
4.\ p(-2) = -4 \\
5.\ p'(-2) = 0
\end{cases}
\Leftrightarrow
\quad \mathbf{1.}
\begin{cases}
1.\ e = 0 \\
2.\ 16a + 8b + 4c + 2d + e = 4 \\
3.\ 32a + 12b + 4c + d = 0 \\
4.\ 16a - 8b + 4c - 2d + e = -4 \\
5.\ -32a + 12b - 4c + d = 0
\end{cases}
$$

4. Das Lösen des Gleichungssystems

Das Gleichungssystem aus 5 Gleichungen enthält 5 Variable – eine günstige Voraussetzung, eine eindeutige Lösung zu erhalten!

$$
\mathbf{2.}
\begin{cases}
1.\ e = 0 \\
2.\ 8a + 4b + 2c + d = 2 \quad |1. \rightarrow 2. \\
3.\ 32a + 12b + 4c + d = 0 \\
4.\ 8a - 4b + 2c - d = -2 \quad |1. \rightarrow 4. \\
5.\ d = -12b \quad\quad\quad\quad\quad |3. + 5.
\end{cases}
\Leftrightarrow
\mathbf{3.}
\begin{cases}
1.\ d = 0 \\
2.\ 8a + 4b + 2c + d = 2 \\
3.\ 32a + 12b + 4c + d = 0 \\
4.\ c = -4a \quad\quad |(2. + 4.):4 \\
5.\ d = -12b
\end{cases}
$$

$$
\mathbf{4.}
\begin{cases}
1.\ e = 0 \\
2.\ b = -\frac{1}{4} \quad |4.\ u.\ 5. \rightarrow 2. \\
3.\ a = 0 \quad\ \ |4.\ u.\ 5. \rightarrow 3. \\
4.\ c = -4a \\
5.\ d = -12b
\end{cases}
\Leftrightarrow
\mathbf{5.}
\begin{cases}
1.\ e = 0 \\
2.\ b = -\frac{1}{4} \\
3.\ a = 0 \\
4.\ c = 0 \\
5.\ d = 3 \quad\quad |2. \rightarrow 5.
\end{cases}
$$

Die Rechnung erzwingt $a = 0$. Das bedeutet, dass es keine Polynomfunktion 4. Grades mit den genannten Eigenschaften gibt.

Hinweis: Das Gleichungssystem hat sehr wohl eine eindeutige Lösung; allerdings führt sie auf die uns schon bekannte Polynomfunktion 3. Grades $p(x) = -\frac{1}{4}x^3 + 3x$.

10 Gesucht wird ...

Gesucht – eine Polynomfunktion 5. Grades
Beispiel:

Gesucht ist eine Funktion mit folgenden Eigenschaften:

Ihr Funktionsterm ist eine zum Nullpunkt symmetrische Polynomfunktion 5. Grades. Ihr Graph verläuft durch den Nullpunkt, in den Punkten $(2\,|\,4)$ und $(-2\,|\,-4)$ hat er waagerechte Tangenten.

1. Der Ansatz

$p(x) = ax^5 + bx^4 + cx^3 + dx^2 + ex + f$

$p'(x) = 5ax^4 + 4bx^3 + 3cx^2 + 2dx + e$

2. Die Eigenschaften und 3. Das Gleichungssystem

Symmetrien sind starke Bedingungen. Es lohnt sich, sie bereits im Ansatz zu nutzen, denn sie führen stets zu wesentlichen Vereinfachungen. Die Punktsymmetrie zum Nullpunkt bedeutet:

$-p(x) = p(-x)$ für alle x

$\Rightarrow -ax^5 - bx^4 - cx^3 - dx^2 - ex - f = -ax^5 + bx^4 - cx^3 + dx^2 - ex + f$

$\Rightarrow 2bx^4 + 2dx^2 + 2f = 0$ für alle x

Die letzte Gleichung gilt für alle x, also z. B. auch für $x = 0$, $x = 1$, $x = 2$; d. h.

1. $\begin{cases} \text{1. } 2b \cdot 0^4 + 2d \cdot 0^2 + 2f = 0 \\ \text{2. } 2b \cdot 1^4 + 2d \cdot 1^2 + 2f = 0 \\ \text{3. } 2b \cdot 2^4 + 2d \cdot 2^2 + 2f = 0 \end{cases}$ $\Leftrightarrow$ 2. $\begin{cases} \text{1. } f = 0 \\ \text{2. } b + d = 0 \\ \text{3. } 4b + d = 0 \end{cases}$

$\Leftrightarrow$ 3. $\begin{cases} \text{1. } f = 0 \\ \text{2. } b + d = 0 \\ \text{3. } 3b = 0 \quad |\,3. \to 2. \end{cases}$ $\Leftrightarrow$ 4. $\begin{cases} \text{1. } f = 0 \\ \text{2. } d = 0 \quad |\,3. \to 2. \\ \text{3. } b = 0 \end{cases}$

Das bedeutet, dass gerade Potenzen im Funktionsterm nicht auftreten. Der Lösungsansatz vereinfacht sich zu:

$p(x) = ax^5 + cx^3 + ex$

$p'(x) = 5ax^4 + 3cx^2 + e$

$\begin{cases} \text{1. } p(0) = 0 \\ \text{2. } p(2) = 4 \\ \text{3. } p'(2) = 0 \\ \text{4. } p'(-2) = -4 \\ \text{5. } p'(-2) = 0 \end{cases}$ $\Rightarrow$ $\begin{cases} \text{1. } 0 = 0 \\ \text{2. } 32a + 8c + 2e = 4 \\ \text{3. } 80a + 12c + e = 0 \\ \text{4. } -32a - 8c - 2e = -4 \\ \text{5. } 80a + 12c + e = 0 \end{cases}$

Gleichung 1. ist allgemeingültig, sie bindet keinen der Parameter. Die Gleichungen 2. und 4. sowie 3. und 5. sind gleichwertig – das liegt an der Punktsymmetrie. Das System reduziert sich auf:

1. $\begin{cases} \text{2. } 16a + 4c + e = 2 \\ \text{3. } 80a + 12c + e = 0 \end{cases}$ $\Leftrightarrow$ 2. $\begin{cases} \text{2. } 16a + 4c + e = 2 \\ \text{3. } 64a + 8c = -2 \quad |\,3. - 2. \end{cases}$

$\Leftrightarrow$ 3. $\begin{cases} \text{2. } 16a + 4c + e = -2 \\ \text{3. } c = -\frac{1}{4} - 8a \end{cases}$ $\Leftrightarrow$ 4. $\begin{cases} \text{2. } e = 3 + 16a \quad |\,3. \to 2. \\ \text{3. } c = -\frac{1}{4} - 8a \end{cases}$

100

TEIL I

10.2 Auf der Suche – rechnerisch

Die Parameter c und e bestimmen sich durch a; a ist frei wählbar. Es gibt unendlich viele zum Nullpunkt symmetrische Polynomfunktionen 5. Grades mit den genannten Eigenschaften. Sie bilden eine ganze Funktionenschar und sind von der Form:

$p(x) = ax^5 + \left(-\frac{1}{4} - 8a\right)x^3 + (3 + 16a)x$.

Hinweis: Wir empfehlen, den einen oder anderen konkreten Wert für a zu wählen, die zugehörige Funktion zu diskutieren und ihren Graphen zu zeichnen.

Gesucht – eine gebrochenrationale Funktion

Beispiel:

Gesucht ist eine Funktion mit folgenden Eigenschaften:

Ihr Funktionsterm ist von der Form $g(x) = \dfrac{ax + b}{cx^2 + dx + e}$. Ihr Graph verläuft durch den Nullpunkt, in den Punkten $(2 \mid 4)$ und $(-2 \mid -4)$ hat er waagerechte Tangenten.

1. Der Ansatz

Er ist hier vorgegeben: $g(x) = \dfrac{ax + b}{cx^2 + dx + e}$.

Die Ableitung: $g'(x) = \dfrac{-acx^2 - 2bcx + ae - bd}{(cx^2 + dx + e)^2}$

2. Die Eigenschaften und 3. Das Gleichungssystem

Die Eigenschaften sind mehrfach ausformuliert worden; wir erstellen sofort das Gleichungssystem:

1.

$$1. \quad \frac{a0 + b}{c0^2 + d0 + e} = 0$$

$$2. \quad \frac{a2 + b}{c2^2 + d2 + e} = 4$$

$$3. \quad \frac{-ac2^2 - 2bc2 + ae - bd}{(c2^2 + d2 + e)^2} = 0$$

$$4. \quad \frac{a(-2) + b}{c(-2)^2 + d(-2) + e} = -4$$

$$5. \quad \frac{-ac(-2)^2 - 2bc(-2) + ae - bd}{(c(-2)^2 + d(-2) + e)^2} = 0$$

10 Gesucht wird …

4. Das Lösen des Gleichungssystems

2.
$$\Leftrightarrow \begin{cases} 1.\ b = 0 \\ 2.\ 2a + b = 16c + 8d + 4e \\ 3.\ -4ac - 4bc + ae - bd = 0 \\ 4.\ -2a + b = -16c + 8d - 4e \\ 5.\ -4ac + 4bc + ae - bd = 0 \end{cases}$$

3.
$$\Leftrightarrow \begin{cases} 1.\ b = 0 \\ 2.\ 2a = 16c + 8d + 4e \\ 3.\ -4ac + ae = 0 \\ 4.\ -2a = -16c + 8d - 4e \\ 5.\ -4ac + ae = 0 \end{cases}$$

4.
$$\Leftrightarrow \begin{cases} 1.\ b = 0 \\ 2.\ 2a = 16c + 8d + 4e \\ 3.\ e = 4c \\ 4.\ d = 0 \qquad |\,2.+4. \\ 5.\ e = 4c \end{cases}$$

5.
$$\Leftrightarrow \begin{cases} 1.\ b = 0 \\ 2.\ a = 16c \qquad |\,3.\ \text{und}\ 4. \rightarrow 2. \\ 3.\ e = 4c \\ 4.\ d = 0 \\ 5.\ e = 4c \end{cases}$$

Die Rechnung führt zu $g(x) = \dfrac{16cx}{cx^2 + 4c} = \dfrac{16x}{x^2 + 4}$.

Die Überprüfung zeigt, dass die Funktion g allen genannten Bedingungen genügt. Auch ihr Graph findet sich auf Seite 96.

Roter Faden

Wie bestimmt man Funktionen mit vorgegebenen Eigenschaften?	
1. Der Ansatz	– Um welchen Funktionstyp geht es? – Welche Form hat der Funktionsterm? – Welche Parameter sind anzusetzen?
2. Die Eigenschaften	– Gibt es Symmetrien? – Sind Funktionswerte bekannt? – Welche Angaben betreffen die 1. Ableitung, welche die 2. Ableitung?
3. Das Gleichungssystem	Jede einzelne Eigenschaft wird mithilfe der Funktion und ihrer Ableitungen in eine Gleichung umgesetzt.
4. Das Lösen des Systems	Hilfreich sind das Eliminations- und das Additionsverfahren. Ein Gleichungssystem kann keine, genau eine oder unendlich viele Lösungen haben.
5. Die Kontrolle	Überprüfen Sie das Rechenergebnis, ob es allen Bedingungen genügt.

10.2 Auf der Suche – rechnerisch

1 **Polynomfunktionen 2. Grades**

a) Eine Polynomfunktion 2. Grades hat in $(-1\,|\,-8)$ ein Minimum. $(3\,|\,0)$ ist eine Nullstelle. Übertragen Sie diese Eigenschaften in ein Koordinatensystem und skizzieren Sie den Graphen. Bestimmen Sie die Funktion, die diese Eigenschaften besitzt.

b) Eine andere Polynomfunktion 2. Grades hat bei 4 ein Maximum und bei -2 eine Nullstelle. Der Anstieg in der Nullstelle beträgt 3. Wie lautet diese Funktion?

2 **Gesucht wird eine Polynomfunktion 2. Grades …**

… mit folgenden Eigenschaften: In $(-4\,|\,-8)$ hat sie ein Minimum, außerdem verläuft sie durch den Nullpunkt und den Punkt $(2\,|\,4)$.

a) Begründen Sie zeichnerisch, weshalb eine solche Funktion wahrscheinlich gar nicht existiert.

b) Zeigen Sie rechnerisch, dass es eine solche Funktion nicht geben kann.

3 **Der Graph einer Polynomfunktion 4. Grades …**

… verläuft durch $(0\,|\,1)$ und hat dort den Anstieg -2. In $(1\,|\,0)$ hat sie einen Wendepunkt mit waagerechter Tangente.

a) Wie lautet diese Funktion?
b) Zeichnen Sie ihren Graphen.

4 Die Abbildung zeigt eine Schar von Polynomfunktionen 4. Grades.

a) Welche Eigenschaften sind allen Funktionen dieser Schar gemeinsam?
b) Durch welchen Funktionsterm wird diese Schar beschrieben?
c) Welche dieser Funktionen hat ihr Maximum in $(2\,|\,2)$?

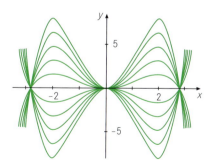

5 Welche Funktion der Form $g(x) = \frac{ax+b}{cx+d}$ hat in ihrer Nullstelle $x = 3$ den Anstieg -1 und ist bei $x = 2$ nicht definiert?

6 Von einer Funktion der Form $f(x) = (ax^2 + bx - c)\,e^x$ ist Folgendes bekannt:
Sie schneidet die y-Achse an der Stelle 1 und hat dort den Anstieg -2. An der Stelle -1 hat sie ein Extremum. Bestimmen Sie die Funktion und zeichnen Sie ihren Graphen.

10 TEST   Gesucht wird …

Test

1 Den Graphen sind unterschiedliche Eigenschaften zugeordnet. |9|
   Welche treffen zu?

	$a(x)=-x^3+3x^2$	$b(x)=(x^2-4)^2$	$c(x)=\dfrac{x^2}{4}+\dfrac{4}{x}$	$d(x)=xe^{-x}$	$e(x)=\pi x+\cos\pi x$
Geht durch P	$P(-3\mid0)$ ☐	$P(0\mid-16)$ ☐	$P(0\mid0)$ ☐	$P(1\mid e)$ ☐	$P(1\mid\pi)$ ☐
Tangente in Q	$Q(2\mid4);$ $y=x+2$ ☐	$Q(-1\mid9);$ $y=12x+23$ ☐	$Q(2\mid1);$ $y=2x+1$ ☐	$Q(0\mid0);$ $y=\dfrac{x}{e}$ ☐	$Q(0\mid1);$ $y=\pi x+\pi$ ☐
Hochpunkt H	$H(0\mid0)$ ☐	$H(2\mid0)$ ☐	$H(-2\mid-3)$ ☐	$H\left(1\mid\dfrac{1}{e}\right)$ ☐	$H\left(\dfrac{1}{2}\mid\dfrac{\pi}{2}\right)$ ☐
Wendepunkt W	$W(1\mid2)$ ☐	$W\left(\dfrac{2\sqrt{3}}{3}\mid\dfrac{64}{9}\right)$ ☐	$W(4\mid-3)$ ☐	$W\left(2\mid\dfrac{2}{e}\right)$ ☐	$W\left(\dfrac{3}{2}\mid\dfrac{3\pi}{2}\right)$ ☐

2 Welche Polynomfunktion der Form $p(x)=ax^3+bx^2$ hat folgende Eigenschaften: |9|

   a) Ihr Graph verläuft durch $(2\mid2)$ und $(-4\mid0)$.
   b) Ihr Graph hat in $(1\mid1)$ die Steigung 1996.
   c) Ihr Graph hat in $x=0$ und $x=4$ waagerechte Tangenten.
   d) Ihr Graph hat in $(1\mid-1)$ einen Wendepunkt.

3 Der Graph einer Polynomfunktion 4. Grades soll folgende Eigenschaften haben: |9|
   ▷ Er soll symmetrisch zur y-Achse sein.
   ▷ Er soll die y-Achse in der Höhe 1 schneiden.
   ▷ Er soll an der Stelle $x=2$ den Anstieg 6 und bei $x=1$ einen Wendepunkt haben.
   Lassen sich diese Eigenschaften realisieren? Wie heißt dann der Funktionsterm?

4 Die Funktionen mit $f(x)=\cos x$ und $g(x)=a\cos(bx-c)$ sind
   miteinander verwandt. |9|

   a) Vergleichen Sie die beiden zugehörigen Graphen und erläutern Sie die Bedeutung
      der Parameter a, b und c.
   b) Wie sind die Parameter a, b, und c zu wählen, damit der Graph $g(x)=a\cos(bx-c)$
      die y-Achse bei 2 schneidet, die Amplitude 4 und die Periodenlänge 6 hat?

| |36| |

Testauswertung:
Wie viele Punkte haben Sie? Erreichen Sie mehr als 29 Punkte, beherrschen Sie den Inhalt des Kapitels
wirklich gut. Erreichen Sie weniger als 14 Punkte, dann sollten Sie dieses Kapitel wiederholen.

11 Extremwertprobleme

TEIL I

WAS SIE SCHON KÖNNEN MÜSSEN

Mathematisieren – hier wird es unerlässlich:
▷ Was ist die Problemstellung?
▷ Welche Größen bestimmen das Problem?
▷ Welche Bedingungen sind zu berücksichtigen?
▷ Wie lässt sich all das formelmäßig fassen?

Die mathematischen Werkzeuge beherrschen:
▷ Funktionsbegriff und Umgang mit Funktionen
▷ Ableitung und das Arbeiten mit Ableitungen
▷ Nutzung der Ableitung zur Ermittlung von Extrema

DARUM GEHT ES
Optimierungsprobleme mithilfe der Differenzialrechnung lösen

11.1 So groß wie möglich

Beispiel:
Onkel Otto hat, um die mathematischen Ambitionen seines Neffen Florian zu fördern, in seinem Testament verfügt: „… und mein Neffe Florian darf sich unten am Bach ein rechteckiges Grundstück abstecken, so groß, wie er es mit 500 m Zaun eingrenzen kann."

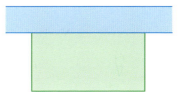

Florian möchte und sollte dieses Geschenk bestmöglich nutzen – genau das entspricht auch der Absicht des Onkels. „Bestmöglich" bedeutet hier, dass er ein möglichst großes Grundstück wählt. Dabei muss er eine Bedingung respektieren: Die Zaunlänge muss 500 m betragen – keinesfalls mehr! Und eingezäunt wird natürlich nur auf drei Seiten, denn wer wird ein Ufer mit einem Zaun verbauen!

Lösung
Die Lösung vollzieht sich bei Problemen dieser und ähnlicher Art im Prinzip stets auf gleiche Weise und lässt sich in folgende Lösungsschritte zerlegen:

11 Extremwertprobleme

1. Problemstellung
Der voreilige Griff nach der Lösung ist eher schädlich als nützlich. Für ein zielgerichtetes Vorgehen ist es unabdingbar, sich folgende Fragen zu stellen:
▷ Was ist das Problem, worum geht es?
▷ Was ist der zentrale Begriff?
▷ Von welchen Größen ist er abhängig?
▷ Wie hängen die verschiedenen Größen miteinander zusammen?

Hier geht es um Rechtecksflächen.
Ihre Flächeninhalte hängen ab von der Länge und Breite.

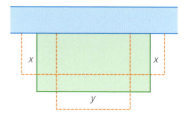

2. Zielfunktion
Das Problem wird in eine mathematische Formelsprache übersetzt. Ziel ist die Herstellung einer möglichst großen Rechtecksfläche F. Bezeichnet man die Breite mit x und die Länge mit y, so erhält man die Zielfunktion:
$F(x, y) = x \cdot y$.

3. Nebenbedingungen
Breite x und Länge y dürfen nicht beliebig gewählt werden. Sie sind durch die Bedingung miteinander verkoppelt, dass die Zaunlänge 500 m betragen muss. Dies führt zur Nebenbedingung:
$2x + y = 500$.

4. Reduzierung auf eine Variable
Die Schreibweise $F(x, y)$ weist aus, dass die Zielfunktion eine Funktion von zwei Variablen ist. Sie wird mithilfe der Nebenbedingung auf eine Funktion mit nur einer Variablen reduziert:
$F(x, y) = x \cdot y$
$y = 500 - 2x$
Die Variable y lässt sich ersetzen: $F(x) = x \cdot (500 - 2x)$.
Die Funktion F ist erst dann vollständig beschrieben, wenn auch ihr Definitionsbereich abgeklärt ist. Man erhält ihn durch die Überlegung, dass weder Längen noch Flächeninhalte negativ sein können. Es muss daher $x > 0$ und $y = 500 - 2x > 0$ gelten, d. h.: $0 < x < 250$.
Damit ist die Übersetzung in die mathematische Formelsprache abgeschlossen:
Gesucht ist das Maximum der Funktion: $F : x \rightarrow F(x) = 500x - 2x^2$ mit $D = \,]0;\ 250[$.

5. Berechnung der Extremwerte
Nach dieser Aufbereitung lässt sich das Extremwertproblem auf unterschiedliche Weise lösen:
a) Mit Wertetabelle und Graph
Der Taschenrechner unterstützt diese Fleißarbeit, die grafische Darstellung lässt die Extrema unmittelbar erkennen.
b) Mit Differenzialrechnung
Maxima (und auch Minima) einer Funktion lassen sich mithilfe der Ableitungen ermitteln. Diese Methode hat den Vorzug, exakte Lösungen zu liefern.

11.1 So groß wie möglich

a) *Wertetafel und Graph*

x	F(x)
0	0
20	9 200
40	16 800
60	22 800
80	27 200
100	30 000
120	31 200
140	30 800
160	28 800
180	25 200
200	20 000
220	13 200
250	0

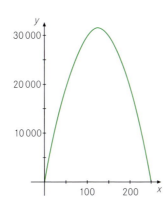

b) *Methode der Differenzialrechnung*

F hat ein Maximum, wenn
$F'(x) = 0$ und
$F''(x) < 0$.
Es ist:
$F(x) = 500x - 2x^2$
$F'(x) = 500 - 4x$
$F''(x) = -4$
$F'(x) = 0 \Leftrightarrow 500 - 4x = 0$
$\Leftrightarrow x = 125$
$F''(125) = -4 < 0$
$F'(125) = 0$ und $F''(125) < 0$
garantieren, dass $x = 125$ Maximumstelle ist.

Wertetafel und Graph lassen erkennen:
Das Maximum wird bei der Breite von ca. 120 m und der Länge von ca. 260 m angenommen.
Es beträgt ca. 31 200 m².

Das Rechteck der Breite 125 m und der Länge 250 m hat den maximalen Flächeninhalt.
Er beträgt 31 250 m².

1 Umzäunung einer Koppel

a) Auf einem großen, freien Weideland soll eine rechteckige Koppel eingerichtet werden. Für die Umzäunung stehen 500 m Zaun zur Verfügung. Bei welchen Abmessungen wird die Koppel möglichst groß?

b) Ein anderer Bauer will eine rechteckige Koppel von 5 000 m² einzäunen. Bei welchen Abmessungen braucht er möglichst wenig Zaun?

2 Einzäunung eines Gartens

Es soll ein rechteckiger Garten angelegt und eingezäunt werden. Eine 40 m lange Mauer steht bereits und soll in ganzer Länge als Einzäunung genutzt werden. Die zusätzliche Umzäunung soll 80 m betragen. Wie sind die Abmessungen zu wählen, damit die Gartenfläche möglichst groß wird?

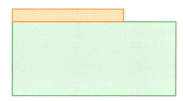

11 Extremwertprobleme

❸ Zylinderförmiges Paket
Der Paketdienst EUROTRANS befördert zylinderförmig verpackte Güter nur dann, wenn Länge und Umfang der Packung zusammen höchstens 120 cm betragen. In der Versandabteilung einer Firma überlegt man: Bei welchen Abmessungen ist das Volumen der Zylinder am größten?

11.2 So schnell wie möglich

Beispiel:
Tommy sitzt im Boot auf einem See, 2 km von der nächsten Uferstelle N entfernt. Er will zum Dorf D, so schnell wie möglich. Mit dem Boot kommt er 3 km pro Stunde voran, längs des Ufers zu Fuß geht er mit 5 km pro Stunde (siehe Abbildung). Zu welcher Stelle S muss er rudern, damit er möglichst schnell ins Dorf D kommt?

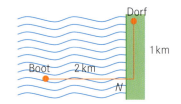

Lösung
1. Problemstellung
Es geht darum, möglichst schnell nach D zu kommen. Der gerade Weg von B nach D ist zwar der kürzeste, aber möglicherweise nicht der schnellste; denn hier muss längs des ganzen Weges gerudert werden – und das dauert!
Die Ruderstrecke kann verkürzt werden, wenn man einen Umweg über eine Stelle X zwischen N und D wählt. Dann muss allerdings noch ein Stück Fußweg in Kauf genommen werden – aber zu Fuß geht es schneller!
Es geht also um die Zeit t, um die Zeit t_W auf dem Wasser und um die Zeit t_U längs des Ufers. Diese Zeiten hängen ab von der Länge $y = |BX|$ zu Wasser und der Länge $x = |XD|$ längs des Ufers.

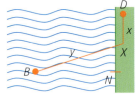

2. Zielfunktion
Ziel ist es, die Gesamtzeit $t = t_W + t_U$ zu minimieren. Diese Zeiten hängen ab von den zurückgelegten Strecken y und x sowie den Geschwindigkeiten $3\frac{km}{h}$ bzw. $5\frac{km}{h}$. Geschwindigkeit v ist – die Einheit Kilometer pro Stunde weist darauf hin – der Quotient von Weg und Zeit; d. h.:
$t(x, y) = \frac{y}{3} + \frac{x}{5}$.

3. Nebenbedingung
Die Längen y und x sind nicht unabhängig voneinander. y lässt sich mithilfe des Satzes von Pythagoras durch x ersetzen: $y^2 = 2^2 + (1-x)^2$.

108

TEIL I

11.2 So schnell wie möglich

4. Reduzierung auf eine Variable

Wegen $y = \sqrt{4 + (1-x)^2}$ gilt für die Zielfunktion: $t(x) = \frac{1}{3}\sqrt{4 + (1-x)^2} + \frac{x}{5}$.

X muss zwischen N und D liegen. Da diese Stellen 1 km voneinander entfernt sind, ist $0 \le x \le 1$; d. h.: $D = [0; 1]$.

5. Berechnung der Extrema

Der besseren Anschauung wegen begnügen wir uns auch hier nicht mit der Rechnung allein. Wir erstellen für t zusätzlich eine Wertetafel und zeichnen den zugehörigen Graphen.

a) *Wertetafel und Graph*

x	t(x)
0	0,745
0,1	0,751
0,2	0,758
0,3	0,766
0,4	0,776
0,5	0,787
0,6	0,800
0,7	0,814
0,8	0,830
0,9	0,847
1,0	0,867

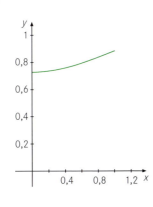

b) *Methode der Differenzialrechnung*

$t'(x) = \left[\frac{1}{3} \cdot \sqrt{4 + (1-x)^2} + \frac{x}{5}\right]'$

$= -\frac{1}{3} \cdot \frac{1-x}{\sqrt{4 + (1-x)^2}} + \frac{1}{5}$

Bedingung für Extrema:

$t'(x) = 0$

$\Leftrightarrow -\frac{1}{3} \cdot \frac{1-x}{\sqrt{4 + (1-x)^2}} + \frac{1}{5} = 0$

$\Leftrightarrow \frac{5}{3}(1-x) = \sqrt{4 - (1-x)^2}$

$\Rightarrow \frac{25}{9}(1-x)^2 = 4 + (1-x)^2$

$\Rightarrow \frac{16}{9}(1-x)^2 = 4$

$\Rightarrow x = -\frac{1}{2} \vee x = \frac{5}{2}$

Ein bemerkenswertes Ergebnis!

Die „Lösungen" gehören nicht zu $D = [0; 1]$; die möglichen Extrema werden also nicht im Innern des Definitionsbereichs angenommen. Im Innern gibt es also keine Stelle mit waagerechter Tangente. Das Minimum wird am Rand $x = 0$ ($y \approx 0,745$) angenommen.

> **TIPP** — **Den Rand beachten**
>
> Die Ableitungskriterien liefern lediglich innere Extrema. Extrema können aber auch am Definitionsrand liegen.
> Bei der Extremwertbestimmung sind deshalb stets auch die Randwerte zu berücksichtigen.

11 Extremwertprobleme

1 Ein Radfahrer will von *A* nach *B*.
Auf der geradlinigen Straße $\overline{AC}$ fährt er mit der Geschwindigkeit $15\,\frac{km}{h}$. In dem Gelände seitwärts muss er zu Fuß gehen, er kommt mit $5\,\frac{km}{h}$ voran. An welcher Stelle *x* sollte er die Straße verlassen und zu Fuß weitergehen, um möglichst schnell nach *B* zu gelangen?

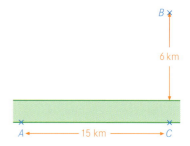

11.3 So preiswert wie möglich

Beispiel:
Ein Supermarkt will einen rechteckigen, $4\,000\,m^2$ großen Parkplatz anlegen. Drei Seiten der Umzäunung werden, mit Ausnahme der 8 m breiten Einfahrt, durch einen Holzzaun gebildet; der laufende Meter kostet 20 Euro. Die vierte Seite muss gemauert werden; dafür betragen die Kosten pro laufenden Meter 80 Euro. Bei welchen Abmessungen werden die Kosten für die Umzäunung minimal?

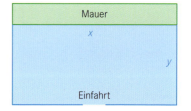

Lösung
1. Problemstellung
Hier geht es um die Kosten der Umzäunung. Sie hängen von Länge und Breite des rechteckigen Parkplatzes ab.

2. Zielfunktion
Die Kosten *K* für den Zaun sind formelmäßig zu erfassen. Sie setzen sich zusammen aus den Kosten für die Steinmauer und den Kosten für den Holzzaun; d.h.:
$K(x, y) = 80x + 20(2y + x - 8)$.

3. Nebenbedingung
Bedingung ist, dass der Parkplatz $4\,000\,m^2$ groß wird; d.h.: $x \cdot y = 4\,000$.

4. Reduzierung auf eine Variable
Die Nebenbedingung $y = \frac{4\,000}{x}$ erlaubt, die Zielfunktion mit nur einer Variablen zu schreiben:
$K(x) = 80x + 20\left(\frac{8\,000}{x} + x - 8\right)$.

Der Definitionsbereich erschließt sich aus der Überlegung, dass weder Länge *x* noch Breite *y* negativ sein dürfen. Gesucht ist das Minimum der Funktion:
$K(x) = 100x + \frac{160\,000}{x} - 160$ mit $D = \,]0;\infty[$.

5. Berechnung der Extremwerte
Das Kostenminimum lässt sich – näherungsweise – aus Wertetafel und Graph entnehmen. Die exakte Lösung erhält man mithilfe der Ableitungen bzw. der Randwerte.

11.3 So preiswert wie möglich

a) *Wertetafel und Graph*

x	K(x)
10	16 840
20	9 840
30	8 173
40	7 840
50	8 040
60	8 507
70	9 127
80	9 840
90	10 618
100	11 440
…	…

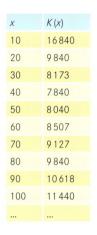

Die geringsten Zaunkosten – das zeigen Wertetafel und Graph – fallen bei $x \approx 40$ m an.

b) *Methode der Differenzialrechnung*

$$K'(x) = \left(100x + \frac{160\,000}{x} - 160\right)'$$
$$= 100 - \frac{160\,000}{x^2}$$
$$K''(x) = \left(100 - \frac{160\,000}{x^2}\right)' = \frac{320\,000}{x^3}$$

Minimumbedingung:
$K'(x) = 0$ und $K''(x) > 0$

$K'(x) = 0 \Leftrightarrow 100 - \frac{160\,000}{x^2} = 0$
$\Leftrightarrow x = 40$

$K''(40) = \frac{320\,000}{40^3} > 0$

Randwerte: Die Kosten am Definitionsrand wachsen ins Unermessliche; d. h.: Die geringsten Zaunkosten entstehen bei $x = 40$ m. Sie betragen 7.840 Euro.

1 Zaun für eine Koppel

a) Es soll eine rechteckige Koppel von 4 800 m² eingezäunt und dann in 2 Weiden unterteilt werden. Die Kosten für den Zaun betragen 20 Euro pro Meter. Welche Abmessungen muss die Koppel haben, damit die Zaunkosten möglichst gering ausfallen?

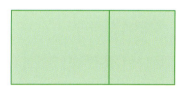

b) Nehmen wir nun an, dass die Kosten für die äußere Umzäunung 25 Euro pro Meter, die für die Unterteilung 15 Euro pro Meter betragen. Welche Abmessungen wird man jetzt wählen?

2 Zeitungsinserat

Eine Firma inseriert regelmäßig in einer Tageszeitung im Format 15 cm × 6 cm. Die Zeitung verlangt 5 Euro pro Quadratzentimeter – auch für den freien Rand ringsum, der mindestens 1 cm breit sein muss. Die Firmenleitung überlegt:

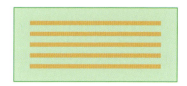

a) Lässt sich in einem Inserat anderen Formats bei gleichen Kosten gleich viel oder gar mehr Text unterbringen?
b) Lassen sich in einem Inserat anderen Formats bei gleichem Text die Kosten verringern?

11 Extremwertprobleme

11.4 So nah wie möglich

Beispiel:
Nordöstlich eines Dorfes führt eine Bahnlinie entlang. Wo ist der Bahnhof anzulegen, damit er so nah wie möglich am Dorfe liegt?
In einem Koordinatensystem liegt das Dorf im Nullpunkt; die Bahnlinie wird – stark vereinfacht – durch $f(x) = \frac{4}{x}$ beschrieben.

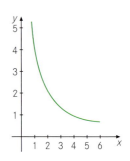

Lösung

1. Problemstellung
Man erkennt: Der Bahnhof sollte weder in stark nördlicher (y) noch in stark östlicher (x) Richtung gebaut werden; in diesen Richtungen ist die Entfernung zur Bahnlinie groß. Ein wenig Augenmaß und die günstigste Lage ist ziemlich genau fixiert!

2. Zielfunktion
Die Lage des Bahnhofs wird durch seine Koordinaten x und y bestimmt. Ziel ist es, seine Entfernung zum Nullpunkt möglichst gering zu halten; d.h.:
$e(x, y) = \sqrt{x^2 + y^2}$.

3. Nebenbedingung
Die Variablen x und y sind auch hier nicht frei wählbar. Der Bahnhof muss an der Bahnlinie liegen, deshalb hängen sie durch $y = \frac{4}{x}$ miteinander zusammen:
$y = \frac{4}{x}$

4. Reduzierung auf eine Variable
Die Nebenbedingung führt auf folgende Zielfunktion: $e(x) = \sqrt{x^2 + \frac{16}{x^2}}$.
Der Definitionsbereich erschließt sich aus dem Bedeutungszusammenhang; x kann jede positive Zahl sein; d.h.: $D = \;]0; \infty[$.

5. Berechnung der Extremwerte
Der Rest ist fast Routine! $e'(x) = 0$ hat als Lösung $x = 2$. Dies ist inneres Minimum, weil $e''(2) = \sqrt{2} > 0$ gilt. Und da $e(x)$ am Rand – sowohl für $x \to 0$ als auch für $x \to \infty$ – ins Unermessliche wächst, erhält man für $x = 2$ tatsächlich das Minimum von e.
Die Berechnung der Ableitungen ist hier etwas mühsam und deshalb auch fehleranfällig. Eine simple Überlegung mindert jedoch den Rechenaufwand.
Wenn $e(x)$ klein ist, dann ist auch $e^2(x)$ klein, wenn $e(x)$ groß ist, dann ist auch $e^2(x)$ groß. (Vorsicht: Dies gilt nur dann, wenn die Funktionswerte wie hier durchweg positiv sind!)
Wir berechnen deshalb nicht das Minimum der Funktion e, sondern sozusagen stellvertretend jenes der Funktion $E = e^2$: $E(x) = e^2(x) = x^2 + \frac{16}{x^2}$ mit $D = \;]0; \infty[$.

112

11.4 So nah wie möglich

Wir verzichten auch in diesem Fall nicht auf Wertetafel und Graph – für die Rechnung sind sie unwesentlich, der Anschauung und dem Verständnis hingegen überaus dienlich.

a) *Wertetafel und Graph*

x	E(x)
0,1	1 600,01
0,2	400,04
0,3	177,87
0,4	100,16
0,5	64,25
1	17,00
1,5	9,36
2	8,00
2,5	8,81
3	10,77
4	17,00
5	26,64
10	100,16
20	400,04
...	...

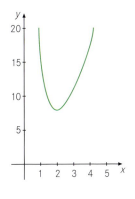

Für $x \approx 2$ wird – so Wertetafel und Graph – die Entfernung vom Dorf zur Bahnlinie minimal.

b) *Rechnerische Lösung*
Die Ableitungen:
$$E'(x) = \left(x^2 + \frac{16}{x^2}\right)' = 2x - \frac{32}{x^3}$$
$$E''(x) = 2 + \frac{96}{x^4}$$

Bedingung für Extrema:
$E'(x) = 0 \Leftrightarrow 2x - \frac{32}{x^3} = 0 \Rightarrow x = 2$
$E''(2) = 8 > 0$
$\Rightarrow$ Das innere Minimum liegt bei $x = 2$.
Bei $x = 2$ ist tatsächlich das Minimum, da die Funktionswerte am Rand ins Unermessliche wachsen.

Die Rechnung bestätigt das vorläufige Ergebnis von Wertetafel und Graph. Die kürzeste Entfernung ergibt sich für $x = 2$. Der Bahnhof sollte an der Stelle (2 | 2) geplant werden; die Entfernung zum Dorf beträgt dann:
$e(2) = \sqrt{8} \approx 2{,}83$.

TIPP	Für die Praxis

Die Funktionen f und $c \cdot f$ haben an den gleichen Stellen ihre Maxima bzw. Minima – falls die Konstante c positiv ist.
Die Funktionen f und f^2 haben an den gleichen Stellen ihre Maxima bzw. Minima – falls f im Definitionsbereich positiv ist.
Diese Eigenschaft ist vor allem dann von Nutzen, wenn die Extrema von $c \cdot f$ bzw. von f^2 einfacher zu berechnen sind als jene von f.

1 Eine Kurve wird beschrieben durch $y = -\frac{1}{5}x^2 + 5$.

    a) Welche Kurvenpunkte haben zum Nullpunkt (0 | 0) die geringste Entfernung?
    b) Welche Kurvenpunkte haben zum Nullpunkt (0 | – 5) die geringste Entfernung?

11 Extremwertprobleme

11.5 So stabil wie möglich

Beispiel:
Aus einem Baumstamm vom Durchmesser 60 cm soll ein Balken herausgeschnitten werden. Bei welchen Abmessungen wird seine Tragfähigkeit möglichst groß? Die Tragfähigkeit T eines rechteckigen Balkens, so erfährt man es von Statikern, ist proportional zur Breite x und zum Quadrat der Höhe y.
Es ist also $T(x, y) = m \cdot x \cdot y^2$, wobei m eine für das Baumaterial charakteristische Konstante ist.

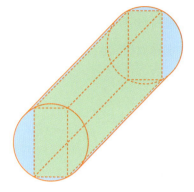

Lösung

1. Problemstellung

Tragbalken – man erkennt es beispielsweise in jedem Dachstuhl – haben stets größere Höhe als Breite. Die Höhe ist für die Tragfähigkeit weitaus bedeutsamer als die Breite. Bei welcher Höhe und welcher Breite wird sie maximal?

2. Zielfunktion

Ziel ist, einen Balken möglichst großer Tragfähigkeit zu erhalten. Die Tragfähigkeit lässt sich nicht auf rein mathematische Weise herleiten; hier ist Spezialwissen gefragt. Statiker geben die Tragfähigkeit formelmäßig an durch:
$T(x, y) = m \cdot x \cdot y^2$.

3. Nebenbedingung

Die für die Tragfähigkeit maßgeblichen Variablen x und y können nicht beliebig gewählt werden. Sie sind über den Baumdurchmesser gekoppelt:
$x^2 + y^2 = 60^2$.

4. Reduzierung auf eine Variable

Wegen $y^2 = 60^2 - x^2$ lässt sich die Zielfunktion mit nur einer Variablen schreiben:
$T(x) = mx(60^2 - x^2)$ mit $D = \,]0;\, 60[$.

11.5 So stabil wie möglich

5. Berechnung der Extremwerte

Will man auch hier den Zusammenhang von x und T konkret veranschaulichen, so hat man zunächst einen bestimmten Wert für die Materialkonstante m festzulegen, z. B. m = 0,2.

a) *Wertetafel und Graph*

x	T(x)
0	0
5	3575
10	7000
15	10125
20	12800
25	14875
30	16200
35	16625
40	16000
45	14175
50	11000
55	6325
60	0

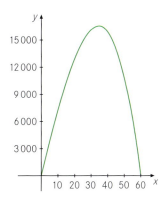

Maximale Tragfähigkeit – so Wertetafel und Graph – hat der Balken mit der Breite $x \approx 35$ cm.

b) *Rechnerische Lösung*

Die Ableitungen:
$$T'(x) = [m(60^2 x - x^3)]'$$
$$= m(60^2 - 3x^2)$$
$$T''(x) = [m(60^2 - 3x^2)]' = -6mx$$

Bedingung für Extrema:
$$T'(x) = 0 \Leftrightarrow m(60^2 - 3x^2) = 0$$
$$\Rightarrow x = \frac{60}{\sqrt{3}}$$
$$T''\left(\frac{60}{\sqrt{3}}\right) = -6m\frac{60}{\sqrt{3}} < 0,$$

da m eine positive Konstante ist.
Wegen $T(0) = 0$ und $T(60) = 0$ kommen Randwerte als Maxima nicht in Betracht.

Der Balken maximaler Tragfähigkeit muss $\frac{60}{\sqrt{3}}$ cm $\approx 34{,}6$ cm breit und $60\sqrt{\frac{2}{3}}$ cm ≈ 49 cm hoch sein.

Roter Faden

1. Problemstellung	Wichtigster Schritt auf dem Weg zur Lösung ist ein klares Verständnis der Problemstellung: Um was geht es? Was ist gegeben? Was ist gesucht? Welche Größen spielen eine Rolle? Welche Abhängigkeiten lassen sich erkennen? Skizzen und Beispiele sind dabei sehr hilfreich.
2. Zielfunktion	Welche Größe ist zu maximieren bzw. zu minimieren? Welche Variablen haben darauf einen Einfluss? Wie lassen sich diese Abhängigkeiten fassen? Die formelmäßige Fassung dieses Zusammenhangs ergibt die Zielfunktion; sie ist meist eine Funktion von mehreren Variablen.
3. Nebenbedingungen	Die Variablen der Zielfunktion sind meist nicht unabhängig voneinander und deshalb nicht alle frei wählbar. Welche Abhängigkeiten bestehen? Die formelmäßige Fassung dieser Abhängigkeiten ergibt die Nebenbedingungen.

11 Extremwertprobleme

4. Reduzierung auf eine Variable	Die Nebenbedingungen werden genutzt, die Anzahl der Variablen in der Zielfunktion auf eine Variable zu reduzieren. Bedeutungszusammenhang und formelmäßige Darstellung erlauben, den Definitionsbereich der Zielfunktion zu bestimmen.
5. Berechnung der Extremwerte	Mithilfe der 1. und 2. Ableitung werden die Extremstellen im Innern des Definitionsbereichs berechnet und die Art der Extremstellen bestimmt. Danach werden die Randwerte untersucht. Der Vergleich zeigt, ob das Extremum im Innern oder am Rand liegt.

Test

1 **Übersetzen Sie in die mathematische Formelsprache.** |10|

Geben Sie jeweils die Zielfunktion in zwei Variablen, die Nebenbedingung und die Zielfunktion in einer Variablen an.

a) Man bildet das Produkt zweier Zahlen, wobei ihre Summe stets 100 sein soll.

b) Man bildet die Summe zweier Zahlen, wobei ihr Produkt stets 100 sein soll.

c) Man untersucht die Flächeninhalte von Rechtecken, die einem Kreis mit Radius 10 einbeschrieben sind.

d) Aus einem Draht der Länge 60 wird ein quaderförmiges Kantenmodell mit quadratischer Grundfläche erzeugt. Es interessieren die Volumina dieser Quader.

e) Ein Fenster hat die Form eines Rechtecks mit aufgesetztem Halbkreis. Die Fensteröffnung soll genau $2\,m^2$ betragen. Es interessiert, mit welchen Längen der sehr kostenträchtigen Fenstereinfassung zu rechnen ist.

	a)	b)	c)	d)	e)
Variable x Variable y					
Zielfunktion (2 Variable)					
Neben- bedingung					
Zielfunktion (1 Variable)					

116

TEIL I

11 TEST Extremwertprobleme

2 Schachteln |9|

a) Aus einem Karton der Größe 16 cm × 10 cm wird eine oben offene Schachtel hergestellt, indem an den Ecken gleiche Quadrate herausgeschnitten werden. Wie lang, wie breit, wie hoch ist die Schachtel größten Volumens?

b) Jetzt wird aus dem Karton der Größe 16 cm × 10 cm eine geschlossene Schachtel hergestellt, indem vier Quadrate herausgeschnitten werden. Wie lang, wie breit, wie hoch ist jetzt die Schachtel größten Volumens?

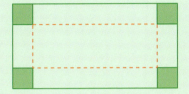
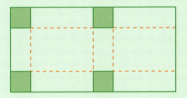

3 Eine geschlossene quaderförmige Kiste soll doppelt so lang wie breit sein. |8|

a) Ihr Volumen soll 9 m³ betragen. Bei welchen Abmessungen hat sie die geringste Oberfläche?

b) Ihre Oberfläche soll 27 m³ betragen. Bei welchen Abmessungen hat sie ihr größtes Volumen?

c) Ihr Volumen soll 9 m³ betragen. Das Oberteil wird aus Metall hergestellt und kostet 20 Euro pro m². Der Rest wird aus Holz hergestellt und kostet 10 Euro pro m². Bei welchen Abmessungen sind die Kosten minimal?

4 Ein Päckchen mit quadratischer Grundfläche soll exakt 12 000 cm³ fassen. |8|

a) Welche Abmessungen muss man dem Päckchen geben, damit möglichst wenig Bindfaden nötig ist?

b) Welche Abmessungen muss man dem Päckchen geben, damit möglichst wenig Packpapier benötigt wird (von Überlappung des Papiers wird abgesehen)?

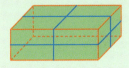

|| 35 ||

Testauswertung:
Wie viele Punkte haben Sie? Erreichen Sie mehr als 28 Punkte, beherrschen Sie den Inhalt des Kapitels wirklich gut. Erreichen Sie weniger als 14 Punkte, dann sollten Sie dieses Kapitel wiederholen.

Lösungen

1 Wie steil?

1.1 Gerade und Geradensteigung

Übung 1 Seite 8

a)
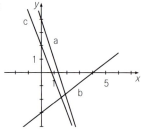

$y = -3x + 4 \Rightarrow m = -3$

$A_1(2|-2); A_2(20|-56); A_3\left(\frac{2}{3}|2\right); A_4\left(\frac{4}{3}|0\right)$

b) $y = \frac{3}{4}x - 3 \Rightarrow m = \frac{3}{4}$

$B_1\left(2|-\frac{3}{2}\right); B_2(20|12); B_3\left(\frac{20}{3}|2\right); B_4(4|0)$

c) $y = -\frac{5}{2}x + 2 \Rightarrow m = -\frac{5}{2}$

$C_1(2|-3); C_2(20|-48); C_3(0|2); C_4\left(\frac{4}{5}|0\right)$

Übung 2 Seite 8

a)
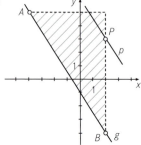

b) $m = -\frac{3}{2}$ c) $y = -\frac{3}{2}x - 1$

d) Schnittstelle mit der y-Achse bedeutet $x = 0$,
d. h. $y = -1$.
Schnittstelle mit der x-Achse bedeutet $y = 0$,
d. h. $x = -\frac{2}{3}$.

e) $y = -\frac{3}{2}x + 6$

1.2 Steiler und flacher

Übung 1 Seite 10

a)
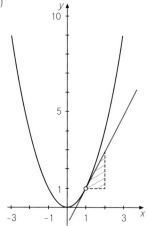

b) 1. $m_1 = \frac{\Delta y}{\Delta x} = \frac{(1+1)^2 - (1-1)^2}{(1+1) - (1-1)} = \frac{4}{2} = 2$

2. $m_2 = \frac{\Delta y}{\Delta x} = \frac{\left(1+\frac{1}{2}\right)^2 - \left(1-\frac{1}{2}\right)^2}{\left(1+\frac{1}{2}\right) - \left(1-\frac{1}{2}\right)} = \frac{2}{1} = 2$

3. $m_3 = \frac{\Delta y}{\Delta x} = \frac{\left(1+\frac{1}{10}\right)^2 - \left(1-\frac{1}{10}\right)^2}{\left(1+\frac{1}{10}\right) - \left(1-\frac{1}{10}\right)} = \frac{\frac{40}{100}}{\frac{2}{10}} = 2$

4. $m_4 = \frac{\Delta y}{\Delta x} = \frac{\left(1+\frac{1}{100}\right)^2 - \left(1-\frac{1}{100}\right)^2}{\left(1+\frac{1}{100}\right) - \left(1-\frac{1}{100}\right)} = \frac{\frac{400}{10000}}{\frac{2}{100}} = 2$

5. $m = 2$ – was denn sonst?

Test Kapitel 1

Übung 1 Seite 10

$g: y = \frac{1}{2}x - \frac{7}{2}$	auf g	über g	unter g
$A(-9|-8)$	✓		
$B(-4|-5)$		✓	
$C(5|-2)$			✓
$D\left(13|\frac{5}{2}\right)$			✓
$E(111|51)$			✓

Denn: $A(-9|-8): -8 = \frac{1}{2} \cdot (-9) - \frac{7}{2}$

$B(-4|-5): -5 > \frac{1}{2} \cdot (-4) - \frac{7}{2}$

$C(5|-2): -2 < \frac{1}{2} \cdot 5 - \frac{7}{2}$

TEIL I Lösungen

2 Grenzwerte

$D(13|\frac{5}{2}): \frac{5}{2} < \frac{1}{2} \cdot 13 - \frac{7}{2}$

$E(111|51): 51 < \frac{1}{2} \cdot 111 - \frac{7}{2}$

Übung 2   Seite 11

Geraden stellen sich durch lineare Funktionsterme $y = mx + n$ dar; der Anstieg m sowie der y-Achsenabschnitt n lassen sich aus den Graphen ablesen.

$a(x) = \frac{x}{3} + 2$; $b(x) = \frac{x}{3}$; $c(x) = \frac{-x}{4} - 1$

$d(x) = -3$; $e(x) = -2x + 4$

Übung 3   Seite 11

Die 4 Teile füllen nicht lückenlos das Rechteck: Der erste Abschnitt der scheinbaren „Diagonale" hat den Anstieg $\frac{3}{8} = \frac{15}{40}$, der zweite den Anstieg $\frac{2}{5} = \frac{16}{40}$ bzw. $\frac{16}{40}$ und $\frac{15}{40}$. In diesem äußerst schmalen Parallelogramm versteckt sich die zusätzliche Flächeneinheit.

Übung 4   Seite 11

a)

x	-10	-8	-6	-4	-2	-1	$-\frac{1}{2}$
y	$-5,1$	$-4,125$	$-3,167$	$-2,25$	$-1,5$	$-1,5$	$-2,25$

x	0	$\frac{1}{2}$	1	2	4	6	8	10
y	$-$	2,25	1,5	1,5	2,25	3,167	4,125	5,1

b)

c) Man erhält einen Anstieg von rund $-0,5$.

d) Ein Nachbar zu $P(1|1,5)$ ist

$P_n\left(1+h \,\Big|\, \frac{1}{2}(1+h) + \frac{1}{1+h}\right)$.

Der Sekantenanstieg:

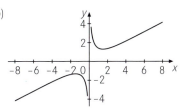

Je dichter P_n an P rückt, desto dichter rückt $\frac{\Delta y}{\Delta x}$

an $\frac{1}{2} - \frac{1}{1} = -\frac{1}{2}$.

2 Grenzwerte

2.1 Unendlich und doch endlich

Übung 1   Seite 14

a) $f_1 = \frac{1}{4}$; $f_2 = f_1 + \frac{1}{4^2} = f_1 + \frac{1}{2^4}$;

$f_3 = f_2 + \frac{1}{8^2} = f_2 + \frac{1}{2^6}$;

$f_4 = f_3 + \frac{1}{16^2} = f_3 + \frac{1}{2^8}$; $f_5 = f_4 + \frac{1}{32^2} = f_4 + \frac{1}{2^{10}}$;

$f_{17} = f_{16} + \frac{1}{2^{34}}$; $f_n = f_{n-1} + \frac{1}{2^{2n}}$

b) $f_1 = 0{,}25$; $f_2 = 0{,}3125$; $f_3 = 0{,}328\,125$;
$f_4 = 0{,}332\,031$; $f_5 = 0{,}333\,008$
Es sieht so aus, als strebten die f_n gegen
$0{,}333\,333\,333\ldots = \frac{1}{3}$.

c) $f_1 = \frac{1}{4} = \frac{4-1}{3 \cdot 4} = \frac{1}{3} - \frac{1}{3 \cdot 4}$; $f_2 = \left(\frac{1}{3} - \frac{1}{3 \cdot 4}\right)$

$+ \frac{1}{2^4} = \frac{1}{3} - \frac{1}{3 \cdot 2^4}$; $f_3 = \left(\frac{1}{3} - \frac{1}{3 \cdot 2^4}\right) + \frac{1}{2^6}$

$= \frac{1}{3} - \frac{1}{3 \cdot 2^6}$; $f_4 = \left(\frac{1}{3} - \frac{1}{3 \cdot 2^6}\right) + \frac{1}{2^8} = \frac{1}{3} - \frac{1}{3 \cdot 2^8}$;

$f_n = \frac{1}{3} - \frac{1}{3 \cdot 2^{2n}}$

Man erkennt, dass die Folgeglieder f_n der Zahl $\frac{1}{3}$ beliebig nahe kommen.

d) Vergleichen Sie die Folgen der Flächen: die „rechten", die „linken", die „Reste"; und vor allem: Sie füllen das Quadrat zunehmend aus.

2.2 Grenzwerte bei Funktionen

Übung 1   Seite 16

a) Bewegt man sich längs des Graphen von links auf $x = 2$ zu, dann kommt man in $(2|2)$ an.

2 Grenzwerte

Bewegt man sich dagegen von rechts auf $x = 2$ zu, dann kommt man in (2|0) an.
Es ist also $\lim_{x \to 2^-} f(x) = 2$ und $\lim_{x \to 2^+} f(x) = 0$.

b) $\lim_{x \to 2^-} f(x) = \frac{1}{2}$ und $\lim_{x \to 2^+} f(x) = \frac{1}{2}$

c) $\lim_{x \to 2^-} f(x) = 1$ und $\lim_{x \to 2^+} f(x) = 2$

Übung 2 Seite 16

a) $f(x) \to 6$, wenn $x \to 3$

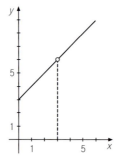

b)
x	2,9	2,99	2,999	...	3,001	3,01	3,1
y	5,9	5,99	5,999	...	6,001	6,01	6,1

c) $f(x) = \frac{x^2 - 9}{x - 3} = \frac{(x+3)(x-3)}{x-3}$;

d.h. $\lim_{x \to 3} f(x) = \lim_{x \to 3} (x + 3) = 6$.

Übung 3 Seite 16

a) $\lim_{x \to 1} \frac{x^2 + 1}{x^2 - 1} = \infty$. Die Werte $\frac{x^2 + 1}{x^2 - 1}$ wachsen unbegrenzt, wenn x gegen 1 strebt.

b) $\lim_{x \to 0} \frac{x^2 + 1}{x^2 - 1} = -1$ c) $\lim_{x \to \infty} \frac{x^2 + 1}{x^2 - 1} = 1$

Test Kapitel 2

Übung 1 Seite 17

a) $\lim_{x \to 0^+} a(x) = +1$ | $\lim_{x \to +1^+} b(x) = +2$; | $\lim_{x \to 0^+} c(x) = +1$
 | $\lim_{x \to 0^+} b(x) = 0$ |

$\lim_{x \to 0^-} a(x) = -1$ | $\lim_{x \to 1^-} b(x) = 0$; | $\lim_{x \to 0^-} c(x) = -1$
 | $\lim_{x \to 0^-} b(x) = -2$ |

$\lim_{x \to 0^+} d(x) = +1$ | $\lim_{x \to +2^+} e(x) = 0;\ \lim_{x \to -2^+} e(x) = 0$

$\lim_{x \to 0^-} d(x) = -1$ | $\lim_{x \to +2^-} e(x) = 0;\ \lim_{x \to -2^-} e(x) = 0$

b) Begründung – stellvertretend für alle:

$\lim_{x \to 0^+} c(x) = \lim_{x \to 0^+} \left(x^2 + \frac{|x|}{x}\right) = \lim_{x \to 0^+} \left(x^2 + \frac{x}{x}\right)$
$= \lim_{x \to 0^+} (x^2 + 1) = +1$

$\lim_{x \to 0^-} c(x) = \lim_{x \to 0^-} \left(x^2 + \frac{|x|}{x}\right) = \lim_{x \to 0^-} \left(x^2 - \frac{x}{x}\right)$
$= \lim_{x \to 0^-} (x^2 - 1) = -1$

Übung 2 Seite 18

Folge	$a_n = \frac{1000}{n}$	$b_n = \frac{1}{n} + (-1)^n$	$c_n = \frac{n + \frac{(-1)^n}{2}}{n + 1}$
Konvergent	✓		✓
Nicht konvergent		✓	
Grenzwert	0		1

Folge	$d_n = \frac{\frac{1}{n} - \frac{1}{n^2}}{\frac{1}{n} + \frac{1}{n^2}}$	$e_n = \frac{(-1)^n n}{n + 5}$
Konvergent	✓	
Nicht konvergent		✓
Grenzwert	1	

Übung 3 Seite 18

a) $a_7 = \frac{7}{15};\ a_8 = \frac{8}{17};\ a_{10} = \frac{10}{21};\ a_{100} = \frac{100}{201}$;

$a_{1000} = \frac{1000}{2001};\ a_{1996} = \frac{1996}{3993};\ a_n = \frac{n}{2n+1}$

b) $a_1 = 0{,}333\,333...;\ a_2 = 0{,}4;\ a_3 = 0{,}428\,571...$;
$a_5 = 0{,}454\,545...;\ a_6 = 0{,}461\,538...$;
$a_{10} = 0{,}476\,190...;\ a_{100} = 0{,}497\,512...$;
$a_{1000} = 0{,}499\,750...;\ a_{1996} = 0{,}499\,874...$;

$\lim_{n \to \infty} a_n = 0{,}5$

c) $a_n = \frac{n}{2n + 1} = \frac{1}{2 + \frac{1}{n}}$. Man erkennt:
Mit wachsendem n strebt A_n gegen $\frac{1}{2}$.

Übung 4 Seite 18

a) $\lim_{x \to 0^+} f(x) = \lim_{x \to 0^+} \frac{1}{x + 1} = \frac{1}{0 + 1} = +1$

$\lim_{x \to 0^-} f(x) = \lim_{x \to 0^-} \frac{1}{x - 1} = \frac{1}{0 - 1} = -1$

b) $\lim_{x \to +\infty} f(x) = \lim_{x \to +\infty} \frac{1}{x + 1} = 0^+ = 0$

$\lim_{x \to -\infty} f(x) = \lim_{x \to -\infty} \frac{1}{x - 1} = 0^- = 0$

TEIL I Lösungen

3 Sekanten und Tangenten

c)
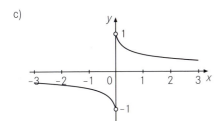

3 Sekanten und Tangenten

3.1 Steigung in einem Kurvenpunkt
Übung 1 Seite 21

wahr: a; d; e
falsch: b; c

3.4 Differenzierbar – oder nicht …
Übung 1 Seite 27

möglich: b; c; d; f; i; j
unmöglich: a; e; g; h

Übung 2 Seite 27

$f'(x)$	-2	-1	0	1	2
x	-6; +6	-4; +4	-3; +3	-2; +2	0

Übung 3 Seite 28

a)
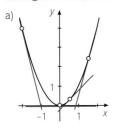

b) $m_A \approx -4$; $m_B \approx 0$; $m_C \approx 1$; $m_D \approx 3$

c) $f'(-2) = \lim\limits_{\Delta x \to 0} \dfrac{\Delta y}{\Delta x} = \lim\limits_{\Delta x \to 0} \dfrac{f(-2 + \Delta x) - f(-2)}{\Delta x}$

$= \lim\limits_{\Delta x \to 0} \dfrac{(-2 + \Delta x)^2 - (-2)^2}{\Delta x} = -4$

$f'(0) = \lim\limits_{\Delta x \to 0} \dfrac{\Delta y}{\Delta x} = \lim\limits_{\Delta x \to 0} \dfrac{f(0 + \Delta x) - f(0)}{\Delta x}$

$= \lim\limits_{\Delta x \to 0} \dfrac{(0 + \Delta x)^2 - (0)^2}{\Delta x} = 0$

$f'(0,5) = \lim\limits_{\Delta x \to 0} \dfrac{\Delta y}{\Delta x} = \lim\limits_{\Delta x \to 0} \dfrac{f(0,5 + \Delta x) - f(0,5)}{\Delta x}$

$= \lim\limits_{\Delta x \to 0} \dfrac{(0,5 + \Delta x)^2 - (0,5)^2}{\Delta x} = 1$

$f'(1,5) = \lim\limits_{\Delta x \to 0} \dfrac{\Delta y}{\Delta x} = \lim\limits_{\Delta x \to 0} \dfrac{f(1,5 + \Delta x) - f(1,5)}{\Delta x}$

$= \lim\limits_{\Delta x \to 0} \dfrac{(1,5 + \Delta x)^2 - (1,5)^2}{\Delta x} = 3$

Test Kapitel 3
Übung 1 Seite 28

Graph	A	B	C	D	E
Anstiegsgraph	b	c	e	a	d

Übung 2 Seite 29

a) Tangente bei $x_1 = 1$: $y = \frac{1}{2}x + \frac{1}{2}$
denn: Anstieg $m = \frac{1}{2}$; y-Achsenabschnitt $\frac{1}{2}$

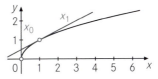

Tangente bei $x_0 = 0$: $x = 0$ (y-Achse) denn der Anstieg m wird unendlich groß.

3 Sekanten und Tangenten

b)

$x_1 + \Delta x$	$\dfrac{\Delta y}{\Delta x}$
$1 + 1$	$\dfrac{\sqrt{1+1} - \sqrt{1}}{1} \approx 0{,}414$
$1 + 0{,}1$	$\dfrac{\sqrt{1+0{,}1} - \sqrt{1}}{0{,}1} \approx 0{,}488$
$1 + 0{,}01$	$\dfrac{\sqrt{1+0{,}01} - \sqrt{1}}{0{,}01} \approx 0{,}498$
$1 + 0{,}001$	$\dfrac{\sqrt{1+0{,}001} - \sqrt{1}}{0{,}001} \approx 0{,}499$
$1 + 0{,}0001$	$\dfrac{\sqrt{1+0{,}0001} - \sqrt{1}}{0{,}0001} \approx 0{,}50$
$1 + 0{,}00001$	$\dfrac{\sqrt{1+0{,}00001} - \sqrt{1}}{0{,}00001} \approx 0{,}5$

c)

$x_0 + \Delta x$	$\dfrac{\Delta y}{\Delta x}$
$0 + 1$	$\dfrac{\sqrt{0+1} - \sqrt{0}}{1} = 1$
$0 + 0{,}1$	$\dfrac{\sqrt{0+0{,}1} - \sqrt{0}}{0{,}1} \approx 3{,}162$
$0 + 0{,}01$	$\dfrac{\sqrt{0+0{,}01} - \sqrt{0}}{0{,}01} = 10$
$0 + 0{,}001$	$\dfrac{\sqrt{0+0{,}001}}{0{,}001} - \sqrt{0} \approx 31{,}62$
$0 + 0{,}0001$	$\dfrac{\sqrt{0+0{,}0001} - \sqrt{0}}{0{,}0001} = 100$
$0 + 0{,}00001$	$\dfrac{\sqrt{0+0{,}00001} - \sqrt{0}}{0{,}00001} \approx 316{,}2$

Übung 3   Seite 29

a) $\dfrac{\Delta y}{\Delta x} = \dfrac{\sqrt{x_0 + \Delta x} - \sqrt{x_0}}{\Delta x}$

$$= \dfrac{\sqrt{x_0 + \Delta x} - \sqrt{x_0}}{\Delta x} \cdot \dfrac{\sqrt{x_0 + \Delta x} + \sqrt{x_0}}{\sqrt{x_0 + \Delta x} + \sqrt{x_0}}$$

$$= \dfrac{(x_0 + \Delta x) - x_0}{\Delta x \left(\sqrt{x_0 + \Delta x} + \sqrt{x_0} \right)} = \dfrac{1}{\sqrt{x_0 + \Delta x} + \sqrt{x_0}}$$

$$\lim_{\Delta x \to 0} \dfrac{\Delta y}{\Delta x} = \lim_{\Delta x \to 0} \dfrac{1}{\sqrt{x_0 + \Delta x} + \sqrt{x_0}} = \dfrac{1}{2\sqrt{x_0}}$$

b) Der Vergleich mit den Überlegungen in Übung 2

für $x_0 = 1$:

$$\lim_{\Delta x \to 0} \dfrac{\Delta y}{\Delta x} = \lim_{\Delta x \to 0} \dfrac{1}{\sqrt{1 + \Delta x} + \sqrt{1}}$$

$$= \dfrac{1}{\sqrt{1 + 0} + \sqrt{1}} = \dfrac{1}{2}$$

für $x_0 = 0$:

$$\lim_{\Delta x \to 0} \dfrac{\Delta y}{\Delta x} = \lim_{\Delta x \to 0} \dfrac{1}{\sqrt{0 + \Delta x} + \sqrt{0}}$$

$$= \lim_{\Delta x \to 0} \dfrac{1}{\sqrt{\Delta x}} = \infty$$

TEIL I   Lösungen

4 Potenzfunktionen

4.1 ... mit positiven Exponenten
Übung 1 Seite 32

a)
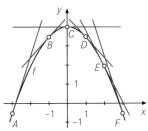

b)

x	-3	-2	-1	0	1	2	3
f'(x)	3	2	1	0	-1	-2	-3

c)
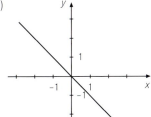

d) $f'(x) = -x$

e) f muss ein Polynom 2. Grades sein, da f' vom Grade 1 ist:
$f(x) = ax^2 + bx + c$.
$f'(x) = 2ax + b$ und $f'(x) = -x$
$\Rightarrow a = -\frac{1}{2}, b = 0$, d. h. $f(x) = -\frac{1}{2}x^2 + c$.
Wegen $(0|4) \in f$ ist $4 = -\frac{1}{2} \cdot 0^2 + c$
$\Rightarrow f(x) = -\frac{1}{2}x^2 + 4$.

Übung 2 Seite 32

a)
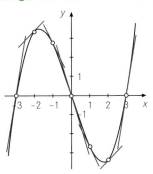

b), c)

	x	-3	-2	-1	0
Graph	f'(x)	6	1	-2	-3
Rechnung	f'(x)	6	1	-2	-3

	x	1	2	3
Graph	f'(x)	-2	1	6
Rechnung	f'(x)	-2	1	6

Die rechnerischen Werte ergeben sich aus
$f'(x) = x^2 - 3$.

4.2 ... mit negativen Exponenten
Übung 1 Seite 34

$f'(3)$	$f'(3^2)$	$f'(3^3)$	$f'(5^3)$	$f'(3^{-1})$
27	243	2187	46875	3^{-1}

$f'(-3^{-1})$	$f'(-5^{-3})$	$f'(-3^{-3})$	$f'(-3)$
3^{-1}	$3 \cdot 5^{-6}$	3^{-5}	27

Test Kapitel 4
Übung 1 Seite 35

	$a(x) = x^2$	$b(x) = x^3$	$c(x) = x^{-1}$	$d(x) = x^{-2}$	$e(x) = x^{-3}$
m	m	m	m	m	m
5		15	-5	-25	-625
10	✓	25	$-\frac{1}{5}$	$-\frac{2}{25}$	-375
15		50	$-\frac{1}{25}$	$-\frac{1}{25}$ ✓	-125
20		75	$\frac{1}{5}$ ✓	$-\frac{2}{125}$	$-\frac{1}{625}$
25		125	$\frac{1}{25}$	$\frac{2}{125}$	$-\frac{3}{625}$ ✓

Übung 2 Seite 35

	$a(x) = x^1$	$b(x) = x^2$	$c(x) = x^3$
x_0 mit $m = 1$	Für alle x_0	$x_0 = \frac{1}{2}$	$x_0 = \frac{1}{\sqrt{3}} = \frac{\sqrt{3}}{3}$
Tangentengleichung	$y = x^1$	$y = x - \frac{1}{4}$	$y = x - \frac{2}{3\sqrt{3}}$

	$d(x) = x^4$	$e(x) = x^5$
x_0 mit $m = 1$	$x_0 = \frac{1}{\sqrt[3]{4}} = \frac{\sqrt[3]{2}}{2}$	$x_0 = \frac{1}{\sqrt[4]{5}} = \frac{\sqrt[4]{125}}{5}$
Tangentengleichung	$y = \frac{x-3}{4\sqrt[3]{4}}$	$y = x - \frac{4}{5\sqrt[4]{5}}$

123

4 Potenzfunktionen

Übung 3 — Seite 35

a) Man liest ab:
$x_0 = 0$ Anstieg $m_0 = 0$
$x_0 = -1$ Anstieg $m_0 \approx 3$
$x_0 = 1$ Anstieg $m_0 \approx 3$
$x_0 = 2$ Anstieg $m_0 \approx 10$
$x_0 = -2$ Anstieg $m_0 \approx 10$
$x_0 = 3$ Anstieg $m_0 \approx 25$
$x_0 = -3$ Anstieg $m_0 \approx 25$

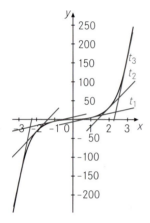

b) $\dfrac{\Delta y}{\Delta x} = \dfrac{(x_0 + \Delta x)^3 - x_0^3}{\Delta x}$

$= \dfrac{x_0^3 + 3x_0^2 \Delta x + 3x_0 \Delta x^2 + \Delta x^3 - x_0^3}{\Delta x}$

$= 3x_0^2 + 3x_0 \Delta x + \Delta x^2$

$\lim\limits_{\Delta x \to 0} \dfrac{\Delta y}{\Delta x} = \lim\limits_{\Delta x \to 0}(3x_0^2 + 3x_0 \Delta x + \Delta x^2) = 3x_0^2$

c) Damit folgt: $m_0 = 3 \cdot 0^2 = 0$; $m_1 = 3 \cdot 1^2 = 3$;
$m_{-1} = 3 \cdot (-1)^2 = 3$; $m_2 = 3 \cdot 2^2 = 12$;
$m_{-2} = 3 \cdot (-2)^2 = 12$; $m_3 = 3 \cdot 3^2 = 27$;
$m_{-3} = 3 \cdot (-3)^2 = 27$
– in akzeptabler Übereinstimmung mit den zeichnerischen Ergebnissen in a).

d) Analog zu a) - c); in der Rechnung finden
$(a + b)^4 = a^4 + 4a^3b + 6a^2b^2 + 4ab^3 + b^4$ bzw.
$(a + b)^5$
$= a^5 + 5a^4b + 10a^3b^2 + 10a^2b^3 + 5ab^4 + b^5$
Anwendung.

Übung 4 — Seite 36

a) zeichnerisch   b) rechnerisch

∢	$y = x^1$	$y = x^2$	$y = x^3$	∢	$y = x^1$	$y = x^2$	$y = x^3$
$y = x^1$	0	15°	25°	$y = x^1$	0	18,4°	26,6°
$y = x^2$	–	0	10°	$y = x^2$	–	0	8,1°
$y = x^3$	–	–	0	$y = x^3$	–	–	0

Zur Rechnung:
$y = x^1$ Steigung bei $x = 1$: $m_1 = 1$;
           Steigungswinkel $\alpha_1 = 45°$
$y = x^2$ Steigung bei $x = 1$: $m_2 = 2$;
           Steigungswinkel $\alpha_2 = 63{,}43°$
$y = x^3$ Steigung bei $x = 1$: $m_3 = 3$;
           Steigungswinkel $\alpha_3 = 71{,}57°$
Winkel zwischen Graphen $y = x^1$ und $y = x^2$:
$\alpha_2 - \alpha_1 = 63{,}43° - 45° = 18{,}43°$
Winkel zwischen Graphen $y = x^1$ und $y = x^3$:
$\alpha_3 - \alpha_1 = 71{,}57° - 45° = 26{,}57°$
Winkel zwischen Graphen $y = x^3$ und $y = x^2$:
$\alpha_3 - \alpha_2 = 71{,}57° - 63{,}43° = 8{,}14°$
– in akzeptabler Übereinstimmung mit den zeichnerischen Ergebnissen.

TEIL I Lösungen

 Fundamentale Ableitungsregeln

5 Fundamentale Ableitungsregeln

5.1 Konstanten und Funktionen
Übung 1 Seite 38

	$[2^3 + f(x)]'$	$[2^3 \cdot f(x)]'$	$[2^3 + g(x)]'$
$x = 1$	2	2^4	-2
$x = 2^3$	2^4	2^7	-2^{-8}

	$[2^3 \cdot g(x)]'$	$[2^3 + f(x) + g(x)]'$	$[2^3 \cdot f(x) \cdot g(x)]'$
$x = 1$	-2^4	0	0
$x = 2^3$	-2^{-5}	$2^4 - 2^{-8}$	0

Übung 2 Seite 38

a) $y' = 0$
b) $y' = 18x^2$

5.2 Summen- und Differenzenregel
Übung 1 Seite 40

a) $y' = x^2 + \sqrt{3}$
b) $y' = 6x - \dfrac{4}{x^3}$
c) $y' = -\dfrac{9}{x^4} - \dfrac{16}{x^5} - \dfrac{25}{x^6}$

5.3 Produkt- und Quotientenregel
Übung 1 Seite 42

a) $y' = (x + x^2)(-2x) + (1 + 2x)(1 - x^2)$
b) $y' = (1 + 2x + 3x^2)(-2 - 6x) + (2 + 6x)(1 - 2x - 3x^2)$
c) $y' = \left(2x - \dfrac{2}{x}\right)\left(2x - \dfrac{2}{x^3}\right) + \left(2 + \dfrac{2}{x^2}\right)\left(x^2 + \dfrac{1}{x^2}\right)$
d) $y' = \dfrac{x^2 - 2x - 1}{(1 + x^2)^2}$
e) $y' = \dfrac{1 - x}{2\sqrt{x}(1 + x)^2}$
f) $y' = \dfrac{1}{\sqrt{x}(1 - \sqrt{x})^2}$

Übung 2 Seite 42

a) Die Idee: Das Produkt von 3 Funktionen wird als Produkt von 2 Funktionen dargestellt:
$d'(x) = ([f(x)\, g(x)]\, h(x))'$
$= [f(x)\, g(x)]\, h'(x) + [f(x)\, g(x)]'\, h(x)$
$= f(x)\, g(x)\, h'(x) + f(x)\, g'(x)\, h(x) + f'(x)\, g(x)\, h(x)$

b) Die Idee: Das Produkt von 4 Funktionen wird als Produkt von 2 Funktionen dargestellt:
$v'(x) = ([f(x)\, g(x)\, h(x)]\, k(x))'$
$= [f(x)\, g(x)\, h(x)]\, k'(x) + [f(x)\, g(x)\, h(x)]'\, k(x)$
$= f(x)\, g(x)\, h(x)\, k'(x) + f(x)\, g(x)\, h'(x)\, k(x)$
$+ f(x)\, g'(x)\, h(x)\, k(x) + f'(x)\, g(x)\, h(x)\, k(x)$

5.4 Kettenregel
Übung 1 Seite 44

a) $y' = 5(1 + 10x + 200x^2)^4\,(10 + 400x)$
b) $y' = 2\left(x^4 - 1 + \dfrac{1}{x^4}\right)\left(4x^3 - \dfrac{4}{x^5}\right)$
c) $y' = 3\left(\dfrac{1}{2x^2 + 3}\right)^2 \cdot \dfrac{-4x}{(2x^2 + 3)^2}$
d) $y' = 10(x^2 - 5)(2x + 3)^4 + 2x(2x + 3)^5$
e) $y' = \dfrac{-12x^3 + 18x}{(x^4 - 3x^2 + 2)^4}$

5.5 Wurzelfunktionen
Übung 1 Seite 45

a) $y' = \dfrac{x + 2}{\sqrt{x^2 + 4x + 5}}$
b) $y' = \sqrt{\dfrac{x + 1}{x - 1}} \cdot \dfrac{1}{(x + 1)^2}$
c) $y' = \dfrac{1}{4\sqrt{1 + \sqrt{1 + x}} \cdot 4\sqrt{1 + x}}$
d) $y' = -12x^2\sqrt{3x + 1} \cdot (3 - x^3)^3 + \dfrac{3(3 - x^3)^4}{2\sqrt{3x + 1}}$
e) $y' = \dfrac{1}{8\sqrt{x + \sqrt{x + \sqrt{x}}} \cdot \sqrt{x + \sqrt{x}} \cdot \sqrt{x}}$
f) $y' = \dfrac{1}{27 \cdot \sqrt[3]{\left(x + \sqrt[3]{x + \sqrt[3]{x}}\right)^2} \cdot \sqrt[3]{\left(x + \sqrt[3]{x}\right)^2} \cdot \sqrt[3]{x^2}}$

Test Kapitel 5
Übung 1 Seite 47

a) $f'(x) = (2x^3 + 3x^2)' = (2x^3)' + (3x^2)'$
$= 2(x^3)' + 3(x^2)' = 2 \cdot 3x^2 + 3 \cdot 2x^1 = 6x^2 + 6x$
Verwendet wurden: Summenregel, Regel über konstante Faktoren, Potenzregel

b) $\dfrac{\Delta y}{\Delta x} = \dfrac{[2(x + \Delta x)^3 + 3(x + \Delta x)^2] - [2x^3 + 3x^2]}{\Delta x}$
$= 6x^2 + 6x\,\Delta x + 2\,\Delta x^2 + 6x + 3\,\Delta x$

$\lim\limits_{\Delta x \to 0} \dfrac{\Delta y}{\Delta x} = \lim\limits_{\Delta x \to 0} (6x^2 + 6x\Delta x + 6x + 3\Delta x)$
$= 6x^2 + 6x$ in Übereinstimmung mit a).

Übung 2 Seite 47

a) S: $(f(x) + g(x))' = f'(x) + g'(x)$
D: $(f(x) - g(x))' = f'(x) - g'(x)$
P: $(f(x) \cdot g(x))' = f'(x) \cdot g'(x)$
Q: $(f(x) : g(x))' = f'(x) : g'(x)$

b) Die Regeln von S, D sind richtig, die Regeln von P, Q falsch.

6 Trigonometrische Funktionen

c) P ergibt: $(x^2)' = (x \cdot x)' = x' \cdot x' = 1 \cdot 1 = 1$;
$(x^3)' = (x \cdot x^2)' = x' \cdot (x^2)' = 1 \cdot 2x = 2x$;
$(x^4)' = (x \cdot x^3)' = x' \cdot (x^3)' = 1 \cdot 3x^2 = 3x^2$
Alles Ergebnisse, die im Widerspruch zur Ableitungsregel für Potenzen stehen.

d) Q ergibt:

$(x)' = \left(\frac{x^2}{x}\right)' = \frac{(x^2)'}{x'} = \frac{2x}{1} = 2x$

$(x^2)' = \left(\frac{x^3}{x}\right)' = \frac{(x^3)'}{x'} = \frac{3x^2}{1} = 3x^2$

$(x^3)' = \left(\frac{x^4}{x}\right)' = \frac{(x^4)'}{x'} = \frac{4x^3}{1} = 4x^3$

Wiederum Ergebnisse, die der Ableitungsregel für Potenzen widersprechen.

Übung 3 — Seite 48

y	$(3x^2 + 4)\sqrt{x-4}$	$\frac{1}{x}\sqrt{1+x^2}$	$\frac{1+x^4}{1-x^4}$
y'	$\frac{15x^2 - 48x + 4}{2\sqrt{x-4}}$	$\frac{-1}{x^2\sqrt{1+x^2}}$	$\frac{8x^3}{(1-x^4)^2}$

y	$\frac{x^5-1}{x-1}$	$\sqrt{1+\sqrt{2+x}}$
y'	$\frac{4x^5 - 5x^4 + 1}{(x-1)^2}$	$\frac{1}{4\sqrt{1+\sqrt{2+x}}\cdot\sqrt{2+x}}$

Übung 4 — Seite 48

x_0	-0,8	-0,6	-0,4	-0,2	0,2	0,4	0,6	0,8
y_0*	0,6	0,80	0,92	0,98	0,98	0,92	0,80	0,60
m_r**	-0,75	-1,33	-2,30	-4,90	4,90	2,30	1,33	0,75
m_t***	1,33	0,75	0,43	0,20	-0,20	-0,43	-0,75	-1,33
$m_r \cdot m_t$	-1,0	-1,0	-1,0	-0,98	-0,98	-1,0	-1,0	-1,0

* y_0 bestimmt sich aus der Kreisgleichung:

$y_0 = \sqrt{1 - x_0^2}$

** m_r bestimmt sich als Sekantenanstieg durch

$m_r = \frac{y_0}{x_0}$

*** m_t bestimmt sich durch Ableitung des Funktionsterms:

$m_t = \left(\sqrt{1 - x^2}\right)' = -\frac{x}{\sqrt{1-x^2}}$

Die Auffälligkeit: m_r und m_t sind „gegenläufig"; je größer (absolut) m_r, desto kleiner m_t und umgekehrt. Ihr Produkt scheint stets -1 zu sein — ob es tatsächlich so ist? Und warum?

6 Trigonometrische Funktionen

6.1 Sinus- und Kosinusfunktion

Übung 1 — Seite 50

a)
α_g im Gradmaß	0°	10°	30°	36°	55°	200°	360°	1000°
α_b im Bogenmaß	0	$\frac{\pi}{18}$	$\frac{\pi}{6}$	$\frac{\pi}{5}$	$\frac{11\pi}{36}$	$\frac{10\pi}{9}$	2π	$\frac{50\pi}{9}$

b)
α_b im Bogenmaß	0	$\frac{\pi}{180}$	$\frac{\pi}{20}$	$\frac{\pi}{8}$	$\frac{5\pi}{9}$	1	2,7	100
α_g im Gradmaß	0°	1°	9°	22,5°	100°	$\frac{180°}{\pi}$	$\frac{2,7 \cdot 180°}{\pi}$	$\frac{1800°}{\pi}$

c) Die Umrechnung: $\frac{\alpha_b}{\alpha_g} = \frac{\pi}{180°}$ bzw. $\frac{\alpha_g}{\alpha_b} = \frac{180°}{\pi}$

Übung 2 — Seite 51

Graph der Ableitung: Kosinusbögen!

Übung 3 — Seite 51

a) $a'(x) = (x^3 + 5x^2 - 3)\cos x + (3x^2 + 10x)\sin x$
b) $b'(x) = -\sin 3x \sin x + 3 \cos 3x \cos x$
c) $c'(x) = 2 \sin x \cos x - 2 \cos x \sin x = 0$
d) $d'(x) = -\cos(\cos x) \cdot \sin x$
e) $e'(x) = 3 \sin^2 x \cos x - 8 \sin 2x$

6.2 Tangens- und Kotangensfunktion

Übung 1 — Seite 52

a) $f'(x) = \frac{-1}{\cos^2(\cot x) \cdot \sin^2 x}$ b) $g'(x) = 0$

c) $h'(x) = \frac{1}{\sqrt{\tan 2x + \cot 4x}}\left(\frac{1}{\cos^2 2x} - \frac{2}{\sin^2 4x}\right)$

d) $i'(x) = \frac{\pi \tan(x+\pi)\cos \pi x - \sin \pi x \cdot \frac{1}{\cos^2(x+\pi)}}{\tan^2(x+\pi)}$

Übung 2 — Seite 52

a) $\cos' x = \sin'\left(x + \frac{\pi}{2}\right) = \cos\left(x + \frac{\pi}{2}\right) = -\sin(x)$

TEIL I Lösungen

6 Trigonometrische Funktionen

b) $\cos'(x) = \left(\sqrt{1 - \sin^2 x}\right)' = \dfrac{-2\sin x \cos x}{2\sqrt{1-\sin^2 x}}$

$= \dfrac{-2\sin x \cos x}{2\cos x} = -\sin x$

c) $\tan' x = \left(\dfrac{\sin x}{\sqrt{1-\sin^2 x}}\right)'$

$= \dfrac{\sqrt{1-\sin^2 x} \cdot \cos x - \sin x \cdot \dfrac{-2\sin x \cos x}{2\sqrt{1-\sin^2 x}}}{1 - \sin^2 x}$

$= \dfrac{\cos^2 x + \sin^2 x}{1 - \sin^2 x} = \dfrac{1}{\cos^2 x}$

d) $\cot' x = \left(\dfrac{1}{\tan x}\right)' = -\dfrac{\frac{1}{\cos^2 x}}{\tan^2 x} = -\dfrac{1}{\sin^2 x}$

Test Kapitel 6
Übung 1 Seite 53

a)

b)

c)

d)

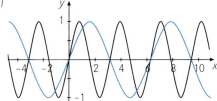
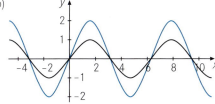
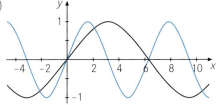
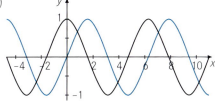

e)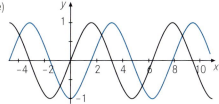

f)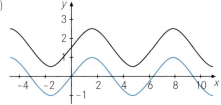

g) *a* gibt die Amplitude an, *b* bestimmt die Periodenlänge, *c* die Phasenverschiebung (d. h. die Verschiebung in *x*-Richtung) und *d* die Verschiebung in *y*-Richtung.

Übung 2 Seite 54

a) $2\sin x$	b) $2\sin x$	c) $3\sin x$
$2\sin\frac{1}{2}x$ ✓	$2\sin\pi x$ ✓	$2 + \sin x$
$2\sin 2x$	$2\sin 2\pi x$	$1 - 2\cos 2x$
$2\sin(x - 2\pi)$	$2\sin\left(\frac{x}{\pi}\right)$	$1 - 2\cos x$ ✓

d) $4\cos x$	e) $-2 + 3\sin\frac{1}{2}x$ ✓
$4\cos\frac{\pi}{2}x$	$-2 + 3\sin x$
$2 + 2\cos\frac{\pi}{2}x$ ✓	$2\sin(x-2)$
$2 + 2\cos x$	$-2\sin(x-5)$

Übung 3 Seite 54

$(2\cos 3x)' =$	$(x\sin x)' =$	$(\sin(x^2))' =$
$2\sin 3x$	$\sin x$	$2x\sin(2x)$
$6\sin 3x$	$x\cos x$	$2x\sin(x^2)$
$-6\sin 3x$ ✓	$1 + \cos x$	$2\cos(x^2)$
$-6\cos x$	$\sin x + x\cos x$ ✓	$2x\cos(2x)$
$-6\cos 3x$	$x\sin 1 + 1\sin x$	$2x\cos(x^2)$ ✓

$(\sin^2 x)' =$	$(\sin^2(x^2))' =$
$2\sin x \cos x$ ✓	$4\sin x^3$
$2(\sin x)^2 \cos x$	$4\sin x^3 \cos x$
$2\sin x$	$4x\sin(x^2)\cos(x^2)$ ✓
$2\cos x$	$2\sin(x^2)\cos(x^2)$
$(\cos x)^2$	$2\cos(2x)$

127

7 Exponential- und Logarithmusfunktionen

7 Exponential- und Logarithmusfunktionen

7.1 Exponentialfunktionen ...

Übung 1   Seite 57

a)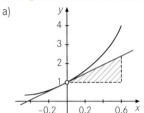

b) Der Zeichnung entnimmt man: $m \approx \frac{1{,}4}{0{,}6} = 2{,}3$.
c) Tangentengleichung $t: y = mx + n$
Wegen $m \approx 2{,}3$ und $(0|1) \in t: y \approx 2{,}3x + 1$.
d) $y = 10^x = e^{x \ln 10} \Rightarrow y' = \ln 10 \cdot 10^x$
$y'(1) = 10 \ln 10 \approx 23$
$y'(10) = 10^{10} \ln 10 \approx 23\,000\,000\,000$
$y'(-1) = 10^{-1} \ln 10 \approx 0{,}23$
$y'(-10) = 10^{-10} \ln 10 \approx 0{,}000\,000\,000\,23$

7.2 Die e-Funktion

Übung 1   Seite 60

a) $e^{2x} = \frac{20}{3} \Rightarrow x = \frac{1}{2} \ln \frac{20}{3} \approx 0{,}94856$
b) $e^{-0{,}3x} = \frac{1}{2} \Rightarrow x = \frac{\ln 2}{0{,}3} \approx 2{,}31$
c) $e^{4-2x} = 1 \Rightarrow x = 2$
d) $\frac{10^x}{5^x} = 2 \Rightarrow 2^x = 2 \Rightarrow x = 1$
e) $\ln x = \frac{5}{2} \Rightarrow x = e^{2{,}5} \approx 12{,}18$
f) $\ln(\ln 4x) = 0 \Rightarrow \ln 4x = 1 \Rightarrow x = \frac{e}{4} \approx 0{,}6796$

Übung 2   Seite 60

a) $y' = 4e^x$
b) $y' = 5e^x + 3x^2$
c) $y' = \ln 10 \cdot 10^x + \ln 0{,}1 \cdot 0{,}1^x$
d) $y' = \sin x \, e^x + \cos x \, e^x$
e) $y' = 2e^{3-x}$ f) $y' = x \frac{e^x}{2\sqrt{1+e^x}} + \sqrt{1+e^x}$

7.3 Logarithmusfunktionen und ihre Ableitungen

Übung 1   Seite 61

a) $y' = \frac{1}{x}$
b) $y' = 3 \frac{e^x}{e^x + e^3}$

c) $y' = x + 2x \ln x$
d) $y' = 10^x \frac{1}{x \ln 10} + \ln 10 \cdot 10^x \lg x$
e) $y' = \frac{2x + 4}{x^2 + 4x + 4}$ f) $y' = \frac{1}{2x}$

Übung 2   Seite 62

a)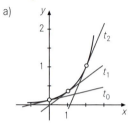

b) $y'(0) \approx 0{,}1$; $y'(1) \approx 0{,}3$; $y'(2) \approx 1$
c) $y' = 0{,}05 \cdot \ln 10 \cdot 10^{0{,}5x}$
$y_0' \approx 0{,}115$; $y_1' \approx 0{,}364$; $y_2' \approx 1{,}152$
Tangente t_0 bei $x = 0$: $y \approx 0{,}115x + 0{,}1$
Tangente t_1 bei $x = 1$: $y \approx 0{,}364x - 0{,}048$
Tangente t_2 bei $x = 2$: $y \approx 1{,}152x - 1{,}304$

Test Kapitel 7

Übung 1   Seite 62

$\ln (xy)^2 =$		$\lg(x^2 - y^2) =$	
$\ln x^2 \cdot \ln y^2$		$2\lg x - 2\lg y$	
$(\ln x)^2 + (\ln y)^2$		$\lg x^2 - \lg y^2$	
$\ln 2x + \ln 2y$		$\lg(x+y) + \lg(x-y)$	✓
$2 \ln x + 2 \ln y$	✓	$\lg(x+y) \lg(x-y)$	
$\lg \frac{1}{x^2 y^3} =$		$e^{2(x+y)} =$		$10^{4-x^2} =$	
$\frac{1}{2 \lg x} + \frac{1}{3 \lg y}$		$e^2 e^{x+y}$		$10^4 - 10^{x^2}$	
$-\frac{1}{2}\lg x - \frac{1}{3}\lg y$		$e^{2x} e^{2y}$	✓	$10^{2+x} \, 10^{2-x}$	
$\frac{-2}{\lg x} - \frac{3}{\lg y}$		$e^{2x} + e^{2y}$		$\frac{10^4}{100^x}$	
$-2\lg x - 3\lg y$	✓	$2e^{2x} + e^{2y}$		$\frac{10^4}{10^{x^2}}$	✓

TEIL I Lösungen

7 Exponential- und Logarithmusfunktionen

Übung 2 — Seite 63

$(e^{(3-x)})' =$	$(e^{3x})' =$	$(10^{3x})' =$
e^{3-x}	e^{3x}	10^{3x-1}
$3e^{3-x}$	$3e^{2x}$	$3 \cdot 10^{3x-1}$
$-e^{3-x}$ ✓	$3e^{3x}$ ✓	$10^{3x} \cdot 3 \ln 10$ ✓
$-e^{2-x}$	$3e^{3x-1}$	$10^{3x} \ln e$

$\ln(1-3x)' =$	$\lg(1-3x)' =$
$\frac{1}{1-3x}$	$\frac{1}{1-3x} \cdot \frac{1}{\ln 10}$
$\frac{3}{3x-1}$ ✓	$\frac{1}{1-3x} \ln 10$
$\frac{1}{3x}$	$\frac{3}{3x-1} \cdot \frac{1}{\ln 10}$ ✓
$3x-1$	$\frac{3}{3x-1} \ln 10$

Übung 3 — Seite 63

a)
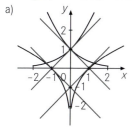

b) $y = e^x$ Schnittpunkt mit y-Achse: $(0 \mid 1)$
Anstieg bei $x = 0$: $m_0 = y_0$
 $= (e^x)'(x=0) = 1$
Tangente bei $x = 0$: $y = x + 1$
$y = e^{-x}$ Tangente bei $x = 0$: $y = -x + 1$
$y = \ln|x|$ Tangente bei $x = 1$: $y = -x - 1$
Tangente bei $x = 0$: $y = -x - 1$
Also: Die vier Tangenten bilden ein Viereck mit gleichen Winkeln und gleichen Seitenlängen.

c)
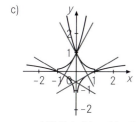

$y = 10^x$ Schnittpunkt mit y-Achse: $(0 \mid 1)$
Anstieg bei $x = 0$: $m_0 = y_0 = (10^x)'(x=0)$
 $= 1 \ln 10$
Tangente bei $x = 0$: $y = \ln 10 \cdot x + 1$
$y = 10^{-x}$ Tangente bei $x = 0$: $y = -\ln 10 \cdot x + 1$

Man erkennt: Der Winkel zwischen den Tangenten misst nicht 90°.

Übung 4 — Seite 63

Bei Wachstumsproblemen wie beispielsweise jenen der Weltbevölkerung ist die absolute Zunahme meist weniger gut geeignet für eine statistische Interpretation als die relative. Diese beträgt im konkreten Fall
„78 Millionen pro 6,75 Milliarden",
also $\frac{78\,000\,000}{6\,750\,000\,000} = 0{,}0115$ oder $\frac{1{,}15}{100} = 1{,}15\,\%$.

Diese Zunahme soll also mittelfristig anhalten.

a) Weltbevölkerung zu Beginn 2009:
 $W(0) = 6{,}75 \cdot 10^9$
 Weltbevölkerung nach 1 Jahr:
 $W(1) = W(0) + W(0) \cdot 0{,}0115$
 $= 6{,}75 \cdot 10^9 \cdot 1{,}0115$
 Weltbevölkerung nach 2 Jahren:
 $W(2) = W(1) + W(1) \cdot 0{,}0115$
 $= 6{,}75 \cdot 10^9 \cdot 1{,}0115^2$
 Weltbevölkerung nach 3 Jahren:
 $W(3) = W(2) + W(2) \cdot 0{,}0115$
 $= 6{,}75 \cdot 10^9 \cdot 1{,}0115^3$ usw.
 Weltbevölkerung nach x Jahren:
 $W(x) = 6{,}75 \cdot 10^9 \cdot 1{,}0115^x$

b) Weltbevölkerung nach 10 Jahren:
 $W(10) = 6{,}75 \cdot 10^9 \cdot 1{,}0115^{10} = 7{,}57 \cdot 10^9$

c) Verdopplung der Weltbevölkerung:
 $2 \cdot W(0) = W(x) \Rightarrow 2 \cdot 6{,}75 \cdot 10^9$
 $= 6{,}75 \cdot 10^9 \cdot 1{,}0115^x$
 $\Rightarrow 2 = 1{,}0115^x \Rightarrow x = \frac{\ln 2}{\ln 1{,}0115} = 60{,}6$

Graphen und Ableitungen

8 Graphen und Ableitungen

8.1 Monotonie
Übung 1 Seite 66
a) und b) sind für alle x monoton steigend.

Übung 2 Seite 66
Bei a) und c) ist die Ableitung überall positiv.

8.2 Krümmung
Übung 1 Seite 67
Bei a) und c) ist der Anstieg überall wachsend.

8.5 Beispielaufgabe
Übung 1 Seite 70
a) $H_1(-7|2)$ ist ein Maximum:
$f(-7) = 2 \wedge f'(-7) = 0 \wedge f''(-7) < 0$
$H_2(0|10)$ ist Maximum:
$f(0) = 10 \wedge f'(0) = 0 \wedge f''(0) < 0$
$H_3(7|2)$ ist Maximum:
$f(7) = 2 \wedge f'(7) = 0 \wedge f''(7) < 0$
$T_1(-3|-6)$ ist Minimum:
$f(-3) = -6 \wedge f'(-3) = 0 \wedge f''(-3) > 0$
$T_2(3|-6)$ ist Minimum:
$f(3) = -6 \wedge f'(3) = 0 \wedge f''(3) > 0$
f ist steigend bis H_1: $f'(x) > 0$ für $x < -7$
f ist steigend zwischen T_1 und H_2:
$f'(x) > 0$ für $-3 < x < 0$
f ist steigend zwischen T_2 und H_3:
$f'(x) > 0$ für $3 < x < 7$
$W_1(-9|1,5)$ ist Wendepunkt:
$f(-9) = 1,5 \wedge f''(-9) = 0$
$W_2(-2|0,5)$ ist Wendepunkt:
$f(-2) = 0,5 \wedge f''(-2) = 0$
$W_3(2|0,5)$ ist Wendepunkt:
$f(2) = 0,5 \wedge f''(2) = 0$
$W_4(9|1,5)$ ist Wendepunkt:
$f(9) = 1,5 \wedge f''(9) = 0$
f ist zwischen W_1 und W_2 links gekrümmt:
$f''(x) > 0$ für $-9 < x < -2$
f ist zwischen W_3 und W_4 links gekrümmt:
$f''(x) > 0$ für $2 < x < 9$.

b)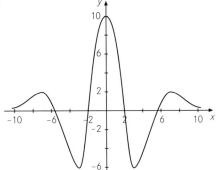

Übung 2 Seite 70
a) $f'(x) = 6x^2 - 4x - 16$; $f''(x) = 12x - 4$; $f'''(x) = 12$
Extrema: $f'(x) = 0 \Rightarrow 6x^2 - 4x - 16 = 0$
$\Rightarrow x = 2 \vee x = -\frac{4}{3}$
$f''(2) > 0$; d.h. Minimum
$f''\left(-\frac{4}{3}\right) < 0$; d.h. Maximum
Wendestelle: $f''(x) = 0 \Rightarrow 12x - 4 = 0 \Rightarrow x = \frac{1}{3}$
$f'''\left(\frac{1}{3}\right) \neq 0$; d.h.: $x = \frac{1}{3}$ ist tatsächlich Wendestelle.
b) f ist steigend, wenn $f'(x) > 0$ ist, d.h.
$6x^2 - 4x - 16 > 0 \Rightarrow \left(x - \frac{1}{3}\right)^2 > \frac{25}{9}$
$\Rightarrow x < -\frac{4}{3} \vee x > 2$.
c) f ist rechts gekrümmt, wenn $f''(x) < 0 \Rightarrow x < \frac{1}{3}$.

d)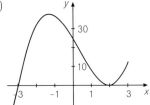

Test Kapitel 8
Übung 1 Seite 71
4 Extrema: $E_1(-5,5|5,5)$, $E_2(-1,7|-1,7)$,
$E_3(1,7|1,7)$, $E_4(5,5|-5,5)$
3 Wendepunkte: $W_1(-4|2,5)$, $W_2(0|0)$, $W_3(4|-2,5)$

Übung 2 Seite 71
Monoton steigend für $-1,8 < x < 0$ und $3,3 < x$
Monoton fallend für $x < -1,8$ und $0 < x < 3,3$
Rechts gekrümmt für $-1 < x < 2$
Links gekrümmt für $x < -1$ und $x > 2$

TEIL I Lösungen

9 Kurvendiskussion

1 Hochpunkt $H(0|0)$
2 Tiefpunkte $T_1(-1,8|1,6)$, $T_2(3,3|-8,4)$
2 Wendepunkte $W_1(-1|-1)$, $W_2(2|-5)$
– alles im Rahmen der Zeichengenauigkeit!

Übung 3 Seite 71

$x^3 - 4,5x^2 - 12x$	$(x^2-2)(x^2-6)$	$\dfrac{2x}{1+x^2}$
$x = 0$	$x = -6$	$x = -1$ ✓
$x = \dfrac{4}{3}$	$x = -2$ ✓	$x = 0$
$x = \dfrac{8}{3}$	$x = 0$	$x = 1$
$x = \dfrac{12}{3}$ ✓	$x = \sqrt{2}$	$x = 2$

$\sin x \cos x$	$(x^2-3)e^{-x}$
$x = 0$	$x = -1$ ✓
$x = \dfrac{\pi}{4}$	$x = \sqrt{3}$
$x = \dfrac{\pi}{2}$	$x = e$
$x = \dfrac{3\pi}{4}$ ✓	$x = 3$

Übung 4 Seite 72

$a(2) = 1$
$a'(2) = 0$
$a''(2) > 0$

$b(2) = 1$
$b'(2) = 0$
$b''(2) < 0$

$c(2) = 1$
$c'(2) = 0$
$c''(2) = 0$
$c''(2^-) < 0,\ c''(2^+) > 0$

$d(2) = 1$
$d'(2) = 1$
$d''(2) < 0$

$e(2) = 1$
$e'(2) = -1$
$e''(2) = 0$
$e''(2^-) > 0,\ e''(2^+) < 0$

9 Kurvendiskussion

9.1 Charakteristische Eigenschaften
Übung 1 Seite 75
a) überall definiert
   Nullstelle bei $x = 0$
   punktsymmetrisch zum Nullpunkt
   Minimum in $(-1|-2)$
   Maximum in $(1|2)$
   Wendepunkte in $(-1,5|-1,5)$
   und $(1,5|1,5)$, $(0|0)$
   Asymptote für große $|x|$: x-Achse
b) $D = \mathbb{R}\setminus\{-2; 2\}$
   achsensymmetrisch zur y-Achse
   Nullstellen bei $x = -1$ und $x = 1$
   Maximum in $\left(0\left|\dfrac{1}{2}\right.\right)$
   für $x < 0$ überall steigend,
   für $x > 0$ fallend
   $y \to +\infty$ für $x \to 2$ von rechts

$y \to -\infty$ für $x \to 2$ von links
$y \to -\infty$ für $x \to -2$ von rechts
$y \to +\infty$ für $x \to -2$ von links
Asymptote für große $|x|$: $y = 2$

Übung 2 Seite 76
f; r; r; f; f; r; f; r; r; f

Übung 3 Seite 76

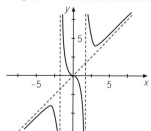

131

9 Kurvendiskussion

9.2 Polynomfunktionen
Übung 1   Seite 79

a) Definitionsbereich: $D = \mathbb{R}$
Nullstellen: $a(x) = 0 \Rightarrow \frac{1}{4}x(x^2 - 12x + 36) = 0$
$\Rightarrow x = 0, x = 6$
Symmetrie:
$-a(x) \neq a(-x) \Rightarrow$ nicht punktsymmetrisch zu $(0|0)$
$a(x) \neq a(-x) \Rightarrow$ nicht achsensymmetrisch zur y-Achse
Asymptotisches Verhalten:
$a(x) = x^3\left(\frac{1}{4} - \frac{3}{x} + \frac{9}{x^2}\right) \Rightarrow a(x) \to +\infty$ für $x \to +\infty$
$a(x) \to -\infty$ für $x \to -\infty$
Extrema: $a'(x) = \frac{3}{4}x^2 - 6x + 9$; $a''(x) = \frac{3}{2}x - 6$;
$a'''(x) = \frac{3}{2}$
$a'(x) = 0 \Rightarrow \frac{3}{4}(x^2 - 8x + 12) = 0 \Rightarrow x = 2, x = 6$
$a''(2) < 0$, $a''(6) > 0 \Rightarrow x = 2$ (Max); $x = 6$ (Min)
Wendepunkt:
$a''(x) = 0 \Rightarrow \frac{3}{2}x - 6 = 0 \Rightarrow x = 4$
$a'''(4) \neq 0 \Rightarrow x = 4$ (WP)
Wertetafel:

x	-2	0	2	4	6	8
$a(x)$	-32	0	8	4	0	8

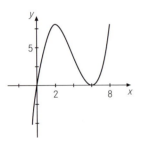

b) Definitionsbereich: $D = \mathbb{R}$
Nullstellen: $b(x) = 0 \Rightarrow \frac{1}{2}(x^4 - 6x^2 + 8) = 0$
$\Rightarrow x = -2, x = 2, x = -\sqrt{2}, x = \sqrt{2}$
Symmetrie: $b(x) = b(-x) \Rightarrow$ achsensymmetrisch zur y-Achse
Asymptotisches Verhalten:
$b(x) = x^4\left(\frac{1}{2} - \frac{3}{x^2} + \frac{4}{x^4}\right) \Rightarrow b(x) \to +\infty$ für $x \to +\infty$
$b(x) \to +\infty$ für $x \to -\infty$
Extrema:
$b'(x) = 2x^3 - 6x$; $b''(x) = 6x^2 - 6$; $b'''(x) = 12x$
$b'(x) = 0 \Rightarrow 2x(x^2 - 3) = 0 \Rightarrow x = 0, x = -\sqrt{3}, x = \sqrt{3}$
$b''(0) < 0$, $b''(-\sqrt{3}) > 0$, $b''(\sqrt{3}) > 0$

$\Rightarrow x = 0$ (Max);
$x = -\sqrt{3}$ (Min); $x = \sqrt{3}$ (Min)
Wendepunkte:
$b''(x) = 0 \Rightarrow 6(x^2 - 1) = 0 \Rightarrow x = 1, x = -1$
$b'''(-1) \neq 0$, $b'''(1) \neq 0 \Rightarrow x = 1$ (WP);
$x = -1$ (WP)
Wertetafel:

x	-3	-2	$-\sqrt{3}$	$-\sqrt{2}$	-1
$b(x)$	17,5	0	-0,5	0	1,5

x	0	1	$\sqrt{2}$	$\sqrt{3}$	2	3
$b(x)$	4	1,5	0	-0,5	0	17,5

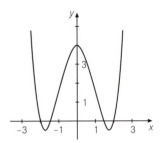

9.3 Bruchfunktionen
Übung 1   Seite 83

a) Definitionsbereich: $D = \mathbb{R}\setminus\{-2; 2\}$
Nullstellen: $c(x) = 0 \Rightarrow 2(x^2 - 8) = 0$
$\Rightarrow x = -\sqrt{8}, x = \sqrt{8}$
Symmetrie:
$c(x) = c(-x) \Rightarrow$ achsensymmetrisch zur y-Achse
Asymptotisches Verhalten:

1) $c(x) = \dfrac{x^2\left(2 - \frac{16}{x^2}\right)}{x^2\left(1 - \frac{4}{x^2}\right)} \Rightarrow c(x) \to 2$ für $x \to \pm\infty$

2) Umgebung von $x = 2$, d.h. $x = 2 + h$ mit $h \approx 0$:
$c(2+h) = \dfrac{-8 + 8h + 2h^2}{4h + h^2} \approx \dfrac{-8}{4h}$
$\Rightarrow c(x) \to +\infty$ für $x \to 2^-$
$c(x) \to -\infty$ für $x \to 2^+$

3) Umgebung von $x = -2$:
$c(x) \to -\infty$ für $x \to -2^-$
$c(x) \to +\infty$ für $x \to -2^+$

Extrema: $c'(x) = \dfrac{16x}{(x^2 - 4)^2}$; $c''(x) = \dfrac{-64 - 48x^2}{(x^2 - 4)^3}$
$c'(x) = 0 \Rightarrow 16x = 0 \Rightarrow x = 0$
$c''(0) > 0 \Rightarrow x = 0$ (Min)

TEIL I — Lösungen

9 Kurvendiskussion

Wendepunkte:
$c''(x) = 0 \Rightarrow -64 - 48x^2 = 0$ nicht möglich
$\Rightarrow$ keine Wendepunkte

Wertetafel:

x	-3	$-\sqrt{8}$	-2	-1	0	1	2	$\sqrt{8}$	3
$c(x)$	$\frac{2}{5}$	0	$-$	$-\frac{14}{3}$	4	$-\frac{14}{3}$	$-$	0	$\frac{2}{5}$

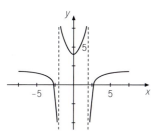

b) Definitionsbereich: $D = \mathbb{R}$
Nullstellen: $d(x) = 0 \Rightarrow 2(x^2 - 8) = 0$
$\Rightarrow x = -\sqrt{8}, x = \sqrt{8}$
Symmetrie:
$d(x) = d(-x) \Rightarrow$ achsensymmetrisch zur y-Achse
Asymptotisches Verhalten:
$d(x) = \dfrac{x^2\left(2 - \frac{16}{x^2}\right)}{x^2\left(1 + \frac{4}{x^2}\right)} \Rightarrow d(x) \to 2$ für $x \to \pm\infty$

Extrema: $d'(x) = \dfrac{48x}{(x^2 + 4)^2}$;

$d''(x) = \dfrac{4 \cdot 48 - 3 \cdot 48x^2}{(x^2 + 4)^3}$

$d'(x) = 0 \Rightarrow 48x = 0 \Rightarrow x = 0$
$d''(0) > 0 \Rightarrow x = 0$ (Min)
Wendepunkte:
$d''(x) = 0 \Rightarrow 4 \cdot 48 - 3 \cdot 48x^2 = 0$
$\Rightarrow x = \frac{2}{3}\sqrt{3}$ (WP), $x = -\frac{2}{3}\sqrt{3}$ (WP)

Wertetafel:

x	-3	$-\sqrt{8}$	-2	$-\frac{2}{3}\sqrt{3}$	0	$\frac{2}{3}\sqrt{3}$	2	$\sqrt{8}$	3
$d(x)$	$\frac{2}{13}$	0	-1	$-\frac{5}{2}$	-4	$-\frac{5}{2}$	-1	0	$\frac{2}{13}$

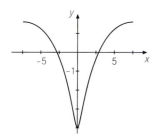

9.4 Wurzelfunktionen

Übung 1 Seite 85

a) Definitionsbereich: $D = [0; \infty[$
Nullstellen:
$e(x) = 0 \Rightarrow x - \sqrt{2x} = 0 \Rightarrow x = 0, x = 2$
Symmetrie: nicht symmetrisch zur y-Achse,
nicht symmetrisch zu $(0\,|\,0)$
Asymptotisches Verhalten:

1) $e(x) = x\left(1 - \sqrt{\frac{2}{x}}\right) \to x$ für $x \to \infty$;
$e(x) \to \infty$ für $x \to \infty$
2) $e(x) = x - \sqrt{2x}$; $e(x) \to 0$ für $x \to 0$

Extrema: $e'(x) = 1 - \dfrac{1}{\sqrt{2x}}$; $e''(x) = \dfrac{1}{2x\sqrt{2x}}$

$e'(x) = 0 \Rightarrow 1 - \dfrac{1}{\sqrt{2x}} = 0 \Rightarrow x = \dfrac{1}{2}$

$e''\left(\dfrac{1}{2}\right) > 0 \Rightarrow x = \dfrac{1}{2}$ (Min)

Wendepunkte: $e''(x) = 0 \Rightarrow \dfrac{1}{2x\sqrt{2x}} = 0$
nicht möglich $\Rightarrow$ keine WP

Wertetafel:

x	0	$\frac{1}{2}$	1	2	3	4
$e(x)$	0	$-\frac{1}{2}$	$-0{,}41$	0	$0{,}55$	$1{,}17$

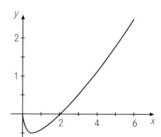

b) Definitionsbereich: $D =]-6; 6[$
Nullstellen: $f(x) = 0 \Rightarrow 3x = 0 \Rightarrow x = 0$
Symmetrie:
$-f(x) = f(-x)$ punktsymmetrisch zu $(0\,|\,0)$
Asymptotisches Verhalten:

1) $f(x) = \dfrac{3x}{\sqrt{36 - x^2}}$; $f(x) \to \infty$ für $x \to 6^-$

2) $f(x) = \dfrac{3x}{\sqrt{36 - x^2}}$; $f(x) \to -\infty$ für $x \to -6^+$

Extrema: $f'(x) = \dfrac{108}{(36 - x^2)^{1{,}5}}$;

$f''(x) = \dfrac{324x}{(36 - x^2)^{2{,}5}}$

9 Kurvendiskussion

$f'(x) = 0 \Rightarrow 108 \neq 0 \Rightarrow$ keine Extrema
Wendepunkte:
$f''(x) = 0 \Rightarrow 324x = 0 \Rightarrow x = 0$ (WP)
Wertetafel:

x	-4	-2	0	2	4
$f(x)$	$-2{,}68$	$-1{,}06$	0	$1{,}06$	$2{,}68$

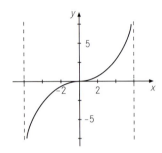

9.5 Trigonometrische Funktionen

Übung 1   Seite 88

a) Definitionsbereich: $D = \mathbb{R}$
Nullstellen: $g(x) = 0 \Rightarrow \sin^2 x = 0$
$\Rightarrow \sin x = 0 \Rightarrow x = 0, x = \pm\pi, x = \pm 2\pi, ...$
Periodizität:
$g(x) = g(x+p) \Rightarrow \sin^2 x = \sin^2(x+p)$
$\Rightarrow$ Periodenlänge $p = \pi$
Extrema:
$g'(x) = 2\sin x \cos x;\ g''(x) = 2(-\sin^2 x + \cos^2 x)$
$g'(x) = 0 \Rightarrow 2\sin x \cos x = 0$
$\Rightarrow \sin x = 0 \vee \cos x = 0$
$\Rightarrow x = 0, x = \pm\pi, x = \pm 2\pi, ... \vee x = \pm\frac{1}{2}\pi,$
$x = \pm\frac{3}{2}\pi, ...$
$g''(0) > 0, g''(\pi) > 0, ..., g''(\pm\frac{1}{2}\pi) < 0, ...$
$\Rightarrow x = 0; x = \pm\pi; x = \pm 2\pi, ...$ (Min);
$x = \pm\frac{1}{2}\pi, x = \pm\frac{3}{2}\pi, ...$ (Max)
Wendepunkte:
$g''(x) = 0 \Rightarrow -\sin^2 x + \cos^2 x = 0 \Rightarrow \tan^2 x = 1$
$\Rightarrow x = \pm\frac{1}{4}\pi, x = \pm\frac{3}{4}\pi, x = \pm\frac{5}{4}\pi, ...$ (WP)
Wertetabelle:

x	0	$\frac{1}{4}\pi$	$\frac{1}{2}\pi$
$g(x)$	0	$\frac{1}{2}$	1

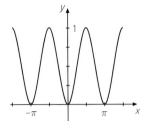

b) Definitionsbereich: $D = \mathbb{R}$
Nullstellen: $h(x) = 0 \Rightarrow \sin 2x + 2\cos x = 0$
$\Rightarrow 2\sin x \cos x + 2\cos x = 0$
$\Rightarrow 2\cos x (\sin x + 1) = 0$
$\Rightarrow x = \pm\frac{1}{2}\pi, x = \pm\frac{3}{2}\pi, ...$
Periodizität:
$h(x) = h(x+p) \Rightarrow \sin 2x + 2\cos x$
$= \sin 2(x+p) + \cos(x+p)$
$\Rightarrow$ Periodenlänge $p = 2\pi$
Extrema:
$h'(x) = 2\cos 2x - 2\sin x;$
$h''(x) = -4\sin 2x - 2\cos x$
$h'(x) = 0 \Rightarrow \cos 2x - \sin x = 0$
$\Rightarrow \cos^2 x - \sin^2 x - \sin x = 0$
$\Rightarrow 1 - 2\sin^2 x - \sin x = 0 \Rightarrow x = \frac{1}{6}\pi, x = \frac{5}{6}\pi,$
$x = \frac{3}{2}\pi, ...$
$h''(\frac{1}{6}\pi) < 0, h''(\frac{5}{6}\pi) > 0, h''(\frac{3}{2}\pi) = 0$
$\Rightarrow x = \frac{1}{6}\pi$ (Max), $x = \frac{5}{6}\pi, ...$ (Min)
Wendepunkte:
$h''(x) = 0 \Rightarrow -4\sin 2x - 2\cos x = 0$
$\Rightarrow -8\sin x \cos x - 2\cos x = 0$
$\Rightarrow \cos x = 0 \vee \sin x = -\frac{1}{4} \Rightarrow x = \frac{1}{2}\pi,$
$x = \frac{3}{2}\pi, ..., x \approx 6{,}03 ...$ (WP)
Wertetabelle:

x	0	$\frac{1}{6}\pi$	$\frac{1}{2}\pi$	$\frac{5}{6}\pi$	$\frac{3}{2}\pi$	$6{,}03$
$h(x)$	2	$\frac{3}{2}\sqrt{3}$	0	$-\frac{3}{2}\sqrt{3}$	0	$1{,}45$

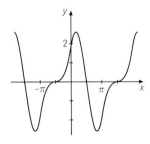

134

TEIL I   Lösungen

9 Kurvendiskussion

9.6 Exponentialfunktionen
Übung 1   Seite 91
a) Definitionsbereich: $D = \mathbb{R}$
Nullstellen: $i(x) = 0 \Rightarrow xe^{-0,2x} = 0 \Rightarrow x = 0$
Symmetrie: $i(x) \neq i(-x)$
$\Rightarrow$ nicht achsensymmetrisch zur y-Achse
$-i(x) \neq i(-x)$
$\Rightarrow$ nicht punktsymmetrisch zu $(0|0)$
Asymptotisches Verhalten:
1) $i(x) = xe^{-0,2x} \to 0$ für $x \to \infty$
2) $i(x) = xe^{-0,2x} \to -\infty$ für $x \to -\infty$
Extrema: $i'(x) = -0,2xe^{-0,2x} + e^{-0,2x}$;
$i''(x) = 0,04xe^{-0,2x} - 0,4e^{-0,2x}$
$i'(x) = 0 \Rightarrow -0,2xe^{-0,2x} + e^{-0,2x} = 0 \Rightarrow x = 5$
$i''(5) < 0 \Rightarrow x = 5$ (Max)
Wendepunkt: $i''(x) = 0$
$\Rightarrow e^{-0,2x}(0,04x - 0,4) = 0 \Rightarrow x = 10$ (WP)
Wertetafel:

x	-5	0	5	10
$i(x)$	-13,59	0	1,84	1,35

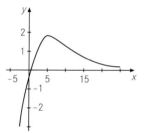

b) Definitionsbereich: $D = \mathbb{R}$
Nullstellen:
$j(x) = 0 \Rightarrow (2x - x^2)e^x = 0 \Rightarrow x = 0, x = 2$
Symmetrie: $j(x) \neq j(-x)$
$\Rightarrow$ nicht achsensymmetrisch zur y-Achse
$-j(x) \neq j(-x)$
$\Rightarrow$ nicht punktsymmetrisch zu $(0|0)$
Asymptotisches Verhalten:
1) $j(x) = (2x - x^2)e^x \to -\infty$ für $x \to \infty$
2) $j(x) = (2x - x^2)e^x \to 0$ für $x \to -\infty$
Extrema:
$j'(x) = (2 - x^2)e^x$; $j''(x) = (2 - 2x - x^2)e^x$
$j'(x) = 0 \Rightarrow (2 - x^2)e^x = 0 \Rightarrow x = \sqrt{2}, x = -\sqrt{2}$
$j''(\sqrt{2}) < 0, j''(-\sqrt{2}) > 0$
$\Rightarrow x = -\sqrt{2}$ (Min), $x = \sqrt{2}$ (Max)
Wendepunkte:
$j''(x) = 0 \Rightarrow (2 - 2x - x^2)e^x = 0$
$\Rightarrow x = -1 - \sqrt{3}, x = -1 + \sqrt{3}$ (WP)

Wertetafel:

x	$-1-\sqrt{3}$	$-\sqrt{2}$	0	$-1+\sqrt{3}$	$\sqrt{2}$	2
$j(x)$	-0,84	-1,17	0	1,93	3,41	0

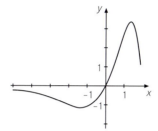

9.7 Logarithmusfunktionen
Übung 1   Seite 93
a) Definitionsbereich: $D =]0; \infty[= \mathbb{R}^+$
Nullstellen: $k(x) = 0 \Rightarrow x \lg x = 0$
$\Rightarrow (0 \notin D)\ x = 1$
Symmetrie: nicht symmetrisch zur y-Achse,
nicht symmetrisch zu $(0|0)$
Asymptotisches Verhalten:
1) $k(x) = x \lg x \to 0$ für $x \to 0$
2) $k(x) = x \lg x \to \infty$ für $x \to \infty$
Extrema: $k'(x) = \frac{1}{\ln 10} + \lg x$; $k''(x) = \frac{1}{\ln 10} \cdot \frac{1}{x}$
$k'(x) = 0 \Rightarrow \frac{1}{\ln 10} + \lg x = 0$
$\Rightarrow x = 10^{-1/\ln 10} \approx 0,368$
$k''(0,368) > 0 \Rightarrow x = 10^{-1/\ln 10}$ (Min)
Wendepunkte: $k''(x) = 0 \Rightarrow \frac{1}{\ln 10} \cdot \frac{1}{x} = 0$
nicht möglich $\Rightarrow$ kein WP
Wertetafel:

x	0,368	1	2,5
$k(x)$	-0,160	0	0,99

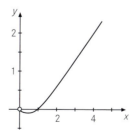

b) Definitionsbereich: $D =]0; \infty[= \mathbb{R}^+$
Nullstellen:
$l(x) = 0 \Rightarrow (\ln x)^2 - 2\ln x = 0$

9 Kurvendiskussion

⇒ ln x (ln x − 2) = 0
⇒ $x = 1, x = e^2$
Symmetrie: nicht symmetrisch zur y-Achse,
nicht symmetrisch zu (0|0)
Asymptotisches Verhalten:
1) $l(x) = \ln x (\ln x - 2) \to \infty$ für $x \to 0$
2) $l(x) = \ln x (\ln x - 2) \to \infty$ für $x \to \infty$
Extrema:
$l'(x) = \frac{2}{x \ln x} - \frac{2}{x}; l''(x) = \frac{4}{x^2} - \frac{2}{x^2} \ln x$
$l'(x) = 0 \Rightarrow \frac{2}{x}(\ln x - 1) = 0 \Rightarrow x = e$
$l''(x) > 0 \Rightarrow x = e$ (Min)
Wendepunkte:
$l''(x) = 0 \Rightarrow \frac{2}{x^2}(2 - \ln x) = 0 \Rightarrow x = e^2$ (WP)
Wertetafel:

x	1	e	e^2
$l(x)$	0	−1	0

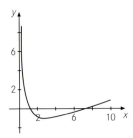

Test Kapitel 9

Übung 1   Seite 94
Definitionsbereich, Asymptotisches Verhalten, Symmetrie, Periodizität (bei trigonometrischen Funktionen), Nullstellen, Monotonie, Extrema, Krümmung, Wendepunkte.

Übung 2   Seite 94

$f(-3) = 0$.	
f hat drei Nullstellen.	
f hat ein Maximum.	✓
f hat zwei Maxima.	
f hat einen Wendepunkt bei $x = -2{,}1$.	
f hat zwei Wendepunkte bei $x = -1{,}1$ und $x = 2{,}0$.	
f ist monoton fallend in $[-2{,}1; 0]$.	
f ist monoton steigend in $[-3; 0]$.	✓
f ist links gekrümmt in $[-1{,}1; 2{,}1]$.	
f ist rechts gekrümmt in $[3{,}5; \infty[$.	✓

Übung 3   Seite 94

Maximaler Definitionsbereich		Anzahl der Nullstellen	
$\mathbb{R}$	✓	0	
$\mathbb{R}/\{0\}$		1	✓
$\mathbb{R}/\{-1; 0; +1\}$		2	
$\mathbb{R}^+ =]0; \infty[$		3	
$\mathbb{R}^- =]-\infty; 0[$		5	

$f'(0) = ?$		Anzahl der Extrema		Anzahl der Wendepunkte	
Nicht definiert		0		0	
0		1		1	
+1	✓	2	✓	2	
−1		3		3	✓
e		5		5	

Übung 4   Seite 94

Definitionsbereich $D = \mathbb{R}/\{-3; 3\}$
Achsensymmetrie zur y-Achse, denn $f(x) = f(-x)$
(es genügt, f in $\mathbb{R}^+$ zu untersuchen)
Asymptotisches Verhalten:
zu untersuchen ist $x \to \pm\infty$, $x \to +3^\pm$, $x \to -3^\pm$

$\lim_{x \to \infty} f(x) = \lim_{x \to \infty} \frac{x^2 - 4}{9 - x^2} = \lim_{x \to \infty} \frac{1 - \frac{4}{x^2}}{\frac{9}{x^2} - 1} = -1$,

$\lim_{x \to -\infty} f(x) = -1$

$\lim_{x \to 3^-} f(x) = \lim_{x \to 3^-} \frac{x^2 - 4}{9 - x^2} = \lim_{h \to 0^+} \frac{(3+h)^2 - 4}{9 - (3+h)^2}$

$= \lim_{h \to 0^+} \frac{5 + 2h + h^2}{-h(6+h)} = -\infty$

$\lim_{x \to 3^-} f(x) = +\infty$, $\lim_{x \to -3^+} f(x) = +\infty$, $\lim_{x \to -3^-} f(x) = -\infty$

Nullstellen: $f(x) = 0 \Rightarrow \frac{x^2 - 4}{9 - x^2} = 0$

⇒ $(x^2 - 4) = 0 \Rightarrow x = 2 \lor x = -2$
Extrema:
$f'(x) = \left(\frac{x^2 - 4}{9 - x^2}\right)' = \frac{10x}{(9 - x^2)^2}$

$f''(x) = \left(\frac{10x}{(9 - x^2)^2}\right)' = \frac{30x^2 + 90}{(9 - x^2)^3}$

$f'(x) = 0 \Rightarrow x = 0$ Minimum, da $f''(0) > 0$
Wendepunkte: keine

136

TEIL I **Lösungen**

10 Gesucht wird ...

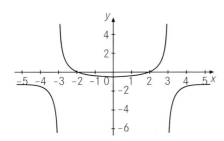

10 Gesucht wird ...

10.2 Auf der Suche – rechnerisch
Übung 1 Seite 103

a)
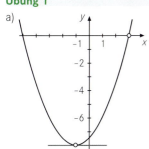

Polynom 2. Grades	$f(x) = ax^2 + bx + c$
	$f'(x) = 2ax + b$
$(-1\,|\,-8)$ ist Minimum:	$f(-1) = -8 \wedge f'(-1) = 0$
$(3\,|\,0)$ ist Nullstelle:	$f(3) = 0$
Das Gleichungssystem:	$a - b + c = -8$
	$-2a + b = 0$
	$9a + 3b + c = 0$
Lösung:	$a = \tfrac{1}{2};\ b = 1;\ c = -\tfrac{15}{2}$
Der Funktionsterm:	$f(x) = \tfrac{1}{2}x^2 + x - \tfrac{15}{2}$

b)
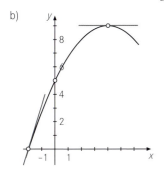

Polynom 2. Grades	$f(x) = ax^2 + bx + c$
	$f'(x) = 2ax + b$
Maximum bei $x = 4$:	$f'(4) = 0$
Nullstelle bei $x = -2$:	$f(-2) = 0$
Anstieg 3 in der Nullstelle:	$f'(-2) = 3$
Gleichungssystem:	$8a + b = 0$
	$4a - 2b + c = 0$
	$-4a + b = 3$
Lösung:	$a = -\tfrac{1}{4};\ b = 2;\ c = 5$
Der Funktionsterm:	$f(x) = -\tfrac{1}{4}x^2 + 2x + 5$

Übung 2 Seite 103

a)
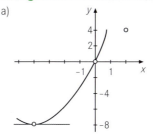

Man erkennt: $(2\,|\,4)$ liegt zu weit abseits, um von dem Parabelbogen getroffen zu werden.

b) Polynom 2. Grades $f(x) = ax^2 + bx + c$
$f'(x) = 2ax + b$
Minimum in $(-4\,|\,-8)$: $f(-4) = -8 \wedge f'(-4) = 0$
$(0\,|\,0)$ gehört zu f: $f(0) = 0$
$(2\,|\,4)$ gehört zu f: $f(2) = 4$
Gleichungssystem: $16a - 4b + c = -8$
$-8a + b = 0$
$0a + 0b + c = 0$
$4a + 2b + c = 4$

137

10 Gesucht wird ...

Wegen $c = 0$ folgt: $4a - b = -2$; $b = 8a$;
$c = 0$; $2a + b = 2$
Mit $b = 8a$ führen die erste und die letzte Gleichung auf den Widerspruch $a = \frac{1}{2} \wedge a = \frac{1}{5}$; das System ist nicht lösbar.

Übung 3 — Seite 103

a) $p(x) = ax^4 + bx^3 + cx^2 + dx + e$
$p'(x) = 4ax^3 + 3bx^2 + 2cx + d$;
$p''(x) = 12ax^2 + 6bx + 2c$
$(0|1)$ gehört zu p: $p(0) = 1 \quad e = 1$
Anstieg in $(0|1)$ ist -2: $p'(0) = -2 \quad d = -2$
$(1|0)$ gehört zu p: $p(1) = 0$
$a + b + c - 2 + 1 = 0$

Anstieg in $(1|0)$ ist 0: $p'(1) = 0$
$4a + 3b + 2c - 2 = 0$

$(1|0)$ ist Wendepunkt: $p''(1) = 0$
$12a + 6b + 2c = 0$
$p(x) = -x^4 + 2x^3 - 2x + 1$

b)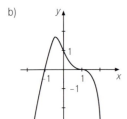

Übung 4 — Seite 103

a) Es sind Polynome 4. Grades:
$p(x) = ax^4 + bx^3 + cx^2 + dx + e$.
Sie sind achsensymmetrisch zur y-Achse:
$p(x) = p(-x)$.
$(0|0)$ ist allen gemeinsam: $p(0) = 0$.
In $(0|0)$ verlaufen sie waagerecht: $p'(0) = 0$.
Sie haben bei $x = 2$ ein Extremum: $p'(2) = 0$.
b) Die in a) genannten Eigenschaften führen auf:
$p(x) = ax^4 + cx^2 + e$
$e = 0$
$0 = 0$
$32a + 4c = 0$
d. h.: $p(x) = a(x^4 - 8x^2)$
c) $p(2) = 2$ führt auf $p(x) = -\frac{1}{8}x^4 + x^2$

Übung 5 — Seite 103

a) $g(x) = \dfrac{ax + b}{cx + d}$; $g'(x) = \dfrac{ad - bc}{(cx + d)^2} = -1$
Nullstelle bei $x = 3$: $g(3) = 0 \Rightarrow 3a + b = 0$
Anstieg bei $x = 3$ ist -1:
$g'(3) = -1 \Rightarrow \dfrac{da - bc}{(3c + d)^2} = -1$
Nicht definiert in $x = 2$:
$g(2)$ nicht definiert $\Rightarrow 2c + d = 0$
$\Rightarrow a = -c \wedge b = 3c \wedge d = -2c$
$g(x) = \dfrac{-x + 3}{x - 2}$

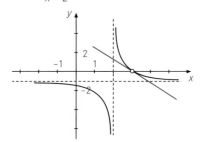

Übung 6 — Seite 103

$f(x) = (ax^2 + bx - c)e^x$;
$f'(x) = (ax^2 + bx + 2ax + b - c)e^x$
$(0|1)$ gehört zu f: $f(0) = 1 \Rightarrow (-c)e^0 = 1$
In $(0|1)$ ist der Anstieg -2: $f'(0) = -2$
$\Rightarrow (b - c)e^0 = -2$
Extremum bei $x = -1$: $f'(-1) = 0$
$\Rightarrow (a - b - 2a + b - c)e^{-1} = 0$
$\Rightarrow a = 1$; $b = -3$; $c = -1$
$f(x) = (x^2 - 3x + 1)e^x$

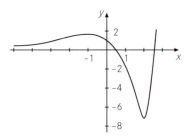

TEIL I | Lösungen

10 **Gesucht wird ...**

Test Kapitel 10

Übung 1 — Seite 104

	$a(x) = -x^3 + 3x^2$		$b(x) = (x^2 - 4)^2$	
Geht durch P	$\rightarrow(-3\,\vert\,0)$		$P(0\,\vert-16)$	
Tangente in Q	$Q(2\,\vert\,4);$ $y = x + 2$		$Q(-1\,\vert\,9);$ $y = 12x + 23$	
Hochpunkt H	$H(0\,\vert\,0)$		$H(2\,\vert\,0)$	
Wendepunkt W	$W(1\,\vert\,2)$	✓	$W\!\left(\frac{2\sqrt{3}}{3}\,\Big\vert\,\frac{64}{9}\right)$	✓

	$c(x) = \frac{-x^2}{4} + \frac{4}{x}$		$d(x) = xe^{-x}$	
Geht durch P	$\rightarrow(0\,\vert\,0)$		$P(1\,\vert\,e)$	
Tangente in Q	$Q(2\,\vert\,1);$ $y = -2x + 1$		$Q(0\,\vert\,0);$ $y = \frac{x}{e}$	
Hochpunkt H	$H(-2\,\vert-3)$	✓	$H\!\left(1\,\Big\vert\,\frac{1}{e}\right)$	✓
Wendepunkt W	$W(4\,\vert-3)$		$W\!\left(2\,\Big\vert\,\frac{2}{e}\right)$	

	$e(x) = \pi x + \cos \pi x$	
Geht durch P	$\rightarrow(1\,\vert\,\pi)$	
Tangente in Q	$Q(0\,\vert\,1);$ $y = \pi x + \pi$	
Hochpunkt H	$H\!\left(\frac{1}{2}\,\Big\vert\,\frac{\pi}{2}\right)$	
Wendepunkt W	$W\!\left(\frac{3}{2}\,\Big\vert\,\frac{3\pi}{2}\right)$	✓

Übung 2 — Seite 104

$p(x) = ax^3 + bx^2$; $p'(x) = 3ax^2 + 2bx$; $p''(x) = 6ax + 2b$

a) $p(2) = 2$ $\qquad 8a + 4b = 2 \qquad a = \frac{1}{12}$

  $p(-4) = 0 \qquad -64a + 16b = 0 \qquad b = \frac{1}{3}$

  $p(x) = \frac{1}{12}x^3 + \frac{1}{3}x^2$

b) $p(1) = 1 \qquad a + b = 1 \qquad a = 1994$
  $p'(1) = 1996 \qquad 3a + 2b = 1996 \qquad b = -1993$
  $p(x) = 1994x^3 - 1993x^2$

c) $p(0) = 0 \qquad 0 = 0 \;(!)$
  $p'(4) = 0 \qquad 48a + 8b = 0 \qquad b = -6a$
  $p(x) = ax^3 - 6ax^2 \;(!)$

d) $p(1) = -1 \qquad a + b = -1 \qquad a = \frac{1}{2}$
  $p''(1) = 0 \qquad 6a + 2b = 0 \qquad b = -\frac{3}{2}$
  $p(x) = \frac{1}{2}x^3 - \frac{3}{2}x^2$

Übung 3 — Seite 104

Polynomfunktion 4. Grades:
$f(x) = ax^4 + bx^3 + cx^2 + dx + e$
Symmetrie zur y-Achse:
$f(x) = f(-x) \Rightarrow ax^4 + bx^3 + cx^2 + dx + e$
$= ax^4 - bx^3 + cx^2 - dx + e$
$\Rightarrow bx^3 + dx = 0$ für alle $x \Rightarrow b = d = 0$
Schnitt mit der y-Achse:
$f(0) = 1 \Rightarrow 1 = a0^4 + c0^2 + e \Rightarrow e = 1$
Anstieg 6 bei $x = 2$:
$f'(2) = 6 \Rightarrow (ax^4 + cx^2 + 1)'(x = 2) = 6$
$\Rightarrow 32a + 4c = 6$
Wendepunkt bei $x = 1$:
$f''(1) = 0 \Rightarrow (ax^4 + cx^2 + 1)''(x = 1) = 0$
$\Rightarrow 12a + 2c = 0$
$\Rightarrow$ Polynomfunktion: $f(x) = \frac{3}{4}x^4 - \frac{9}{2}x^2 + 1$

Übung 4 — Seite 104

a) a bestimmt die Amplitude, b die Periodenlänge, c die Phasenverschiebung.

b) Amplitude: $a = 4$
  Periodenlänge 6: $g(x) = g(x + 6)$
  $\Rightarrow 4\cos(bx - c) = 4\cos[b(x + 6) - c]$
  $\Rightarrow 6b = 2\pi$
  Schnitt mit y-Achse: $g(0) = 2$
  $\Rightarrow 4\cos(-c) = 2 \Rightarrow c = -\frac{\pi}{3}$
  $\Rightarrow$ Funktionsterm: $g(x) = 4\cos\left(\frac{\pi}{3}x + \frac{\pi}{3}\right)$

⑪ Extremwertprobleme

11.1 So groß wie möglich

Übung 1   Seite 107

a) Problemstellung: Es geht um den Flächeninhalt.
Zielfunktion: $F(x, y) = x \cdot y$
Nebenbedingung: $2x + 2y = 500$
Reduzierung auf eine Variable:
$F(x) = 250x - x^2, x \in [0; 250]$
Berechnung des Extremums:
$F'(x) = 250 - 2x$
$F'(x) = 0 \Rightarrow x = 125\,\text{m}; y = 125\,\text{m}$
Das größtmögliche Rechteck ist das Quadrat.

b) Problemstellung: Es geht um den Umfang.
Zielfunktion: $U(x, y) = 2x + 2y$
Nebenbedingung: $x \cdot y = 5000$
Reduzierung auf eine Variable:
$U(x) = 2x + \dfrac{10\,000}{x}, x \in [0; \infty[$
Berechnung des Extremums:
$U'(x) = 2 - \dfrac{10\,000}{x^2}$
$U'(x) = 0 \Rightarrow x = \sqrt{5000}, y = \sqrt{5000}$
Das Rechteck geringsten Umfangs ist das Quadrat.

Übung 2   Seite 107

Problemstellung: Es geht um die Gartenfläche.
Zielfunktion: $G(x, y) = (40 + x) \cdot y$
Nebenbedingung: $(2x + 40) + 2y = 80$
Reduzierung auf eine Variable:
$G(x) = (40 + x)(20 - x), x \in [0; 20]$
Berechnung des Extremums:
$G'(x) = -20 - 2x$
$G'(x) = 0 \Rightarrow x = -10$
Der Wert $x = -10$ kommt als Lösung nicht infrage, er gehört nicht zum Definitionsbereich.
Hier liegt ein Randextremum für $x = 0$ vor. Die größtmögliche Gartenfläche erhält man bei der Länge 40 m und der Breite 20 m.

Übung 3   Seite 108

Problemstellung: Es geht um das Volumen.
Zielfunktion: $V(x, l) = x^2 \cdot \pi \cdot l$
Nebenbedingung: $l + 2\pi x = 120$
Reduzierung auf eine Variable:
$V(x) = 120\pi x^2 - 2\pi^2 x^3$
Berechnung des Extremums: $V'(x) = 240\pi x - 6\pi^2 x^2$
$V'(x) = 0 \Rightarrow (x = 0! \vee) x = \dfrac{40}{\pi} \approx 12{,}73$
Das größte Volumen hat der Zylinder vom

Radius $\dfrac{40}{\pi}\,\text{cm} \approx 12{,}73\,\text{cm}$ und der Länge $l = 40\,\text{cm}$.

11.2 So schnell wie möglich

Übung 1   Seite 110

Problemstellung: Es geht um die Zeit, in welcher der Radfahrer B erreicht.
Zielfunktion: $T(x, y) = \dfrac{x}{15} + \dfrac{y}{5}$
Nebenbedingung: $y^2 = (15 - x)^2 + 36$
Reduzierung auf eine Variable:
$T(x) = \dfrac{x}{15} + \dfrac{1}{5}\sqrt{(15 - x)^2 + 36}$
Berechnung des Extremums:
$T'(x) = \dfrac{1}{15} - \dfrac{1}{5}\dfrac{15 - x}{\sqrt{(15 - x)^2 + 36}}$
$T'(x) = 0 \Rightarrow x = 15 - \dfrac{3}{2}\sqrt{2} \approx 12{,}879$
B wird am schnellsten erreicht, wenn die Straße nach 12,88 km verlassen wird.

11.3 So preiswert wie möglich

Übung 1   Seite 111

a) Problemstellung: Es geht um die Kosten der Einzäunung.
Zielfunktion: $K(x, y) = 40x + 60y$
Nebenbedingung: $x \cdot y = 4800$
Reduzierung auf eine Variable:
$K(x) = 40x + \dfrac{288\,000}{x}, x \in [0; \infty[$
Berechnung des Extremums:
$K'(x) = 40 - \dfrac{288\,000}{x^2}$
$K''(x) = 0 \Rightarrow x = \sqrt{7200} \approx 84{,}85;$
$y = \dfrac{4800}{\sqrt{7200}} \approx 56{,}57$
Die geringsten Kosten entstehen bei einer Länge von ca. 84,85 m und einer Breite von ca. 56,57 m.

b) Problemstellung: Es geht um die Kosten der Einzäunung.
Zielfunktion: $K(x, y) = 50x + 65y$
Nebenbedingung: $x \cdot y = 4800$
Reduzierung auf eine Variable:
$K(x) = 50x + \dfrac{312\,000}{x}, x \in [0; \infty[$
Berechnung des Extremums:
$K'(x) = 50 - \dfrac{312\,000}{x^2}$
$K'(x) = 0 \Rightarrow x = \sqrt{6240} \approx 78{,}99$
$y = \dfrac{4800}{\sqrt{6240}} \approx 60{,}76.$
Die geringsten Kosten entstehen bei einer Länge von ca. 78,99 m und einer Breite von ca. 60,76 m.

TEIL I Lösungen

11 Extremwertprobleme

Übung 2   Seite 111

a) Problemstellung: Es geht um die Fläche, die bedruckt werden kann.
Zielfunktion: $F(x, y) = x \cdot y$
Nebenbedingung: $15 \cdot 6 \cdot 5 = (x + 2)(y + 2) \cdot 5$
Reduzierung auf eine Variable:
$$F(x) = \frac{90x}{x + 2} - 2x$$
Berechnung des Extremums:
$$F'(x) = \frac{180}{(x + 2)^2} - 2$$
$F'(x) = 0 \Rightarrow x = \sqrt{90} - 2 \approx 7{,}49$

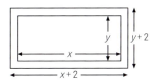

Die größte bedruckbare Fläche hat das quadratische Format mit $x = (\sqrt{90} - 2)$ cm, $y = (\sqrt{90} - 2)$ cm.

b) Problemstellung: Es geht um die Kosten des Inserats.
Zielfunktion: $K(x, y) = 5 \cdot x \cdot y$
Nebenbedingung: $(15 - 2)(6 - 2) = (x - 2)(y - 2)$
Reduzierung auf eine Variable:
$$K(x) = \frac{260x}{x - 2} + 10x$$
Berechnung des Extremums:
$$K'(x) = \frac{-520}{(x - 2)^2} + 10$$
$K'(x) = 0 \Rightarrow x = \sqrt{52} + 2 \approx 9{,}21$

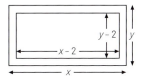

Die geringsten Kosten entstehen beim quadratischen Format $(\sqrt{52} + 2)$ cm mal $(\sqrt{52} + 2)$ cm.

11.4 So nah wie möglich

Übung 1   Seite 113

a) Problemstellung: Es geht um die Entfernungen.
Zielfunktion: $E(x, y) = \sqrt{x^2 + y^2}$
Nebenbedingung: $y = -\frac{1}{5}x^2 + 5$

Reduzierung auf eine Variable:
$$E(x) = \sqrt{x^2 + \left(-\frac{1}{5}x^2 + 5\right)^2}$$
Berechnung des Extremums:
$$E'(x) = \frac{x - \frac{2}{5}x\left(-\frac{1}{5}x^2 + 5\right)}{\sqrt{x^2 + \left(-\frac{1}{5}x^2 + 5\right)^2}}$$
$E'(x) = 0 \Rightarrow x = \frac{5}{2}\sqrt{2} \lor x = -\frac{5}{2}\sqrt{2}$ (Die Lösung $x = 0$ beschreibt ein Maximum der Entfernung.)

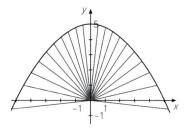

Die geringste Entfernung haben die (symmetrisch liegenden) Punkte
$\left(\frac{5}{2}\sqrt{2} \middle| \frac{5}{2}\right)$ bzw. $\left(-\frac{5}{2}\sqrt{2} \middle| \frac{5}{2}\right)$.

b) Problemstellung: Auch hier geht es um die Entfernungen.
Zielfunktion: $E(x, y) = \sqrt{x^2 + (y + 5)^2}$
Nebenbedingung: $y = -\frac{1}{5}x^2 + 5$
Reduzierung auf eine Variable:
$$E(x) = \sqrt{x^2 + \left(-\frac{1}{5}x^2 + 10\right)^2}$$
Berechnung des Extremums:
$$E'(x) = \frac{x - \frac{2}{5}x\left(-\frac{1}{5}x^2 + 10\right)}{\sqrt{x^2 + \left(-\frac{1}{5}x^2 + 10\right)^2}}$$
$E'(x) = 0 \Rightarrow x = \frac{5}{2}\sqrt{6} \lor x = -\frac{5}{2}\sqrt{6}$
($x = 0$ ist wiederum ein Maximum.)

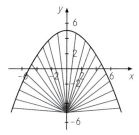

Die geringste Entfernung haben die (symmetrisch liegenden) Punkte
$\left(\frac{5}{2}\sqrt{6} \middle| -\frac{5}{2}\right)$ bzw. $\left(-\frac{5}{2}\sqrt{6} \middle| -\frac{5}{2}\right)$.

11 Extremwertprobleme

Test Kapitel 11

Übung 1   Seite 116

	a	b
Variable x Variable y	1. Zahl: x 2. Zahl: y	1. Zahl: x 2. Zahl: y
Zielfunktion (2 Variable)	$A(x, y) = x \cdot y$	$B(x, y) = x + y$
Neben- bedingung	$x + y = 100$	$x \cdot y = 100$
Zielfunktion (1 Variable)	$A(x) = x(100 - x)$	$B(x) = x + \frac{100}{x}$

	c	d
Variable x Variable y	Seite 1: $2x$ Seite 2: $2y$	Grundseite: x Höhe: y
Zielfunktion (2 Variable)	$C(x, y) = 2x \cdot 2y$	$D(x, y) = x^2 \cdot y$
Neben- bedingung	$x^2 + y^2 = 10^2$	$8x + 4y = 60$
Zielfunktion (1 Variable)	$C(x) = 4x\sqrt{100 - x^2}$	$D(x) = x^2 \cdot (15 - 2x)$

	e
Variable x Variable y	Radius: x Höhe: y
Zielfunktion (2 Variable)	$E(x, y) = 2x + 2y + \pi x$
Neben- bedingung	$2xy + x^2 \frac{\pi}{2} = 2$
Zielfunktion (1 Variable)	$E(x) = 2x - \frac{2}{x} + x\frac{\pi}{2}$

Übung 2   Seite 117

a) Problemstellung: Es geht um das Volumen der Schachtel.
   Zielfunktion: $V(l, b, h) = l \cdot b \cdot h$
   Nebenbedingungen: $l = 16 - 2h$; $b = 10 - 2h$
   Reduzierung auf eine Variable:
   $V(h) = 160h - 52h^2 + 4h^3$, $h \in [0; 5]$
   Berechnung des Extremums:
   $V'(h) = 160 - 104h + 12h^2$
   $V'(h) = 0 \Rightarrow (h = \frac{20}{3} \notin D)$; $h = 2$
   Das größtmögliche Volumen erhält man bei
   $h = 2\,\text{cm}$, $b = 6\,\text{cm}$, $l = 12\,\text{cm}$.

b) Problemstellung: Es geht um das Volumen der Schachtel.
   Zielfunktion: $V(x, y, z) = x \cdot y \cdot z$
   Nebenbedingungen: $y = 8 - x$; $z = 10 - 2x$
   Reduzierung auf eine Variable:
   $V(x) = (8 - x)(10 - 2x)x$
   $= 80x - 26x^2 + 2x^3$, $x \in [0; 5]$
   Berechnung des Extremums:
   $V'(x) = 80 - 52x + 6x^2$
   $V'(x) = 0 \Rightarrow x = 2 \left(x = \frac{20}{3} \notin D\right)$
   Das größtmögliche Volumen erhält man bei
   $x = 2\,\text{cm}$, $y = 6\,\text{cm}$, $z = 6\,\text{cm}$.

Übung 3   Seite 117

a) Problemstellung:
   Es geht um die Oberfläche der Kiste.
   Zielfunktion: $F(l, b, h) = 2 \cdot lb + 2 \cdot lh + 2 \cdot bh$
   Nebenbedingungen: $l = 2b$, $V = l \cdot b \cdot h = 9$
   Reduzierung auf eine Variable:

   $F(b) = 4b^2 + \frac{27}{b}$, $b \in [0; \infty[$

   Berechnung des Extremums: $F'(b) = 8b - \frac{27}{b^2}$

   $F'(b) = 0 \Rightarrow b = \frac{3}{2}$

   Die geringste Oberfläche hat die Kiste der Länge $3\,\text{m}$, der Breite $\frac{3}{2}\,\text{m}$ und der Höhe $2\,\text{m}$.

b) Problemstellung:
   Es geht um das Volumen der Kiste.
   Zielfunktion: $V(l, b, h) = l \cdot b \cdot h$
   Nebenbedingungen:
   $l = 2b$, $F = 2 \cdot lb + 2 \cdot lh + 2 \cdot bh = 27$
   Reduzierung auf eine Variable:

   $V(b) = -\frac{4}{3}b^3 + 9b$, $b \in [0; \infty[$

   Berechnung des Extremums:
   $V'(b) = -4b^2 + 9$
   $V'(b) = 0 \Rightarrow b = \frac{3}{2}$
   Das größte Volumen hat die Kiste der Länge $3\,\text{m}$, der Breite $\frac{3}{2}\,\text{m}$ und der Höhe $2\,\text{m}$.

c) Problemstellung:
   Es geht um die Kosten der Kiste.
   Zielfunktion:
   $K(l, b, h) = 20 \cdot lb + 10(lb + 2 \cdot lh + 2 \cdot bh)$
   Nebenbedingungen: $l = 2b$, $V = l \cdot b \cdot h = 9$
   Reduzierung auf eine Variable:

   $K(b) = 60b^2 + \frac{270}{b}$, $b \in [0; \infty[$

| | TEIL I | Lösungen |

11 Extremwertprobleme

Berechnung des Extremums:

$$K'(b) = 120b - \frac{270}{b^2}$$

$$K'(b) = 0 \Rightarrow b = \sqrt[3]{\frac{9}{4}} \approx 1{,}31$$

Die geringsten Kosten entstehen bei einer Kiste mit

$$b = \sqrt[3]{\frac{9}{4}}\,\text{m},\ l = 2 \cdot \sqrt[3]{\frac{9}{4}}\,\text{m},\ h = \sqrt[3]{18}\,\text{m}.$$

Übung 4   Seite 117

a) Variablen:

Grundseite: x

Höhe: y

Zielfunktion: $a(x, y) = 8x + 4y$

Nebenbedingung: $x^2 y = 12\,000$

Reduzierung auf eine Variable:

$$a(x) = 8x + \frac{48\,000}{x^2}$$

Extremwertberechnung:

$$a'(x) = \left(8x + \frac{48\,000}{x^2}\right)' = 8 - \frac{96\,000}{x^3}$$

$$a''(x) = \left(8 - \frac{96\,000}{x^3}\right)' = \frac{3 \cdot 96\,000}{x^4}$$

Mögliches Extremum:

$$a'(x) = 8 - \frac{96\,000}{x^3} = 0$$

$$\Rightarrow x = \sqrt[3]{12\,000} \text{ und } y = \sqrt[3]{12\,000}$$

Wegen $a''\left(\sqrt[3]{12\,000}\right) > 0$ liegt tatsächlich ein Minimum vor.

Übrigens:

Das optimale Päckchen ist ein Würfel – Zufall?

b) Variablen:

Grundseite: x

Höhe: y

Zielfunktion: $b(x, y) = 2x^2 + 4xy$

Nebenbedingung: $x^2 y = 12\,000$

Reduzierung auf eine Variable:

$$b(x) = 2x^2 + \frac{48\,000}{x}$$

Extremwertberechnung:

$$b'(x) = 4x - \frac{48\,000}{x^2}$$

$$b''(x) = 4 + \frac{96\,000}{x^3}$$

Mögliches Extremum:

$$b'(x) = 4x - \frac{48\,000}{x^2} = 0$$

$$\Rightarrow x = \sqrt[3]{12\,000} \text{ und } y = \sqrt[3]{12\,000}$$

Wegen $b''\left(\sqrt[3]{12\,000}\right) > 0$ liegt tatsächlich ein Minimum vor.

Übrigens: Das optimale Päckchen ist auch hier ein Würfel – wieder Zufall?

Stichwortverzeichnis

Ableitung 23 f.
    dritte 69
    äußere 43
    erste 65 f.
    Funktionsgraphen 64 f.
    innere 43
    Kurvenkrümmung 67
    Maximum 67
    Minimum 67
    Monotonie 66
    Regeln 37 f.
    Wendepunkte 68
    zweite 67 f.
Achsensymmetrie 74
additive Konstante 37
Anstieg 6
asymptotisches Verhalten 74
äußere Ableitung 43

Basentransformation,
    Exponentialfunktion 59
Bogenmaß 49 f.
Bruchfunktionen, Kurvendiskussion 80 f.

Definitionsbereich, maximaler 73
Differenzialrechnung 46 f.
    Extremwertprobleme 105 f.
Differenzenquotient 25
Differenzenregel 40
Differenzierbarkeit 25 f.

e-Funktion, Ableitung 58 f.
Endlichkeit, Zahlenfolge 12
eulersche Zahl 58
Exponentialfunktionen
    Ableitung 55 f.
    Kurvendiskussion 89 f.
Extrema 67 f., 75
Extremwertprobleme 105 f.

fallend, Graph 20, 65
Funktionen
    Grenzwert 5 f.
    Konstanten 37
Funktionsgleichung, Ermittlung 97 f.
Funktionsgraphen
    Ableitung 64 f.
    charakteristische Eigenschaften 73 f.
    Eigenschaftsbestimmung 95 f.

Geradensteigung 6
Gleichungssuche, Polynome 97 f.
Gleichungssysteme
    gebrochene Funktionen 101
    Polynomfunktionen 97 f.
Gradmaß 49 f.
Grenzwert
    Funktionen 15 f., 25 f.
    Sekantenanstieg 26
    Tangentenanstieg 25
    Zahlenfolge 13

innere Ableitung 43

Kettenregel 43
Konstanten, Funktionen 37 f.
Konvergenz 13
Kosinusfunktion 49 f.
    Ableitung 50 f.
Kotangensfunktion, Ableitung 52 f.
Krümmung 66, 75
Kurvenanstieg 6
    Monotonie 64, 75
Kurvendiskussion 73 f.
    Bruchfunktionen 80 f.
    Exponentialfunktionen 89 f.
    Logarithmusfunktionen 91 f.
    Polynomfunktionen 76 f.
    trigonometrische Funktionen 86 f.
    Wurzelfunktionen 83 f.

TEIL I

Stichwortverzeichnis

lineare Funktionen 6
Linkskrümmung, Graph 26 f., 67
Logarithmusfunktionen
    Ableitung 60 f.
    Kurvendiskussion 91 f.

maximaler Definitionsbereich 74
Maximum 68
Minimum 68
Monotonie 64, 74
multiplikative Konstante 38

Nebenbedingungen 115
Nullstellen 74

Parameterbestimmung,
    Polynomfunktion 97 f.
Periodizität 74
Polynomfunktionen
    Ableitung 76 f.
    charakteristische Eigenschaften 73 f.
    Gleichungssuche 97 f.
    Kurvendiskussion 76 f.
    Parameterbestimmung 97 f.
Potenzfunktionen 30 f.
    Ableitung 31, 33
    Grad 30
    negativer Exponent 33
    positiver Exponent 30
Potenzregel 45
Produktfunktion, Ableitung 46
Punktsymmetrie 74

Quotientenfunktion, Ableitung 41
Quotientenregel 42

Rechtskrümmung, Graph 26 f., 67

Sekanten 20 f.
Sekantenanstieg 22, 25
Sinusfunktion 49 f.
    Ableitung 50 f.
steigend, Graph 20, 65
Steigung
    Geraden 6
    Kurvenpunkt 20
    nicht lineare Funktionen 8
Steigungsdreieck
    Geraden 6 f.
    Kurven 8
    Tangenten 20
Summenfolge 12
Summenfunktion, Ableitung 46
Summenregel 39 f.
Symmetrie 74

Tangensfunktion, Ableitung 52 f.
Tangenten 20 f.
Tangentensteigung 20 f.
trigonometrische Funktionen, Ableitung 50 f.

Unendlichkeit, Zahlenfolge 12

Wendepunkte 68 f., 75
Wertetabelle, kurze 75
Wurzelfunktionen
    Ableitung 44 f.
    Kurvendiskussion 83 f.
    Potenzregel 45

y-Achsenabschnitt 6

Zahlenfolge, Grenzwert 13
Zielfunktion 115

Verzeichnis der Zeichen und Abkürzungen

Bezeichnung in diesem Buch	Bedeutung
$\mathbb{N}$	Menge der natürlichen Zahlen
$\mathbb{Z}$	Menge der ganzen Zahlen
$\mathbb{Q}$	Menge der gebrochenen Zahlen
$\mathbb{R}$	Menge der reellen Zahlen
$\mathbb{R}^+$	Menge der positiven reellen Zahlen
D	Definitionsmenge
$f(x)$	Funktionswert der Funktion f an der Stelle x
$f'(x)$	1. Ableitung der Funktion f
$f''(x)$	2. Ableitung der Funktion f
$f'''(x)$	3. Ableitung der Funktion f
m	Steigung eines Graphen
$|x|$	Betrag von x
$\Leftrightarrow$	... genau dann, wenn ... (Äquivalenzpfeil)
$\in$	... ist Element von ...
$\notin$	... ist nicht Element von ...
$\approx$	... ist ungefähr ...
$\neq$	... ist ungleich ...
∞	unendlich
$\wedge$	und (Konjunktion)
$\vee$	oder (Disjunktion)
$\sqrt[n]{x}$	n-te Wurzel aus x
$\log_a x$	Logarithmus von x zur Basis a
$\ln x$	Logarithmus x zur Basis e (natürlicher Logarithmus)
$\lg x$	Logarithmus zur Basis 10 (dekadischer Logarithmus)
$[a; b]$	geschlossenes Intervall
$]a; b[$	offenes Intervall
$]a; b]$ bzw. $[a; b[$	links offenes bzw. rechts offenes Intervall
MIN	Minimum
MAX	Maximum
WP	Wendepunkt
NS	Nullstelle
π	Kreiszahl π (3,141 59...)
e	eulersche Zahl (2,718 28...)
Δx	Differenz der x-Koordinaten
Δy	Differenz der y-Koordinaten
$\lim\limits_{n \to \infty}$	Grenzwert einer Folge (n geht gegen unendlich)

Integralrechnung

TEIL II

Vorwort 149

1 Problemstellungen 150
   1.1 Ein mathematisches Problem 150
   1.2 Ein physikalisches Problem 151
   1.3 Noch ein mathematisches Problem 155

2 Integrale zur Flächenberechnung 158
   2.1 Obersummen und Untersummen 158
   2.2 Summengrenzwerte – das bestimmte Integral 163
   2.3 Eigenschaften des bestimmten Integrals 168
   2.4 Die Flächenmaßzahlfunktion und ihre Ableitung 172
   2.5 Stammfunktionen und das bestimmte Integral 174
   Test 177

3 Bestimmung von Stammfunktionen 178
   3.1 Faktorregel und Summenregel 178
   3.2 Potenzfunktionen mit Exponenten ungleich –1 180
   3.3 Ganzrationale Funktionen 183
   3.4 Die Funktion f mit $f(x) = x^{-1}$ 185
   3.5 Gebrochenrationale Funktionen 186
   3.6 Trigonometrische Funktionen 189
   3.7 Exponentialfunktionen 191
   3.8 Partielle Integration und Integration durch Substitution 192
   3.9 Übersicht über einige Stammfunktionen 196
   Test 198

4 Bestimmung von Flächeninhalten 200
   4.1 Fläche zwischen Graph und x-Achse 201
   4.2 Fläche zwischen zwei Graphen 212
   4.3 Parameteraufgaben zur Flächenberechnung 215
   4.4 „Unendliche" Flächen und uneigentliche Integrale 222
   Test 225

5 Rauminhalte bei Rotationskörpern 227
   5.1 Rotation um die y-Achse 230
   5.2 Rotation um die x-Achse 231
   Test 233

Inhaltsverzeichnis

6   Anwendungen der Integralrechnung 234

    6.1   Strecke und Geschwindigkeit 234

    6.2   Arbeit, Energie und Leistung 237

    6.3   Stromstärke und Ladung 237

    6.4   Spannarbeit 238

    6.5   Integralrechnung in anderen Sachzusammenhängen 238

    Test 240

7   Die Integralfunktion 241

    7.1   Das Integral $\int\limits_{1}^{x} \frac{1}{t}\, dt$ 241

    7.2   Der Hauptsatz der Differenzial- und Integralrechnung 243

    7.3   Weitere häufig benötigte Integrale 244

Lösungen 245

Stichwortverzeichnis 270

Verzeichnis der Zeichen und Abkürzungen 272

TEIL II

Vorwort

Liebe Schülerin, lieber Schüler,

dieser Teil des Buches „Besser in Mathematik" hilft Ihnen, Ihre Kenntnisse im Bereich der Integralrechnung zu verbessern. Sie können gezielt Stoff nachholen und wiederholen, um sicherer zu werden! Die Integralrechnung ist als Teil der Analysis ein zentraler Bestandteil der Mathematik in der Oberstufe. Wie die Differenzialrechnung auch, findet sie in vielen Bereichen, vor allem in der Physik, ihre Anwendungen. Auch in diesem Teil des Buches werden viele Aufgaben angeboten, mit denen Sie selbstständig weiterarbeiten können.

Die Schwerpunkte sind:
▷ Definitionen und Regeln kennen und anwenden,
▷ Aufgaben strukturieren und strategisch bearbeiten,
▷ Diagramme, Formeln und Funktionen erstellen und interpretieren,
▷ Zusammenhänge begründen und überprüfen.

Die Texte und die Aufgaben in diesem Buch sind so ausgewählt und zusammengestellt, dass Ihnen die Bearbeitung möglichst leichtfällt.

TIPPS   **Zum Arbeiten mit diesem Buch**

▶ Legen Sie sich ein eigenes Arbeitsheft zu, in das Sie schreiben.
▶ Sind Sie sich beim Lösen der Übungsaufgaben nicht ganz sicher, sehen Sie sich die Beispiele noch einmal genau an.
▶ Veranschaulichen Sie sich die Fragestellung durch eine Skizze.
▶ Vergleichen Sie Ihre Ergebnisse mit den Lösungen im Buch. Überprüfen Sie bei Fehlern immer genau, was Sie falsch gemacht haben. Korrigieren Sie Fehler.
▶ Am Ende eines jeden Kapitels können Sie in einem kleinen Test überprüfen, ob Sie den Stoff nun beherrschen. Wenn nicht, bearbeiten sie die entsprechenden Aufgaben in einigen Tagen noch einmal.

Viel Spaß und Erfolg beim Lernen!

Peter Schwittlinsky

① Problemstellungen

DARUM GEHT ES

In diesem Kapitel werden Sie etwas darüber erfahren, warum man überhaupt Integralrechnung betreibt. Verschiedene Fragestellungen, aus denen hier stellvertretend drei herausgegriffen wurden, sollen die Notwendigkeit dieses Bereichs der Analysis verdeutlichen.

Bewusst wurde dabei auch ein physikalischer Ansatz mit einbezogen, da die Integralrechnung gerade dort eine große Rolle spielt. In der geschichtlichen Entwicklung der Mathematik war die Anwendung in der Physik immer ein starker Motor des mathematischen Fortschritts.

TIPP　　Für „Nichtphysiker"

Wenn die Physik nicht gerade Ihr stärkstes Fach ist, haben Sie zwei Möglichkeiten:
▶ Sie überspringen die entsprechenden Ausführungen und Aufgaben. Nachteile entstehen Ihnen dadurch keine, da die Anwendung in der Physik kein entscheidendes Thema dieses Buchs ist.
▶ Sie ergreifen die Gelegenheit, etwas in einem Ihnen suspekten Fach zu lernen und lesen weiter. Wenn Sie am Ende sagen: „Versteh ich nicht!" oder „Was soll ich damit?", haben Sie allerhöchstens einige Minuten Ihrer Zeit geopfert.

1.1 Ein mathematisches Problem

In der Differenzialrechnung lernt man, wie man zu gegebenen Funktionen Ableitungsfunktionen bestimmt und wozu man sie verwenden kann (Bestimmung von Extremwerten usw.).
Aber was muss man eigentlich tun, um dieses Verfahren umzukehren, also aus einer gegebenen Ableitungsfunktion die ursprüngliche Funktion zurückzugewinnen, die Funktion also sozusagen „aufzuleiten"? Geht das überhaupt oder nur manchmal oder etwa gar nicht?
Außerdem: Steckt hinter dieser Umkehrung ein anderer Sinn als der des reinen Erkenntnisgewinns, kann man also etwas damit anfangen?

An den folgenden einfachen Beispielen sieht man, dass es zumindest manchmal möglich ist, die Ableitung umzukehren, denn die Ableitung der Funktion F ist jeweils die Funktion f.

f(x)	F(x)
$2x$	x^2
$3x^2$	x^3
$\cos x$	$\sin x$

Die Fragestellung greift also das mathematische **Problem der eindeutigen Umkehrbarkeit einer Operation** auf, das z. B. im Zusammenhang mit Subtraktion, Division und Wurzelziehen schon mehrmals im Unterricht vorkam und auch bzgl. der Machbarkeit und Eindeutigkeit unterschiedlich beantwortet wurde.

1.2 Ein physikalisches Problem

In der Abbildung sieht man einen Ausschnitt einer sogenannten Fahrtenscheibe eines LKWs bzw. Omnibusses. Auf ihr ist in Abhängigkeit von der Uhrzeit die Geschwindigkeit des Fahrzeugs eingezeichnet. Es handelt sich also um ein Geschwindigkeit-Zeit-Diagramm (*v-t*-Diagramm). Zur besseren Darstellung ist die Fahrtenscheibe nicht in ihrer Originalform gezeichnet (rund), sondern die Darstellung wurde in ein übliches rechtwinkliges Koordinatensystem übertragen.

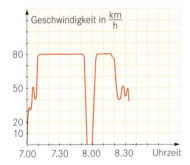

Um 7:30 Uhr z. B. ist das Fahrzeug mit einer Geschwindigkeit von ca. $80\,\frac{km}{h}$ gefahren, von 7:55 Uhr bis 8:00 Uhr hat es gestanden usw.
Aber auch die zurückgelegte Strecke kann man mit einer solchen Scheibe berechnen. Dazu zwei Beispiele mit einfacheren Diagrammen:

1 Problemstellungen

BEISPIEL   Geschwindigkeit-Zeit-Diagramm

Fährt man mit einem Fahrzeug zwei Stunden lang mit der konstanten Geschwindigkeit $50\,\frac{km}{h}$, so legt man eine Strecke von $50\,\frac{km}{h} \cdot 2\,h = 100\,km$ zurück.
Die konstante Geschwindigkeit $50\,\frac{km}{h}$ wird in einem Graphen durch eine Parallele zur Zeit-Achse im Abstand 50 Einheiten (à $1\,\frac{km}{h}$) dargestellt. Die Zeitdauer 2 Stunden entspricht einem Punkt P auf dieser Parallelen im Abstand 2 Einheiten (à 1 h) von der Geschwindigkeits-Achse.
Der Koordinatenursprung, die Achsen, die Parallele und eine Senkrechte vom Punkt P auf die Zeit-Achse bilden ein Rechteck mit dem Flächeninhalt (Rechteck: Länge · Breite) 50 · 2 = 100 Einheiten. *Die Maßzahl der Fläche entspricht also genau der Maßzahl der gefahrenen Strecke.* Die physikalische Einheit der Strecke ist dabei 1 km.

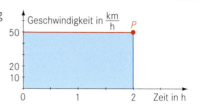

BEISPIEL   Geschwindigkeit-Zeit-Diagramm

Beschleunigt man ein Fahrzeug von $0\,\frac{m}{s}$ auf $30\,\frac{m}{s}$ $\left(= 108\,\frac{km}{h}\right)$ gleichmäßig in einer Zeit von 10 Sekunden, so erhält man als v-t-Diagramm eine Strecke, die Teil einer Ursprungsgeraden ist, nämlich derjenigen, die durch den Punkt P mit den Koordinaten $t = 10$ (h) und $v = 30\left(\frac{m}{s}\right)$ verläuft.
Hier ist die Fläche, die von dieser Strecke, der Zeit-Achse und einer Senkrechten vom Punkt P auf die Zeit-Achse gebildet wird, durch eine Dreiecksformel zu berechnen, und zwar hat sie die Größe $\dfrac{10\,s \cdot 30\,\frac{m}{s}}{2} = 150\,m$.

In der Tat legt das Fahrzeug auch genau eine Strecke der Länge 150 m zurück, denn ein Rückgriff auf die Gesetze der gleichmäßig beschleunigten Bewegung ergibt:

Die Beschleunigung des Fahrzeugs ist: $a = \dfrac{v}{t} = \dfrac{30\,\frac{m}{s}}{10\,s} = 3\,\frac{m}{s^2}$.

Folglich ist die zurückgelegte Entfernung: $s = \dfrac{1}{2} \cdot a \cdot t^2 = \dfrac{1}{2} \cdot 3\,\frac{m}{s^2} \cdot (10\,s)^2 = 150\,m$.

(Oder: Die Durchschnittsgeschwindigkeit des Fahrzeugs beträgt $15\,\frac{m}{s}$, in 10 s legt es also 150 m zurück.)

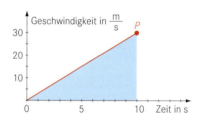

Fazit: Die Maßzahl der zurückgelegten Strecke kann also durch Berechnung der Fläche unter einem v-t-Diagramm angegeben werden.

> **TEIL II**

1.2 Ein physikalisches Problem

1 **Fahrbericht eines PKWs (1)**

Es sei der folgende „Fahrbericht" eines PKWs gegeben: Ein PKW beschleunigt innerhalb von 5 Sekunden aus dem Stand auf die Geschwindigkeit $8\frac{m}{s}$ $\left(\text{ca. } 30\frac{km}{h}\right)$. Mit dieser Geschwindigkeit fährt er 15 Sekunden gleichmäßig. In den nächsten 2 Sekunden bremst er bis zum Stand (z. B. wegen eines Fußgängers).

a) Zeichnen Sie ein v-t-Diagramm und berechnen Sie die zurückgelegte Strecke.

b) Bestimmen Sie die Länge der Strecke dabei als reine Maßzahl ohne Einheit und ergänzen Sie diese erst ganz am Ende.

2 **Fahrbericht eines PKWs (2)**

Der Fahrbericht aus Übung 1 wird folgendermaßen ergänzt: Der PKW muss 10 Sekunden stehen bleiben. In 8 Sekunden beschleunigt er danach auf die Geschwindigkeit $14\frac{m}{s}$ $\left(\text{ca. } 50\frac{km}{h}\right)$ und fährt gleichmäßig 1 Minute lang (bis er das Ortsende erreicht). Danach beschleunigt er innerhalb 8 Sekunden auf $28\frac{m}{s}$ $\left(\text{ca. } 100\frac{km}{h}\right)$ und hält diese Geschwindigkeit 2 Minuten lang. Wegen einer roten Ampel muss er bremsen. Bevor er zum Stehen kommt, wird die Ampel grün und er kann wieder beschleunigen. In der Bremsphase verlangsamt er in 4 Sekunden auf $14\frac{m}{s}$, in der anschließenden Beschleunigungsphase erhöht er seine Geschwindigkeit in 6 Sekunden wieder auf $28\frac{m}{s}$ und fährt mit dieser Geschwindigkeit 2 Minuten lang weiter. Am Ziel angekommen, bremst er gleichmäßig und steht nach 10 Sekunden.

Zeichnen Sie ein v-t-Diagramm zu diesem Fahrbericht (inkl. des Teils aus Übung 1) und berechnen Sie die Gesamtstrecke, die der PKW am Ende der Fahrt zurückgelegt hat, sowie seine „Durchschnittsgeschwindigkeit".

In Übung 1 lag immer eine besondere Situation vor: Beschleunigen und Bremsen erfolgte gleichmäßig, im Graphen also in Form einer Strecke; Fahrten wurden mit konstanter Geschwindigkeit durchgeführt, im Graphen also parallel zur horizontalen Achse. Dabei konnte man die Maßzahl der zurückgelegten Strecke durch Berechnung des Flächeninhaltes unter dem Graphen ermitteln. Bei nicht gleichmäßiger Beschleunigung eines Fahrzeugs gibt es dagegen bisher noch keine Möglichkeit, Flächen zwischen einer Kurve und der Horizontal-Achse eines Koordinatensystems zu berechnen.

1 Problemstellungen

BEISPIEL — Wachsende Beschleunigung

Nicht gleichmäßig beschleunigte Bewegungen kann man z. B. anhand des *v-t*-Diagramms einer Rakete (Apollo, Ariane o. Ä.) untersuchen.

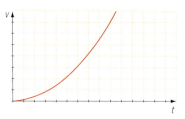

Durch die Faktoren
▷ merkliche Verminderung der Erdanziehungskraft sowie Verringerung des Luftwiderstands in größerer Höhe und
▷ Verringerung der anzutreibenden Masse durch Treibstoffverbrauch und Abstoßung der dazu verwendeten Tanks wird die Beschleunigung dank konstantem Antriebsschub nämlich ständig wachsen, d. h., die Geschwindigkeitssteigerung wird immer schneller.

Das *v-t*-Diagramm wird also in etwa die Form einer Parabel haben (s. Abb.). Will man nun wissen, wie hoch die Rakete innerhalb einer bestimmten Zeit gestiegen ist, so muss man die Fläche unter dieser Parabel berechnen. Wie man dies tut, erfahren Sie in den Kapiteln 2 und 5.

1.3 Noch ein mathematisches Problem

Im Mathematikunterricht der Unter- und Mittelstufe lernt man unter anderem, wie man Flächeninhalte berechnet:

Geometrische Figur	Gegebene Größe(n)	Inhaltsformel
Quadrat	Seitenlänge a	$A = a \cdot a = a^2$
Rechteck	Seitenlängen a und b	$A = a \cdot b$
Parallelogramm	Grundseite g, Höhe h	$A = g \cdot h$
Trapez	Parallele Seiten a und c, Höhe h	$A = \frac{a+c}{2} \cdot h$
Dreieck	Grundseite g und zugehörige Höhe h	$A = \frac{1}{2} \cdot g \cdot h$
Kreis	Radius r	$A = \pi \cdot r^2$
Ellipse	Halbachsen a und b	$A = \pi \cdot a \cdot b$

Mit der Integralrechnung erweitert man diese Flächenberechnungsformeln für die Berechnung von Flächen zwischen Kurven und der x-Achse bzw. zwischen zwei Kurven, deren Verlauf man mit einer Gleichung beschreiben kann, z. B. die Fläche zwischen dem Graphen der Funktion $f(x) = -x^2 + 8x$, einer Parabel, und der x-Achse.

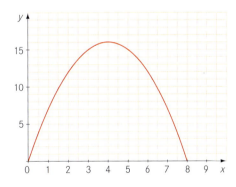

Dabei geht man ähnlich vor wie bei der Einführung der Berechnungsformel für die Kreisfläche: Man unterteilt die Fläche in beliebige berechenbare Flächenstücke (meist Rechtecke) und berechnet mit deren Hilfe einen Näherungswert. Danach wird von Schritt zu Schritt die Anzahl der Teilflächen erhöht und damit der Näherungswert verbessert. Sofern das Verfahren funktioniert, erhält man auf diese Art und Weise Werte, die dem Inhalt der gesuchten Fläche immer näher kommen. Zur Illustration betrachten Sie die Bilder der nachfolgenden Aufgabe 1.
Für sehr viele Kurven, die zu mathematischen Funktionen gehören, funktioniert dieses Verfahren und man kann „Grenzwerte" bestimmen, die dem Flächeninhalt exakt entsprechen.

1 Problemstellungen

1 Beschreiben Sie die folgende mathematische Bildergeschichte. Überlegen Sie dazu:

a) Was ist überhaupt dargestellt?
b) Wie erhält man eine solche Unterteilung des Ausgangsintervalls?
c) Wodurch unterscheiden sich der linke und der rechte Bilderstreifen?
d) Was geschieht, wenn die Geschichte fortgesetzt wird?
e) Wie weit kann man die Geschichte fortsetzen?

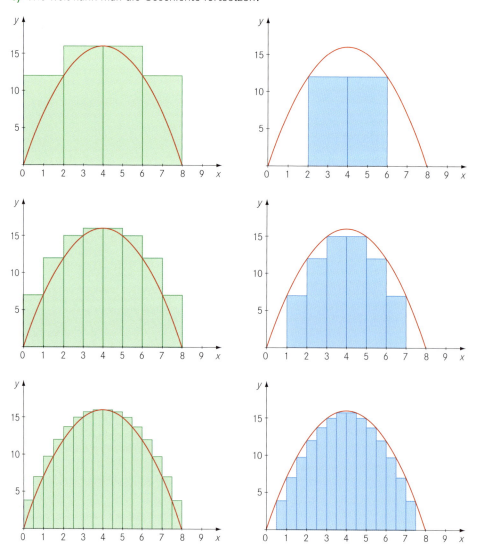

Zeichnen Sie evtl. auch eigene Bilder der gezeigten Art zu anderen Funktionsgraphen.

TEIL II

1.3 Noch ein mathematisches Problem

2 Variabler Zulauf

In ein Becken wird Wasser eingelassen, und zwar mit einem Anschluss, der zunächst $200 \frac{l}{min}$ liefert. Das gleichmäßige Öffnen des Zulaufs dauert 5 Minuten. Nach 15 Minuten wird die Kapazität durch einen zweiten Zulauf innerhalb von 5 Minuten gleichmäßig auf $300 \frac{l}{min}$ gesteigert und bleibt dann konstant bei $300 \frac{l}{min}$.

Wie viel Wasser ist nach einer Stunde in dem Becken, wenn die Zuläufe in den letzten 5 Minuten gleichmäßig geschlossen werden?

a) Fertigen Sie zuerst ein Diagramm an, das die beschriebene Situation darstellt. Üblicherweise wird die Zeit mit t bezeichnet und auf der Horizontal-Achse (in der Mathematik meist x-Achse) untergebracht. Ein sinnvoller Maßstab wäre hierbei z. B. 1 cm für 5 Minuten. Die Hochachse (in der Mathematik y-Achse) stellt dann die Zulaufkapazität dar und kann etwa mit dem Maßstab 1 cm für $50 \frac{l}{min}$ unterteilt werden.

Unterteilen Sie die erwähnte Stunde in die Abschnitte

▷ Öffnen (5 Minuten),

▷ Zulaufen I (15 Minuten),

▷ Erhöhen (5 Minuten),

▷ Zulaufen I + II (30 Minuten) und

▷ Abdrehen (5 Minuten).

b) Beschreiben Sie, wie mithilfe des Diagramms die Wassermenge bestimmt werden kann, die in den einzelnen Zeitabschnitten in das Becken läuft.

c) Berechnen Sie schließlich die gesuchte Wassermenge.

3 **Welche Strecke hat der LKW, dessen Fahrtenschreiber-Diagramm auf Seite 151 abgebildet ist, in der Zeit von 7:10 Uhr bis 8:20 Uhr zurückgelegt?**

Vereinfachen Sie den Graphen, indem Sie die gerundeten Krümmungen durch Knicke ersetzen. Dadurch wird das Ergebnis zwar etwas ungenauer, aber anders wäre der Aufwand unverhältnismäßig hoch. Einen möglichen Maßstab können Sie der Zeichnung entnehmen (hinterlegtes Raster).

2 Integrale zur Flächenberechnung

WAS SIE SCHON KÖNNEN MÜSSEN

▷ Graphen zeichnen
▷ Wertetabellen erstellen
▷ Funktionen differenzieren

DARUM GEHT ES

▷ Obersummen
▷ Untersummen
▷ Stammfunktionen

Dieses Kapitel beschäftigt sich mit der Herleitung einer der wichtigsten Anwendungen der Integralrechnung, der **Flächenberechnung.** An Beispielen werden zunächst **Obersummen** und **Untersummen** berechnet und gezeigt, dass mit ihrer Hilfe Flächeninhalte durch Annäherung immer genauer berechnet werden können.

An weiteren Beispielen sehen Sie hinterher, wie die konkrete Berechnung verallgemeinert wird und schließlich zu einer allgemeinen Formel führt, die eine wesentliche Arbeitserleichterung bei der Berechnung darstellt.

Anschließend wird an dieser allgemeinen Formel ein Grenzübergang vorgenommen und das Integral als Grenzwert von Ober- und Untersumme eingeführt.

Den Abschluss bildet die nochmalige Verallgemeinerung auf beliebige Funktionen und die Unterscheidung zwischen bestimmten und unbestimmten Integralen bzw. die Einführung des Begriffs Stammfunktion.

2.1 Obersummen und Untersummen

Sowohl der physikalische als auch der zweite mathematische Ansatz führen auf die Berechnung von Flächeninhalten. Um dies am Anfang nicht zu kompliziert zu machen, beschränken wir uns erst einmal auf Flächen, die vollständig über oder unter der x-Achse liegen, z. B. wie in den Bildern 1 und 2 auf der nächsten Seite. Solche Flächen nennen wir **Normalflächen.**

TEIL II

2.1 Obersummen und Untersummen

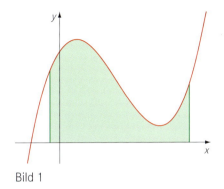

Bild 1

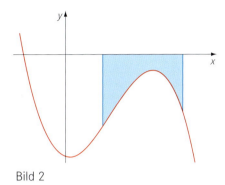

Bild 2

Flächen, die vollständig über der x-Achse liegen, heißen **positive Normalflächen** (weil hier alle y-Werte der begrenzenden Kurve positiv sind, s. Bild 1), solche unter der x-Achse heißen entsprechend **negative Normalflächen** (s. Bild 2).
Da die Flächen von dem Funktionsgraphen begrenzt werden, muss die Funktion dort, wo die Fläche berechnet werden soll, überall definiert sein, darf also keine Lücken aufweisen.
Um das Ganze etwas anschaulicher machen zu können, zeichnen wir den Graphen einer einfachen Funktion (Bild 3), nämlich einer nach unten geöffneten Parabel und bestimmen die Fläche, die sie mit der x-Achse einschließt.

Dies erfolgt erst einmal näherungsweise: Man könnte z. B. die Anzahl der **vollständigen** Kästchen zählen, die zwischen der Kurve und der x-Achse liegen (zu diesem Zweck ist dem Bild ein übliches Heftraster unterlegt). Dies ergibt einen Näherungswert, der kleiner ist als die gesuchte Fläche (148 Kästchen).
Man könnte aber auch alle Kästchen hinzunehmen, die **teilweise** unter der Kurve liegen. Der so berechnete Wert ist zu groß (186 Kästchen).

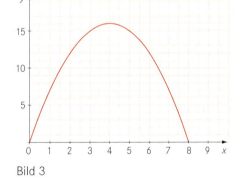

Bild 3

Schließlich könnte man von diesen beiden Werten den Mittelwert nehmen und sich mit der erreichten Genauigkeit zufriedengeben. In vielen Fällen wäre damit die Aufgabe zufriedenstellend gelöst (etwa bei der Berechnung des Materialverbrauchs für eine Rasenanlage). Der Mathematiker allerdings ist nicht zufrieden: Er will – möglichst – absolute Genauigkeit! Deshalb beschreitet er einen Weg, der dem Zählen von Kästchen nachempfunden ist, der aber nach genauen Regeln vorgeht und damit nachträglich noch so zu verändern ist, dass eine höhere und im Idealfall auch absolute Genauigkeit erhalten werden kann.

2 Integrale zur Flächenberechnung

> **BEISPIEL** **Normalparabel**
>
> Gegeben ist die Funktion f mit $f(x) = x^2$. Der Flächeninhalt unter ihrem Graphen, der Normalparabel ($y = x^2$), soll im Intervall [0; 4] berechnet werden (s. Bild 4).
>
>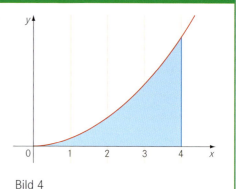
>
> Bild 4
>
> **Vorgehen:** Wir unterteilen das Intervall durch Zwischenpunkte auf der x-Achse (sog. Stützpunkte) z. B. in 8 gleich große Teilintervalle $I_1 = [x_0; x_1]$ bis $I_8 = [x_7; x_8]$.
> **Allgemein:** Das Intervall mit der Nummer k ist $I_k = [x_{k-1}; x_k]$. Die Breite der Intervalle ist dann $\Delta x = x_k - x_{k-1}$.
>
> Beispiel: Wir unterteilen das Intervall [0; 8] in 8 gleich große Teilintervalle der Breite gleich 0,5 und nummerieren diese mit 1 bis 8.
> Im Einzelnen erhalten wir die Intervalle $I_1 = [0; 0,5]$, $I_2 = [0,5; 1]$, $I_3 = [1; 1,5]$, $I_4 = [1,5; 2]$, $I_5 = [2; 2,5]$, $I_6 = [2,5; 3]$, $I_7 = [3; 3,5]$ und $I_8 = [3,5; 4]$.
> Nun zeichnen wir ausgehend von den Grenzen der Teilintervalle parallel zur y-Achse verlaufende Strecken zwischen x-Achse und Graph (s. Bild 5).
>
>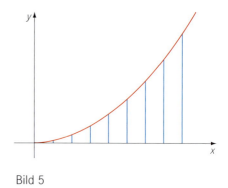
>
> Bild 5
>
> Einen Näherungswert für den gesuchten Flächeninhalt erhalten wir, wenn wir in der Figur Rechtecke ergänzen und die Summe von deren Flächeninhalten berechnen. Dies erinnert an das Zählen der Kästchen.
> Nehmen wir als Rechteckhöhe den kleinsten y-Wert im Teilintervall, so liegen die oberen Seiten aller Rechtecke unterhalb des Funktionsgraphen (s. Bild 6 auf der nächsten Seite), nehmen wir den größten y-Wert, so liegen die oberen Seiten aller Rechtecke oberhalb des Graphen (s. Bild 7 auf der nächsten Seite).

TEIL II

2.1 Obersummen und Untersummen

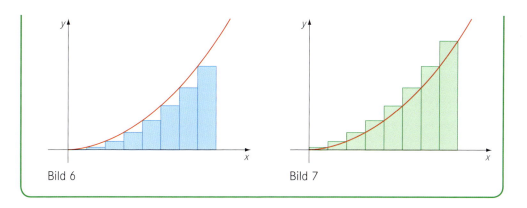

Bild 6   Bild 7

Die erste Summe im vorherigen Beispiel heißt Untersumme. Sie liefert einen Wert, der kleiner ist als der gesuchte Flächeninhalt. Die zweite Summe heißt Obersumme und liefert einen Wert, der größer ist als der gesuchte Flächeninhalt. Dies entspricht dem unterschiedlichen Vorgehen bei „angeschnittenen" Kästchen (weglassen oder vollständig zählen).

> **TIPP**   **Achten Sie auf Monotonie!**
>
> Wegen der Monotonie-Eigenschaft der betrachteten Funktion sind hier die Funktionswerte am linken Rand des Intervalls für die Untersumme, diejenigen am rechten Rand für die Obersumme als Rechteckhöhe zu nehmen. Dies ist jedoch nicht immer so. Der niedrigste bzw. der höchste y-Wert kann auch **innerhalb** des Intervalls vorliegen.

Erste Berechnung der Untersumme:

Intervall I_k	I_1	I_2	I_3	I_4	I_5	I_6	I_7	I_8
y_k = Höhe des k-ten Rechtecks	0	0,25	1	2,25	4	6,25	9	12,25
Rechteckbreite	0,5	0,5	0,5	0,5	0,5	0,5	0,5	0,5
Rechteckfläche A_k	0	0,13	0,5	1,13	2	3,13	4,5	6,13

Die Summe dieser Flächenwerte ist 17,5.
Da die Höhe der Rechtecke wegen der Monotonie des Graphen jeweils der y-Wert am linken Rand ist und das letzte Rechteck von 3,5 bis 4 geht, ist seine Höhe also der y-Wert bei $x = 3,5$!

2 Integrale zur Flächenberechnung

Erste Berechnung der Obersumme:

Intervall I_k	I_1	I_2	I_3	I_4	I_5	I_6	I_7	I_8
y_k = Höhe des k-ten Rechtecks	0,25	1	2,25	4	6,25	9	12,25	16
Rechteckbreite	0,5	0,5	0,5	0,5	0,5	0,5	0,5	0,5
Rechteckfläche A_k	0,13	0,5	1,13	2	3,13	4,5	6,13	8

Die Summe dieser Flächenwerte ist 25,5.
Da hier die Höhe der Rechtecke jeweils der y-Wert am rechten Rand ist und das erste Rechteck von 0 bis 0,5 geht, ist seine Höhe also der y-Wert bei 0,5!
Der gesuchte Flächeninhalt liegt also zwischen 17,5 und 25,5.

Diese Aussage ist nicht allzu genau, deshalb rechnen wir in der folgenden Aufgabe weiter.

1 Zweite Berechnung von Unter- und Obersumme

Bei weiterer Unterteilung jedes Teilintervalls in 2 gleich große Intervalle, also einer Einteilung des Ausgangsintervalls in 16 Teilintervalle I_1 = [0; 0,25], I_2 = [0,25; 0,5], I_3 = [0,5; 0,75], ..., I_{15} = [3,5; 3,75] und I_{16} = [3,75; 4] erhalten wir:

Intervall	I_1	I_2	I_3	I_4	I_5	I_6	I_7	I_8
y_k = Höhe des k-ten Rechtecks	0		0,25		1		2,25	
Rechteckbreite	0,25	0,25	0,25	0,25	0,25	0,25	0,25	0,25
Rechteckfläche A_k	0		0,0625		0,25		0,5625	

Intervall	I_9	I_{10}	I_{11}	I_{12}	I_{13}	I_{14}	I_{15}	I_{16}
y_k = Höhe des k-ten Rechtecks	4		6,25		9		12,25	
Rechteckbreite	0,25	0,25	0,25	0,25	0,25	0,25	0,25	0,25
Rechteckfläche A_k	1		1,5625		2,25		3,0625	

a) Füllen Sie die leeren Stellen der Tabelle selbst aus (Sie können hierfür auch ein Tabellenkalkulationsprogramm einsetzen) und berechnen Sie daraus die Untersumme zu dieser Einteilung des Intervalls [0; 4]. (Sie müssen den Wert 19,38 erhalten.)
Verfahren Sie analog zur Berechnung der neuen Obersumme. Es ergibt sich bei richtiger Rechnung der Wert 23,38.

TEIL II

2.2 Summengrenzwerte – das bestimmte Integral

Die neuen Näherungswerte sind also schon viel näher beieinander, der gesuchte Flächeninhalt ist zwischen 19,38 und 23,38 eingeschlossen.

Bei weiterer Unterteilung (es muss nicht unbedingt eine Halbierung sein) der Teilintervalle werden diese immer kleiner und die Werte für die Untersumme und die Obersumme nähern sich einander immer mehr an.

b) Führen Sie einige solche Berechnungen durch. Bei einer Unterteilung mit der Rechteckbreite 0,1 (d. h. in 40 Teilintervalle) erhält man z. B. die Werte $U = 20{,}54$ und $O = 22{,}14$.

2.2 Summengrenzwerte – das bestimmte Integral

Vielleicht sind Sie jetzt geneigt, zu sagen: Das ist ja eine ganze Menge Arbeit zur Berechnung der Flächeninhalte. Lohnt sich das?

Die Antwort darauf ist: Es geht glücklicherweise einfacher! Wie so oft im Mathematikunterricht ist die erste Herleitung komplizierter als die spätere Anwendung. Bevor wir aber zur Regel kommen, muss es erst noch komplizierter werden. Wir versuchen nämlich, das Verfahren der vorigen Seiten zu verallgemeinern.

Die Normalparabel im Intervall [0; 4]

> **INFO**   **Breite und Höhe der Rechtecke**
>
> Wir unterteilen dieses Intervall in gleich große Teilintervalle, und zwar in n Stück und nummerieren sie durch, also von I_1 bis I_n.
>
> Die **Intervallgrenzen** sind alle Vielfache des Terms $\frac{4}{n}$, und zwar
>
> $$x_0 = 0 = 0 \cdot \frac{4}{n}; \; x_1 = \frac{4}{n} = 1 \cdot \frac{4}{n}; \; x_2 = 2 \cdot \frac{4}{n}; \; x_3 = 3 \cdot \frac{4}{n} \text{ usw.}$$
>
> Das letzte Teilintervall hat die Grenzen $x_{n-1} = (n-1) \cdot \frac{4}{n}$ und $x_n = n \cdot \frac{4}{n} = 4$.
>
> **Allgemein:** Greift man ein beliebiges Intervall heraus, dessen Nummer die
>
> Bezeichnung k habe, dann sind seine Grenzen $x_{k-1} = (k-1) \cdot \frac{4}{n}$ und $x_k = k \cdot \frac{4}{n}$.
>
> Die **Breite** dieses Intervalls ist:
>
> $$\Delta x = x_k - x_{k-1} = k \cdot \frac{4}{n} - (k-1) \cdot \frac{4}{n} = \frac{4}{n}. \text{ Damit haben alle Intervalle die gleiche Breite.}$$
>
> Die **Höhen** der Rechtecke sind für die betrachtete Funktion die *y*-Werte der linken Grenzen (für die Untersumme) bzw. rechten Grenzen (für die Obersumme), also
>
> $$y_0 = 0; \; y_1 = \left(\frac{4}{n}\right)^2; \; y_2 = \left(2 \cdot \frac{4}{n}\right)^2; \; y_3 = \left(3 \cdot \frac{4}{n}\right)^2 \text{ usw. bis } y_{n-1} = \left[(n-1) \cdot \frac{4}{n}\right]^2 \text{ und } y_n = \left[n \cdot \frac{4}{n}\right]^2.$$

2 Integrale zur Flächenberechnung

Berechnung der Untersumme U:

$$U = 0 + \frac{4}{n} \cdot \left(\frac{4}{n}\right)^2 + \frac{4}{n} \cdot \left(2 \cdot \frac{4}{n}\right)^2 + \frac{4}{n} \cdot \left(3 \cdot \frac{4}{n}\right)^2 + \ldots + \frac{4}{n} \cdot \left[(n-1) \cdot \frac{4}{n}\right]^2.$$

Durch Ausklammern (in jedem Summand sind $\frac{4}{n}$ und $\left(\frac{4}{n}\right)^2$ als Faktor enthalten) entsteht daraus:

$$U = \frac{4}{n} \cdot \left(\frac{4}{n}\right)^2 \cdot \left[0 + 1 + 2^2 + 3^2 + \ldots + (n-1)^2\right].$$

Diese Formel enthält einen Ausdruck, von dem man zwar „weiß, wie er weitergeht", der jedoch nicht durch einfaches Einsetzen zu berechnen ist. Ausdrücke dieser Art nennt man **nicht geschlossene Ausdrücke.** In Formelsammlungen findet man für diese Summe einen **geschlossenen** Ausdruck, mit dem man direkt weiterrechnen kann, nämlich

$$0^2 + 1^2 + 2^2 + 3^2 + \ldots + n^2 = \frac{1}{6} \cdot n \cdot (n+1) \cdot (2n+1).$$

Bevor wir diese Formel verwenden können, müssen wir sie so umstellen, dass die Summe auf der linken Seite nicht bis n^2, sondern nur bis $(n-1)^2$ geht. Dies erreichen wir, indem wir auf der rechten Seite den Ausdruck n überall durch $n-1$ ersetzen, also:

$$0 + 1 + 2^2 + 3^2 + \ldots + (n-1)^2 = \frac{1}{6} \cdot (n-1) \cdot ((n-1)+1) \cdot (2 \cdot (n-1)+1).$$

oder: $0 + 1 + 2^2 + 3^2 + \ldots + (n-1)^2 = \frac{1}{6} \cdot (n-1) \cdot n \cdot (2n-1).$

Setzt man diesen Ausdruck in die Formel für U ein, so erhält man:

$$U = \frac{4}{n} \cdot \left(\frac{4}{n}\right)^2 \cdot \frac{1}{6} \cdot (n-1) \cdot n \cdot (2n-1) \text{ oder}$$

$$U = \frac{4}{n} \cdot \frac{4}{n} \cdot \frac{4}{n} \cdot \frac{1}{6} \cdot (n-1) \cdot n \cdot (2n-1).$$

Daraus ergibt sich durch Umordnen, welches für Produkte ja erlaubt ist:

$$U = \frac{4 \cdot 4 \cdot 4}{6} \cdot \frac{n-1}{n} \cdot \frac{n}{n} \cdot \frac{2n-1}{n}.$$

Bei **Verfeinerung der Unterteilung** wird die Breite der Teilintervalle gegen null und die Anzahl der Teilintervalle gegen Unendlich gehen. Man erhält im vorliegenden Fall für die Untersumme im Grenzfall, also für $n \to \infty$:

$$\lim_{n \to \infty} \left[\frac{4^3}{6} \cdot \frac{n-1}{n} \cdot \frac{n}{n} \cdot \frac{2n-1}{n}\right] = \frac{4^3}{6} \cdot 1 \cdot 1 \cdot 2 = \frac{1}{3} \cdot 4^3.$$

Berechnung der Obersumme:

Sie führt (bei der betrachteten Funktion durch Einsetzen der rechten Intervallgrenzen!) zu

$$O = \frac{4}{n} \cdot \left(\frac{4}{n}\right)^2 \cdot \left[1 + 2^2 + 3^2 + \ldots + n^2\right] = \frac{4}{n} \cdot \left(\frac{4}{n}\right)^2 \cdot \frac{1}{6} \cdot n \cdot (n+1) \cdot (2n+1)$$

und damit im Grenzfall mit

$$\lim_{n \to \infty} \left[\frac{4^3}{6} \cdot \frac{n}{n} \cdot \frac{n+1}{n} \cdot \frac{2n+1}{n}\right] = \frac{4^3}{6} \cdot 1 \cdot 1 \cdot 2 = \frac{1}{3} \cdot 4^3$$ zu dem gleichen Wert, der etwa 21,3 beträgt.

Diesen – gemeinsamen – Grenzwert von Untersumme und Obersumme nennen wir das **Integral** der Funktion f über dem Intervall $[0; 4]$ und kürzen es mit $\int_{0}^{4} f(x)\,dx$ ab.

TEIL II

2.2 Summengrenzwerte – das bestimmte Integral

TIPP	Integralschreibweise

Dabei ist das Zeichen $\int$ eine stilisierte Form des Buchstabens S aus dem Wort „Summe", denn die Fläche wurde ja abgeleitet aus der Summe von Rechteckflächen. Die winzige („infinitesimale") Intervall-Länge Δx, die ja im Grenzfall für $n \rightarrow \infty$ gegen null ging, führt zu dem Symbol dx (d von „Delta").

Die Eigenschaft der Funktion f, zu Unter- und Obersummen einen gemeinsamen Grenzwert zu besitzen, heißt **Integrierbarkeit** über dem Intervall [0; 4].
Nun denken Sie sicher: Das ist ja noch komplizierter! Damit haben Sie recht, aber wir kommen bald zu einem übersichtlicheren Verfahren. Bevor wir aber zu einer Regel gelangen können, die das Problem mit einem Schlag vereinfacht, führen wir die ausführliche Rechnung für zwei weitere Funktionen durch.

Die Funktionen $g(x) = x^3$ und $h(x) = x^4$

Zuerst mal zu dem, was sich nicht ändert:
▷ Die Anzahl der Teilintervalle ist immer noch n.
▷ Die Intervallgrenzen sind die gleichen wie vorher.
▷ Damit bleibt auch die Breite jedes Teilintervalls $\Delta x = \frac{4}{n}$.
▷ Da die beiden Funktionen ebenfalls streng monoton steigend sind, ist auch bei ihnen der kleinste Funktionswert am linken Intervallrand und der größte am rechten Intervallrand.

Lediglich die Höhe der Rechtecke für Unter- und Obersumme ändern sich, da sie ja mit der Funktionsgleichung berechnet werden müssen. Eine Wertetabelle gibt da Auskunft:

x	0	$1 \cdot \frac{4}{n}$	$2 \cdot \frac{4}{n}$	$3 \cdot \frac{4}{n}$	...	$(n-1) \cdot \frac{4}{n}$	$n \cdot \frac{4}{n}$
$g(x)$	0	$1^3 \cdot \left(\frac{4}{n}\right)^3$	$2^3 \cdot \left(\frac{4}{n}\right)^3$	$3^3 \cdot \left(\frac{4}{n}\right)^3$	...	$(n-1)^3 \cdot \left(\frac{4}{n}\right)^3$	$n^3 \cdot \left(\frac{4}{n}\right)^3$
$h(x)$	0	$1^4 \cdot \left(\frac{4}{n}\right)^4$	$2^4 \cdot \left(\frac{4}{n}\right)^4$	$3^4 \cdot \left(\frac{4}{n}\right)^4$	...	$(n-1)^4 \cdot \left(\frac{4}{n}\right)^4$	$n^4 \cdot \left(\frac{4}{n}\right)^4$

Für die Untersumme sind die Funktionswerte am linken Rand mit der Intervallbreite zu multiplizieren, für die Obersumme diejenigen am rechten Rand.
Damit Sie Gelegenheit erhalten, Ihr Wissen zu kontrollieren, ist jeweils nur eine der beiden Summen dargestellt. Die andere sollten Sie selbst entwickeln. Als Kontrolle haben Sie ja das Lösungsheft, in dem die jeweils andere Summe dann ebenfalls ausführlich dargestellt ist.

2 Integrale zur Flächenberechnung

1 **Die Funktionen $g(x) = x^3$ und $h(x) = x^4$**

Berechnen Sie für die Funktionen g und h jeweils die Unter- bzw. Obersumme, die in der vorhergehenden Tabelle fehlt. Sie benötigen dabei Ihre Formelsammlung.

Klammert man gemeinsame Faktoren gleich aus, erhält man für die Funktion g:

$$U = \frac{4}{n} \cdot \left(\frac{4}{n}\right)^3 \cdot \left[0^3 + 1^3 + 2^3 + \dots + (n-1)^3\right]$$

und für die Funktion h:

$$O = \frac{4}{n} \cdot \left(\frac{4}{n}\right)^4 \cdot \left[1^4 + 2^4 + \dots + (n-1)^4 + n^4\right]$$

Auch für die Summen in diesen Klammern findet man Formeln in der Formelsammlung. Nach ihrer Anwendung erhält man:

▷ für die Funktion g:

$$U = \left(\frac{4}{n}\right)^4 \cdot \frac{(n-1)^2 \cdot n^2}{2^2} = \frac{4^4}{4} \cdot \frac{n-1}{n} \cdot \frac{n-1}{n} \cdot \frac{n}{n} \cdot \frac{n}{n}.$$

Dieser Term konvergiert für $n \to \infty$ gegen $\frac{1}{4} \cdot 4^4$. Den gleichen Wert müssen Sie für den Grenzwert der Obersumme erhalten.

▷ für die Funktion h:

$$O = \left(\frac{4}{n}\right)^5 \cdot \frac{n \cdot (n-1) \cdot (2n+1) \cdot (3n^2 + 3n - 1)}{30} = \frac{4^5}{30} \cdot \frac{n}{n} \cdot \frac{n+1}{n} \cdot \frac{2n+1}{n} \cdot \frac{3n^2 + 3n - 1}{n^2}.$$

Dieser Term konvergiert für $n \to \infty$ gegen $\frac{4^5}{30} \cdot 2 \cdot 3 = \frac{1}{5} \cdot 4^5$. Den gleichen Wert müssen Sie für den Grenzwert der Untersumme erhalten.

Ersetzt man den Wert $x = 4$ durch eine beliebige positive reelle Größe a, so ist in den Termen der vorigen Seiten überall, wo die Intervallgrenze vorkommt, 4 durch a zu ersetzen. Man erhält in tabellarischer Zusammenfassung:

Funktion	$f(x) = x^2$	$f(x) = x^3$	$f(x) = x^4$
Flächeninhalt symbolisch	$\int_0^a x^2\,dx$	$\int_0^a x^3\,dx$	$\int_0^a x^4\,dx$
Flächeninhalt numerisch	$\frac{1}{3} \cdot a^3$	$\frac{1}{4} \cdot a^4$	$\frac{1}{5} \cdot a^5$

2.2 Summengrenzwerte – das bestimmte Integral

Diese Werte sind Funktionswerte der Funktionen F mit den Gleichungen

$F(x) =$ | $\frac{1}{3}x^3$ | $\frac{1}{4}x^4$ | $\frac{1}{5}x^5$

und zwar an der Stelle $x = a$, der rechten Grenze unseres Ausgangsintervalls!

Also nun die Frage: Was haben die Funktionen F mit unseren Ausgangsfunktionen f zu tun? Dazu stellen wir die Funktionsterme gegenüber:

$F(x) = \frac{1}{3}x^3$ und $f(x) = x^2$;

$F(x) = \frac{1}{4}x^4$ und $f(x) = x^3$;

$F(x) = \frac{1}{5}x^5$ und $f(x) = x^4$.

Nun fällt die Antwort leicht: f ist die **Ableitungsfunktion** von F!
Daher können wir vermuten, dass man Inhalte von positiven Normalflächen, die vom Koordinatenursprung nach rechts ausgehen, mithilfe einer Funktion bestimmen kann, deren Ableitung die Ausgangsfunktion ist.

Was aber, wenn die **linke Intervallgrenze nicht null** ist? Veranschaulichen wir uns das Problem erst einmal, und zwar wieder an der Funktion mit $f(x) = x^2$.

BEISPIEL   Das Intervall [a; b]

Wir wollen also den Inhalt einer positiven Normalfläche berechnen, die von einer streng monoton steigenden Kurve nach oben begrenzt wird und über einem Intervall [a; b] mit $0 < a < b$ liegt.

Aus dem Bild ergibt sich eine relativ einfache Lösungsmöglichkeit:
Wir berechnen einfach die Fläche über dem Intervall [0; b] nach dem beschriebenen Verfahren (das auf die Funktion $F(x) = \frac{1}{3}x^3$ führt) und erhalten $A_1 = \frac{1}{3}b^3 = F(b)$.
Dabei haben wir das Flächenstück über [0; a] mit berechnet. Dieses Stück ist aber ebenfalls eine positive Normalfläche, das Intervall geht von $x = 0$ aus nach rechts bis a und die Kurve ist streng monoton steigend in [0; a]. Es kann also ebenfalls nach dem beschriebenen Verfahren berechnet werden und hat demzufolge die Größe $A_2 = \frac{1}{3}a^3 = F(a)$.
Am Ende subtrahieren wir das zweite Stück vom ersten und haben die gesuchte Fläche, also $A = \frac{1}{3}b^3 - \frac{1}{3}a^3 = F(b) - F(a)$.

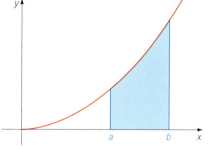

2 Integrale zur Flächenberechnung

Nun wird es Zeit, wieder zusammenzufassen, was bisher erreicht wurde:

INFO **Integrierbare Funktion**

Eine Funktion f heißt **integrierbar** in einem Intervall $[a; b]$, das in ihrer Definitions-
menge liegt, wenn es einen gemeinsamen Grenzwert für Unter- und Obersummen
gibt.
Dieser Grenzwert heißt **bestimmtes Integral der Funktion f im Intervall $[a; b]$**

(manchmal auch *über* dem Intervall $[a; b]$) und wird mit $\int\limits_{a}^{b} f = \int\limits_{a}^{b} f(x)\,dx$ abgekürzt.

Im Fall positiver Normalflächen und $0 < a < b$ ist das Integral gleich dem Inhalt der
Fläche zwischen der x-Achse und dem Funktionsgraphen über dem Intervall $[a; b]$.

INFO **Integral und Ableitung**

Offenbar gibt es einen Zusammenhang zwischen Integral- und Ableitungsbestimmung:
Inhalte von positiven Normalflächen zwischen einer Kurve und der x-Achse kann man
mithilfe einer Funktion F berechnen, deren Ableitung die zur Kurve gehörige Funktion f
ist.
Die Fläche ist die Differenz der Funktionswerte von F an den Intervallgrenzen a und b
(Beachten Sie die Reihenfolge!): $A = F(b) - F(a)$.

2.3 Eigenschaften des bestimmten Integrals

Ausgehend von der Frage nach dem Inhalt einer Fläche zwischen x-Achse und Funktionsgraph
in einem gegebenen Intervall haben Sie in Kapitel 1 gesehen, dass Stammfunktionen geeignet
sind, diese Frage zu beantworten. Dabei lernten Sie als Grenzwert von Unter- und Obersumme
das bestimmte Integral kennen.
Bei der Unterscheidung zwischen positiven und negativen Normalflächen wurde Ihnen sicher
schon klar, dass unter bestimmten Voraussetzungen der Wert eines Integrals auch negativ sein
kann, also nicht als Fläche zu interpretieren ist.

2.3 Eigenschaften des bestimmten Integrals

INFO — Obere und untere Grenze gleich

$$\int_a^a f(x)\,dx = 0$$

Von der Einführung des Integrals her ist dies selbstverständlich: Wenn der linke und der rechte Rand des Intervalls, in dem die Fläche zwischen Kurve und x-Achse berechnet werden soll, gleich sind, dann existiert keine Fläche, ihr Inhalt ist also gleich null.

INFO — Intervalladditivität

Ist eine Funktion f in den Intervallen [a; b] und [b; c] integrierbar, so ist sie auch im Intervall [a; c] integrierbar und es gilt:

$$\int_a^c f(x)\,dx = \int_a^b f(x)\,dx + \int_b^c f(x)\,dx$$

Auch dies ist über die Definition des Integrals zu verstehen: Wenn zwei Intervalle direkt aneinander grenzen, so addieren sich die entsprechenden Flächen zwischen Kurve und x-Achse so, als ob nur ein Intervall existieren würde.

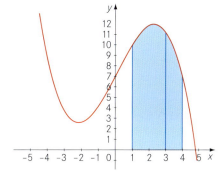

Beispiel: $\int_1^4 f(x)\,dx = \int_1^3 f(x)\,dx + \int_3^4 f(x)\,dx$

Natürlich können Sie die Gleichung auch umformen. Es gilt auch: $\int_a^b f(x)\,dx = \int_a^c f(x)\,dx - \int_b^c f(x)\,dx$

INFO — Summenregel

$$\int_a^b f(x)\,dx + \int_a^b g(x)\,dx = \int_a^b [f(x) + g(x)]\,dx$$

Diese Regel werden Sie in Kapitel 3 über Stammfunktionen allgemein kennenlernen. Hier wird sie für bestimmte Integrale formuliert.

2 Integrale zur Flächenberechnung

INFO **Faktorregel**

$$\int_a^b k \cdot f(x)\,dx = k \cdot \int_a^b f(x)\,dx$$

Auch diese Regel werden Sie in Kapitel 3 näher kennenlernen.

INFO **Umkehrung der Integrationsrichtung**

$$\int_a^b f(x)\,dx = -\int_b^a f(x)\,dx$$

Bei Vertauschung der Integrationsgrenzen wechselt das Vorzeichen des Integrals.

Erinnern Sie sich: zur Verdeutlichung an die Herleitung des bestimmten Integrals: Für alle Teile der Unter- und Obersummen wird ein Funktionswert mit der Intervallbreite Δx multipliziert.
Diese Intervallbreite ist die Differenz der Intervallgrenzen, die wir durchnummeriert haben. Also erhalten wir für ein beliebiges Teilintervall: $\Delta x = x_{k+1} - x_k$.
Für den Fall $a < b$ zählt man die Intervalle wie gewohnt von links nach rechts, d. h., die Grenzen sind aufsteigend angeordnet. Es gilt: $x_k < x_{k+1}$ und damit $\Delta x = x_{k+1} - x_k > 0$.
Wenn die Grenzen a und b vertauscht werden, zählt man die Intervalle von rechts nach links, also ist $x_k > x_{k+1}$ und damit $\Delta x = x_{k+1} - x_k < 0$.
Bei allen Teiltermen und damit auch bei der Unter- bzw. Obersumme kehrt sich also das Vorzeichen um.
Wenn aber alle Unter- und Obersummen das Vorzeichen wechseln, so auch der gemeinsame Grenzwert, das Integral.

BEISPIELE **Regeln für bestimmte Integrale**

1. Gleicher Integrand:

$$\int_2^5 x\,dx + \int_5^8 x\,dx = \int_2^8 x\,dx = \left[\tfrac{1}{2}x^2\right]_2^8 = \tfrac{1}{2} \cdot 64 - \tfrac{1}{2} \cdot 4 = 30$$

2. Gleiche Grenzen:

$$\int_1^4 x^2\,dx + \int_1^4 2x\,dx = \int_1^4 (x^2 + 2x)\,dx$$

$$= \left[\tfrac{1}{3}x^3 + x^2\right]_1^4 = \left(\tfrac{64}{3} + 16\right) - \left(\tfrac{1}{3} + 1\right) = 38$$

TEIL II

2.3 Eigenschaften des bestimmten Integrals

3. Umgekehrte Integrationsrichtung:

$$\int_{-2}^{1} x \, dx + \int_{1}^{-2} 2 \, dx = \int_{-2}^{1} x \, dx - \int_{-2}^{1} 2 \, dx$$

$$= \int_{-2}^{1} (x - 2) \, dx = \left[\frac{1}{2}x^2 - 2x\right]_{-2}^{1}$$

$$= \left(\frac{1}{2} - 2\right) - \left(\frac{1}{2} \cdot 4 - 2 \cdot (-2)\right) = -7,5$$

1 **Berechnen Sie die folgenden Integrale.**
Fassen Sie vor der Berechnung mithilfe der vorstehenden Regeln und Beispiele zu einem Integral zusammen.

a) $\displaystyle\int_{0}^{1} x^2 \, dx + \int_{1}^{3} x^2 \, dx$

b) $\displaystyle\int_{0}^{1} (2 - x) \, dx + \int_{0}^{1} (2x - 2) \, dx$

c) $\displaystyle\int_{1}^{2} \frac{x - 1}{x^2} \, dx + \int_{1}^{2} \frac{x + 1}{x^2} \, dx + \int_{2}^{3} \frac{2}{x} \, dx$

d) $\displaystyle\int_{2}^{5} x^3 \, dx + \int_{5}^{2} x^3 \, dx$

e) $\displaystyle\int_{0}^{1} (x^3 - 2x) \, dx + \int_{0}^{1} x \cdot (2 - x^2) \, dx$

f) $\displaystyle 3 \cdot \int_{-1}^{1} (x^2 - 2x) \, dx - 2 \cdot \int_{-1}^{1} (2x - x^2) \, dx$

g) $\displaystyle\int_{0}^{2} (x^3 - 3x - 2) \, dx - \int_{0}^{-3} (-x^3 + 3x + 2) \, dx$

h) $\displaystyle\int_{-2}^{1} (4x - 2) \, dx + 2 \cdot \int_{1}^{-2} (1 - 2x) \, dx$

i) $\displaystyle\int_{1}^{3} (3x^2 - 6x + 4) \, dx + 2 \cdot \int_{1}^{3} (3x - 2) \, dx$

j) $\displaystyle\int_{a}^{b} (x - 1) \, dx - \int_{a}^{b} (1 - x) \, dx$

Integrale zur Flächenberechnung

2.4 Die Flächenmaßzahlfunktion und ihre Ableitung

Der Zusammenhang zwischen Flächenmaß und Ableitung soll nun näher untersucht werden. Dazu betrachten wir positive Normalflächen in beliebiger Lage zur y-Achse. Lediglich die Voraussetzung $a < b$ lassen wir bestehen.

Im Intervall $[a; b]$ betrachten wir eine Stelle x, für die also $a \leq x \leq b$ gilt.
Denjenigen Teil der Fläche, der von a bis x geht, nennen wir A_x. Zu seiner Berechnung suchen wir eine Funktion $A(x)$.

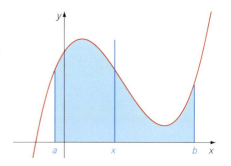

Alles, was wir bisher von $A(x)$ wissen, ist:
▷ Ist $x = a$, so fallen untere und obere Grenze zusammen, also ist $A(a) = 0$.
▷ Für $x > a$ wird $A(x)$ immer größer.
▷ Die gesamte farbige Fläche ist $A(b)$.

Nun gehen wir von x aus um ein kleines Stück h weiter zu $x + h$. Der Flächenzuwachs ist $A(x + h) - A(x)$.

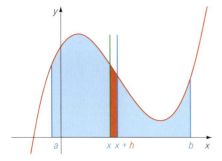
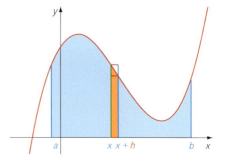

Sicher ist dieses Stück größer als die Fläche des Rechtecks, das mit h als waagerechte Seite und dem kleinsten Funktionswert in $[x; x + h]$ als senkrechte Seite gebildet werden kann (das unter der rechten Kurve gezeichnete Rechteck). Nennen wir diesen kleinsten Funktionswert m (er ist von x und h abhängig!), so gilt also:
$A(x + h) - A(x) > m \cdot h$.

TEIL II

2.4 Die Flächenmaßzahlfunktion und ihre Ableitung

Das Gleiche wie mit dem kleinsten Funktionswert in $[x; x + h]$ können wir natürlich auch mit dem größten, wir nennen ihn M, tun. Es gilt:

$A(x + h) - A(x) < M \cdot h$

oder als Ungleichungskette:

$m \cdot h < A(x + h) - A(x) < M \cdot h$.

Dividiert man diese Kette von Ungleichungen durch h, was ja eine Äquivalenzumformung darstellt, da $h > 0$ ist, so wird daraus:

$$m < \frac{A(x + h) - A(x)}{h} < M$$

Der Quotient $\frac{A(x + h) - A(x)}{h}$ wird also durch m und M „in die Zange genommen". Genau dieser sogenannte Differenzenquotient tritt aber auch auf, wenn man versucht, die **Ableitung** von A an der Stelle x zu bestimmen.

Lassen wir nun h gegen 0 gehen, so werden sich im Falle einer stetigen Funktion f die Werte m und M einander immer mehr annähern und im Grenzwert gleich $f(x)$ werden. Der Quotient, der von zwei Werten „in die Zange" genommen wird, die den gleichen Grenzwert besitzen, **muss** also auch konvergieren, und zwar ebenfalls zu diesem Wert.

Formal: $\lim_{h \to 0} m(x; h) \leq \lim_{h \to 0} \frac{A(x + h) - A(x)}{h} \leq \lim_{h \to 0} M(x; h)$.

Dabei wird durch die Schreibweise $m(x; h)$ bzw. $M(x; h)$ verdeutlicht, dass die Werte m und M von x und h abhängen.

Mit der üblichen Abkürzung $A'(x)$ für den Grenzwert des Differenzenquotienten erhalten wir $f(x) \leq A'(x) \leq f(x)$. Diese Ungleichungskette ist nur erfüllbar, wenn $\boldsymbol{A'(x) = f(x)}$ ist.

Für jede positive Normalfläche (die Lage von x spielte keine Rolle, solange nur $a \leq x \leq b$ war) gilt also:

INFO   Ableitung und Flächenmaß

Die Ableitung der Flächenmaßzahlfunktion A ist gleich der Ausgangsfunktion f.

Wieder zeigt sich also – nunmehr für beliebige positive Normalflächen – der Zusammenhang zwischen Flächenberechnung über Integrale und Ableitungsbildung. Es lohnt sich daher, in diesem Zusammenhang die Umkehrung der Ableitungsbildung näher zu beleuchten.

Integrale zur Flächenberechnung

2.5 Stammfunktionen und das bestimmte Integral

> **INFO** — **Ausgangs- und Stammfunktion**
>
> Wir gehen – wie fast immer in der Analysis – von einer Funktion mit dem Namen f aus. Zu dieser Funktion f suchen wir eine Funktion F, deren Ableitung die Ausgangsfunktion f ist, von der f sozusagen abstammt. Eine solche Funktion F nennen wir **Stammfunktion** zur Funktion f.

Bezeichnet wird eine Stammfunktion meist mit dem gleichen Buchstaben wie die Ausgangsfunktion, nur eben in Großschreibung, weil ja meist die „Kleinen" von den „Großen" abstammen. Notwendig ist diese Form der Namensgebung nicht, aber die Bezeichnung von Ausgangsfunktion und Stammfunktion mit dem gleichen Buchstaben hat sich bewährt.

> **BEISPIEL** — **Gerade und Parabel**
>
> Betrachten wir die lineare Funktion f mit dem Term $f(x) = 2x$. Diese Funktion könnte z. B. von der quadratischen Funktion F mit $F(x) = x^2$ abstammen, denn nach der Potenzregel der Differenzialrechnung erhalten wir $F'(x) = 2x$. Die genannte Funktion F ist also eine Stammfunktion zur Funktion f.
>
> Aber auch die Ableitung der Funktion mit dem Term $F_2(x) = x^2 + 5$ hat den Term $2x$ (Der Summand + 5 fällt beim Differenzieren weg!), F ist also nicht die einzige Stammfunktion zu f.
>
> Genauer gesagt: Zu jeder Funktion, zu der es eine Stammfunktion gibt, gibt es gleich **unendlich viele** Stammfunktionen, deren Terme sich nur dadurch unterscheiden, dass unterschiedliche konstante Werte addiert oder subtrahiert werden.
>
> Zu unserem Beispiel wäre also jede Funktion, deren Term mit x^2 beginnt und in dem danach nur noch eine Konstante addiert oder subtrahiert wird, eine Stammfunktion, z. B. $F(x) = x^2 + 2$ oder auch $F(x) = x^2 - 5$. Um alle diese Stammfunktionen in einem Term beschreiben zu können, setzt man in den Term statt der Zahl einen Platzhalter ein und schreibt:
>
> Alle Stammfunktionen zu f mit $f(x) = 2x$ haben die Form $F(x) = x^2 + c$, wobei c eine reelle Konstante ist.
>
> **Hinweis:** Da der Platzhalter eine konstante Zahl darstellt, heißt er Parameter und nicht Variable.

> **TEIL II**

2.5 Stammfunktionen und das bestimmte Integral

INFO **Sätze über Stammfunktionen**

Eine differenzierbare Funktion F heißt Stammfunktion der Funktion f, wenn für alle x aus dem Definitionsbereich von f gilt: $F'(x) = f(x)$.

Nach dem vorher Gesagten **gilt für Stammfunktionen:**
▶ Ist eine Funktion F Stammfunktion einer Funktion f, so ist jede andere Funktion, die sich von F nur durch Addition oder Subtraktion einer reellen Zahl unterscheidet, auch Stammfunktion der Funktion f.
▶ Hat eine Funktion f also **eine** Stammfunktion, so hat sie gleich **unendlich viele.**

Zusätzlich gilt noch der folgende wichtige Lehrsatz:
▶ Jede stetige Funktion hat (in ihrem Stetigkeitsbereich) **mindestens eine** Stammfunktion.

Da die meisten der im Mathematikunterricht im Zusammenhang mit der Integralrechnung besprochenen Funktionen stetig sind, braucht man sich also im Allgemeinen keine Gedanken darüber zu machen, **ob** eine Stammfunktion existiert, sondern nur, **wie** man sie findet. Hierzu gibt es für viele Fälle Regeln, die im nächsten Kapitel behandelt werden.

Da die Stammfunktion und das Integral in engem Bezug zueinander stehen, führt man folgende Schreib- und Sprechweise ein:

INFO **Das unbestimmte Integral**

Die Menge aller Stammfunktionen einer Funktion f heißt auch **unbestimmtes Integral der Funktion** und wird als $F = \int f$ oder $F(x) = \int f(x)\,dx$ geschrieben.

Im Gegensatz dazu nennt man $\int_a^b f$ oder $\int_a^b f(x)\,dx$ ein **bestimmtes Integral der**

Funktion f in den Grenzen a und b.

Das bestimmte Integral lässt sich also unter Umständen als eine Fläche interpretieren, das unbestimmte Integral bezeichnet die Menge aller Stammfunktionen.

---

2 Integrale zur Flächenberechnung

BEISPIEL — Stammfunktion einer Parabel

Gegeben ist die Funktion f durch die Gleichung $f(x) = x^2$.

Eine Stammfunktion ist die Funktion F mit $F(x) = \frac{1}{3}x^3$.
Die Menge **aller** Stammfunktionen erhält man daraus durch Hinzufügen einer beliebigen reellen Konstante. Das unbestimmte Integral ist dann also:

$\int x^2\, dx = \frac{1}{3}x^3 + c.$

Die reelle Konstante c heißt in diesem Zusammenhang Integrationskonstante.

Das Integral $\int\limits_{1}^{2} x^2\, dx$ ist die Fläche zwischen dem Graphen von f und der x-Achse im

Intervall [1; 2]. Da diese Fläche so beschaffen ist, wie die Fläche auf Seite 26, kann sie mithilfe der Stammfunktion berechnet werden. Dabei verwendet man normalerweise nicht die Schreibweise $F(2) - F(1)$ und gibt an, dass $F(x) = \frac{1}{3}x^3$ ist, sondern setzt den Term der Stammfunktion in eckige Klammern, an die man unten und oben die Grenzen des Integrals schreibt.

$A = \left[\frac{1}{3} \cdot x^3 \right]_{1}^{2} = \frac{1}{3} \cdot 2^3 - \frac{1}{3} \cdot 1^3 = \frac{8}{3} - \frac{1}{3} = \frac{7}{3}.$

TEIL II

2 TEST Integrale zur Flächenberechnung

Test

1 Ober- und Untersummen

Gegeben sind eine Funktion f durch ihren Funktionsterm $f(x)$, ein Intervall $I = [a; b]$ sowie eine Unterteilung des Intervalls I durch die Anzahl n von Teilintervallen. Bestimmen Sie jeweils die Ober- und Untersumme als Näherungswert für die Fläche zwischen Funktionsgraph und x-Achse.

a) $f(x) = -x^2 + 4x$ $I = [0; 2]$ $n = 4$ $(n = 8)$ |4|

b) $f(x) = -x^3 + 5x$ $I = [0; 2]$ $n = 10$ $(n = 20)$ |6|

c) $f(x) = x^3 - x^2 - 3x$ $I = [-1; 0]$ $n = 6$ $(n = 12)$ |5|

2 Fassen Sie jeweils zu einem Integral zusammen und berechnen Sie den Wert des Integrals.

Geben Sie an, welche Regel(n) Sie verwenden.

a) $\displaystyle\int_{1}^{3} x^2 \, dx + \int_{1}^{3} 2x \, dx$ |4|

b) $\displaystyle\int_{3}^{5} 5x^3 \, dx - \int_{5}^{3} x^2 \, dx + \int_{3}^{5} 3x \, dx$ |6|

c) $\displaystyle\int_{2}^{4} 2x \, dx + \int_{4}^{7} 2x \, dx$ |4|

d) $\displaystyle\int_{1}^{3} x^3 \, dx + \int_{3}^{5} x^3 \, dx - \int_{1}^{5} 6x^2 \, dx$ |6|

||35||

Testauswertung:

Wie viele Punkte haben Sie? Erreichen Sie mehr als 28 Punkte, beherrschen Sie den Inhalt des Kapitels wirklich gut. Erreichen Sie weniger als 14 Punkte, dann sollten Sie dieses Kapitel wiederholen.

3 Bestimmung von Stammfunktionen

WAS SIE SCHON KÖNNEN MÜSSEN
▷ Ableitungsfunktionen bilden

DARUM GEHT ES
▷ Stammfunktionen finden

Nachdem Sie in den vorigen Kapiteln gesehen haben, dass die Herleitung des Integrals auf die Frage der Umkehrbarkeit der Ableitungsbildung führt, soll auf dieses Problem im folgenden Kapitel nun näher eingegangen werden.

Als Kennzeichnung von Funktionen werden hierbei kleine lateinische Buchstaben verwendet, z. B. f, g, h usw. Nur wenn der Funktions**term** gemeint ist, wird die Variable, üblicherweise x, in Klammern dahinter angegeben.

Falls Sie nur daran interessiert sind, wie man Stammfunktionen findet und nicht daran, wie man überhaupt dazu kommt, Stammfunktionen zu benötigen, finden Sie zuerst noch einmal eine Definition des Begriffs:

Zur Erinnerung: Eine differenzierbare Funktion F heißt **Stammfunktion** der Funktion f, wenn für alle x aus dem Definitionsbereich von f gilt: $F'(x) = f(x)$.

3.1 Faktorregel und Summenregel

Die Bestimmung von Stammfunktionen ist, wie in Kapitel 1 erwähnt, die Umkehrung der Frage nach der Ableitung einer Funktion, d. h. die Suche nach einer Funktion, deren Ableitung die gegebene Funktion ist. Deshalb wird zuerst jeweils die Definition der Funktionsklasse und die passende Differenziationsregel angegeben.

Automatisch stellen Sie sich sicher die Frage nach der Übertragbarkeit der Differenziationsregeln auf die Bestimmung der Stammfunktionen, also nach möglichen „Integrationsregeln". Insbesondere denken Sie dabei wahrscheinlich an die Faktorregel und die Summenregel.

TEIL II

3.1 Faktorregel und Summenregel

INFO	Faktor- und Summenregel für Ableitungen

Die Faktorregel der Differenzialrechnung besagt, dass ein konstanter Faktor bei der Ableitung erhalten bleibt. Wenn eine Funktion f ein Vielfaches einer Funktion u ist, also $f = c \cdot u$, dann ist die Ableitung von f auch ein Vielfaches der Ableitung von u, also $f' = c \cdot u'$.

Summenregel der Differenzialrechnung: Die Summe einzelner Funktionen darf gliedweise abgeleitet werden, d. h., wenn $f = u + v$ ist, dann ist $f' = u' + v'$.

Die Übertragbarkeit dieser beiden Regeln auf die Bildung von Stammfunktionen ergibt sich unmittelbar aus der Definition der Stammfunktion. Ist nämlich U eine Stammfunktion zu u und es gilt $f = c \cdot u$, dann ist $F = c \cdot U$ eine Stammfunktion von f, denn $F' = [c \cdot U]' = c \cdot U' = c \cdot u = f$. Ebenso gilt für eine Funktion $f = u + v$: Sind U und V Stammfunktionen zu u und v, dann ist $F = U + V$ eine Stammfunktion zu f, denn es gilt nach der Summenregel der Differenzialrechnung: $F' = [U + V]' = U' + V' = u + v = f$.

INFO	Faktor- und Summenregel für Stammfunktionen

Faktorregel der Integralrechnung

Gegeben sei eine Funktion f als Produkt einer reellen Konstante c mit einer Funktion u, also $f = c \cdot u$. Weiterhin sei die Funktion U eine Stammfunktion zu u, also $U' = u$. Dann ist die Funktion $F = c \cdot U$ eine Stammfunktion zu f.

Summenregel der Integralrechnung

Gegeben sei die Funktion f als Summe zweier Funktionen u und v, also $f = u + v$. Weiterhin sei U eine Stammfunktion zu u und V eine Stammfunktion zu v, also $U' = u$ und $V' = v$. Dann ist die Funktion F mit $F = U + V$ eine Stammfunktion zu f.

Beispiele:

Stammfunktionen der Funktionen f und g seien F und G.

$f(x) = x^2 \Rightarrow F(x) = \frac{1}{3}x^3 + c_1$ und $g(x) = x \Rightarrow G(x) = \frac{1}{2}x^2 + c_2$

Mithilfe dieser Funktionen definieren wir neue Funktionen u und v:

1. $u = 2 \cdot f$, also $u(x) = 2x^2$.

   Nach der **Faktorregel** ist $U = 2 \cdot F$ eine Stammfunktion zu u, also $U(x) = 2 \cdot \frac{1}{3}x^3 + c$, wobei $c = 2 \cdot c_1$ ist. Tatsächlich ist $U'(x) = u(x)$, U **ist** also Stammfunktion zu u.

2. $v = f + g$, also $v(x) = x^2 + x$.

   Nach der **Summenregel** ist $V = F + G$ eine Stammfunktion zu v, also

   $V(x) = F(x) + G(x) = \frac{1}{3}x^3 + \frac{1}{2}x^2 + c$, wobei $c = c_1 + c_2$ ist.
   Tatsächlich ist $V'(x) = v(x)$, V **ist** also Stammfunktion zu v.

3 Bestimmung von Stammfunktionen

3.2 Potenzfunktionen mit Exponenten ungleich −1

> **INFO** — **Potenzfunktionen ableiten**
>
> Eine **Potenzfunktion** ist eine Funktion, deren Term die Form x^n hat, wobei n eine ganze Zahl ist. Der Definitionsbereich einer solchen Funktion ist für positive Exponenten einschließlich 0 ganz $\mathbb{R}$, für negative Exponenten ist er $\mathbb{R}^{\neq 0}$ (= $\mathbb{R}\setminus\{0\}$).
> Die Ableitungsfunktion hat den Term $n \cdot x^{n-1}$. In Worten:
> Eine Potenzfunktion wird abgeleitet, indem man den Exponenten als Faktor vor die Potenz schreibt und den Exponenten der Potenz um 1 erniedrigt.

Beispiele:

$f(x)$	$f'(x)$
x^5	$5x^4$
x^{13}	$13x^{12}$
$\dfrac{1}{x^3} = x^{-3}$	$-3 \cdot x^{-4} = \dfrac{-3}{x^4}$
$\dfrac{1}{x^{14}} = x^{-14}$	$-14 \cdot x^{-15} = \dfrac{-14}{x^{15}}$
$x^{\frac{2}{3}}$	$\dfrac{2}{3} \cdot x^{-\frac{1}{3}}$
$x^{-\frac{1}{4}}$	$-\dfrac{1}{4} \cdot x^{-\frac{5}{4}}$

Steht vor der Potenzfunktion noch ein konstanter Faktor, so beeinflusst dieser die Ableitungsbildung nicht **(Faktorregel)**, er bleibt als Faktor erhalten.

Beispiele:

$f(x)$	$f'(x)$
$4x^5$	$4 \cdot 5 \cdot x^4 = 20x^4$
$7x^{13}$	$7 \cdot 13 \cdot x^{12} = 91x^{12}$
$\dfrac{2}{x^3} = 2 \cdot x^{-3}$	$2 \cdot (-3) \cdot x^{-4} = \dfrac{-6}{x^4}$
$\dfrac{-5}{x^{14}} = -5 \cdot x^{-14}$	$-5 \cdot (-14) \cdot x^{-15} = \dfrac{70}{x^{15}}$
$3 \cdot x^{\frac{1}{3}}$	$3 \cdot \dfrac{1}{3} \cdot x^{-\frac{2}{3}} = x^{-\frac{2}{3}}$
$\dfrac{2}{5} \cdot x^{-\frac{5}{3}}$	$\dfrac{2}{5} \cdot \left(-\dfrac{5}{3}\right) \cdot x^{-\frac{8}{3}}$

TEIL II

3.2 Potenzfunktionen mit Exponenten ungleich −1

1 Bilden Sie die Terme der Ableitungsfunktionen.

	$f(x)$	$f'(x)$
a)	$5x^8$	
b)	$4x^3$	
c)	$2{,}5x^4$	
d)	$\dfrac{3}{x^2}$	
e)	$4 \cdot x^{\frac{3}{4}}$	
f)	$-\dfrac{2}{3} \cdot x^{-\frac{3}{5}}$	

Bei der **Suche nach einer Stammfunktion** muss man also diesen Prozess umkehren:
Der Funktionsterm wird zuerst so umgeformt, dass als Faktor **vor** der Potenz eine Zahl steht, die um 1 größer als der Exponent ist. Danach wird dieser Faktor als neuer Exponent der Potenz verwendet und vor der Potenz gestrichen.

Beispiele:

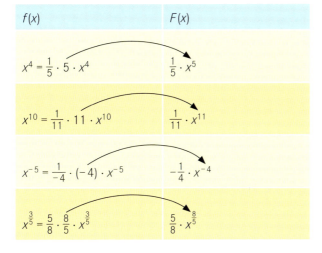

INFO — Stammfunktion einer Potenzfunktion finden

Ist $f(x) = x^q$, dann ist die Funktion F mit $F(x) = \dfrac{1}{q+1} \cdot x^{q+1}$ eine Stammfunktion zu f.
Oder, in Worte gekleidet: Die Stammfunktion einer Potenzfunktion erhält man, indem man den Exponenten um 1 erhöht und die **neue** Potenz mit dem Kehrwert des **neuen** Exponenten multipliziert.

3 **Bestimmung von Stammfunktionen**

> **TIPP** **Sonderfall −1**
>
> Dies funktioniert nur für Potenzfunktionen, deren Exponent ungleich −1 ist. Erhöht man diesen Exponenten nämlich um 1, so erhält man 0. Der Kehrwert von 0 ist aber **nicht definiert.**
> Für die Potenzregel ist der Exponent −1 also verboten. Mit der verbotenen Potenzfunktion beschäftigt sich Kapitel 7 näher.

2 Finden Sie eine Stammfunktion F zu der gegebenen Funktion f.

	$f(x)$	$F(x)$
a)	x^3	
b)	x^{-3}	
c)	$x^{\frac{1}{7}}$	
d)	$x^{-\frac{5}{6}}$	
e)	$x^{-\frac{3}{2}}$	
f)	$x^{\frac{3}{11}}$	

Falls es sich beim Funktionsterm von f nicht um eine reine Potenz handelt, sondern noch ein Koeffizient vorhanden ist, bleibt dieser – wie beim Ableiten – unverändert.

Beispiele:

$f(x)$	$F(x)$
$2 \cdot x^3 = 2 \cdot \dfrac{1}{4} \cdot 4 \cdot x^3$	$2 \cdot \dfrac{1}{4} \cdot x^4 = \dfrac{1}{2} \cdot x^4$
$\dfrac{5}{x^4} = 5 \cdot x^{-4} = 5 \cdot \left(-\dfrac{1}{3}\right) \cdot (-3) \cdot x^{-4}$	$5 \cdot \left(-\dfrac{1}{3}\right) \cdot x^{-3} = -\dfrac{5}{3} \cdot x^{-3}$
$-\dfrac{2}{x^2} = -2 \cdot x^{-2}$	$-2 \cdot (-1) \cdot x^{-1} = \dfrac{2}{x}$
$-\dfrac{2}{3} \cdot x^{-\frac{1}{2}} = -\dfrac{4}{3} \cdot \dfrac{1}{2} \cdot x^{-\frac{1}{2}}$	$-\dfrac{4}{3} \cdot x^{\frac{1}{2}}$

TEIL II

3.3 Ganzrationale Funktionen

> **INFO** Faktorregel bei Potenzfunktionen
>
> Ist $f(x) = c \cdot x^q$, dann ist F mit $F(x) = \dfrac{c}{q+1} \cdot x^{q+1}$ eine Stammfunktion zur Funktion f. Ungeachtet des Koeffizienten c wird also der Exponent der Potenz um 1 erhöht und der Term mit dem Kehrwert des neuen Exponenten multipliziert.

3 Bestimmen Sie jeweils den Term einer Stammfunktion.

	$f(x)$	$F(x)$
a)	$5 \cdot x^3$	
b)	$\dfrac{3}{x^5}$	
c)	$\dfrac{-2}{x^6}$	
d)	$\dfrac{3}{4} \cdot x^{-\frac{1}{4}}$	

3.3 Ganzrationale Funktionen

> **INFO** Polynome ableiten
>
> Der Term einer ganzrationalen Funktion ist ein **Polynom,** d.h. ein Term der folgenden Form: $a_n \cdot x^n + a_{n-1} \cdot x^{n-1} + \dots + a_2 \cdot x^2 + a_1 \cdot x + a_0$. Der Begriff kommt aus dem Griechischen und bedeutet so viel wie „viele Namen", gemeint sind die verschiedenen Potenzen.
>
> Die (im Allgemeinen reellen) Zahlen $a_n, a_{n-1}, \dots, a_2, a_1$ und a_0 heißen **Koeffizienten** des Polynoms.
>
> Die höchste vorkommende Potenz, die natürliche Zahl n, ist der **Grad** des Polynoms. Für die Ableitung einer solchen Funktion gelten die **Faktorregel** (für die Koeffizienten!) sowie die **Summenregel** (mathematisch gesehen ist eine Differenz auch eine Summe!), nach der jeder Summand einzeln abgeleitet werden darf und die Ableitungsfunktion sich wieder aus diesen einzelnen Ableitungen zusammensetzt.

Beispiel:

$f(x) = x^5 + 2x^4 - 3x^2 \ \Rightarrow\ f'(x) = 5x^4 + 2 \cdot 4x^3 - 3 \cdot 2x = 5x^4 + 8x^3 - 6x$

3   Bestimmung von Stammfunktionen

1   Bestimmen Sie jeweils die Ableitungsfunktion f'.

	$f(x)$	$f'(x)$
a)	$x^3 - 2x^2 + 5x - 4$	
b)	$-x^5 + 4x^3 - 2x^2 + 1$	
c)	$\frac{1}{3}x^3 - 2x^2 + 4x - 7$	
d)	$-\frac{2}{3}x^5 - \frac{3}{4}x^3 + 2x$	

Also muss bei der **Suche nach Stammfunktionen** jeder einzelne Summand so behandelt werden, wie dies unter Potenzfunktionen erläutert wurde.

TIPP   **Negative Exponenten**

Im Prinzip könnte man bei einer Polynomfunktion auch für Glieder mit negativen Exponenten Stammfunktionen finden. Nur der Exponent -1 ist auch hier wieder tabu.

BEISPIEL   **Schrittweise Lösung**

Gegeben: $f(x) = x^5 + 2x^4 - 3x^2$
Gesucht: eine Stammfunktion F

Zum Term	gehört der Stammterm
x^5	$\frac{1}{6} \cdot x^6$
$2x^4$	$2 \cdot \frac{1}{5} \cdot x^5$
$-3x^2$	$-3 \cdot \frac{1}{3} \cdot x^3$
$x^5 + 2x^4 - 3x^2$	$\frac{1}{6} \cdot x^6 + 2 \cdot \frac{1}{5} \cdot x^5 - 3 \cdot \frac{1}{3} \cdot x^3$

Lösung: Eine Stammfunktion von f hat den Term $F(x) = \frac{1}{6} \cdot x^6 + \frac{2}{5} \cdot x^5 - x^3$.

TEIL II

3.4 Die Funktion f mit $f(x) = x^{-1}$

2 Bestimmen Sie eine Stammfunktion zur Funktion f.

	$f(x)$	$F(x)$
a)	$x^3 - 2x^2 + 5x - 4$	
b)	$-x^5 + 4x^3 - 2x^2 + 1$	
c)	$\frac{1}{3}x^3 - 2x^2 + 4x - 7$	
d)	$-\frac{2}{5}x^5 - \frac{3}{4}x^3 + 2x$	

> **TIPP**
>
> Für die einzelnen Terme legen Sie sich am besten eine Tabelle an, wenn Sie sich noch nicht sicher sind.

3.4 Die Funktion f mit $f(x) = x^{-1}$

Die Regel zur Bestimmung der Stammfunktion für Potenzfunktionen versagt für den Exponenten -1, d. h. für die Funktion f mit dem Term $f(x) = x^{-1}$, denn dann müsste durch null dividiert werden.
Im Zusammenhang mit der Integralfunktion (Kapitel 7, S. 241) wird Folgendes gezeigt:

> **INFO** Logarithmus als Stammfunktion
>
> Eine Stammfunktion zu der Potenzfunktion mit dem Term $f(x) = x^{-1} = \frac{1}{x}$ ist für positive x die Logarithmusfunktion mit der Basis e, der eulerschen Zahl, also die Funktion F_1 mit dem Term $F_1(x) = \ln x$. Für negative x ist F_2 mit $F_2(x) = \ln(-x)$ Stammfunktion zu f.
>
> *Zusammengefasst:*
> Für $x \neq 0$ ist die Funktion F mit $F(x) = \ln |x|$ Stammfunktion zu f.
>
> *Allgemein:*
> Zu den Potenzfunktionen f mit $f(x) = \frac{k}{x}$, wobei k eine reelle Konstante ist, sind die Funktionen F mit $F(x) = k \cdot \ln |x| + c$, $c \in \mathbb{R}$ Stammfunktionen im Definitionsbereich von f.

3 **Bestimmung von Stammfunktionen**

Beispiel:

Zu der Funktion mit dem Term $f(x) = \frac{2}{x}$ ist die Funktion F mit $F(x) = 2 \cdot \ln|x|$ eine Stammfunktion (natürlich auch $F(x) = 2 \cdot \ln|x| + 1$ oder $F(x) = 2 \cdot \ln|x| + 5$ usw.).

Komplexere Beispiele finden Sie auf den nächsten Seiten, vor allem unter „Andere Funktionen/ Substitutionsregel" (s. S. 192 ff.).

3.5 Gebrochenrationale Funktionen

Die Bestimmung von Stammfunktionen zu gebrochenrationalen Funktionen ist eine der schwierigsten Aufgaben im Zusammenhang mit Stammfunktionen. Da sie nicht überall Teil des Lehrplans ist, sollen hier nur mögliche Vorgehensweisen kurz angesprochen werden. Grundsätzlich soll die Funktion f der Quotient der beiden ganzrationalen Funktionen u und v sein, also $f = \frac{u}{v}$.

Die Ausnutzung der Kettenregel

Bei der Ableitung der natürlichen Logarithmusfunktion $f(x) = \ln x$ tritt der Term $f'(x) = \frac{1}{x}$ auf, der zu einer gebrochenrationalen Funktion gehört. Bei komplexeren Logarithmusfunktionen erhält man auch komplexere Ableitungsterme.

Beispiele:

$f(x)$	$f'(x)$
$\ln(2x + 1)$	$\dfrac{2}{2x + 1}$
$\ln(x^2 + 2x - 3)$	$\dfrac{2x + 2}{x^2 + 2x - 3}$
$\ln(4x^3 - 2x^2 + 3x - 1)$	$\dfrac{12x^2 - 4x + 3}{4x^3 - 2x^2 + 3x - 1}$

> **TIPP**   **Achtung Definitionsbereich!**
>
> Beachten Sie den Definitionsbereich der Logarithmusfunktion: Es sind nur **positive** Werte für den Term erlaubt. Dies macht die Frage nach dem Gültigkeitsbereich des Ableitungsterms sehr kompliziert.

In allen Fällen ist die Zählerfunktion die Ableitung der Nennerfunktion. Dies kommt daher, dass zur Bildung der Ableitung die **Kettenregel** verwendet werden muss. Die Ableitung der „inneren" Funktion $u(x)$ erscheint in der Ableitung der Gesamtfunktion als Faktor, der hier im Zähler steht.

> **TEIL II**

3.5 Gebrochenrationale Funktionen

INFO   **Verwendung der Betragsfunktion**

Eine Funktion, deren Zählerterm die Ableitung des Nennerterms ist, muss aus einer Logarithmusfunktion hervorgegangen sein, deren Argument gerade der Term der Nennerfunktion ist. Da die Logarithmusfunktion nur für positive Argumente definiert ist, muss dieser Term jeweils in Betragsstriche eingeschlossen werden.

Oder anders ausgedrückt: Wenn eine Funktion f mit $f = \frac{u}{v}$ gegeben ist und es gilt im gesamten Definitionsbereich $u = v'$, dann ist $F = \ln |v|$ eine Stammfunktion zu f.

Zum Beweis verwendet man die Kettenregel:

$g = v(x) \Rightarrow F(x) = F(g) = \ln |g| \Rightarrow F'(x) = F'(g) \cdot g'(x) = \frac{1}{g} \cdot g'(x)$ und damit:

$F'(x) = \frac{1}{v(x)} \cdot v'(x) = \frac{v'(x)}{v(x)} = \frac{u(x)}{v(x)} = f(x)$. Also ist F eine Stammfunktion von f.

BEISPIEL   **Vom Bruchterm zum Logarithmus**

Gegeben sei die Funktion f mit $f(x) = \frac{2x - 3}{x^2 - 3x + 1}$.

Hier ist also $u(x) = 2x - 3$ und $v(x) = x^2 - 3x + 1$ und somit $u(x) = v'(x)$.
Eine Stammfunktion ist nach dem oben Gesagten die Funktion F mit dem Term
$F(x) = \ln |x^2 - 3x + 1|$.
Wir bestätigen dies durch Ableitung der Funktion F mithilfe der Kettenregel:
Setzt man $g(x) = x^2 - 3x + 1$, so ist $F(g(x)) = \ln |g|$, also $F'(g) = \frac{1}{g}$.
Außerdem ist $g'(x) = 2x - 3$. Also ergibt sich für $F'(x)$:

$F'(x) = g'(x) \cdot F'(g(x)) = (2x - 3) \cdot \frac{1}{g(x)} = \frac{2x - 3}{x^2 - 3x + 1} = f(x)$.

BEISPIEL   **Vom Bruchterm zum Logarithmus**

Gesucht ist eine Stammfunktion zur Funktion f mit $f(x) = \frac{x - 2}{x^2 - 4x + 5}$.

In diesem Fall ist die Zählerfunktion nicht exakt gleich der Ableitung der Nennerfunktion, diese hat nämlich den Term $2x - 4$. Durch Erweiterung mit dem Faktor 2 kann dies jedoch erreicht werden:

$f(x) = \frac{2 \cdot (x - 2)}{2 \cdot (x^2 - 4x + 5)} = \frac{1}{2} \cdot \frac{2x - 4}{x^2 - 4x + 5}$

Jetzt bilden wir die Stammfunktion durch zusätzliches Verwenden der Faktorregel:
$F(x) = \frac{1}{2} \cdot \ln |x^2 - 4x + 5|$.
Nachweis mithilfe der Kettenregel:
$g(x) = x^2 - 4x + 5 \Rightarrow F(g(x)) = \ln |g|$, also $F'(g) = \frac{1}{g}$.

3 Bestimmung von Stammfunktionen

Außerdem ist $g'(x) = 2x - 4$. Also ergibt sich für $F'(x)$:

$$F'(x) = \frac{1}{2} \cdot g'(x) \cdot F'(g(x)) = \frac{1}{2} \cdot (2x - 4) \cdot \frac{1}{g(x)} = (x - 2) \cdot \frac{4}{x^2 - 4x + 5} = \frac{x - 2}{x^2 - 4x + 5} = f(x).$$

1 **Finden Sie Stammfunktionen zu den angegebenen Funktionen.**
Formen Sie den Funktionsterm gegebenenfalls so um, dass die Zählerfunktion die Ableitung der Nennerfunktion ist. Überprüfen Sie Ihr Ergebnis mithilfe der Kettenregel.

a) $f(x) = \dfrac{3x^2 + 2x - 3}{x^3 + x^2 - 3x + 1}$

b) $f(x) = \dfrac{x - 1}{x^2 - 2x + 1}$

c) $f(x) = \dfrac{4x - 2}{(x - 2)^2 + (x + 1)^2}$

INFO **Die Partialbruchzerlegung**

Mithilfe der Partialbruchzerlegung (dt.: Teilbruchzerlegung) versucht man, den Term der gebrochenrationalen Funktion in eine Summe oder Differenz mehrerer einfacherer Funktionsterme zu zerlegen, zu denen man dann einzeln Stammterme sucht. Die Summe bzw. Differenz dieser Terme ergibt dann den Term einer Stammfunktion.
Die Zerlegung in Teilterme geschieht nach den Regeln der Bruchrechnung. Sie kann nur erfolgen, wenn der Nenner des ursprünglichen Terms ein Produkt aus mehreren Termen ist. Diese bilden dann die Nenner der Teilbrüche.

BEISPIEL **Vom Bruchterm zur Summenfunktion**

1. Aus dem Zahlenbereich: Der Bruch $\frac{7}{12}$ hat den Nenner $12 = 3 \cdot 4$. Es gilt: $\frac{7}{12} = \frac{3 + 4}{12}$
$= \frac{3}{12} + \frac{4}{12} = \frac{1}{4} + \frac{1}{3}$. Dieser Bruch kann also in eine Summe zweier einfacherer Brüche zerlegt werden. Bei dem Bruch $\frac{8}{17}$ kann dies nicht funktionieren, da der Nenner 17 sich nicht zerlegen lässt.

2. Der Term $f(x) = \frac{x - 1}{x^2}$ kann zerlegt werden in $f(x) = \frac{x}{x^2} - \frac{1}{x^2} = \frac{1}{x} - \frac{1}{x^2}$. Stammterme
zu den Einzeltermen sind $\ln |x|$ bzw. $\frac{1}{x}$, also ist die Funktion F mit der Funktionsgleichung $F(x) = \ln |x| + \frac{1}{x}$ eine Stammfunktion zur Funktion f.

3. $f(x) = \dfrac{2x - 1}{(x - 2) \cdot (x + 1)} = \dfrac{(x + 1) + (x - 2)}{(x - 2) \cdot (x + 1)}$

Durch Aufspaltung in zwei Brüche erhalten wir:

$f(x) = \dfrac{x + 1}{(x - 2) \cdot (x + 1)} + \dfrac{(x - 2)}{(x - 2) \cdot (x + 1)} = \dfrac{1}{x - 2} + \dfrac{1}{x + 1}$.

Dann heißt eine Stammfunktion:

$F(x) = \ln |x - 2| + \ln |x + 1| = \ln |(x - 2) \cdot (x + 1)|$.

Hilfreich bei diesem Beispiel ist, dass man relativ leicht sieht, dass der Zählerterm gleich der Summe der beiden Faktoren ist, aus denen der Nenner gebildet wird.

3.6 Trigonometrische Funktionen

> Dadurch kann in den Einzelbrüchen gekürzt werden. Oft ist dies nicht so leicht zu sehen. Dann muss systematisch probiert werden. Falls auch dies nicht zum Ziel führt, ist das Verfahren vielleicht überhaupt nicht anwendbar.

2 Spalten Sie den Funktionsterm von f in mehrere Bruchterme auf, zu denen Sie dann eine Stammfunktion finden sollen.

Die Nenner der Einzelbrüche sind die Faktoren des gegebenen Nenners. Setzen Sie die gefundenen Stammfunktionen dann zu einer Stammfunktion der Funktion f zusammen.

a) $f(x) = \dfrac{2x - 4}{(x - 5) \cdot (x + 1)} = \dfrac{?}{x - 5} + \dfrac{?}{x + 1}$

b) $f(x) = \dfrac{4x + 7}{(2x - 1) \cdot (x + 4)}$

c) $f(x) = \dfrac{12x + 5}{6x^2 + 5x + 1} = \dfrac{?}{(3x + \ldots)} + \dfrac{?}{(2x + \ldots)}$

3.6 Trigonometrische Funktionen

Als trigonometrische Funktionen haben Sie sicher in Klasse 9 oder 10 die Funktionen Sinus (sin), Kosinus (cos), Tangens (tan) und Kotangens (cot) kennengelernt. (Kotangens wird öfters nicht oder nur kurz angesprochen, weil er der Kehrwert des Tangens ist, d. h. $\cot x = \dfrac{1}{\tan x}$ gilt.)
In der Differenzialrechnung lernt man, dass die trigonometrischen Funktionen $\sin x$ und $\cos x$ sich besonders leicht ableiten lassen:

Funktionsterm	Ableitungsterm
$\sin x$	$\cos x$
$\cos x$	$-\sin x$

INFO　　　**Stammfunktionen für Kosinus und Sinus**

Da die Kosinusfunktion die Ableitungsfunktion zur Sinusfunktion ist, ist umgekehrt also die Sinusfunktion eine Stammfunktion zur Kosinusfunktion.
Um eine Stammfunktion der Sinusfunktion zu finden, muss die Faktorregel verwendet werden, da die Ableitung der Kosinusfunktion die **negative** Sinusfunktion ist: Die Ableitung der **negativen** Kosinusfunktion ist die **positive** Sinusfunktion:
$f(x) = -\cos x = (-1) \cdot \cos x \Rightarrow f'(x) = (-1) \cdot (-\sin x) = \sin x$.
Eine Stammfunktion zur Sinusfunktion ist also die **negative** Kosinusfunktion.

Bestimmung von Stammfunktionen

Stammfunktion der Tangens- und der Kotangensfunktion

Etwas komplizierter wird die Suche nach Stammfunktionen bei tan x und cot x. Hilfreich ist dabei der aus der Mittelstufe bekannte Satz, nach dem tan $x = \frac{\sin x}{\cos x}$ bzw. cot $x = \frac{\cos x}{\sin x}$ ist. Ergänzt man in der Gleichung für tan x im Zähler ein Minuszeichen, das durch ein zweites vor dem Bruch aufgehoben wird, d. h. betrachtet man den Term $-\frac{-\sin x}{\cos x}$, so gilt für den jetzt entstandenen Bruch: Der Zähler ist der Ableitungsterm des Nenners.

Hier liegt ein ähnlicher Fall vor wie der bei den gebrochenrationalen Funktionen besprochene: Der Zähler des Bruchs ist die Ableitung des Nennerterms. Nach dem dort Vorgebrachten gilt also: Stammterm zu tan x ist der Term $-\ln|\cos x|$.

Bei cot x kommt man ohne die Ergänzung eines Vorzeichens aus, hier steht nämlich direkt im Zähler die Ableitung des Nenners und somit erhält man als Stammfunktion zu cot x die Funktion mit dem Term $\ln|\sin x|$.

TIPP — Multiplikation mit 1

Der beim Tangens gezeigte Trick, nämlich die **Ergänzung eines Vorzeichens,** das man an dieser Stelle gerne hätte, wird in der Mathematik relativ häufig angewandt. Er beruht darauf, dass man jeden Term mit 1 multiplizieren darf, so oft man will. Der Term verändert sich nicht.

Es gibt aber keine Vorschrift, die festlegt, **wie** man den Faktor 1 zu schreiben hat. Also kann ich auch statt 1 das Produkt $(-1) \cdot (-1)$ schreiben. Oder auch das Produkt $2 \cdot \frac{1}{2}$ oder jedes andere Produkt, das mir gerade einfällt, wenn es nur den Wert 1 hat. Bei der Betrachtung der aktuellen Aufgabenstellung fällt häufig ein Faktor ein, der jetzt ganz nützlich wäre. Dieser kann dann ergänzt werden, wenn man gleichzeitig seinen Kehrwert als weiteren Faktor ebenfalls ergänzt.

INFO — Trigonometrische Stammfunktionen

Für die vier trigonometrischen Funktionen gilt:

$f(x)$	$F(x)$
$\sin x$	$-\cos x$
$\cos x$	$\sin x$
$\tan x$	$-\ln|\cos x|$
$\cot x$	$\ln|\sin x|$

Komplexere Beispiele und Aufgaben finden Sie auch hierzu unter „Andere Funktionen/Substitutionsregel" (s. S. 192 ff.).

TEIL II

3.7 Exponentialfunktionen

3.7 Exponentialfunktionen

> **INFO** Basis und Exponent
>
> Funktionen, deren Term die Form $f(x) = c \cdot b^x$ haben, heißen Exponentialfunktionen mit der Basis b, die **Umkehrfunktionen** zu den Logarithmusfunktionen.

> **BEISPIEL** Die einfachste Stammfunktion
>
> **Beispiel 1:**
> Die bekannteste und wohl am häufigsten benutzte Exponentialfunktion ist die, deren Basis die eulersche Zahl e (2,718 28…) ist. Diese Funktion ($f(x) = e^x$) ist die **Umkehrfunktion** der natürlichen Logarithmusfunktion. Sie ist auch am einfachsten zu differenzieren, der Term ihrer Ableitung ist nämlich der gleiche wie der Term der Funktion, also $f'(x) = e^x$.
> Da die Bestimmung der Stammfunktion die Umkehrung der Ableitung darstellt, ist der Term der Stammfunktion zu f auch der gleiche, nämlich $F(x) = e^x$: Weder bei der Differenziation noch bei der Integration ändert sich etwas. Dies gilt wegen der Faktorregel auch für die Vielfachen dieser Funktion:
>
> **Regel:** Ableitungsfunktion f' Funktion f Stammfunktion F
>
> $c \cdot e^x$ $c \cdot e^x$ $c \cdot e^x$
>
> Erst wenn im Exponenten etwas anderes als x steht, wird die Sache komplizierter: Nun muss die Umkehrung der Kettenregel, die Substitutionsregel, verwendet werden, um eine Stammfunktion zu finden. Schlimmer noch: Nicht immer findet man überhaupt eine Stammfunktion.
>
> **Beispiel 2:**
> Wir beschränken uns vorläufig auf einen konstanten Faktor im Exponenten, also den Term $f(x) = c \cdot e^{kx}$. Bei der Bildung der Ableitung mithilfe der Kettenregel erscheint der Faktor k als konstanter Faktor in dem Term der Ableitungsfunktion, nämlich $f'(x) = k \cdot c \cdot e^{kx}$, also muss dies bei der Bestimmung einer Stammfunktion berücksichtigt werden. Bei Ableitung der Stammfunktion kommt der Faktor k hinzu, also muss sein Kehrwert als weiterer Faktor ergänzt werden, damit der ursprüngliche Funktionsterm als Ergebnis herauskommt. Der Term einer Stammfunktion lautet also $F(x) = \frac{1}{k} \cdot c \cdot e^{kx}$.
>
> **Nachweis:** $F'(x) = \frac{1}{k} \cdot c \cdot k \cdot e^{kx} = c \cdot e^{kx} = f(x)$, wie behauptet.
>
> **Regel:** Ableitungsfunktion f' Funktion f Stammfunktion F
>
> $c \cdot k \cdot e^{kx}$ $c \cdot e^{kx}$ $\frac{c}{k} \cdot e^{kx}$

3 **Bestimmung von Stammfunktionen**

> **INFO** **Wechsel der Basis**
>
> Unter Berücksichtigung der Potenz- und Logarithmengesetze kann man nun Stamm-
> funktionen zu anderen Exponentialfunktionen bilden. Es gilt nämlich für jede positive
> reelle Zahl b: $b = e^{\ln b}$, da Exponential- und Logarithmusfunktion zur selben Basis
> Umkehrfunktionen sind.

> **BEISPIEL** **Allgemeine Exponentialfunktion**
>
> Wenn man in dem Term $f(x) = c \cdot b^x$ ($b > 0$) die Basis b durch die Potenz $e^{\ln b}$ ersetzt,
> erhält man den Funktionsterm $f(x) = c \cdot e^{(\ln b) \cdot x}$, also von den gerade behandelten
> Funktionen diejenige mit $k = \ln b$; es gilt somit: $F(x) = \frac{1}{\ln b} \cdot c \cdot e^{(\ln b) \cdot x} = \frac{c}{\ln b} \cdot b^x$.

3.8 Partielle Integration und Integration durch Substitution

Zur Bestimmung von Stammfunktionen anderer Funktionen, die bisher nicht erwähnt wurden,
gibt es einige Regeln. Wir behandeln im Folgenden
1. die Methode der **partiellen Integration** und
2. die **Substitutionsregel**.

> **INFO** **Partielle Integration**
>
> Die partielle Integration (teilweise Integration) wird bei Funktionen angewandt, deren
> unbestimmtes Integral in keiner Tabelle zu finden ist. Dabei zerlegt man die Funktion
> in ein Produkt zweier Funktionen und kehrt dann die Produktregel der Differenzial-
> rechnung um.
> **Zur Erinnerung:** Ist die Funktion f das Produkt zweier Funktionen u und v, also $f = u \cdot v$,
> so gilt für die Ableitung von f: $f' = u' \cdot v + u \cdot v'$.

> **BEISPIEL**
>
> $f(x) = x^2 \cdot (x^3 + 2x^2 - 2)$, also $u(x) = x^2$ und $v(x) = x^3 + 2x^2 - 2$,
> dann ist $f'(x) = 2x \cdot (x^3 + 2x^2 - 2) + x^2 \cdot (3x^2 + 4x)$.

Bei der partiellen Integration tut man nun so, als ob man einen der Terme auf der rechten Seite
als Ausgangsterm hat, also z. B. den Term $u \cdot v'$, man löst also die Gleichung der Produktregel
so auf: $u \cdot v' = f' - u' \cdot v$.

TEIL II

3.8 Partielle Integration und Integration durch Substitution

Es wird das unbestimmte Integral auf beiden Seiten gebildet. Wir erhalten

$$\int u \cdot v' = \int f' - \int u' \cdot v.$$

Der erste der beiden Terme auf der neuen rechten Seite ist aber schon bekannt, denn eine Stammfunktion zur Ableitung einer Funktion ist die Funktion selbst.

Resultat der Umformung ist also: $\int u \cdot v' = f - \int u' \cdot v.$

Da die Funktion f ja gerade das Produkt aus u und v war, haben wir also

$$\int u \cdot v' = u \cdot v - \int u' \cdot v.$$

Fazit: Man formt das gegebene Integral also so um, dass man einen Funktionsterm und ein neues Integral erhält, wobei das neue Integral leichter zu lösen sein soll als das alte.

BEISPIEL | **Ein Produkt mit dem Kosinus**

Wir betrachten die Funktion f, deren Term $f(x) = x \cdot \cos x$ ist. Eine Stammfunktion dazu finden wir auf den vorhergehenden Seiten nirgends.
Zerlegen wir die Funktion in das Produkt der beiden Funktionen u und v' mit $u(x) = x$ und $v'(x) = \cos x$, so können wir die Ableitung von u bilden, nämlich $u'(x) = 1$. Außerdem wissen wir, dass $\cos x$ die Ableitung von $\sin x$ ist. Eingesetzt in die Formel ergibt sich:

$$\int x \cdot \cos x \, dx = x \cdot \sin x - \int 1 \cdot \sin x \, dx = x \cdot \sin x - \int \sin x \, dx.$$

Das neu auftretende Integral $\int \sin x \, dx$ kennen wir aber, eine Stammfunktion zu $\sin x$ ist nämlich $-\cos x$. Also ist letztlich:

$$\int x \cos x \, dx = x \cdot \sin x - (-\cos x) + c = x \cdot \sin x + \cos x + c.$$

Die Ableitung der gefundenen Funktion bestätigt unsere Rechnung, denn es gilt: Für die Funktion F mit $F(x) = x \cdot \sin x + \cos x + c$ erhält man:
$F'(x) = (x \cdot \sin x)' + (\cos x)' + (c)' = (1 \cdot \sin x + x \cdot \cos x) + (-\sin x) + 0 = x \cdot \cos x.$
Das ist die Ausgangsfunktion. Hierbei wurde u. a. die Produktregel der Differenzialrechnung angewandt. Indem wir den ursprünglichen Term in zwei Teilterme zerlegt haben, konnten wir die Integration in zwei Schritten erledigen.

TIPP | **Der zweite Versuch**

Manchmal ist es erforderlich, die partielle Integration mehrmals anzuwenden, wenn auch das neue Integral noch nicht einfach genug ist.
Bei „ungeschickter" Wahl der Faktoren wird der Ausdruck evtl. komplizierter. Oft hilft deshalb nach einem vergeblichen Versuch die Vertauschung der beiden Faktoren.

3 Bestimmung von Stammfunktionen

1 Bestimmen Sie das unbestimmte Integral der Funktionen mit den folgenden Termen. (In der rechten Spalte ist jeweils das Ergebnis angegeben.)

	$f(x)$	$F(x)$
a)	$x \cdot \sin x$	$-x \cdot \cos x + \sin x + c$
b)	$x^2 \cdot \cos x$	$x^2 \cdot \sin x + 2x \cdot \cos x - 2 \sin x + c$
c)	$x^2 \cdot \sin x$	$-x^2 \cdot \cos x + 2x \cdot \sin x + 2 \cos x + c$
d)	$x \cdot e^x$	$x \cdot e^x - e^x$

INFO   Die Substitutionsregel

Bei der Substitutionsregel (dt.: Ersetzungsregel) wird, wie der Name schon sagt, etwas ersetzt. Dieses Verfahren, in dem komplizierte Terme dadurch vereinfacht werden, dass man für einen Teilterm eine neue Abkürzung verwendet, ist im Mathematikunterricht schon mehrfach verwendet worden.

Beispiele:

▷ Bei der Lösung biquadratischer Gleichungen setzt man $x^2 = u$, um eine Gleichung vierten Grades für x zu einer quadratischen Gleichung für u zu machen.

▷ Bei der Kettenregel setzt man für einen Teil des Funktionsterms vorläufig $u(x)$ ein.

Bei der **Bestimmung von Stammfunktionen bzw. der unbestimmten Integration** ist dieses Verfahren besonders kompliziert: Meist gibt es eine Fülle verschiedener Möglichkeiten für die Substitution, von denen dann vielleicht nur eine zum Ziel führt. Zudem wird hier – vielleicht erstmals – das Symbol dx im Integral wichtig, denn es muss auch substituiert werden.
Hinweis: Da die Substitutionsregel nicht in allen Kursen behandelt wird, beschränken wir uns hier nach Angabe der Regel auf einige Beispiele.

INFO   Umkehrung der Kettenregel

Gegeben seien die differenzierbare Funktion u sowie die integrierbare Funktion f.
Dann gilt (mit der Abkürzung $z = u(x)$):

$$\int f[u(x)] \cdot u'(x)\, dx = \int f(z)\, dz.$$

Wegen des Zusammenhangs mit der Kettenregel, bei der man oft von innerer Ableitung spricht, kann man die Funktion u die innere Funktion nennen. f ist dann entsprechend die äußere Funktion.

TEIL II

3.8 Partielle Integration und Integration durch Substitution

BEISPIELE — Substitution und Rücksubstitution

1. $\int x \cdot \cos x^2 \, dx = \int \frac{1}{2} \cdot 2x \cdot \cos x^2 \, dx = \frac{1}{2} \cdot \int \cos x^2 \cdot 2x \, dx$

Durch die Substitution (Ersetzung) $z = u(x) = x^2$ (und damit $u'(x) = 2x$) wird daraus:

$\frac{1}{2} \cdot \int \cos z \, dz = \frac{1}{2} \cdot (\sin z + c) = \frac{1}{2} \sin x^2 + \frac{1}{2} c$.

Stammfunktion der Funktion f mit dem Term $f(x) = x \cdot \cos x^2$ ist also z. B. die Funktion F, deren Term $F(x) = \frac{1}{2} \sin x^2$ lautet.

2. $\int 2x \cdot \sin(x^2 + 1) \, dx$

Substituiert man $z = u(x) = x^2 + 1$ (also $u'(x) = 2x$), so wird daraus:

$\int \sin z \, dz = -\cos z + c = -\cos(x^2 + 1) + c$.

Die Funktion mit dem Term $-\cos(x^2 + 1)$ ist also eine Stammfunktion zu der Funktion f mit $f(x) = 2x \cdot \sin(x^2 + 1)$.

3. $\int \frac{x}{\sqrt{x^2 - 25}} \, dx = \int \frac{2x}{2 \cdot \sqrt{x^2 - 25}} \, dx$

Substitution: $z = u(x) = x^2 - 25$, also $u'(x) = 2x$

$\Rightarrow \int \frac{x}{\sqrt{x^2 - 25}} \, dx = \int \frac{1}{2} \cdot \sqrt{\frac{1}{z}} \, dz = \sqrt{z} + c = \sqrt{x^2 - 25} + c$.

4. $\int \frac{3x^2 + 2x + 1}{x^3 + x^2 + x - 2} \, dx$

Substitution: $z = u(x) = x^3 + x^2 + x - 2$, also $u'(x) = 3x^2 + 2x + 1$

$\Rightarrow \int \frac{3x^2 + 2x + 1}{x^3 + x^2 + x - 2} \, dx = \int \frac{u'(x)}{u(x)} \, dx = \int \frac{1}{z} \, dz = \ln |z| + c$

bzw. nach Rücksubstitution:

$\int \frac{3x^2 + 2x + 1}{x^3 + x^2 + x - 2} \, dx = \ln |x^3 + x^2 + x - 2| + c$.

5. $\int 2x \cdot e^{x^2} \, dx$

Substitution: $z = u(x) = x^2$, also $u'(x) = 2x$

$\Rightarrow \int 2x \cdot e^{x^2} \, dx = \int u'(x) \cdot e^{u(x)} \, dx = \int e^z \, dz = e^z + c = e^{x^2} + c$.

3 Bestimmung von Stammfunktionen

6. $\int 2x \cdot \sin(x^2)\,dx$

Substitution: $z = u(x) = x^2$, also $u'(x) = 2x$

$\Rightarrow \int 2x \cdot \sin(x^2)\,dx = \int u'(x) \cdot \sin[u(x)]\,dx = \int \sin z\,dz = -\cos z + c$

bzw. nach Rücksubstitution:

$\int 2x \cdot \sin(x^2)\,dx = -\cos x^2 + c.$

② Bestimmen Sie die unbestimmten Integrale mithilfe der vorgegebenen Substitution.

Integral	Substitution
a) $\int (1 - x^3)^5 \cdot x^2\,dx$	$u(x) = 1 - x^3$
b) $\int (2x - 1)^3\,dx$	$u(x) = 2x - 1$
c) $\int \dfrac{1}{\sqrt{x-1}}\,dx$	$u(x) = \sqrt{x-1}$
d) $\int \dfrac{4x^3 + 6x^2 - 4x + 2}{x^4 + 2x^3 - 2x^2 + 2x - 5}\,dx$	$u(x) = x^4 + 2x^3 - 2x^2 + 2x - 5$

③ Die folgenden Integrale sollen Sie ohne Vorgabe der Substitution lösen.

a) $\int \dfrac{1}{\sqrt{3x}}\,dx$

b) $\int \dfrac{1}{\sqrt{5+2x}}\,dx$

c) $\int \dfrac{5}{(2x+3)^2}\,dx$

d) $\int \dfrac{4x+6}{x^2+3x-3}\,dx$

3.9 Übersicht über einige Stammfunktionen

In der folgenden Tabelle finden Sie die Stammfunktionen der wichtigsten Funktionen. Der Einfachheit halber wurde die Integrationskonstante weggelassen.

Funktionsname	Funktionsterm	Unbestimmtes Integral / Stammfunktionsterm
Konstante Funktion	a	$a \cdot x$
Potenzfunktion	$x^n \ (n \neq -1)$	$\dfrac{1}{n+1} \cdot x^{n+1}$
Wurzelfunktion	$\sqrt{x}$	$\dfrac{2}{3} \cdot \sqrt{x^3}$

TEIL II

3.9 Übersicht über einige Stammfunktionen

Funktionsname	Funktionsterm	Unbestimmtes Integral/ Stammfunktionsterm
Reziprokfunktion	$x^{-1} = \frac{1}{x}$	$\ln |x|$
Sinusfunktion	$\sin x$	$-\cos x$
Kosinusfunktion	$\cos x$	$\sin x$
Tangensfunktion	$\tan x$	$-\ln |\cos x|$
Kotangensfunktion	$\cot x$	$\ln |\sin x|$
Exponentialfunktion	e^x	e^x
Allgemeine Exponential-funktion	a^x	$\frac{a^x}{\ln a}$
Natürlicher Logarithmus	$\ln x$	$x \cdot \ln x - x$

Einige zusammengesetzte Funktionen mit ihren Stammfunktionen:

Funktionsterm	Stammfunktionsterm	Funktionsterm	Stammfunktionsterm
$\frac{1}{\sin x}$	$\ln \left| \tan \frac{x}{2} \right|$	$\frac{1}{1 + \sin x}$	$\tan \left(\frac{x}{2} - \frac{\pi}{4} \right)$
$\frac{1}{\sin^2 x}$	$-\cot x$	$\frac{1}{1 - \sin x}$	$-\cot \left(\frac{x}{2} - \frac{\pi}{4} \right)$
$\frac{1}{\cos x}$	$\ln \left| \tan \left(\frac{x}{2} + \frac{\pi}{4} \right) \right|$	$\frac{1}{1 + \cos x}$	$\tan \frac{x}{2}$
$\frac{1}{\cos^2 x}$	$\tan x$	$\frac{1}{1 - \cos x}$	$-\cot \frac{x}{2}$
$\sin^2 x$	$\frac{1}{2} \cdot (x - \sin x \cos x)$	$\tan^2 x$	$\tan x - x$
$\cos^2 x$	$\frac{1}{2} \cdot (x + \sin x \cos x)$	$\cot^2 x$	$-\cot x - x$

Hinweis: Weitere Stammfunktionen finden Sie auf S. 244 sowie in vielen Formelsammlungen.

3 Bestimmung von Stammfunktionen

Test

1 Finden Sie eine Stammfunktion F zu der gegebenen Funktion f. |3|

	$f(x)$		$F(x)$
a)	x^{12}		
b)	x^{-7}		
c)	$x^{\frac{4}{3}}$		

2 Bestimmen Sie jeweils den Term einer Stammfunktion. |4|

	$f(x)$	$F(x)$
a)	$12 \cdot x^7$	
b)	$3 \cdot x^{\frac{2}{5}}$	
c)	$5 \cdot x^6 = 5 \cdot \frac{1}{7} \cdot 7 \cdot x^6$	
d)	$3 \cdot x^{\frac{1}{2}} = 3 \cdot \frac{2}{3} \cdot \frac{3}{2} \cdot x^{\frac{1}{2}}$	

3 Gesucht ist eine Stammfunktion zur Funktion f. |6|

	$f(x)$	$F(x)$
a)	$f(x) = 2x^3 - 5x + 2$	
b)	$f(x) = \frac{1}{4}x^2 - \frac{2}{3}x + \frac{1}{2}$	
c)	$f(x) = -\frac{3}{4}x^4 + 6x^3 - 3x^2 + 4x - 1$	

4 Geben Sie eine Stammfunktion zur Funktion $f(x) = \frac{3}{x}$ an. |2|

198

TEIL II

3 TEST Bestimmung von Stammfunktionen

5 Bestimmen Sie mithilfe der Partialbruchzerlegung eine Stammfunktion
der Funktion f. |6|

$$f(x) = \frac{x^2 + 4x}{(x+1) \cdot (x-2) \cdot (x+2)}$$

6 Bestimmen Sie eine Stammfunktion der Exponentialfunktionen f. |4|

a) $f(x) = e^{2x}$

b) $f(x) = 3 \cdot e^{3x}$

7 Bestimmen Sie mithilfe der partiellen Integration eine Stammfunktion
der Funktionen f. |8|

a) $f(x) = x^2 \cdot e^x$

b) $f(x) = e^x \cdot \sin x$

8 Bestimmen Sie mithilfe der Substitutionsregel eine Stammfunktion
der Funktionen f.

a) $f(x) = 2x \cdot e^{(x^2)}$ |3|

b) $f(x) = 3 \cdot e^{3x+1}$ |2|

c) $f(x) = (2x+1) \cdot (x^2 + x + 3)$ |2|

||40||

Testauswertung:
Wie viele Punkte haben Sie? Erreichen Sie mehr als 32 Punkte, beherrschen Sie den Inhalt des Kapitels
wirklich gut. Erreichen Sie weniger als 16 Punkte, dann sollten Sie dieses Kapitel wiederholen.

4 Bestimmung von Flächeninhalten

WAS SIE SCHON KÖNNEN MÜSSEN
▷ Stammfunktionen bilden
▷ Die Werte bestimmter Integrale berechnen

DARUM GEHT ES
▷ Berechnung von Flächen

Nun geht es daran, mit den bisher gewonnenen Erkenntnissen zu arbeiten, nämlich Flächen zu berechnen. Dabei werden Sie Fallunterscheidungen einführen müssen.

In erster Linie unterscheiden wir:
1. Die Fläche liegt zwischen Graph und x-Achse:

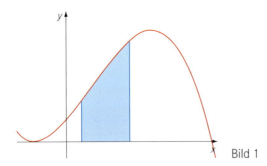

Bild 1

2. Die Fläche liegt zwischen zwei Graphen:

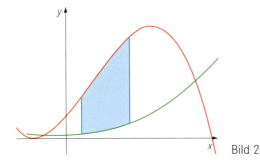

Bild 2

4.1 Fläche zwischen Graph und x-Achse

Betrachten wir zunächst den einfacheren der beiden, nämlich die Bestimmung einer Fläche zwischen Graph und x-Achse. Auch dazu gibt es weitere Unterteilungen:
1. Der Funktionsgraph bildet mit der x-Achse eine positive oder negative Normalfläche (Bild 3 und 4).

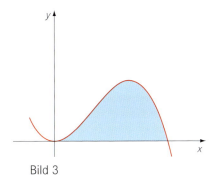

Bild 3

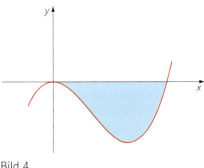

Bild 4

2. Der Funktionsgraph schneidet die x-Achse in dem betrachteten Bereich einmal oder mehrere Male (Bild 5 und 6).

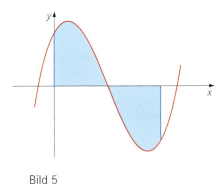

Bild 5

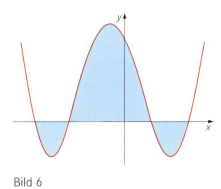

Bild 6

Der Funktionsgraph bildet mit der x-Achse eine positive Normalfläche

Dies stellt den schon in Kapitel 2 erwähnten einfachsten Fall dar, nämlich einen Graphen, der im betrachteten Bereich ganz oberhalb der x-Achse verläuft. Für diesen Fall haben wir in Kapitel 2 anschaulich das Verfahren zur Flächenberechnung dargestellt und eine vereinfachte Berechnung eingeführt.

4 Bestimmung von Flächeninhalten

> **INFO** — Flächeninhalt und Stammfunktion
>
> Der Flächeninhalt A einer positiven Normalfläche ist mithilfe einer beliebigen Stammfunktion berechenbar. Er ist die Differenz der Funktionswerte am linken und rechten Rand des Integrationsintervalls:
> $A = F(b) - F(a)$.

Als vereinfachte Schreibweise führen wir hier ein: $A = [F]_a^b$ und sprechen von „F in den Grenzen a und b".

BEISPIEL — Flächen zwischen Graph und x-Achse

Gegeben ist die Funktion f mit
$f(x) = x^3 - 3x^2 + 2x + 2$.
Gesucht ist die Fläche unter dem Graphen von f im Intervall $[1; 2]$.
Eine Stammfunktion zu f ist die Funktion F mit $F(x) = \frac{1}{4}x^4 - x^3 + x^2 + 2x$
Die Funktionswerte an den Intervallgrenzen sind: $F(1) = 2{,}25$ und $F(2) = 4$.
Demnach ist die gesuchte Fläche:

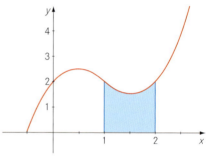

$$A = \int_1^2 (x^3 - 3x^2 + 2x + 2)\, dx = \left[\frac{1}{4}x^4 - x^3 + x^2 + 2x\right]_1^2 = 4 - 2{,}25 = 1{,}75.$$

BEISPIEL — Flächen zwischen Graph und x-Achse

Es soll die vom Graphen der Funktion f und der x-Achse vollständig eingeschlossene Fläche berechnet werden.
Gegeben ist $f(x) = -3x^2 + 9x$.
Die gesuchte Fläche ist unter dem Intervall $[0; 3]$, denn bei $x = 0$ und $x = 3$ schneidet der Graph die x-Achse.
Eine Stammfunktion F findet man mit
$F(x) = -x^3 + 4{,}5x^2$.
Die gesuchte Fläche ist also:

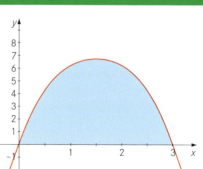

$$A = \int_0^3 (-3x^2 + 9x)\, dx = \left[-x^3 + 4{,}5x^2\right]_0^3 = [-27 + 40{,}5] - [0] = 13{,}5.$$

TEIL II

4.1 Fläche zwischen Graph und x-Achse

TIPP	Intelligent raten

1. Zeichnen Sie zuerst eine Skizze der Graphen. Bestimmen Sie dazu den ungefähren Verlauf, indem Sie die Nullstellen und eventuell Extremstellen berechnen.
2. Für ganzrationale Funktionen:
   Bei Funktionen höheren Grades (ab 3) sind Sie eventuell darauf angewiesen, eine Nullstelle zu erraten. Untersuchen Sie dazu die Teiler des absoluten Gliedes im Funktionsterm (das ist die Zahl ohne x). Wenn ganzzahlige Nullstellen existieren, sind sie nämlich **immer** Teiler des absoluten Gliedes. Dividieren Sie danach den Funktionsterm durch den Linearfaktor, der zu der erratenen Nullstelle gehört. Für $x = 1$ ist dies z. B. der Term $(x - 1)$, für $x = -2$ der Term $(x + 2)$.
   Der Koeffizient der höchsten Potenz bestimmt auch einen Teil des Aussehens: Ist er positiv, so ist der Graph nach „oben" geöffnet, sonst nach „unten".

1 Berechnen Sie jeweils die Fläche zwischen dem Graphen der Funktion *f* und der x-Achse im angegebenen Intervall *I*.

Wenn kein Intervall angegeben ist, soll die von Graph und x-Achse vollständig eingeschlossene Fläche berechnet werden. Die Ergebnisse sind jeweils als Kontrollhilfe angegeben.

	Funktionsterm	Intervall	Ergebnis in FE (evtl. gerundet)
a)	$4 - x^2$	$[0; 2]$	$\frac{16}{3}$
b)	$\sqrt{x}$	$[0; 9]$	18
c)	$\frac{1}{x^2}$	$[1; 5]$	0,8
d)	$\cos x$	$\left[-\frac{\pi}{2}; +\frac{\pi}{2}\right]$	2
e)	$x^3 - 3x^2 + 4$		6,75
f)	$-x^3 + 3x^2 - 2$	$[1; 2,5]$	2,1

203

4 Bestimmung von Flächeninhalten

Der Funktionsgraph bildet mit der *x*-Achse eine negative Normalfläche

Zur Erinnerung: Zur Berechnung des Flächeninhalts wurden in Kapitel 1 zunächst Unter- und Obersummen berechnet und danach von diesen der gemeinsame Grenzwert gebildet, sofern er existiert. Der Fall, dass kein gemeinsamer Grenzwert existiert, kommt in der Schule normalerweise nicht vor.

Nun liegen die Rechtecke bei der betrachteten Funktion alle unterhalb der *x*-Achse. Für die Flächenberechnung macht das an sich keinen Unterschied. Da jedoch als Rechteckhöhe jeweils ein Funktionswert genommen wird, erhalten wir grundsätzlich **negative** Werte.

Folglich werden **alle** Unter- und Obersummen negativ sein!

Da das Integral der gemeinsame Grenzwert von Unter- und Obersumme ist, ist es also natürlich auch negativ.

> **INFO — Negative Integralwerte**
>
> Für Funktionen, deren Graph unterhalb der *x*-Achse verläuft, liefert das Integral einen negativen Wert.
> Der Flächeninhalt ist dann der **Betrag** dieses Werts.

Um den Zusammenhang mit der Stammfunktion herzustellen, nimmt man eine Spiegelung des Graphen an der *x*-Achse vor. Da die Spiegelung an einer Geraden eine Kongruenzabbildung ist, ändert sich der Flächeninhalt dabei nicht. Es entsteht jedoch der Fall des Bildes 3 von Seite 201 (positive Normalfläche), der schon auf eine Stammfunktion zurückgeführt wurde.

Die Spiegelung des Funktionsgraphen an der *x*-Achse bewirkt im Term der Funktion eine Umkehr aller Vorzeichen.

Beispiel: Aus dem Term $-2x^3$ wird der Term $2x^3$.

Also werden sich auch im Term der Stammfunktion alle Vorzeichen ändern. Nennen wir die gespiegelte Funktion G, so gilt also für ihren Term: $G(x) = -F(x)$.

Zur Berechnung des Integrals müssen wir $G(b) - G(a)$ bilden. Aus $G(x) = -F(x)$ folgt aber: $G(b) = -F(b)$ und $G(a) = -F(a)$. Somit erhalten wir:

$$\int_a^b g = G(b) - G(a) = -F(b) - (-F(a)) = -F(b) + F(a) = -[F(b) - F(a)] = -\int_a^b f.$$

Das Integral liefert zwar einen negativen Wert, dieser lässt sich jedoch nach wie vor mithilfe einer Stammfunktion von f berechnen, nur muss hinterher das Vorzeichen umgekehrt werden. Da ein Flächeninhalt grundsätzlich eine positive Größe sein **muss**, interessiert uns für die Flächenberechnung nur der Betrag. Für diesen gilt:

$$\left| \int_a^b g \right| = \left| \int_a^b f \right|, \text{ also } |G(b) - G(a)| = |F(b) - F(a)|.$$

4.1 Fläche zwischen Graph und x-Achse

Fazit: An dem Verfahren muss also nichts Wesentliches geändert werden. Es muss lediglich darauf geachtet werden, dass Flächen, die unterhalb der x-Achse liegen, bei der Berechnung über Stammfunktionen einen negativen Wert ergeben und von diesem der Betrag gebildet werden muss.

> **MERKE** — **Betrag des Integrals**
>
> Liegt die Fläche zwischen Graph und x-Achse unterhalb der x-Achse (negative Normalfläche), so ist ihr Inhalt gleich dem Betrag des Integrals.
>
> $$A = \left| \int_a^b f(x)\,dx \right| = |F(b) - F(a)|$$

> **BEISPIEL** — **Polynomfunktionen**
>
> Zu berechnen ist die Fläche zwischen dem Graphen der Funktion f und der x-Achse im Intervall [1; 2].
> $f(x) = x^3 - 2x^2 - 4x + 4$
>
>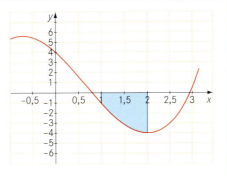
>
> Eine Stammfunktion zu f ist F mit $F(x) = \frac{1}{4}x^4 - \frac{2}{3}x^3 - 2x^2 + 4x$.
>
> Es gilt: $F(1) = \frac{19}{12}$, $F(2) = -\frac{4}{3}$, also ist der Wert des Integrals:
>
> $$I = \int_1^2 (x^3 - 2x^2 - 4x + 4)\,dx = \left[\frac{1}{4}x^4 - \frac{2}{3}x^3 - 2x^2 + 4x\right]_1^2 = -\frac{4}{3} - \frac{19}{12} = -\frac{35}{12}.$$
>
> Daraus ermittelt man die Größe der gesuchten Fläche durch Betragsbildung, da die Fläche eine negative Normalfläche ist, also $A = \frac{35}{12}$.

4 Bestimmung von Flächeninhalten

BEISPIEL — Polynomfunktionen

Gesucht ist die Fläche, die vom Graphen der Funktion *f* und der *x*-Achse vollständig eingeschlossen wird.
Gegeben ist $f(x) = 2x^3 - 3x^2$.

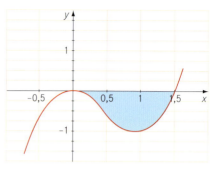

Die Nullstellen der Funktion *f* sind $x = 0$ und $x = 1{,}5$ (keine weiteren!), deshalb ist die Fläche im Intervall $I = [0;\ 1{,}5]$ gesucht.
Eine Stammfunktion ist *F* mit $F(x) = 0{,}5x^4 - x^3$. Der Wert des Integrals ist also:

$$I = \int_0^{1,5} (2x^3 - 3x^2)\,dx = \left[0{,}5x^4 - x^3\right]_0^{1,5} = 0{,}5 \cdot (1{,}5)^4 - (1{,}5)^3 = -\frac{27}{32}.$$

Also ist $A = \frac{27}{32}$.

2 Berechnen Sie jeweils die Fläche zwischen dem Graphen der Funktion *f* und der *x*-Achse im angegebenen Intervall *I*.
Wenn kein Intervall angegeben ist, soll die vom Graphen und der *x*-Achse vollständig eingeschlossene Fläche berechnet werden. Damit Sie Ihre Rechnung kontrollieren können, stehen die Ergebnisse jeweils daneben.

	Funktionsterm	Intervall	Ergebnis in FE
a)	$2x^3 - 3x^2 - 1$	$[-1;\ 1]$	4
b)	$\sin x - 1$	$\left[-\frac{3}{2}\pi;\ \frac{\pi}{2}\right]$	2π
c)	$-x^3 - 5x^2 + x + 5$	$[-4;\ -2]$	$\frac{88}{3} = 29\frac{1}{3}$
d)	$x^3 - x^2$		$\frac{1}{12}$

TEIL II

4.1 Fläche zwischen Graph und x-Achse

Der Funktionsgraph schneidet die x-Achse in dem betrachteten Bereich einmal oder mehrere Male.

Für diese Situationen müssen wir das Intervall, über dem die Fläche berechnet werden soll, in zwei oder mehr Teile einteilen. Dadurch entstehen positive und negative Normalflächen, die einzeln berechnet (bei der zweiten Sorte ist der Betrag zu nehmen!) und anschließend addiert werden. Es ergibt sich die Gesamtfläche.

Würde man in einem Stück integrieren, so würden sich die positiven und negativen Werte, die durch Integration von positiven bzw. negativen Normalflächen entstehen, teilweise oder vollständig kompensieren (= aufheben) und damit den Wert der Gesamtfläche verfälschen. Vor allem bei nur teilweiser Kompensation würde man diesen Fehler eventuell noch nicht einmal bemerken.

INFO — Von Nullstelle zu Nullstelle

Vor der Integration muss die gegebene Funktion in dem zu untersuchenden Intervall auf Nullstellen untersucht werden und zur Sicherheit sollte eine Skizze des Graphen angefertigt werden. Danach integriert man von der linken Grenze des Intervalls bis zur ersten Nullstelle, dann weiter von Nullstelle zu Nullstelle und schließlich von der letzten Nullstelle im Intervall bis zur rechten Grenze.

Zuletzt werden die Beträge der erhaltenen Werte addiert. Sie ergeben die gesuchte Gesamtfläche.

BEISPIEL — Quadratische Funktion

Für die Funktion f mit $f(x) = -3x^2 + 12x - 9$ und das Intervall $[0; 4]$ ist die Fläche gesucht, die der Graph mit der x-Achse einschließt.

Zuerst machen wir uns ein Bild von dem Graphen. Dazu untersuchen wir die Funktion z. B. auf Nullstellen. Durch Lösen der quadratischen Gleichung $-3x^2 + 12x - 9 = 0$ erhalten wir die Nullstellen $x_1 = 1$ und $x_2 = 3$.

Achtung: Denken Sie beim Nachrechnen daran, durch -3 zu dividieren.

Die Nullstellen liegen in dem gegebenen Intervall. Die Fläche besteht also aus drei Teilstücken (s. Bild), und zwar einer positiven Normalfläche im Intervall $[1; 3]$ und zwei negativen Normalflächen in $[0; 1]$ und $[3; 4]$.
$A = |A_1| + |A_2| + |A_3|$.

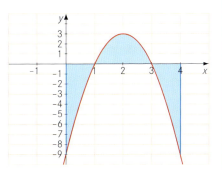

207

4 Bestimmung von Flächeninhalten

Diese Teilflächen werden einzeln berechnet:

$$A_1 = \left|\int_0^1 f(x)\,dx\right| \qquad A_2 = \left|\int_1^3 f(x)\,dx\right| \qquad A_3 = \left|\int_3^4 f(x)\,dx\right|$$

Eine Stammfunktion von f ist F mit $F(x) = -x^3 + 6x^2 - 9x$, also:

$$A_1 = \left[-x^3 + 6x^2 - 9x\right]_0^1 = |(-1^3 + 6\cdot 1^2 - 9\cdot 1) - 0| = |-4| = 4;$$

$$A_2 = \left[-x^3 + 6x^2 - 9x\right]_1^3 = |(-3^3 + 6\cdot 3^2 - 9\cdot 3) - (-1^3 + 6\cdot 1^2 - 9\cdot 1)|$$
$$= |0 - (-4)| = 4;$$

$$A_3 = \left[-x^3 + 6x^2 - 9x\right]_3^4 = |(-4^3 + 6\cdot 4^2 - 9\cdot 4) - (-3^3 + 6\cdot 3^2 - 9\cdot 3)|$$
$$= |(-4) - 0| = 4.$$

Für die Gesamtfläche erhalten wir demnach $A = 4 + 4 + 4 = 12$.

Tipp: Wenn vorher nicht bekannt ist, ob positive oder negative Normalflächen vorliegen, sollte man vorsichtshalber **alle** Teilintegrale mit Betragsstrichen versehen.

BEISPIEL Kubische Funktion

Gesucht ist die vom Graphen der Funktion f mit $f(x) = -x^3 - 5x^2 + x + 5$ und der x-Achse eingeschlossene Fläche im Intervall $[-3; +3]$.
Als Erstes nehmen wir auch hier eine Untersuchung auf Nullstellen vor. Diese führt zu den drei Nullstellen $x = -5$, $x = -1$ und $x = +1$.

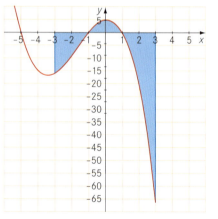

Zur Erinnerung: Bei Funktionen 3. Grades muss eine Nullstelle gegeben sein oder geraten werden und der zugehörige Linearfaktor durch Polynomdivision abgespalten werden, um die restlichen Nullstellen danach mit der *p-q*-Formel berechnen zu können.
Von den Nullstellen liegen $x = -1$ und $x = +1$ im betrachteten Intervall.
Zur Flächenberechnung muss das Intervall also in die Teilintervalle $[-3; -1]$, $[-1; 1]$ und $[1; 3]$ aufgeteilt werden.

TEIL II

4.1 Fläche zwischen Graph und x-Achse

Eine Stammfunktion zu f ist durch $F(x) = -\frac{1}{4}x^4 - \frac{5}{3}x^3 + \frac{1}{2}x^2 + 5x$ gegeben.
Damit ergibt sich für die gesuchte Fläche:

$$A = \left|\int_{-3}^{-1} f(x)\,dx\right| + \left|\int_{-1}^{1} f(x)\,dx\right| + \left|\int_{1}^{3} f(x)\,dx\right|.$$

Die einzelnen Teilflächen berechnen sich zu

$$\left|\int_{-3}^{-1} f(x)\,dx\right| = |F(x)|_{-3}^{-1} = |F(-1) - F(-3)| \approx |-3{,}083 - 14{,}25| = 17{,}333$$

$$\left|\int_{-1}^{1} f(x)\,dx\right| = |F(x)|_{-1}^{1} = |F(1) - F(-1)| \approx |-3{,}583 - (-3{,}083)| = 6{,}667$$

$$\left|\int_{1}^{3} f(x)\,dx\right| = |F(x)|_{1}^{3} = |F(3) - F(1)| \approx |-45{,}75 - 3{,}583| = 49{,}333$$

Der Betrag der gesuchten Fläche ist also: $A \approx 17{,}333 + 6{,}667 + 49{,}333 = 73{,}333$.

BEISPIEL   Kubische Funktion

Für die Funktion f mit $f(x) = 2x^3 - x^2 - 2x + 1$ ist die Fläche zwischen Graph und x-Achse gesucht.
Die Nullstellenbestimmung ergibt:
$x = -1$, $x = 0{,}5$ und $x = 1$.
Eine Stammfunktion F heißt:
$F(x) = \frac{1}{2}x^4 - \frac{1}{3}x^3 - x^2 + x$.
Die zu berechnende Fläche ist:

$$A = \left|\int_{-1}^{0,5} f(x)\,dx\right| + \left|\int_{0,5}^{1} f(x)\,dx\right|.$$

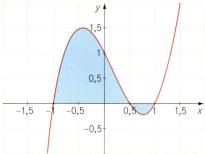

$$\left|\int_{-1}^{0,5} f(x)\,dx\right| = |F(0{,}5) - F(-1)| \approx |0{,}24 - (-1{,}167)| = 1{,}406$$

$$\left|\int_{0,5}^{1} f(x)\,dx\right| = |F(1) - F(0{,}5)| \approx |0{,}167 - 0{,}24| = 0{,}073$$

Daraus erhält man die Gesamtfläche: $A \approx 1{,}406 + 0{,}073 = 1{,}479$.

4 Bestimmung von Flächeninhalten

BEISPIEL Biquadratische Funktion

Zu berechnen ist die Fläche zwischen dem Graphen der Funktion f mit
$f(x) = -x^4 + 10x^2 - 9$ und der x-Achse im Intervall $[-3; 3]$.
Die Untersuchung auf Nullstellen im Intervall $[-3; 3]$ führt auf die Gleichung
$x^4 - 10x^2 + 9 = 0$.
Dies ist eine biquadratische Gleichung, da alle Exponenten im Vergleich zur quadratischen Gleichung verdoppelt sind.
Durch die Substitution $u = x^2$ entsteht daraus die quadratische Gleichung
$u^2 - 10u + 9 = 0$.
Diese hat die Lösungen $u = 1$ und $u = 9$.
Eingesetzt in $u = x^2$ ergeben sich die rein quadratischen Gleichungen $x^2 = 1$ und $x^2 = 9$.
Daraus erhalten Sie die Nullstellen $x = -1$, $x = 1$, $x = -3$ und $x = 3$.
Die Skizze des Graphen bestätigt diese Werte. Die Fläche besteht also aus drei Teilflächen in den Intervallen
$I_1 = [-3; -1]$, $I_2 = [-1; 1]$ und $I_3 = [1; 3]$.

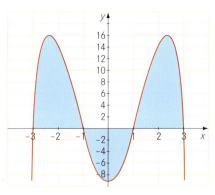

Die Berechnung könnte also durch drei Integrale erfolgen:

$$A = \left| \int_{-3}^{-1} (-x^4 + 10x^2 - 9)\,dx \right| + \left| \int_{-1}^{1} (-x^4 + 10x^2 - 9)\,dx \right| + \left| \int_{1}^{3} (-x^4 + 10x^2 - 9)\,dx \right|.$$

Wegen der Achsensymmetrie des Funktionsgraphen (nur gerade Zahlen in den Exponenten!) können Sie sich die Arbeit aber vereinfachen, denn die erste und dritte Teilfläche sind kongruent und die zweite lässt sich in zwei kongruente Teile zerlegen. Sie erhalten:

$$A = 2 \cdot \left| \int_{0}^{1} (-x^4 + 10x^2 - 9)\,dx \right| + 2 \cdot \left| \int_{1}^{3} (-x^4 + 10x^2 - 9)\,dx \right|$$

$$= 2 \cdot \left| \left[-\frac{1}{5}x^5 + \frac{10}{3}x^3 - 9x \right]_0^1 \right| + 2 \cdot \left| \left[-\frac{1}{5}x^5 + \frac{10}{3}x^3 - 9x \right]_1^3 \right|$$

$$= 2 \cdot \left| \left(-\frac{1}{5} + \frac{10}{3} - 9 \right) - 0 \right| + 2 \cdot \left| \left(-\frac{243}{5} + \frac{270}{3} - 27 \right) - \left(-\frac{1}{5} + \frac{10}{3} - 9 \right) \right|$$

$$= \frac{784}{15} \approx 52{,}3.$$

TEIL II

4.1 Fläche zwischen Graph und x-Achse

INFO **Zeichnerische Näherung**

Auch bei den folgenden Aufgaben ist es empfehlenswert, vorher eine Skizze anzufertigen, um sich über den Rechenweg klarzuwerden.

Sie sehen z. B. aus der Skizze, ob die Integration in mehreren Schritten durchgeführt werden muss. Die Integrationsgrenzen sind zwar in der Tabelle angegeben, Sie sollten aber trotzdem versuchen, sie selbst zu bestimmen. Dazu beachten Sie die Hinweise auf den vorigen Seiten.

Einen Näherungswert für die Fläche erhalten Sie aus einer sauberen Zeichnung auf Millimeterpapier auch: Zählen Sie die Kästchen, beachten Sie dabei aber die Einheiten. Vor allem muss der Maßstab auf beiden Achsen gleich sein, damit Sie den Zählwert mit Ihrem Ergebnis vergleichen können.

---

3 **Berechnen Sie jeweils die Fläche zwischen dem Graphen der Funktion f und der x-Achse im angegebenen Intervall.**

Wenn kein Intervall angegeben ist, so ist die Fläche zu berechnen, die vom Graphen und der x-Achse vollständig eingeschlossen wird.

Skizzieren Sie den Graphen vorher und bestimmen Sie die Grenzen der Teilintervalle, wenn die Fläche aus mehreren Teilflächen besteht. Die Integrationsgrenzen und die Ergebnisse finden Sie wieder neben dem Funktionsterm, damit Sie vergleichen können.

	Funktionsterm	Intervall	Grenzen (evtl. gerundet)	Ergebnis (FE; evtl. gerundet)
a)	$1 - x^2$	$[-1; 2]$	$-1; +1; +2$	$\frac{8}{3} = 2\frac{2}{3}$
b)	$2 - x - x^2$	$[-3; +1]$	$-3; -2; +1$	$\frac{19}{3} = 6\frac{1}{3}$
c)	$x^4 - 3x^2 - 4$		$-2; +2$	$19{,}2$
d)	$\frac{1}{2}x^3 - 3x^2 + \frac{3}{2}x + 5$		$-1; 2; 5$	$20{,}25$
e)	$-x^3 + 3x^2 - 2$		$-0{,}73; 1; 2{,}73$	$4{,}5$

4 Bestimmung von Flächeninhalten

4.2 Fläche zwischen zwei Graphen

Der erste Ansatz zur Lösung dieser Aufgabe ist sicher bei fast allen Schülern der folgende: Wir berechnen die Fläche unterhalb des Graphen der Funktion *f*, danach die Fläche unterhalb des Graphen von *g*. Um die Fläche zwischen den zwei Graphen zu erhalten, subtrahieren wir die erhaltenen Werte voneinander.

Dieser Weg führt auch in vielen Fällen, z. B. dem folgenden, zu einer richtigen Lösung.

BEISPIEL   **Parabel und Gerade**

Funktionsgleichung der Parabel:
$f(x) = -x^2 + 5x$.
Geradengleichung: $g(x) = x$.
Schnittpunkt bei $S(4; 4)$.
Flächen im Intervall $[0; 4]$:
Unter der Parabel:

$$A_1 = \int_0^4 (-x^2 + 5x)\,dx$$

$$= \left[-\frac{1}{3}x^3 + \frac{5}{2}x^2\right]_0^4 = -\frac{1}{3} \cdot 4^3 + \frac{5}{2} \cdot 4^2 = \frac{56}{3}.$$

Unter der Geraden: $A_2 = \int_0^4 x\,dx = \left[\frac{1}{2}x^2\right]_0^4 = \frac{1}{2} \cdot 4^2 = 8$.

Also zwischen den Graphen: $A = A_1 - A_2 = \frac{56}{3} - 8 = \frac{32}{3}$.

Aber schon in einem Fall wie dem im rechten Bild gezeichneten wird dieser Ansatz in eine umfangreiche Rechnerei ausarten:
Hier müsste nämlich das Intervall zwischen den Schnittpunkten noch mehrmals unterteilt werden, da beide Graphen teilweise über und teilweise unter der *x*-Achse verlaufen.

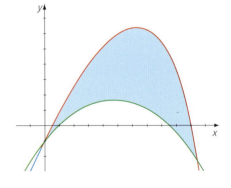

4.2 Fläche zwischen zwei Graphen

Es wären also mehrere Flächen zu berechnen. Dabei ist stets zu berücksichtigen, wo jeweils der andere Graph verläuft. Die Gesamtfläche würde auf sehr umständliche Weise ermittelt. Stattdessen führen wir diesen Fall auf den vorher betrachteten Fall zurück.

> **INFO   Differenzfunktion**
>
> Wir betrachten die Differenzfunktion $h = f - g$. Die Funktionswerte dieser Funktion sind die senkrechten Abstände zwischen den Funktionsgraphen. Diese Abstände sind
> - größer als null dort, wo der Graph von f (G_f) oberhalb des Graphen von g (G_g) verläuft,
> - gleich null an den Schnittpunkten und
> - kleiner als null dort, wo G_f unterhalb von G_g verläuft.
>
>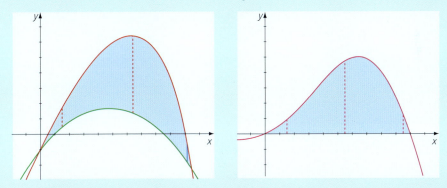
>
> Die Fläche zwischen den Funktionsgraphen ist genauso groß wie die Fläche zwischen dem Graphen der Differenzfunktion und der x-Achse.

Begründung: Erinnern Sie sich wieder an die Unter- und Obersummen: Jede dieser Summen besteht aus Rechtecken. Die Höhe dieser Rechtecke ist der Abstand der unteren Begrenzungslinie (bisher die x-Achse) bis zur oberen Begrenzungslinie (bisher die Kurve). Nun sind untere **und** obere Begrenzungslinie Kurven, d. h., die Höhe der Rechtecke ist der **Abstand** zwischen diesen Kurven. Zeichnet man also für die Fläche zwischen den Kurven und für die Fläche zwischen Differenzfunktion und x-Achse Unter- bzw. Obersummenrechtecke, so haben diese jeweils die gleiche Höhe.
Unter- und Obersummen sind also gleich groß. Dies bedeutet aber, dass auch die Flächen gleich groß sind.
Es ist nun wesentlich einfacher, die Fläche unter der Differenzfunktion zu bestimmen, denn sie ist im vorliegenden Fall eine positive Normalfläche, im allgemeinen Fall müssen eventuell mehrere Normalflächen einzeln bestimmt und addiert werden.
Da die Nullstellen der Differenzfunktion den Schnittpunkten der beiden ursprünglichen Funktionen entsprechen, muss also von Schnittpunkt zu Schnittpunkt integriert werden.

4 Bestimmung von Flächeninhalten

> **INFO — Von Schnittpunkt zu Schnittpunkt**
>
> Will man die Fläche zwischen zwei Graphen berechnen, geht man so vor:
> ▶ Man bestimmt den Term der Differenzfunktion $h = f - g$.
> ▶ Man berechnet die Nullstellen von h (Schnittpunkte der Graphen).
> ▶ Man integriert von Schnittpunkt zu Schnittpunkt.
> ▶ Man bildet den Betrag und addiert alle Einzelflächen.

> **BEISPIEL — Kubische Parabel und Gerade**
>
> Gegeben sind die Funktionen f und g. Gesucht ist der Inhalt der Fläche, die von beiden Graphen eingeschlossen wird.
>
> $f(x) = 2x^3 - 7x$ und $g(x) = x$
>
> **Zur Erinnerung:** Für den Schnittpunkt der beiden Graphen gilt: $f(x) = g(x)$.
> Die Graphen schneiden sich an den Stellen
>
> $x = 0$, $x = -2$ und $x = +2$.
>
> Die Fläche besteht also aus zwei Teilflächen, die getrennt berechnet werden.
>
>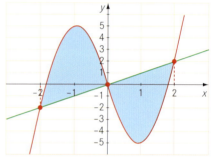
>
> Der Term der Differenzfunktion h heißt: $h(x) = f(x) - g(x) = (2x^3 - 7x) - x = 2x^3 - 8x$.
> Die Berechnung der Fläche erfolgt also mithilfe des folgenden Ausdrucks:
>
> $$A = \left| \int_{-2}^{0} (2x^3 - 8x)\,dx \right| + \left| \int_{0}^{2} (2x^3 - 8x)\,dx \right|.$$
>
> Eine Stammfunktion der Differenzfunktion hat den Term $H(x) = 0{,}5x^4 - 4x^2$. Das bedeutet für die gesuchte Fläche:
>
> $$A = \left[0{,}5x^4 - 4x^2 \right]_{-2}^{0} + \left[0{,}5x^4 - 4x^2 \right]_{0}^{2} \text{ oder}$$
>
> $$A = \left| -\left[0{,}5 \cdot (-2)^4 - 4 \cdot (-2)^2 \right] \right| + \left| 0{,}5 \cdot 2^4 - 4 \cdot 2^2 \right| = |8| + |-8| = 16.$$

> **TIPP — Punktsymmetrie**
>
> Die Arbeit hätten wir uns erleichtern können, denn alle beteiligten Funktionsgraphen sind punktsymmetrisch (alle Exponenten sind ungerade) und damit sind die zwei Teilflächen gleich groß. Die Berechnung einer Teilfläche und anschließende **Verdopplung** hätte also genügt. Hätte man hier versucht, die Fläche durch direkte Integration im Intervall $[-2; +2]$ zu berechnen, so wäre das Ergebnis null gewesen, denn die bei-

TEIL II

4.3 Parameteraufgaben zur Flächenberechnung

den Teilintegrale haben die Werte $+8$ und -8, heben sich also in der Summe auf. Erst die Betragsbildung, und zwar für die **beiden Teilflächen einzeln,** ergibt ein vernünftiges Ergebnis.

1 Berechnen Sie die Fläche zwischen den Graphen der Funktionen f und g.
Beachten Sie die Schnittpunkte der Graphen! Das Ergebnis finden Sie (wie immer) neben der Aufgabe.

	Funktionsterm $f(x)$	Funktionsterm $g(x)$	Ergebnis
a)	$2x^2$	$x + 1$	1,13
b)	$x^3 + x^2 - x$	$2x^2 + x$	3,08
c)	$x^4 - x^2$	$3x^2$	8,53
d)	$5 - x^2$	$\dfrac{4}{x^2}$	$\dfrac{4}{3}$

4.3 Parameteraufgaben zur Flächenberechnung

INFO   Parameter

Um den Umgang mit bestimmten Integralen und ihre Anwendung zur Berechnung von Flächen einzuüben und um zu sehen, ob die Verfahren wirklich sicher beherrscht werden, sind sogenannte **Parameteraufgaben** sehr hilfreich.
Ein Parameter (Betonung auf der zweiten Silbe, also Parámeter) ist ein Wert, dessen Größe beliebig ist. Im Gegensatz zu Variablen ist er jedoch für die gesamte Aufgabe, in der er vorkommt, als **konstant** zu betrachten.

BEISPIEL   Steigung gesucht

Gegeben sind $f(x) = x^2$ und $g(x) = m \cdot x$ mit $m \in \mathbb{R}$. Welchen Wert muss m (die Steigung der Geraden g) haben, damit die Gerade mit der Parabel eine Fläche vom Inhalt $\frac{4}{3}$ (Flächeneinheiten) einschließt?
Der gesuchte Parameter ist hier m. Der erste Schritt in einer solchen Aufgabe sollte sein, sich den Sachverhalt so weit wie möglich zu skizzieren.

4 Bestimmung von Flächeninhalten

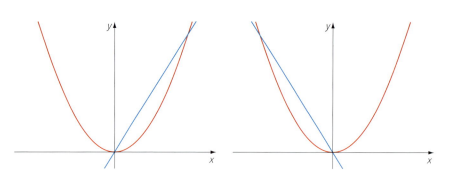

Dabei wird die Gerade, die den Graphen von g darstellt, mit einem beliebigen Steigungswert m gezeichnet. Schon jetzt wird deutlich (s. Abb.), dass es zwei grundsätzlich unterschiedliche Fälle gibt, nämlich **m > 0** (links) und **m < 0** (rechts). Im Fall m = 0 wäre die Gerade eine Tangente an die Parabel im Ursprung, die mit dieser keine Fläche einschließt.

Wir betrachten den Fall $m > 0$:
Die angegebene Fläche liegt offenbar zwischen dem Ursprung und dem 2. *Schnittpunkt* der beiden Funktionsgraphen. Letzterer muss also bestimmt werden. Hierzu dient die Gleichung $f(x) = g(x)$.
Diese Gleichung führt in unserem Fall auf die äquivalente Gleichung $x^2 = m \cdot x$ und diese wiederum hat die Lösungen $x = 0$ (Ursprung, 1. Schnittpunkt) und $x = m$ (2. Schnittpunkt).

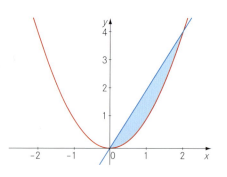

Die *Flächenberechnung* kann also mithilfe **eines** Integrals über die Differenzfunktion $h = f - g$ im Intervall $[0; m]$ erfolgen. Der Term von h ist $h(x) = f(x) - g(x) = x^2 - m \cdot x$, also gilt für das Integral in Abhängigkeit von dem Parameter m:

$$\int_0^m (x^2 - m \cdot x)\, dx = \left[\tfrac{1}{3}x^3 - \tfrac{m}{2}x^2\right]_0^m = \tfrac{1}{3}m^3 - \tfrac{m}{2}m^2 = -\tfrac{1}{6} \cdot m^3.$$

Die Fläche ist gleich dem Betrag dieses Integrals, also $A(m) = \left|-\tfrac{1}{6} \cdot m^3\right| = \tfrac{1}{6} \cdot m^3$.
Gleichzeitig weiß man von ihr, dass sie $\tfrac{4}{3}$ FE groß sein soll. Somit erhalten wir das Gleichungssystem:

$A(m) = \tfrac{1}{6}m^3$ und $A(m) = \tfrac{4}{3}$.

Gleichsetzung führt zu: $\tfrac{1}{6}m^3 = \tfrac{4}{3} \Leftrightarrow m^3 = \tfrac{24}{3} = 8$

und zur Lösung $m = 2$.

	TEIL II

4.3 Parameteraufgaben zur Flächenberechnung

Die Aufgabe hat also für den betrachteten Fall die **formale** Lösung $m = 2$. Da $2 > 0$ ist, ist diese formale Lösung auch verträglich mit der Bedingung $m > 0$, die wir für diesen 1. Fall gemacht haben.

Setzt man den Wert $m = 2$ in die Gleichung für g ein, so erkennt man, dass die Angaben der Aufgabenstellung tatsächlich auch alle zutreffen:

$g(x) = 2x$, Schnittpunkte bei $x = 0$ und $x = 2$ ($2^2 = 2 \cdot 2$), eingeschlossene Fläche:

$$A = \left| \int_0^2 (x^2 - 2x)\, dx \right| = \left| \left[\frac{1}{3}x^3 - x^2 \right]_0^2 \right| = \left| \frac{8}{3} - 4 \right| = \left| -\frac{4}{3} \right| = \frac{4}{3} \text{(FE)}.$$

Der Wert $m = 2$ ist also eine **wirkliche** Lösung.

Zur Erinnerung: Wie bei Textaufgaben, die Ihnen von der Mittelstufe her noch in Erinnerung sein werden, unterscheidet man hier zwischen formalen Lösungen, das sind Lösungen der Gleichung(en), auf die man das Problem reduziert hat, und wirklichen Lösungen, die zusätzlich auch alle Bedingungen der Aufgabe erfüllen, die sich nicht in Gleichungen wiederfinden. Jede wirkliche Lösung ist auch eine formale Lösung, aber nicht immer umgekehrt!

1 Parameteraufgabe zur Flächenberechnung

Im vorherigen Beispiel sind gegeben $f(x) = x^2$ und $g(x) = m \cdot x$ mit $m \in \mathbb{R}$. Welchen Wert muss m (die Steigung der Geraden g) haben, damit die Gerade mit der Parabel eine Fläche vom Inhalt $\frac{4}{3}$ (Flächeneinheiten) einschließt?

Zeigen Sie, dass auch der zweite Fall (**m < 0**) zu einer Lösung führt (nämlich $m = -2$).

BEISPIEL **Waagerechte Tangente im Ursprung**

Eine **Parabel** dritten Grades geht durch den Ursprung und hat dort die Steigung 0. In $P(1; y_P)$ hat sie einen Wendepunkt. Sie schließt mit der positiven x-Achse eine Fläche von $\frac{81}{4}$ FE ein. Bestimmen Sie den Funktionsterm der Parabel.

Eine Parabel dritten Grades hat die allgemeine Funktionsgleichung
$f(x) = ax^3 + bx^2 + cx + d$.
Zu bestimmen sind also die vier Parameter a, b, c und d. Alle vier sind, da nichts anderes gesagt wurde, reelle Zahlen.
Die Angaben der Aufgabenstellung sind im Einzelnen:

▷ geht durch den Ursprung $\Rightarrow f(0) = 0$;
▷ hat dort die Steigung 0 $\Rightarrow f'(0) = 0$;
▷ in $P(1; y_P)$ hat sie einen Wendepunkt $\Rightarrow f''(1) = 0$.

Zur Umsetzung dieser Erkenntnisse benötigen wir die erste und zweite Ableitung:
$f'(x) = 3ax^2 + 2bx + c$
$f''(x) = 6ax + 2b$

217

4 Bestimmung von Flächeninhalten

Aus $f(0) = 0$ folgt durch Einsetzen: $d = 0$.
Aus $f'(0) = 0$ folgt durch Einsetzen: $c = 0$.
Der Funktionsterm hat also die Form: $f(x) = ax^3 + bx^2$. Durch Ausklammern entsteht daraus: $f(x) = x^2 \cdot (ax + b)$.
Der dazugehörige Graph hat eine doppelte Nullstelle (also ein Extremum) bei $x = 0$ und eine weitere Nullstelle, die von a und b abhängt. Er kann also nur noch eine der folgenden Formen haben:

1. $a > 0$ und $b > 0$

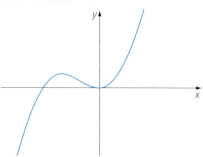

2. $a > 0$ und $b < 0$

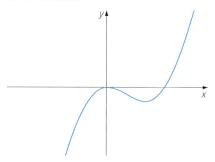

3. $a < 0$ und $b > 0$

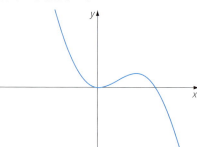

4. $a < 0$ und $b < 0$

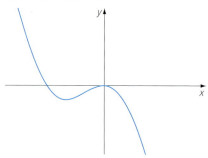

Begründung: Bei ganzrationalen Funktionen entscheidet die höchste Potenz, welchen Verlauf der Graph nimmt.
Für einen ungeraden Exponenten (wie im vorliegenden Beispiel) steigt der Graph bei positivem Koeffizienten der höchsten Potenz aus dem 3. Quadranten kommend in den 1. Quadranten auf.
Bei **negativem** Koeffizienten der höchsten Potenz **fällt** der Graph entsprechend aus dem 2. Quadranten in den 4. Quadranten.
Soll er zusätzlich eine doppelte Nullstelle bei $x = 0$ haben, bleiben nur die gezeigten Möglichkeiten.
Zwei dieser Möglichkeiten kommen nicht in Frage, denn der Graph soll für $x = 1$ einen Wendepunkt haben. Dies haben die Graphen 1 und 4 offenbar nicht (bei ihnen liegt der Wendepunkt im negativen x-Bereich), also scheiden sie aus.
In den verbleibenden Fällen 2 und 3 haben a und b verschiedene Vorzeichen.

TEIL II

4.3 Parameteraufgaben zur Flächenberechnung

Die Fläche, die der Graph mit der positiven x-Achse einschließen soll, wird von $x = 0$ und der zweiten Nullstelle begrenzt. Diese liegt, da der Funktionsterm ja $f(x) = x^2 \cdot (ax + b)$ lautet, bei $x = -\dfrac{b}{a}$.

Dieser Ausdruck ist positiv wegen der verschiedenen Vorzeichen von a und b.

Das **Integral zur Bestimmung dieser Fläche** lautet also:

$$\left| \int_0^{-\frac{b}{a}} (ax^3 + bx^2)\, dx \right| = \left| \left[\tfrac{1}{4}ax^4 + \tfrac{1}{3}bx^3 \right]_0^{-\frac{b}{a}} \right| = \frac{1}{4} \cdot a \cdot \frac{b^4}{a^4} + \frac{1}{3} \cdot b \cdot \left(-\frac{b^3}{a^3} \right).$$

Durch Vereinfachung dieses Terms erhält man:

$$A = \left| \frac{1}{4} \cdot \frac{b^4}{a^3} - \frac{1}{3} \cdot \frac{b^4}{a^3} \right| = \left| -\frac{1}{12} \cdot \frac{b^4}{a^3} \right|.$$

Setzt man diesen Term mit der Vorgabe $A = \dfrac{81}{4}$ gleich, so folgt daraus:

$$\left| -\frac{1}{12} \cdot \frac{b^4}{a^3} \right| = \frac{81}{4}.$$

Zusätzlich gilt noch die Gleichung $f''(1) = 0$, also

$6a + 2b = 0 \Leftrightarrow b = -3a$.

Setzt man dies in die obige Gleichung ein, so erhält man:

$$\left| -\frac{1}{12} \cdot \frac{(-3a)^4}{a^3} \right| = \frac{81}{4} \Leftrightarrow \left| \frac{-81 \cdot a^4}{12 \cdot a^3} \right| = \frac{81}{4} \Leftrightarrow \left| \frac{-81 \cdot a}{12} \right| = \frac{81}{4}$$

und daraus letztendlich die beiden Lösungen: $a_1 = 3$ und $a_2 = -3$, da ja auf der linken Seite Betragsstriche stehen.

Mit $b = -3a$ ergeben sich auch für b zwei Werte: $b_1 = -9$ und $b_2 = 9$.

Die Aufgabe hat also zwei formale Lösungen. Handelt es sich bei diesen formalen Lösungen auch um wirkliche Lösungen der Aufgabe?

Dazu setzen wir erst einmal in den Funktionsterm ein und erhalten:

$f_1(x) = 3x^3 - 9x^2$ und $f_2(x) = -3x^3 + 9x^2$.

Wir überprüfen die Bedingungen der Aufgabe zunächst an der Funktion f_1:

▷ geht durch den Ursprung: $f_1(0) = 0$ (Bedingung erfüllt)

▷ hat dort die Steigung 0: $f_1(x) = 9x^2 - 18x$, $f_1{}'(0) = 0$ (Bedingung erfüllt)

▷ in $P(1; y_P)$ existiert ein Wendepunkt:

▷ $f_1{}''(x) = 18x - 18$, $f_1{}''(1) = 0$, $f_1{}'''(x) = 18 > 0$ (Bedingung erfüllt)

Fläche zwischen Graph und positiver x-Achse:

$$A = \left| \int_0^3 (3x^3 - 9x^2)\, dx \right| = \left| \left[\tfrac{3}{4}x^4 - 3x^3 \right]_0^3 \right| = \left| \frac{243}{4} - 81 \right| = \left| -\frac{81}{4} \right| = \frac{81}{4}.$$

Auch dieser Wert stimmt. f ist also eine Lösung der Aufgabe.

---

2 Überprüfen Sie für das vorstehende Beispiel das 2. Resultat $f_2(x) = -3x^3 + 9x^2$.

4 Bestimmung von Flächeninhalten

BEISPIEL — Parabel und Parabelschar

Gegeben sind $f(x) = x^2$ und $g(x) = -x^2 + c$ mit $c \in \mathbb{R}$. Welchen Wert muss c haben, damit die Graphen der beiden Funktionen eine Fläche vom Inhalt $\frac{8}{3}$ FE einschließen?

In der Skizze sind der Graph der Funktion f (rot) und einige mögliche Graphen der Funktion g (grün) gezeichnet, nämlich diejenigen für $c = -3$ bis $c = +3$ (ganzzahlig!). Wie man mithilfe dieser Zeichnung erkennt, ist die Aufgabe nur für $c > 0$ sinnvoll, denn nur dann schließen die Funktionsgraphen eine Fläche ein.

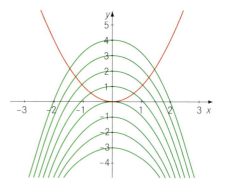

Um eine Aussage über die eingeschlossene Fläche machen zu können, benötigen Sie die Schnittpunkte der Funktionsgraphen, müssen also die Gleichung $f(x) = g(x)$ lösen.

$$f(x) = g(x) \Leftrightarrow x^2 = -x^2 + c \Leftrightarrow 2x^2 = c \Leftrightarrow x = \sqrt{\frac{c}{2}} \lor x = -\sqrt{\frac{c}{2}}$$

Da $c > 0$ ist, ist diese Gleichung lösbar und es existieren zwei Schnittpunkte.
Die eingeschlossene Fläche wird nun mit einem Integral über die Differenzfunktion gelöst. Wenn Sie hier unsicher sind, sollten Sie im Buch zurückblättern und den Abschnitt „Flächen zwischen zwei Graphen" (s. S. 212) nochmals lesen.
Da die Graphen achsensymmetrisch zur y-Achse sind, können Sie sich die Arbeit vereinfachen, indem Sie nur die rechte Hälfte der Fläche berechnen und diese verdoppeln.

$$A = 2 \cdot \left| \int_0^{\sqrt{\frac{c}{2}}} (2x^2 - c)\, dx \right| = 2 \cdot \left| \left[2 \cdot \frac{2}{3}x^3 - cx \right]_0^{\sqrt{\frac{c}{2}}} \right| = 2 \cdot \left| \left(\frac{2}{3}\left(\sqrt{\frac{c}{2}}\right)^3 - c \cdot \sqrt{\frac{c}{2}} \right) - 0 \right|$$

$$= 2 \cdot \left| \frac{2}{3} \cdot \frac{c}{2} \cdot \sqrt{\frac{c}{2}} - c \cdot \sqrt{\frac{c}{2}} \right| = 2 \cdot \left| c \cdot \sqrt{\frac{c}{2}} \cdot \left(\frac{1}{3} - 1\right) \right| = 2 \cdot c \cdot \sqrt{\frac{c}{2}} \cdot \frac{2}{3} = \frac{4}{3} \cdot c \cdot \sqrt{\frac{c}{2}}$$

Auch hier müssen Sie die Erkenntnis, dass $c > 0$ ist, verwenden, um die Betragsstriche wegfallen zu lassen. Sie haben nun einen Term erhalten, der den Inhalt der beschriebenen Fläche in Abhängigkeit von c wiedergibt.
Aus der Aufgabenstellung geht hervor, dass diese Fläche die Größe $\frac{8}{3}$ FE hat.
Es gilt also: $\frac{4}{3} \cdot c \cdot \sqrt{\frac{c}{2}} = \frac{8}{3} \Leftrightarrow c \cdot \sqrt{\frac{c}{2}} = 2 \Leftrightarrow c \cdot \sqrt{c} = 2 \cdot \sqrt{2}$.

TEIL II

4.3 Parameteraufgaben zur Flächenberechnung

Hieraus können Sie folgern, dass $c = 2$ sein muss, also $g(x) = -x^2 + 2$.
Die daraus entstehende Situation ist im Bild nebenan dargestellt.
Schnittstellen der beiden Graphen wären $x = 1$ und $x = -1$, wie sich aus der Gleichung $x^2 = -x^2 + 2$ leicht berechnen lässt.

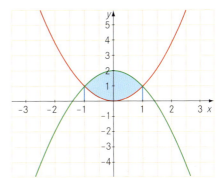

Die Fläche müsste also sein:

$$A = 2 \cdot \left| \int_0^1 (2x^2 - 2)\, dx \right| = 2 \cdot \left| \left[\frac{2}{3}x^3 - 2x \right]_0^1 \right|$$

$$= 2 \cdot \left| \left(\frac{2}{3} - 2 \right) - 0 \right| = 2 \cdot \frac{4}{3} = \frac{8}{3}.$$

Dies entspricht genau dem angegebenen Wert. Die formale Lösung ist also eine echte Lösung.

Sie können sich leicht klarmachen, dass es keine weitere Lösung geben kann. Jede Veränderung an c verändert nämlich die Größe der eingeschlossenen Fläche. Wird c größer, so wird auch die Fläche größer, wird c kleiner, so auch die Fläche. Die Aufgabe hat also eine **eindeutige** Lösung.

TIPP — Besondere Eigenschaften

Stellen Sie bei der Bearbeitung der Aufgaben jeweils zunächst alle Eigenschaften der Funktion zusammen und ermitteln Sie für jede eine Gleichung. Dazu soll Ihnen folgende Übersicht eine Hilfe sein:

- Der Graph geht durch $P((x_P; y_P))$: $f(x_P) = y_P$ (x_P in $f(x)$ einsetzen)
- Extremum in $E(x_E; y_E)$: $f'(x_E) = 0$ (x_E in $f'(x)$ einsetzen und gleich null setzen)

  und $f(x_E) = y_E$

- Wendepunkt in $W(x_W; y_W)$: $f''(x_W) = 0$ (x_W in $f''(x)$ einsetzen und gleich null setzen)

  und $f(x_W) = y_W$

4 Bestimmung von Flächeninhalten

▶ Sattelpunkt in $S(x_S; y_S)$: $f''(x_S) = 0$
    und $f'(x_S) = 0$
    und $f(x_S) = y_S$

3 Bestimmen Sie den oder die Parameter so, dass die Angaben in den Aufgabenstellungen erfüllt sind.

Setzen Sie hinterher ein, um zu überprüfen, ob tatsächlich eine Lösung vorliegt.

a) Gegeben sind $f(x) = x^2$. Welche Gerade zu $g(x) = c$ mit $c \in \mathbb{R}$ schließt mit der Parabel zu f eine Fläche von 36 FE ein?

b) Eine quadratische Parabel schneidet die x-Achse in den Punkten $P(-4; 0)$ und $Q(3; 0)$. Sie schließt zwischen diesen Nullstellen mit der x-Achse eine Fläche von $42{,}875 = \left(\frac{343}{8}\right)$ FE ein. Bestimmen Sie die Gleichung der Parabel. Ist die Lösung eindeutig?

Hinweis: Eine quadratische Parabel hat den Funktionsterm $f(x) = ax^2 + bx + c$.

4.4 „Unendliche" Flächen und uneigentliche Integrale

Bei manchen Kurven, die bis ins Unendliche reichen, z. B. bei der Hyperbel zu $f(x) = \frac{1}{x^2}$ (s. Bild), stellt sich die Frage, ob sich die Gesamtfläche zwischen Graph und x-Achse dennoch berechnen lässt.

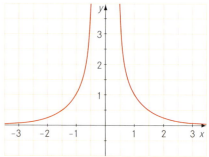

Die Frage führt zu einem Term $\int_a^b f(x)\,dx$, der eigentlich kein erlaubter Term ist, weil

1. im Integrationsintervall $[a; b]$ Definitionslücken von f liegen oder
2. a und/oder b keine Zahlen, sondern Symbole ($+\infty$ oder $-\infty$) sind.

Deshalb nennt man solche Integrale **uneigentliche Integrale**.
Eine mögliche Beantwortung der Frage soll an Beispielen getrennt für die beiden Fälle demonstriert werden. Dazu bleiben wir bei der Funktion f mit $f(x) = \frac{1}{x^2}$ und ihrem Graphen, der oben dargestellten Hyperbel.

4.4 „Unendliche" Flächen und uneigentliche Integrale

Zu Fall 1

Wir betrachten die ins **Unendliche** reichende Fläche über dem Intervall [−1; 1] (s. Bild). Diese unterteilen wir in eine Fläche über dem Intervall [−1; 0] und eine zweite über dem Intervall [0; 1]. Wegen der Symmetrie des Funktionsgraphen zur y-Achse sind die beiden „Flächen" kongruent. Es genügt also, wenn wir eine berechnen. Der Einfachheit halber (wegen der Vorzeichen) wählen wir die eingezeichnete Fläche.

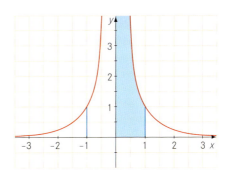

Am Rand des Intervalls [0; 1] liegt die Definitionslücke $x = 0$. Deshalb definieren wir uns zunächst eine reelle Konstante k mit $0 < k < 1$ und bestimmen die Fläche $A(k)$ unter dem Graphen im Intervall [k; 1]. Dies ist eine positive Normalfläche, also gilt:

$$A(k) = \int_k^1 \frac{1}{x^2}\,dx = F(1) - F(k) = -\frac{1}{1} - \left(-\frac{1}{k}\right) = \frac{1}{k} - 1.$$

Nun schieben wir die linke Grenze k immer näher an die Null heran, untersuchen also, ob die berechnete Fläche $A(k)$ für $k \to 0$ einen Grenzwert besitzt.

Dies ist nicht der Fall, da der Term $\frac{1}{k}$ für $k \to 0$ keinen Grenzwert hat (divergent ist).
Die Fläche links von $x = 1$ hat also keinen endlichen Wert. Damit ist auch die Fläche über dem Intervall [−1; 1] nicht berechenbar.

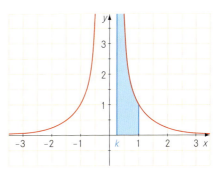

Das uneigentliche Integral $\int_{-1}^{1} \frac{1}{x^2}\,dx$ existiert also nicht.

Zu Fall 2

Gefragt ist z. B. nach der rechts ins Unendliche reichenden Fläche, die links durch $x = 1$ begrenzt wird (s. Bild). Diese Fläche ist ebenfalls eine *positive Normalfläche*.

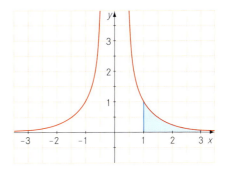

4 Bestimmung von Flächeninhalten

Diesmal definieren wir eine reelle Konstante k mit $k > 1$. Wir bestimmen das Integral im Intervall $[1; k]$ und damit den Inhalt der blauen Fläche $A(k)$.

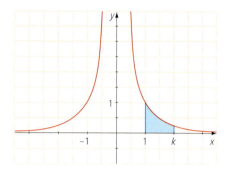

$$A(k) = \int_{1}^{k} \frac{1}{x^2}\, dx = F(k) - F(1) = -\frac{1}{k} - \left(-\frac{1}{1}\right) = -\frac{1}{k} + 1$$

Schieben wir nun die Grenze k nach rechts, lassen also $k \to \infty$ gehen, so erhalten wir:

$\lim\limits_{k \to \infty} A(k) = \lim\limits_{k \to \infty} \left(1 - \frac{1}{k}\right) = 1$. Die Fläche, die immer weiter nach rechts reicht, hat also einen endlichen Grenzwert, nämlich 1.

Symbolisch können wir also schreiben: $\int_{1}^{\infty} \frac{1}{x^2}\, dx = 1$.

INFO — Existenz uneigentlicher Integrale

Es gibt uneigentliche Integrale, die existieren und solche, für die dies nicht gilt. Eine allgemeine Aussage ist nicht möglich, es muss in jedem Einzelfall die Existenz des jeweiligen Grenzwertes untersucht werden.

1 Untersuchen Sie, ob das uneigentliche Integral existiert.
Überlegen Sie dabei zuerst, welcher der Fälle 1. oder 2. vorliegt, ersetzen Sie dann die fragliche Integrationsgrenze durch eine reelle Konstante und führen Sie dann den Grenzübergang durch.
Zur Unterstützung sollten Sie **immer** Skizzen anfertigen.

a) $\int_{1}^{\infty} \frac{1}{\sqrt{x}}\, dx$ \qquad b) $\int_{0}^{1} \frac{1}{\sqrt{x}}\, dx$

TEIL II

4 TEST Bestimmung von Flächeninhalten

Test

1 **Berechnen Sie jeweils die Fläche zwischen dem Graphen der Funktion f und der x-Achse im angegebenen Intervall I.**
Wenn kein Intervall angegeben ist, soll die von Graph und x-Achse vollständig eingeschlossene Fläche berechnet werden. Die Ergebnisse sind jeweils als Kontrollhilfe angegeben.

Funktionsterm	Intervall	Ergebnis in FE (evtl. gerundet)	
a) $9 - x^2$		36	|5|
b) $x^4 - 6x^2 + 5$	$[-1; 1]$	6,4	|4|

Hinweis: Beachten Sie den Tipp auf Seite 211.

2 **Berechnen Sie jeweils die Fläche zwischen dem Graphen der Funktion f und der x-Achse im angegebenen Intervall I.** |6|
Wenn kein Intervall angegeben ist, soll die vom Graphen und der x-Achse vollständig eingeschlossene Fläche berechnet werden. Damit Sie Ihre Rechnung kontrollieren können, stehen die Ergebnisse jeweils daneben.

Funktionsterm	Intervall	Ergebnis in FE	
a) $x^2 + x$	$[-1; 0]$	$\frac{1}{6}$	|3|
b) $x^2 - 4x - 5$		36	|5|

3 **Berechnen Sie jeweils die Fläche zwischen dem Graphen der Funktion f und der x-Achse im angegebenen Intervall I.**
Wenn kein Intervall angegeben ist, so ist die Fläche zu berechnen, die vom Graphen und der x-Achse vollständig eingeschlossen wird.
Skizzieren Sie den Graphen vorher und bestimmen Sie die Grenzen der Teilintervalle, wenn die Fläche aus mehreren Teilflächen besteht. Die Integrationsgrenzen und die Ergebnisse finden Sie wieder neben dem Funktionsterm, damit Sie vergleichen können.
Hinweis: Beachten Sie auch hier den Tipp auf Seite 211.

Funktionsterm	Intervall	Grenzen (evtl. gerundet)	Ergebnis (FE) (evtl. gerundet)	
a) $5x - x^2$	$[0; 7]$	0/5/7	33,5	|5|
b) $x^4 - 6x^2 + 5$		−2,24/−1/1/2,24	12,8	|7|

4 TEST Bestimmung von Flächeninhalten

4 **Berechnen Sie die Fläche zwischen den Graphen der Funktionen f und g.** |7|
Tipp: Beachten Sie die Schnittpunkte der Graphen.

Funktionsterm $f(x)$	Funktionsterm $g(x)$	Ergebnis
$4x^3 - 14x + 1$ **Hinweis:** Eine Schnittstelle ist $x = -1$.	$8x^2 - 10x - 7$	$12\frac{1}{3}$

5 **Bestimmen Sie den oder die Parameter so, dass die Angaben in den Aufgabenstellungen erfüllt sind.** |10|
Hinweis: Setzen Sie hinterher ein, um zu überprüfen, ob tatsächlich eine Lösung vorliegt.
Der Graph einer ganzrationalen Funktion dritten Grades hat in $P(0; 0)$ einen Wendepunkt und in $Q\left(\frac{1}{3} \cdot \sqrt{3}; y_Q\right)$ die Steigung null und schließt für $x \geq 0$ mit der x-Achse eine Fläche von $\frac{3}{4}$ FE ein. Bestimmen Sie die Gleichung der (kubischen) Parabel.
Hinweis: Es sind 4 Parameter zu bestimmen!

6 **Untersuchen Sie, ob das uneigentliche Integral existiert.** |4|
Tipp: Ersetzen Sie die fragliche Integrationsgrenze durch eine reelle Konstante und rechnen Sie wie im Beispiel auf den Seiten 223/224 (Fall 2). Zur Unterstützung sollten Sie **immer** Skizzen anfertigen.

$$\int_1^\infty \frac{1}{x^3}\, dx$$

||50||

Testauswertung:
Wie viele Punkte haben Sie? Erreichen Sie mehr als 40 Punkte, beherrschen Sie den Inhalt des Kapitels wirklich gut. Erreichen Sie weniger als 20 Punkte, dann sollten Sie dieses Kapitel wiederholen.

TEIL II

5 Rauminhalte bei Rotationskörpern

WAS SIE SCHON KÖNNEN MÜSSEN
▷ Stammfunktionen bilden
▷ bestimmte Integrale berechnen
▷ Kreisberechnung

DARUM GEHT ES
Eine weitere Anwendung der Integralrechnung findet sich bei der **Volumenberechnung**. War es bisher nur möglich, Volumen von Körpern zu bestimmen, die zumindest in einer Dimension geradlinig begrenzt (z. B. Würfel, Quader, Kegel, Zylinder) oder absolut regelmäßig sind (Kugel), so kommen nun viele weitere hinzu, nämlich alle Körper, die man sich aus der Rotation einer Kurve um eine Achse entstanden denken kann. Solche Körper nennt man **Rotationskörper**. Natürlich sind auch Kegel, Zylinder und Kugel Rotationskörper, nur kennt man für sie im Unterschied zu den folgenden Körpern Formeln, mit denen man das Volumen berechnen kann.

Beispiele: Rotationskörper
1. Zeichnet man eine Normalparabel und lässt diese Kurve dann um die *y*-Achse rotieren, so entsteht ein Körper, der Ähnlichkeit mit dem Oberteil eines Sektglases aufweist.

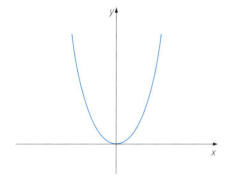 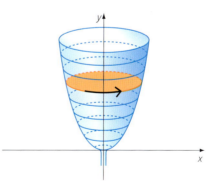

5 Rauminhalte bei Rotationskörpern

2. Ein gerader Kreiskegel kann durch Rotation einer Ursprungsgeraden um eine der Achsen erzeugt werden.

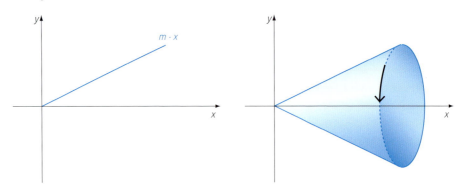

3. Durch Rotation eines Viertel- oder Halbkreises um die y-Achse entsteht eine Halbkugel, die einem Iglu ähnelt.

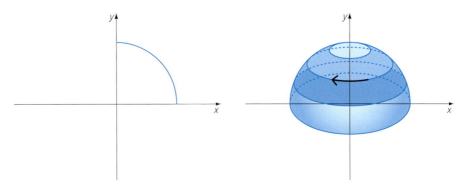

4. Rotiert ein Halbkreis um seinen Durchmesser auf der x-Achse, so erhält man eine Kugel.

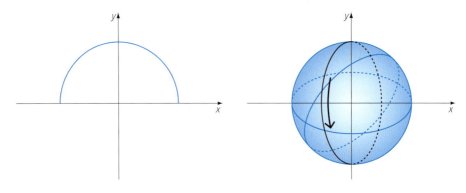

TEIL II
Rauminhalte bei Rotationskörpern

5. Lässt man einen Teil einer Ellipse um die *x*-Achse rotieren, so entsteht ein **Ellipsoid**, ein Körper, der einem amerikanischen Football ähnelt.

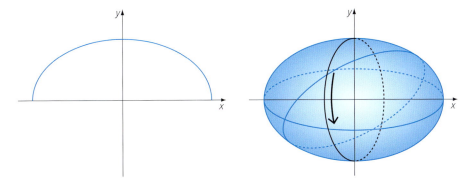

Sicher kennen Sie noch weitere Beispiele aus dem Alltag, die zu Rotationskörpern führen.

INFO — Das Prinzip von Cavalieri

Das allgemeine Prinzip zur Berechnung der Rauminhalte ist aus dem Prinzip des Cavalieri abgeleitet.
Ein Rotationskörper wird in Scheiben „zerschnitten". Diese sind ungefähr zylinderförmig und ihre Rauminhalte können deshalb mithilfe der Zylinderformel näherungsweise berechnet werden. Die Summe ihrer Rauminhalte stellt einen Näherungswert für das Volumen des Körpers dar.
Im Bild sieht man Zylinder, die vollständig innerhalb des Körpers liegen und deshalb einen Volumenwert liefern, der **zu klein** ist.
Nun können wir aber auch Zylinder wählen, deren Wände außerhalb des Körpers liegen.
Die Summe der so berechneten Rauminhalte ist **zu groß.**
Das Verfahren führt zu einer Annäherung an das Volumen von unten und von oben, wir erhalten also Untersumme und Obersummen für das Volumen.
Durch Verringerung der Scheibendicke werden die erhaltenen Werte genauer. Im Grenzfall wird ähnlich wie bei der Flächenberechnung die Summe durch ein Integral ersetzt. Der Integrand ist eine Funktion, die den **Flächeninhalt einer Kreisscheibe** darstellt, deren Mittelpunkt auf der Rotationsachse liegt.
Der Radius dieser Kreisscheibe ist entweder ein *x*-Wert oder ein *y*-Wert. Dies hängt davon ab, um welche Achse die Rotation erfolgt.

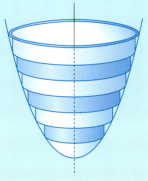

5 Rauminhalte bei Rotationskörpern

Da im Unterricht ausschließlich Rotationen um die x-Achse oder um die y-Achse behandelt werden, sprechen wir auf den folgenden Seiten auch nur diese beiden Fälle an.

5.1 Rotation um die *y*-Achse

Die durch eine solche Rotation entstehenden Kreisscheiben haben einen Punkt der y-Achse als Mittelpunkt und ihr Radius ist ein x-Wert. Der Flächeninhalt einer solchen Scheibe ist also eine Funktion dieses x-Wertes: $A = \pi \cdot x^2$.
Ein Zylinder mit der Dicke Δy hat also das Volumen $V = \pi \cdot x^2 \cdot \Delta y$. Nun gehen wir die y-Achse von y_1 bis y_2 entlang und sammeln alle Zylinder auf, d. h., wir bilden eine Summe von Rauminhalten $\pi \cdot x_1{}^2 \cdot \Delta y + \pi \cdot x_2{}^2 \cdot \Delta y + \pi \cdot x_3{}^2 \cdot \Delta y + \dots$

Lassen wir in dieser Summe $\Delta y \rightarrow 0$ gehen, so erhalten wir das Integral $\displaystyle\int_{y_1}^{y_2} \pi \cdot x^2 \, dy$.

Die Integrationsvariable ist also y und die Integrationsgrenzen sind y-Werte.
Die *Funktionsgleichung* enthält aber die Variable x auf der rechten Seite: $y = f(x)$. Sie muss so umgestellt werden, dass ein Term entsteht, der von y abhängt und nicht von x. Aus $y = f(x)$ muss also $x = g(y)$ werden. Erst danach kann integriert werden.
Übrigens: Wenn wir aus $y = f(x)$ durch Umformung $x = g(y)$ erhalten, so bedeutet das mathematisch, dass wir die **Umkehrfunktion** zu f gebildet haben.

BEISPIEL　　**Rotierte Normalparabel**

Gegeben ist die Funktion f mit $y = f(x) = x^2$ im Intervall $[0; 3]$. Ihr Graph rotiere um die y-Achse.
Die entstehenden Kreisscheiben haben die Fläche $A = \pi \cdot x^2$. Um in dieser Gleichung x zu ersetzen, lösen wir $y = x^2$ nach x auf und erhalten $x = \sqrt{y}$. Deshalb gilt:
$A = \pi \cdot x^2 = \pi \cdot \left(\sqrt{y}\right)^2 = \pi \cdot y$.
Der Integrand ist also der Term $\pi \cdot y$.
Das Volumen des Körpers wird als Integral längs der y-Achse berechnet, um alle „Kreisscheiben aufzusammeln". Die Randhöhe des Körpers beträgt $f(3) = 9$ Einheiten. Der Körper steht auf der x-Achse, sein tiefster Punkt liegt im Ursprung. Das heißt: Die Integrationsgrenzen müssen 0 und 9 sein.

Demzufolge ist: $V = \displaystyle\int_0^9 \pi \cdot y \, dy = \left[\tfrac{1}{2}\pi y^2\right]_0^9 = \tfrac{1}{2}\pi(9^2 - 0^2) = 40{,}5\pi \approx 127$.

TEIL II

5.2 Rotation um die *x*-Achse

TIPP · **Volumenberechnung mit Kreisscheiben**

In den folgenden Aufgaben wird ein Rotationskörper beschrieben. Durch Zerschneiden des Körpers parallel zur *x*-Achse erhalten Sie Kreisscheiben, deren Flächeninhalt mit der Gleichung $A = \pi \cdot x^2$ berechnet wird. In dieser Gleichung muss *x* durch einen Ausdruck ersetzt werden, der nur noch y enthält. Die Integrationsgrenzen erkennen Sie mithilfe einer Skizze.

---

1 Rotation um die *y*-Achse
Hinweis: Zur Kontrolle sind die Integrationsgrenzen in Klammern zusammen mit dem Ergebnis angegeben.

a) Die Gerade mit der Gleichung $y = -2x + 4$ wird im Intervall [0; 2] um die *y*-Achse gedreht. Berechnen Sie das Volumen des entstehenden Kreiskegels.
$\left(\text{Grenzen: 0 und 4; Ergebnis: } V = \frac{16}{3} \cdot \pi\right)$

b) Der über der *x*-Achse liegende Teil der Parabel mit der Gleichung $y = -x^2 + 4$ wird um die *y*-Achse gedreht. Welches Volumen hat der entstandene Körper?
(Grenzen: 0 und 4; Ergebnis: $V = 8 \cdot \pi$)

5.2 Rotation um die *x*-Achse

Die durch eine solche Rotation entstehenden Kreisscheiben sind konzentrisch zur *x*-Achse, ihr Radius ist ein *y*-Wert. Ihr Flächeninhalt ist also eine Funktion des *y*-Wertes: $A = \pi \cdot y^2$.
Ein Zylinder mit der Dicke Δx hat das Volumen $V = \pi \cdot y^2 \cdot \Delta x$.
Da die Einzelflächen nun entlang der *x*-Achse „gesammelt" werden müssen, ist *x* die Integrationsvariable, *y* wird mithilfe der Funktionsgleichung $y = f(x)$ durch einen Term ersetzt, in dem nur noch die Variable *x* steht und es kann direkt integriert werden.

BEISPIEL · **Das Kugelvolumen**

Ein Kreis mit Radius *r* um den Ursprung hat die Gleichung $x^2 + y^2 = r^2$. Lässt man die obere Hälfte dieses Kreises im Intervall $[-r; +r]$ um die *x*-Achse rotieren, so entsteht eine Kugel.
Das Volumen dieses Körpers ist $V = \int_{-r}^{r} \pi \cdot y^2 \, dx$.

Mithilfe der Funktionsgleichung ersetzt man: $y^2 = r^2 - x^2$ und erhält:

$$V = \int_{-r}^{r} \pi \cdot (r^2 - x^2) \, dx = \pi \cdot \left[r^2 \cdot x - \frac{x^3}{3} \right]_{-r}^{r} = \pi \cdot \left[\left(r^3 - \frac{r^3}{3} \right) - \left(r^3 - \frac{-r^3}{3} \right) \right]$$

$$= \pi \cdot \left[\frac{2}{3} r^3 - \left(-\frac{2}{3} r^3 \right) \right] = \pi \cdot \frac{4}{3} r^3.$$

231

5 Rauminhalte bei Rotationskörpern

Das Volumen der Kugel mit Radius r beträgt also $V = \frac{4}{3}\pi r^3$.
Die Berechnung des Kugelvolumens mithilfe der Integralrechnung bestätigt damit die schon bekannte Volumenformel für Kugeln.

TIPP — Senkrechte Kreisscheiben

In den folgenden Aufgaben wird ein Rotationskörper beschrieben. Überlegen Sie zunächst, wie der Inhalt einer Kreisfläche zu berechnen ist, die man durch Zerschneiden des Körpers parallel zur y-Achse, also sozusagen hochkant, erhält. Ersetzen Sie dann in dem erhaltenen Term y durch einen Ausdruck, der von x abhängt und integrieren Sie.

---

1 Rotation um die x-Achse

a) Ein Teil der Geraden mit der Gleichung $y = -0{,}5x + 4$, nämlich die Strecke zwischen $x = 0$ und $x = 4$, wird um die x-Achse gedreht. Berechnen Sie das Volumen des entstehenden Kegelstumpfes.

b) Die von den Koordinatenachsen und dem Graphen der Funktion f im IV. Quadranten eingeschlossene Fläche wird um die x-Achse gedreht. Berechnen Sie das Volumen des entstehenden Körpers. Die Funktionsgleichung heißt $f(x) = x^2 - 4$.

TEIL II

5 TEST Rauminhalte bei Rotationskörpern

Test

Hinweis: Fertigen Sie immer zunächst eine Skizze an.

1 Eine Strecke verläuft im Koordinatensystem vom Punkt $A(0; 3)$ auf der y-Achse
zum Punkt $B(2; 0)$ auf der x-Achse. |5|
Die Strecke soll um die y-Achse rotieren.
Geben Sie den Flächeninhalt einer Kreisscheibe an und berechnen Sie das Volumen
des beschriebenen Rotationskörpers (ein Kegel) als Integral.

2 Dieselbe Strecke soll um die x-Achse rotieren. Bearbeiten Sie die gleiche
Aufgabenstellung. |5|

3 Wie muss eine Strecke beschaffen sein, damit bei den Aufgaben 1 und 2 das
gleiche Ergebnis erhalten wird? |2|

4 Eine Parabel mit der Funktionsgleichung $f(x) = x^2$ rotiert um die y-Achse. |8|
Es entsteht der auf S. 227 abgebildete Sektkelch ohne Fuß. Bestimmen Sie das
Volumen für eine Höhe von 3, 5 und 10 Längeneinheiten.

                                                                              ||20||

Testauswertung:
Wie viele Punkte haben Sie? Erreichen Sie mehr als 16 Punkte, beherrschen Sie den Inhalt des Kapitels
wirklich gut. Erreichen Sie weniger als 8 Punkte, dann sollten Sie dieses Kapitel wiederholen.

6 Anwendung der Integralrechnung

WAS SIE SCHON KÖNNEN MÜSSEN
▷ Den Stoff aus den Kapiteln 1–5

DARUM GEHT ES
▷ Anwendungen aus Physik und Technik

Wie die meisten mathematischen Theorien wird natürlich auch die Integralrechnung an vielen Stellen angewendet. Im Vorwort zu diesem Buch und in Kapitel 1 sind schon einige Anwendungsgebiete genannt worden, auf die jetzt hier näher eingegangen werden soll.
Naturgemäß – der Entwicklung der Mathematik folgend – sind viele Anwendungen physikalischer Natur und werden deshalb bevorzugt im Unterricht behandelt – auch von Mathematiklehrern, die als zweites Fach nicht Physik haben. Aus diesem Grund sollen die physikalischen Anwendungen auch hier im Vordergrund stehen.

6.1 Strecke und Geschwindigkeit

Bei jeder Bewegung – gehen, fahren, fliegen, ... – spielen zwei grundlegende physikalische Größen eine Rolle: Die zurückgelegte Strecke s und die dazu benötigte Zeit t.

Gleichförmige Bewegungen

Für einfache Bewegungen, nämlich solche, die gleichmäßig entlang einer geraden Bahn verlaufen, ist der Zusammenhang zwischen diesen beiden Größen sehr einfach, nämlich proportional: In gleichen Zeitabschnitten werden gleiche Streckenabschnitte zurückgelegt.
Physikerinnen und Physiker sprechen von einer gleichförmigen Bewegung und gibt dem Proportionalitätsfaktor (das ist der Quotient aus den beiden Größen) einen Namen: Geschwindigkeit, Abkürzung v (lat.: velocitas). Es gilt also für die gleichförmige Bewegung die Gleichung $s = v \cdot t$.

Nicht gleichförmige Bewegungen

Die wenigsten Bewegungen sind jedoch gleichförmig – meist muss man zwischendurch seine Geschwindigkeit immer mal wieder verringern (man bremst) oder vergrößern (man beschleunigt). In solchen Fällen wird es schwieriger (s. Kapitel 1), die zurückgelegte Strecke zu berechnen. Im Folgenden wird davon ausgegangen, dass die Geschwindigkeit bekannt ist, also z. B. über einen Tachometer gemessen wird, und die zurückgelegte Strecke gesucht ist.

TEIL II

6.1 Strecke und Geschwindigkeit

Dazu *unterteilt* man die Gesamtbewegung *in mehrere Abschnitte,* in denen die Bewegung (annähernd) gleichförmig verläuft und betrachtet jeden Abschnitt einzeln. Um die gesamte Bewegung von den einzelnen Teilen zu unterscheiden, verwendet man für letztere die Symbole Δs und Δt (sprich: Delta s und Delta t).

Es muss also für jeden Abschnitt die Teilstrecke $\Delta s = v \cdot \Delta t$ berechnet werden, und die so berechneten Teilstrecken müssen am Ende aufsummiert werden: $s = \sum \Delta s = \sum v \cdot \Delta t$.

Zur Erinnerung: Das Symbol $\sum$ steht für Summe.

Bei sehr wechselhaften Bewegungen werden die einzelnen Teilabschnitte immer kleiner, d.h., es wird im Grenzfall (bei einer Bewegung mit sich ständig ändernder Geschwindigkeit) $\Delta t \rightarrow 0$ gelten. Dann wird aus der Summe – genau wie in Kapitel 2.2 bei der Flächenberechnung – im Grenzfall ein Integral, d.h., die Strecke wird nach der Formel $s = \int v \, dt$ berechnet.

Die Integralgrenzen sind dabei die beiden Zeitpunkte *Start* und *Ende.* Der Start wird in der Regel $t = 0$ sein.

BEISPIEL   **Freier Fall**

Ein frei fallender Körper wird durch die Erdanziehungskraft gleichmäßig beschleunigt, und zwar gilt für seine Geschwindigkeit $v = g \cdot t$, wobei g der Ortsfaktor ist, der bei ungefähr $9{,}81 \, \frac{m}{s^2}$ liegt. Da sich die Geschwindigkeit ständig ändert, kann der Fall nicht in Teilabschnitte mit gleichbleibender Geschwindigkeit aufgeteilt werden. Folglich muss die Strecke über ein Integral berechnet werden (Startzeit: $t = 0$, Ende der Bewegung: $t = t_E$):

$$s = \int_0^{t_E} g \cdot t \, dt = g \cdot \int_0^{t_E} g \, t \, dt.$$

Eine Stammfunktion des Integranden ist die Funktion $\frac{1}{2} \cdot t^2$, also berechnet sich das Integral zu $s = g \cdot \left[\frac{1}{2} \cdot t^2 \right]_0^{t_E} = \frac{1}{2} \cdot g \cdot t_E^2$.

Diese Gleichung ist in der Physik als das Weg-Zeit-Gesetz für den freien Fall bekannt.

6 Anwendung der Integralrechnung

BEISPIEL   Bremsweg

Beim Auftreten einer gefährlichen Situation fährt man erst einmal – während der sogenannten Reaktionszeit t_R – ungebremst weiter, danach verringert man in der Zeit t_B die Geschwindigkeit linear bis zum Stillstand. Die Geschwindigkeit-Zeit-Funktion des eigentlichen **Bremsvorgangs** hat den Funktionsterm $v(t) = v_0 - a \cdot t$, wobei v_0 die Geschwindigkeit beim Auftreten der Situation ist und a die Bremsverzögerung (negative Beschleunigung) des Fahrzeugs beschreibt. Der gesamte Vorgang des Anhaltens erfolgt also im Intervall $[0; t_R + t_B]$.

Um die Rechnungen zu vereinfachen, kann man die beiden Intervalle getrennt betrachten und den Anhalteweg danach als Summe berechnen.

Die zurückgelegte Strecke ergibt sich als Integral über die Geschwindigkeitsfunktion in den beiden Intervallen $[0; t_R]$ und $[0; t_B]$.

$$\text{Reaktionsweg: } s_R = \int_0^{t_R} v_0 \, dt = \Big[v_0 \cdot t \Big]_0^{t_R} = v_0 \cdot t_R$$

$$\text{Bremsweg: } s_B = \int_0^{t_B} (v_0 - a \cdot t) \, dt = \Big[v_0 \cdot t \Big]_0^{t_B} + \Big[v_0 \cdot t - \frac{1}{2} \cdot a \cdot t^2 \Big]_0^{t_B} = \left(v_0 \cdot t_B - \frac{1}{2} \cdot a \cdot t_B^2 \right)$$

Da am Ende des Bremsvorgangs $v = 0$ ist, kann man v_0 durch a und t_B ausdrücken:

$v(t_B) = v_0 - a \cdot t_B = 0 \Leftrightarrow v_0 = a \cdot t_B$.

Eingesetzt: $s_B = a \cdot t_B^2 - \frac{1}{2} \cdot a \cdot t_B^2 = \frac{1}{2} \cdot a \cdot t_B^2 = \frac{1}{2} \cdot \dfrac{a^2 \cdot t_B^2}{a} = \frac{1}{2} \cdot \dfrac{v_0^2}{a}$

Der Anhalteweg ist demnach: $s_A = s_R + s_B = v_0 - t_R + \frac{1}{2} \cdot \dfrac{v_0^2}{a}$.

Als Faustregel gilt: Die Reaktionszeit ist 1 Sekunde, also $t_R = 1$. Der Betrag der Bremsbeschleunigung a moderner Fahrzeuge ist ca. $5 \frac{m}{s^2}$.

Daraus ergibt sich, wenn man die Geschwindigkeit in Metern pro Sekunde $\left(\frac{m}{s} \right)$ angibt, der *Anhalteweg in Metern*:

$s_A = v_0 + \dfrac{v_0^2}{10}$.

Gibt man die Geschwindigkeit in *Kilometern pro Stunde* $\left(\frac{km}{h} \right)$ an, so muss diese erst noch umgerechnet werden. Der *Umrechnungsfaktor* beträgt

$3{,}6 \left(1 \frac{km}{h} = \dfrac{1\,000\,m}{3\,600\,s} = \dfrac{1\,m}{3{,}6\,s} \approx \dfrac{3}{10} \dfrac{m}{s} \right)$. Damit erhält man:

$s_A \approx \dfrac{v_0 \cdot 3}{10} + \dfrac{v_0^2 \cdot 9}{100 \cdot 10} \approx \dfrac{v_0 \cdot 3}{10} + \left(\dfrac{v_0}{10} \right)^2 \quad \left(\text{Setze } \dfrac{9}{10} \approx 1. \right)$

Diese Formel wird in der Fahrschule gelehrt.

6.2 Arbeit, Energie und Leistung

Auch im Bereich Arbeit und Energie gibt es eine Größe, die diese mit der Zeit verknüpft: Die Leistung, physikalisch definiert als Arbeit pro Zeit $\left(P = \frac{W}{t}\right)$, wenn in gleichen Zeitabschnitten gleiche Arbeit verrichtet wird. Umgekehrt wird daraus $W = P \cdot t$ bzw. $\Delta W = P \cdot \Delta t$.

Da Energie und Arbeit äquivalente Größen sind, gelten alle Überlegungen gleichermaßen für beide Größen.

Hat man ein Gerät, das keine gleichbleibende Leistung erbringt (Motoren tun dies unter Belastung im Allgemeinen nicht), so greift man zu den gleichen Überlegungen wie in Bezug auf die Abhängigkeit *Strecke-Geschwindigkeit,* unterteilt also in kleine Zeitabschnitte Δt, in denen kleine Portionen Arbeit verrichtet werden, und lässt den Wert Δt dann gegen null gehen. Im Grenzfall erhält man die Arbeit bzw. den Energiebedarf für eine bestimmte Arbeit als Integral der Leistung über die Zeit:

$$W = \int_{t_1}^{t_2} P(t)\, dt.$$

BEISPIEL   Wechselstrom

1. Zeitlich veränderliche Leistungen hat man bei allen Wechselstrom-Geräten, denn Wechselstrom und -spannung sind zeitlich veränderliche Größen – genau gesagt gleicht die Strom- und Spannungskurve einer Sinuskurve.
2. Im öffentlichen Stromnetz ist die angeschlossene Leistung sehr stark zeitabhängig. Durch statistische Methoden kennt man näherungsweise die zugrunde liegende Funktionsgleichung und kann die benötigte Energie durch Integration dieser Funktion berechnen.

6.3 Stromstärke und Ladung

Elektrischer Strom ist fließende Ladung (im Allgemeinen Elektronen, die sich im Leiter bewegen). Je mehr Ladungsträger pro Zeiteinheit durch den Querschnitt eines Leiters fließen, desto größer ist die elektrische Stromstärke $\left(I = \frac{Q}{t} \text{ bzw. } I = \frac{\Delta Q}{\Delta t}\right)$.

Zur Messung der elektrischen Stromstärke gibt es einfache Methoden und damit Messgeräte. Muss man die geflossene Ladung berechnen (z. B. um eine Spannung zu berechnen), so muss bei nicht gleichmäßigem Stromfluss (z. B. in Stromkreisen mit Spulen und Kondensatoren) wieder integriert werden:

$$Q = \int_{t_1}^{t_2} I(t)\, dt.$$

6 Anwendung der Integralrechnung

> **BEISPIEL** | **Elektrischer Kondensator**
>
> Zeitlich veränderliche Stromstärken kennt man vom Auf- und Entladeprozess eines Kondensators. Der zugrunde liegende Funktionsterm ist der einer Exponentialfunktion. Durch Integration über die Ladedauer kann ermittelt werden, wie viel Ladung der Kondensator aufgenommen bzw. abgegeben hat.

6.4 Spannarbeit

Beim Spannen einer Feder muss Arbeit gegen eine Kraft, die die Feder in ihre Ausgangsstellung zurückzubringen versucht, verrichtet werden.

Die Kraft, mit der dies geschieht, ist nach dem hookeschen Gesetz proportional zur Verlängerung der Feder: $F(s) = D \cdot s$. Da wegen der Veränderlichkeit der Kraft die Gleichung $W = F \cdot s$ nicht gilt, muss das Integral über die Verlängerungsstrecke l gebildet werden:

$$W = \int_0^l F \, ds = \int_0^l D \cdot s \, ds = \left[\frac{1}{2} \cdot D \cdot s^2 \right]_0^l = \frac{1}{2} \cdot D \cdot l^2.$$

6.5 Integralrechnung in anderen Sachzusammenhängen

In vielen Sachzusammenhängen hat man es damit zu tun, Summen von Produkten zu bilden. Beispiele:
▷ bei Durchflussmengen durch Rohre wie Pipelines,
▷ bei der Berechnung von ausgestoßenen Gasen aus Auspuffen oder Kaminen,
▷ beim Befüllen von Gefäßen mit Flüssigkeiten u. a.

Verlaufen diese Vorgänge zwar kontinuierlich, aber mit veränderlicher Geschwindigkeit, so ist es nicht mehr möglich, einzelne Summanden zu bestimmen. Stattdessen wird ein Integral gebildet.

Durchflussmenge: Gegeben ist eine Funktion $v(t)$, die beschreibt, mit welcher Geschwindigkeit eine Flüssigkeit zum Zeitpunkt t durch ein Rohr fließen kann. Gesucht ist das Gesamtvolumen V der Flüssigkeit, die im Intervall $[0; t_1]$ durch das Rohr fließt.

$$V = \int_0^{t_1} v(t) \, dt$$

Gasausstoß: Gegeben ist eine Funktion $v(t)$, die den Gasausstoß aus einem Kamin in Form einer momentanen Änderungsrate (Ausstoßgeschwindigkeit) beschreibt. Gefragt ist nach dem Volumen V des nach t_1 Sekunden ausgestoßenen Gases.

$$V = \int_0^{t_1} v(t) \, dt$$

6.5 Integralrechnung in anderen Sachzusammenhängen

Gefäßbefüllung: Eine Wanne wird mit einer Vorrichtung befüllt, die nach einer gegebenen Funktion $v(t)$ arbeitet, die die Fließgeschwindigkeit der Flüssigkeit zum Zeitpunkt t angibt. Welches Volumen V hat die in die Wanne eingelaufene Flüssigkeit zum Zeitpunkt t_1?

$$V = \int_0^{t_1} v(t)\,dt$$

Wie man sieht, führen alle diese Fragestellungen auf das gleiche Integral.

1 Ein Kanal mit parabelförmigem Querschnitt

Von einem Kanal sei bekannt:
Sein Querschnitt (Profil) ist durch die Gleichung $y = \frac{1}{10}x^2$ zu beschreiben. Seine Breite, bei Höchststand auf der Wasseroberfläche gemessen, ist 10 m.

a) Wie tief kann das Wasser maximal sein?
b) Wie groß ist die Querschnittsfläche des Kanals?
c) Wie viel Wasser kann der Kanal auf jedem Kilometer seiner Länge maximal enthalten?

2 Betonklötze zur Unterstützung von Brückenauflegern haben manchmal die Form einer Hyperbel.

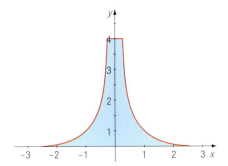

Berechnen Sie für einen solchen Klotz, dessen Hüllkurve die Gleichung $y = \frac{1}{x^2}$ hat und für den die Breite am Fuß 5 m, die Höhe 4 m beträgt,

a) die Querschnittsfläche
b) die Masse bei einer Tiefe von 10 m (1 m³ Beton hat eine Masse von 2,8 t).

3 Bei einem Kondensator hat man die zeitliche Abhängigkeit der Entladestromstärke mit $I(t) = 2{,}5\,\text{mA} \cdot e^{-0{,}5t}$ ermittelt (t in Sekunden).
Berechnen Sie die Ladung, die der Kondensator 5 Sekunden nach Beginn des Entladevorgangs abgegeben hat.

6 TEST Anwendung der Integralrechnung

Test

1 Die Bögen von Brücken, z. B. über Autobahnen, haben öfters die Form einer nach unten geöffneten Parabel. |10|

Die Auffahrten auf solche Brücken liegen oft in verschiedenen Höhen, sodass die Fahrbahn nicht waagerecht verläuft.

Von einer solchen aus Stein gemauerten Brücke sei bekannt: Der Bogen hat eine Breite am Fuß von 10 m, seine Höhe am höchsten Punkt beträgt 5 m. Die Fahrbahn und damit der gesamte Unterbau ist 6 m breit. Die Auffahrten liegen auf jeder Seite 2 m vom Fuß der Brücke entfernt und in den Höhen 5 m bzw. 6 m.

a) Bestimmen Sie die Gleichung des Brückenbogens.
b) Berechnen Sie den Inhalt der Querschnittsfläche des Bogens.
c) Wie viel Material (volumenmäßig) wurde verbaut, als die Brücke erstellt wurde?

2 Abwasserrohre |10|

Der momentane Durchfluss durch Abwasserrohre wird kontinuierlich überwacht, um gegebenenfalls zusätzliche Maßnahmen ergreifen zu können (Zusatzrohre, Beschleunigung des Abfließens durch Propeller u. a.). Beim Probelauf eines solchen Rohrs und der Überwachungsanlage wird der Durchfluss nach Öffnung des Rohrs linear in 2 Zeiteinheiten von 0 auf 6 m³ pro Zeiteinheit erhöht, wird für 6 Zeiteinheiten konstant gehalten und dann in Form einer kubischen Parabel mit der Gleichung $y = \frac{3}{16}x^3 - \frac{45}{8}x^2 + 54x - 162$ in 4 Zeiteinheiten bis auf null reduziert.

a) Zeichnen Sie die Kurve, die zu den Angaben gehört.
b) Berechnen Sie die Abwassermenge, die in den insgesamt 12 Zeiteinheiten durch das Rohr geflossen ist.

||20||

Testauswertung:
Wie viele Punkte haben Sie? Erreichen Sie mehr als 16 Punkte, beherrschen Sie den Inhalt des Kapitels wirklich gut. Erreichen Sie weniger als 8 Punkte, dann sollten Sie dieses Kapitel wiederholen.

7 Die Integralfunktion

TEIL II

WAS SIE SCHON KÖNNEN MÜSSEN
▷ Den Stoff der Kapitel 1–5

DARUM GEHT ES
▷ Das Integral der Funktion f mit $f(x) = \frac{1}{x}$
▷ Weitere häufig benötigte Integrale

7.1 Das Integral $\int_{1}^{x} \frac{1}{t}\, dt$

INFO — **Integralfunktionen**

Die Grenzen eines bestimmten Integrals waren bisher immer bekannt oder doch zumindest als konstant vorausgesetzt worden. Weicht man von diesem Grundsatz ab, so erhält man ein Integral, dessen Wert von der oder den veränderlichen Grenzen abhängt, also selbst wieder eine Funktion ist. Meist wird die untere Grenze konstant gelassen und nur die obere veränderlich gemacht. Eine solche Funktion nennt man **Integralfunktion** oder **Funktion der oberen Grenze**.

Dass man diese Art von Funktionen auch untersuchen kann, ohne ihren Term zu kennen, soll nun am Beispiel der „**verbotenen**" Potenzfunktion x^{-1} gezeigt werden. Das Verbot ergab sich ja aus der Regel zur Bestimmung von Stammfunktionen zu den Potenzfunktionen:
$f(x) = x^n \Rightarrow F(x) = \frac{1}{n+1} \cdot x^{n+1}$. In diesem Term darf $n = -1$ nicht eingesetzt werden, da sonst null im Nenner stünde.

Da wir nun zwischen Integrationsvariabler (normalerweise x) und variabler oberer Grenze unterscheiden müssen, nennen wir die Integrationsvariable von jetzt an t, nicht x. Mit x benennen wir stattdessen die uns in erster Linie interessierende variable obere Grenze der Integralfunktion. Als untere Grenze setzen wir den Wert 1 fest. Wir betrachten also die **Integralfunktion** L, die durch

$$L(x) = \int_{1}^{x} t^{-1}\, dt = \int_{1}^{x} \frac{1}{t}\, dt$$

festgelegt ist.

7 Die Integralfunktion

Von dieser Funktion wissen wir von Anfang an erstaunlich viel, wenn wir uns alles bisher Besprochene in Erinnerung rufen:
▷ Da die Integrandenfunktion für alle $t \in \mathbb{R}$ außer $t = 0$ definiert ist, können für x nur positive Werte eingesetzt werden, denn sonst müsste ja über eine Definitionslücke hinweg integriert werden. Dies ist nach Definition des Integrals nicht zulässig.
▷ $L(1) = 0$, denn dann sind untere und obere Grenze gleich.
▷ Für Werte $x > 1$ ist $L(x)$ positiv, denn das Integral stellt eine positive Normalfläche dar (Bild 1).
▷ Für Werte $x < 1$ ist zwar die Fläche ebenfalls eine positive Normalfläche, aber die Integrationsrichtung ist jetzt umgekehrt (Bild 2). Die obere Grenze x ist also jetzt links von der unteren Grenze.

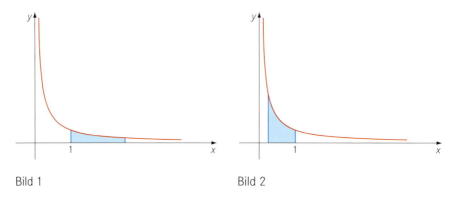

Bild 1   Bild 2

Dadurch wird der Wert des Integrals negativ. Dies haben Sie in Kapitel 4 gelernt. $L(x)$ ist also kleiner als null, wenn $x < 1$ ist.
▷ Lassen wir x größer werden, so wächst auch die durch das Integral dargestellte Fläche, d. h., die Funktion L ist für $x > 1$ streng monoton wachsend. Der Zuwachs wird allerdings immer geringer.
▷ Lassen wir x an 0 annähern, so stellen wir fest, dass auch hier die Fläche immer größer wird. Die **Funktionswerte von L** sind aber negativ wegen der umgekehrten Integrationsrichtung. Sie werden also immer **kleiner.**

Ergebnis: Die Funktion L ist also in ihrem ganzen Definitionsbereich $\mathbb{R}^+$ streng monoton wachsend.

Von der Funktion L sind also viele Eigenschaften bekannt, **ohne dass ihr Term bekannt ist:**
▷ Definitionsbereich ist die Menge aller positiven Zahlen.
▷ L ist streng monoton wachsend in diesem Definitionsbereich.
▷ Die Steigung des Funktionsgraphen wird für wachsendes x immer geringer.
▷ Einzige Nullstelle ist 1: $L(1) = 0$.
▷ Für $x < 1$ ist $L(x) < 0$, für $x > 1$ ist $L(x) > 0$

Mit diesen Informationen kann man eine Skizze des Graphen anfertigen:

7.2 Der Hauptsatz der Differenzial- und Integralrechnung

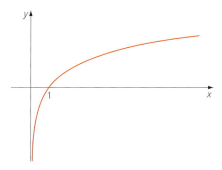

Diese Skizze ähnelt dem Graphen der **Logarithmusfunktion.**
Nähere Untersuchungen, die aber den Rahmen und auch die Intention dieses Buches sprengen würden, ergeben, dass es sich tatsächlich um eine Logarithmusfunktion handelt.
Basis dieser Logarithmusfunktion ist e, die eulersche Zahl (2,718 281 828 4...).
Der Logarithmus zu dieser Basis heißt **natürlicher Logarithmus,** abgekürzt ln (von lat. logarithmus naturalis).
Durch die Untersuchung einer Integralfunktion haben wir also die Lücke in den Stammfunktionen der Potenzfunktionen geschlossen, die für den Exponenten −1 noch bestand.

Fazit: Eine Stammfunktion zu der Potenzfunktion f mit $f(x) = \frac{1}{x}$ ist – für positive x – die Funktion F mit $F(x) = \ln x$.

Man sieht: Die Beschäftigung mit Integralfunktionen lohnt sich!

7.2 Der Hauptsatz der Differenzial- und Integralrechnung

Zum Abschluss noch der wichtigste Lehrsatz der Analysis in einer seiner vielen Formulierungen.

> **INFO** — Ableitung und Integral
>
> Definieren wir zu einer stetigen Funktion f und einer reellen Konstanten a
> die Integralfunktion $I(x)$ durch $\int_a^x f(t)\,dt$, so gilt: $I'(x) = f(x)$.
>
> In der Kurzfassung:
> Die Ableitung einer Integralfunktion ist die Integrandenfunktion.
> Dieser Satz heißt **Hauptsatz** (oder **Fundamentalsatz**) **der Differenzial- und Integralrechnung.**

7　Die Integralfunktion

Da es sich bei dem vorliegenden Buch um eine Lernhilfe und nicht um ein Lehrbuch handelt, wird auf einen Beweis dieses Satzes verzichtet.
Die Beweisidee können Sie Kapitel 2 entnehmen, und zwar den Ausführungen zur Flächeninhaltsfunktion in der Hinführung zur Stammfunktion.

7.3 Weitere häufig benötigte Integrale

Die folgende Übersicht enthält weitere benötigte Integrale. Es gilt $a > 0$ und c ist die Integrationskonstante (vgl. S. 196/197).

$$\int \frac{f'(x)}{1 + (f(x))^2} = \arctan f(x) + c = \tan^{-1} f(x) + c$$

$$\int \frac{1}{a^2 - x^2}\, dx = \frac{1}{2}a \cdot \ln\left|\frac{a + x}{a - x}\right| + c$$

$$\int \frac{1}{a^2 + x^2}\, dx = \frac{1}{a} \arctan \frac{x}{a} + c = \frac{1}{a} \cdot \tan^{-1} \frac{x}{a} + c$$

$$\int \frac{x}{\sqrt{a^2 - x^2}}\, dx = -\sqrt{a^2 - x^2} + c$$

$$\int \frac{1}{\sqrt{a^2 - x^2}}\, dx = \arcsin \frac{x}{a} + c = \sin^{-1} \frac{x}{a} + c$$

$$\int \frac{1}{\sqrt{x^2 \pm a^2}}\, dx = \ln\left|x + \sqrt{x^2 \pm a^2}\right| + c$$

$$\int \sqrt{a^2 + x^2}\, dx = \frac{x}{2} \cdot \sqrt{a^2 + x^2} + \frac{a^2}{2} \cdot \ln\left(x + \sqrt{a^2 + x^2}\right) + c$$

$$\int \sqrt{a^2 - x^2}\, dx = \frac{x}{2} \cdot \sqrt{a^2 - x^2} + \frac{a^2}{2} \cdot \arcsin \frac{x}{a} + c$$

$$\frac{x}{a} \cdot \sqrt{a^2 - x^2} + \frac{a^2}{2} \cdot \sin^{-1} \frac{x}{a} + c \text{ (\textbf{Kreisintegral})}$$

Lösungen

1 Problemstellungen

1.2 Ein physikalisches Problem

Übung 1 Seite 153

a)
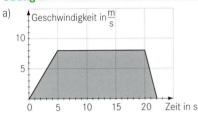

b) Die Maßzahl der zurückgelegten Strecke ist gleich dem Flächeninhalt des Trapezes, also $|s| = \frac{1}{2} \cdot (22 + 15) \cdot 8 = 148$.
Der PKW legt also eine Strecke von $s = 148\,\text{m}$ zurück.

Übung 2 Seite 153

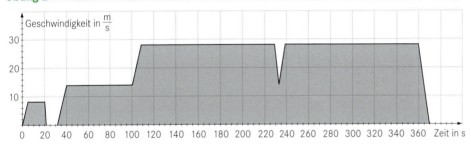

Durch Unterteilung der zu berechnenden Fläche in Dreiecke, Rechtecke und Trapeze erhält man:
$|s| = \frac{1}{2} \cdot (22 + 15) \cdot 8 + \frac{1}{2} \cdot 8 \cdot 14 + 60 \cdot 14 + \frac{1}{2}$
$\cdot (14 + 28) \cdot 8 + 120 \cdot 28 + \frac{1}{2} \cdot (28 + 14) \cdot 4 + \frac{1}{2}$
$\cdot (14 + 28) \cdot 6 + 120 \cdot 28 + \frac{1}{2} \cdot 28 \cdot 10 = 8282$.
Er hat also eine Strecke von $s = 8282\,\text{m} = 8{,}282\,\text{km}$ zurückgelegt und dazu die Zeit $t = 368\,\text{s}$ benötigt. Seine Durchschnittsgeschwindigkeit betrug bei dieser Fahrt
$v = \frac{8282\,\text{m}}{368\,\text{s}} \approx 22{,}5\,\frac{\text{m}}{\text{s}} \approx 81\,\frac{\text{km}}{\text{h}}$.

1.3 Noch ein mathematisches Problem

Übung 1 Seite 156

a) Dargestellt ist ein Verfahren zur näherungsweisen Berechnung der Fläche, die vollständig von der Parabel mit $y = -x^2 + 8x$ und der x-Achse eingeschlossen wird, also im Bereich $0 \le x \le 8$.

b) Das Intervall $[0; 8]$ ist zuerst in 4, dann in 8 und schließlich in 16 Teilintervalle aufgeteilt worden. Danach wurden über diesen Teilintervallen Rechtecke gezeichnet.

c) Im linken Streifen sind die kleinsten Rechtecke, die die Parabelstücke **vollständig** enthalten (Obersumme), gezeichnet. Und im rechten Streifen sind die größten Rechtecke, die die Parabelstücke **nicht** enthalten (Untersumme), gezeichnet. Die oberen Seiten der Rechtecke bilden eine Treppenkurve, die links vollständig **über** und rechts vollständig **unter** der Parabel verläuft.

d) Bei Fortsetzung der Geschichte nähern sich die Treppenkurven immer mehr einander und an die Parabel an. Die Summe der Flächeninhalte nähert sich immer genauer dem gesuchten Flächeninhalt zwischen Parabel und x-Achse an.

245

Problemstellungen

e) Zeichnerisch ist das Verfahren wahrscheinlich nicht mehr weit fortzusetzen, rechnerisch kann es beliebig weit fortgesetzt werden. Mit Computern ist es in kurzer Zeit auch möglich, den Flächeninhalt von Millionen solcher Rechtecke zu bestimmen. Auch die Genauigkeit ist prinzipiell kein großes Problem mehr.

Übung 2 Seite 157

a)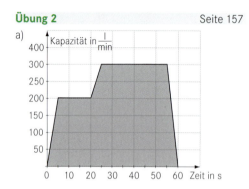

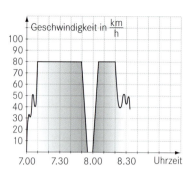

b) Die Fläche unter dem Graphen ist ein Maß für das einlaufende Wasser.

c) In dem Abschnitt „Öffnen" wird ein Betrag von $\frac{1}{2} \cdot 5 \cdot 200$ zulaufen, im Abschnitt „Zulaufen I" ein Betrag von $15 \cdot 200$, im Abschnitt „Erhöhen" sind es $\frac{1}{2} \cdot 5 \cdot (200 + 300)$, in „Zulaufen I + II" $30 \cdot 300$ und in „Abdrehen" schließlich $\frac{1}{2} \cdot 5 \cdot 300$.
Insgesamt sind also
$(500 + 3000 + 1250 + 9000 + 750)\,l = 14500\,l$ Wasser in das Becken gelaufen.

Um 7:10 Uhr fuhr der LKW mit ca. $80\frac{km}{h}$ und hielt diese Geschwindigkeit bis ca. 7:50 Uhr, also 40 Minuten lang. Dies sind $\frac{2}{3}$ Stunden (h). In dieser Zeit legte er eine Strecke von $\frac{2}{3}\,h \cdot 80\frac{km}{h} \approx 53\,km$ zurück.
Von 7:50 Uhr bis 7:56 Uhr bremste er bis zum Stillstand, dies waren 6 Minuten bzw. 0,1 Stunden. Zurückgelegte Strecke: $\frac{1}{2} \cdot 0,1\,h \cdot 80\frac{km}{h} = 4\,km$.
Von 8:00 Uhr bis 8:05 Uhr, also in 5 Minuten = $\frac{1}{12}$ Stunden, beschleunigte er wieder auf $80\frac{km}{h}$ und legte in dieser Zeit $\frac{1}{2} \cdot \frac{1}{12}$ Stunden $\cdot 80\frac{km}{h} \approx 3\,km$ zurück.
Danach hielt er die Geschwindigkeit von $80\frac{km}{h}$ bis 8:20 Uhr, also $\frac{1}{4}\,h$ lang. In dieser Zeit legte er nochmals 20 km zurück. Die zurückgelegte Strecke betrug also insgesamt ca. 80 km.

Übung 3 Seite 157

Hinweis: Sie müssen bei diesem Problem auf verträgliche Einheiten achten, also z. B. Geschwindigkeit in Kilometer pro Stunde und Zeit in Stunden oder Zeit in Minuten und Geschwindigkeit in Kilometer pro Minute. In der Lösung wird Ersteres gewählt. Die Kurvenstücke werden dort, wo der Graph gerundet ist, durch kantige Streckenabschnitte ersetzt (s. Bild), um die Rechnung zu vereinfachen.

TEIL II Lösungen

2 Integrale zur Flächenberechnung

② Integrale zur Flächenberechnung

2.1 Obersummen und Untersummen

Übung 1   Seite 162

a) Die Intervalle sind:

$I_1 = [0; 0,25]$ $I_2 = [0,25; 0,5]$ $I_3 = [0,5; 0,75]$
$I_4 = [0,75; 1]$ $I_5 = [1; 1,25]$ $I_6 = [1,25; 1,5]$
$I_7 = [1,5; 1,75]$ $I_8 = [1,75; 2]$ $I_9 = [2; 2,25]$
$I_{10} = [2,25; 2,5]$ $I_{11} = [2,5; 2,75]$ $I_{12} = [2,75; 3]$
$I_{13} = [3; 3,25]$ $I_{14} = [3,25; 3,5]$ $I_{15} = [3,5; 3,75]$
$I_{16} = [3,75; 4]$

Für die Untersumme:

Intervall	I_1	I_2	I_3	I_4
y = Höhe des Rechtecks	0	0,06	0,25	0,56
Rechteckbreite	0,25	0,25	0,25	0,25
Rechteckfläche A_k	0	0,02	0,06	0,14

Intervall	I_5	I_6	I_7	I_8
y = Höhe des Rechtecks	1	1,56	2,25	3,06
Rechteckbreite	0,25	0,25	0,25	0,25
Rechteckfläche A_k	0,25	0,39	0,56	0,77

Intervall	I_9	I_{10}	I_{11}	I_{12}
y = Höhe des Rechtecks	4	5,06	6,25	7,56
Rechteckbreite	0,25	0,25	0,25	0,25
Rechteckfläche A_k	1	1,27	1,56	1,89

Intervall	I_{13}	I_{14}	I_{15}	I_{16}
y = Höhe des Rechtecks	4	10,56	12,25	14,06
Rechteckbreite	0,25	0,25	0,25	0,25
Rechteckfläche A_k	2,25	2,64	3,06	3,52

Die Summe dieser Werte ist 19,38.
Für die Obersumme verschieben sich alle Teilflächen um ein Intervall nach links. Es kommt also der Inhalt der letzten Teilfläche dazu:
$16 \cdot 0,25 = 4$.
$19,38 + 4 = 23,38$.

b) Bei der Rechteckbreite 0,1 erhalten wir die Intervalle
$I_1 = [0; 0,1]$; $I_2 = [0,1; 0,2]$; $I_3 = [0,2; 0,3]$; ...;
$I_{39} = [3,8; 3,9]$; $I_{40} = [3,9; 4]$.
Für die Untersumme sind die Funktionswerte am linken Rand der Intervalle zu berechnen:
$f(0) = 0$; $f(0,1) = 0,01$; $f(0,2) = 0,04$; ...;
$f(3,9) = 15,21$.
Multiplikation mit der Rechteckbreite 0,1 ergibt die Teilflächeninhalte:
$A_1 = 0$; $A_2 = 0,001$; $A_4 = 0,004$; ...; $A_{40} = 1,521$, deren Summe ist $U = 20,54$.
Für die Obersumme verschieben sich wieder alle Rechtecke um eine Stelle nach links, das letzte hat den Flächeninhalt
$f(4) \cdot 0,1 = 16 \cdot 0,1 = 1,6$
und damit ist $O = 20,54 + 1,6 = 22,14$.

Vorsicht: Die Verschiebung der Rechtecke um ein Intervall nach links beim Übergang von Unter- zu Obersumme ist nur dadurch begründet, dass die betrachtete Funktion streng monoton wachsend ist und damit der kleinste Funktionswert immer am linken Rand eines Intervalls, der größte am rechten Rand zu finden ist. Wenn die Funktion anders beschaffen ist, gilt dies eventuell nicht mehr!

2.2 Summengrenzwerte – das bestimmte Integral

Übung 1   Seite 166

Für die Funktion g:

$O = \frac{4}{n} \cdot \left(\frac{4}{n}\right)^3 \cdot (0^3 + 1^3 + 2^3 + \ldots + n^3)$

In einer Formelsammlung finden Sie die Summenformel:

$1^3 + 2^3 + 3^3 + \ldots + n^3 = \left(\frac{n \cdot (n + 1)}{2}\right)^2 = \frac{n^2 \cdot (n + 1)^2}{4}$

Setzt man diese Formel in den Term für O ein, so erhält man:

$O = \left(\frac{4}{n}\right)^4 \cdot \frac{n^2 \cdot (n + 1)^2}{4} = \frac{4^4}{4} \cdot \frac{n}{n} \cdot \frac{n}{n} \cdot \frac{n + 1}{n} \cdot \frac{n + 1}{n}$.

Dieser Term konvergiert für $n \to \infty$ gegen $\frac{1}{4} \cdot 4^4$.
Für die Funktion h:

$U = \frac{4}{n} \cdot \left(\frac{4}{n}\right)^4 \cdot (1^4 + 2^4 \ldots + (n - 1)^4)$

Auch hierfür gibt es eine Summenformel:

$1^4 + 2^4 + 3^4 + \ldots + n^4 = n \cdot \frac{(n + 1) \cdot (2n + 1) \cdot (3n^2 + 3n - 1)}{30}$

247

2 Integrale zur Flächenberechnung

Da die Untersumme nur die Summanden bis $(n-1)^4$ enthält, wird daraus (ersetzen Sie überall **n** durch **(n − 1)** und vereinfachen Sie die entstehenden Terme):

$$1^4 + 2^4 + 3^4 + \dots + (n-1)^4$$

$$= \frac{(n-1) \cdot n \cdot (2n-1) \cdot (3n^2 - 3n - 1)}{30}$$

und somit erhalten wir für *U:*

$$U = \left(\frac{4}{n}\right)^5 \cdot \frac{(n-1) \cdot n \cdot (2n-1) \cdot (3n^2 - 3n - 1)}{30}$$

$$= \frac{4^5}{30} \cdot \frac{n-1}{n} \cdot \frac{n}{n} \cdot \frac{2n-1}{n} \cdot \frac{3n^2 - 3n - 1}{n^2}.$$

Dieser Term konvergiert für $n \to \infty$ gegen

$$\frac{4^5}{30} \cdot 2 \cdot 3 = \frac{1}{5} \cdot 4^5.$$

2.3 Eigenschaften des bestimmten Integrals

Übung 1   Seite 171

a) $\int\limits_0^1 x^2\,dx + \int\limits_1^3 x^2\,dx = \int\limits_0^3 x^2\,dx = \left[\frac{1}{3}x^3\right]_0^3$

$$= \frac{1}{3} \cdot 3^3 - \frac{1}{3} \cdot 0^3 = 9$$

Bei der Zusammenfassung der Integrale wird die Intervalladditivität benutzt.

b) $\int\limits_0^1 (2x - x)\,dx + \int\limits_0^1 (2x - 2)\,dx$

$$= \int\limits_0^1 (2 - x + 2x - 2)\,dx = \int\limits_0^1 x\,dx = \left[\frac{1}{2}x^2\right]_0^1 = \frac{1}{2}$$

Hier erfolgt die Zusammenfassung mithilfe der Summenregel.

c) $\int\limits_1^2 \frac{x-1}{x^2}\,dx + \int\limits_1^2 \frac{x+1}{x^2}\,dx + \int\limits_2^3 \frac{2}{x}\,dx = \int\limits_1^2 \left(\frac{x-1}{x^2} + \frac{x+1}{x^2}\right)dx$

$$+ \int\limits_2^3 \frac{2}{x}\,dx = \int\limits_1^2 \frac{2x}{x^2}\,dx + \int\limits_2^3 \frac{2}{x}\,dx = \int\limits_1^2 \frac{2}{x}\,dx + \int\limits_2^3 \frac{2}{x}\,dx$$

$$= \int\limits_1^3 \frac{2}{x}\,dx = [2 \cdot \ln x]_1^3 = 2 \cdot \ln 3 - 2 \cdot \ln 1 = 2 \cdot \ln 3$$

Die erste Zusammenfassung erfolgt wieder mit der Summenregel. Danach wird der entstehende Integrand gekürzt und es wird mithilfe der Intervalladditivität zusammengefasst.

d) $\int\limits_2^5 x^3\,dx + \int\limits_5^2 x^3\,dx = \int\limits_2^5 x^3\,dx - \int\limits_2^5 x^3\,dx = 0$

Da im zweiten Integral die Grenzen genau umgekehrt vorliegen, können sie vertauscht werden und das Integral erhält das umgekehrte Vorzeichen.

e) $\int\limits_0^1 (x^3 - 2x)\,dx + \int\limits_0^1 x \cdot (2 - x^2)\,dx$

$$= \int\limits_0^1 (x^3 - 2x + x \cdot (2 - x^2))\,dx = \int\limits_0^1 0\,dx = 0$$

Der Einsatz der Summenregel führt zu **einem** Integral.

f) $3 \cdot \int\limits_{-1}^1 (x^2 - 2x)\,dx - 2 \cdot \int\limits_{-1}^1 (2x - x^2)\,dx$

$$= \int\limits_{-1}^1 (3 \cdot (x^2 - 2x))\,dx - \int\limits_{-1}^1 (2 \cdot (2x - x^2))\,dx$$

$$= \int\limits_{-1}^1 [3 \cdot (x^2 - 2x) - 2 \cdot (2x - x^2)]\,dx$$

$$= \int\limits_{-1}^1 (3x^2 - 6x - 4x + 2x^2)\,dx$$

$$= \int\limits_{-1}^1 (5x^2 - 10x)\,dx = \left[\frac{5}{3}x^3 - \frac{10}{2}x^2\right]_{-1}^1$$

$$= \left(\frac{5}{3} - 5\right) - \left(-\frac{5}{3} - 5\right) = \frac{5}{3} - 5 + \frac{5}{3} + 5 = \frac{10}{3}$$

Zuerst wurde die Faktorregel und danach die Summenregel angewandt.

g) $\int\limits_0^2 (x^3 - 3x - 2)\,dx - \int\limits_0^{-3} (-x^3 + 3x + 2)\,dx$

$$= \int\limits_0^2 (x^3 - 3x - 2)\,dx + \int\limits_{-3}^0 (-x^3 + 3x + 2)\,dx$$

$$= \left[\frac{1}{4}x^4 - \frac{3}{2}x^2 - 2x\right]_0^2 + \left[-\frac{1}{4}x^4 + \frac{3}{2}x^2 + 2x\right]_{-3}^0$$

$$= \left(\frac{1}{4} \cdot 2^4 - \frac{3}{2} \cdot 2^2 - 2 \cdot 2\right) - 0 + 0$$

$$- \left(-\frac{1}{4}(-3)^4 + \frac{3}{2}(-3)^2 + 2 \cdot (-3)\right) = \frac{81}{4} - \frac{54}{4} = \frac{27}{4}$$

248

2 Integrale zur Flächenberechnung

h) $\int_{-2}^{1}(4x-2)\,dx + 2\cdot\int_{1}^{-2}(1-2x)\,dx = \int_{-2}^{1}(4x-2)\,dx$

$+ \int_{1}^{-2} 2\cdot(1-2x)\,dx = \int_{-2}^{1}(4x-2)\,dx + \int_{1}^{-2}(2-4x)\,dx$

$= \int_{-2}^{1}(4x-2)\,dx - \int_{-2}^{1}(2-4x)\,dx$

$= \int_{-2}^{1}[(4x-2)-(2-4x)]\,dx = \int_{-2}^{1}(8x-4)\,dx$

$= [4x^2 - 4x]_{-2}^{1} = (4-4) - (16-(-8)) = -24$

Zuerst kommt die Faktorregel zum Einsatz. Nach Vertauschung der Integrationsgrenzen kann die Summenregel angewandt werden.

i) $\int_{1}^{3}(3x^2 - 6x + 4)\,dx + 2\cdot\int_{1}^{3}(3x-2)\,dx$

$= \int_{1}^{3}(3x^2 - 6x + 4)\,dx + \int_{1}^{3} 2\cdot(3x-2)\,dx$

$= \int_{1}^{3}[(3x^2 - 6x + 4) + 2\cdot(3x-2)]\,dx$

$= \int_{1}^{3}[3x^2 - 6x + 4 + 6x - 4)\,dx = \int_{1}^{3} 3x^2\,dx$

$= [x^3]_{1}^{3} = 3^3 - 1^3 = 26$

Zuerst die Faktorregel, danach die Summenregel.

j) $\int_{a}^{b}(x-1)\,dx - \int_{a}^{b}(1-x)\,dx = \int_{a}^{b}(x-1)\,dx$

$+ \int_{a}^{b}(x-1)\,dx = 2\cdot\int_{a}^{b}(x-1)\,dx$

$= 2\cdot\left[\tfrac{1}{2}x^2 - x\right]_{a}^{b} = 2\cdot\left[\left(\tfrac{1}{2}b^2 - b\right) - \left(\tfrac{1}{2}a^2 - a\right)\right]$

$= b^2 - a^2 - 2b + 2a$

Durch Anwendung der Faktorregel mit dem Faktor –1 werden die Integranden gleich und die Integrale können zusammengefasst werden.

Test Kapitel 2

Übung 1  Seite 177

a) Zeichnung für $n = 4$

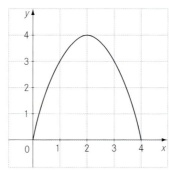

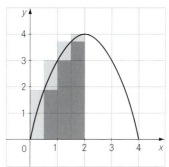

Untersumme: Dunkelgrau;
Obersumme: Hellgrau + Dunkelgrau
Da der Graph im Intervall [0; 2] streng monoton steigt, liegt das Minimum jeweils an der linken, das Maximum an der rechten Intervallgrenze vor.
$n = 4$:
Die Intervallbreite ist jeweils 0,5, die Intervallgrenzen sind 0; 0,5; 1; 1,5 und 2.
Daraus ergibt sich:
$U = 0\cdot 0{,}5 + 1{,}75\cdot 0{,}5 + 3\cdot 0{,}5 + 3{,}75\cdot 0{,}5$
$= (0 + 1{,}75 + 3 + 3{,}75)\cdot 0{,}5 = 8{,}5\cdot 0{,}5 = 4{,}25$
und
$O = 1{,}75\cdot 0{,}5 + 3\cdot 0{,}5 + 3{,}75\cdot 0{,}5 + 4\cdot 0{,}5$
$= (1{,}75 + 3 + 3{,}75 + 4)\cdot 0{,}5 = 12{,}5\cdot 0{,}5 = 6{,}25$
$n = 8$:
Die Intervallbreite ist jeweils 0,25, die Intervallgrenzen sind 0; 0,25; 0,5; 0,75; 1; 1,25; 1,5; 1,75 und 2.

2 Integrale zur Flächenberechnung

Daraus ergibt sich:
$U = (0 + 0{,}9375 + 1{,}75 + 2{,}4375 + 3 + 3{,}4375$
$\quad + 3{,}75 + 3{,}9375) \cdot 0{,}25 = 19{,}25 \cdot 0{,}25$
$\quad = 4{,}8125$
und
$O = (0{,}9375 + 1{,}75 + 2{,}4375 + 3 + 3{,}4375$
$\quad + 3{,}75 + 3{,}9375 + 4) \cdot 0{,}25 = 23{,}25 \cdot 0{,}25$
$\quad = 5{,}8125$

b) Zeichnung für $n = 10$

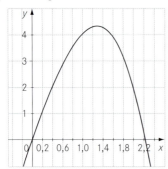

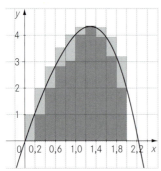

Untersumme: Dunkelgrau;
Obersumme: Hellgrau + Dunkelgrau

Von 0 bis 1,3 ist der Graph streng monoton steigend, danach streng monoton fallend. Die Minimal- und Maximalwerte sind also manchmal am linken Rand, manchmal am rechten Rand oder auch innerhalb des Intervalls!
$n = 10$: Intervallbreite 0,2.
$U = (0 + 0{,}992 + 1{,}936 + 2{,}784 + 3{,}488 + 4$
$\quad + 4{,}256 + 3{,}904 + 3{,}168 + 2) \cdot 0{,}2$
$\quad = 26{,}528 \cdot 0{,}2 = 5{,}3056$
$O = (0{,}992 + 1{,}936 + 2{,}784 + 3{,}488 + 4$
$\quad + 4{,}272 + 4{,}303 + 4{,}256 + 3{,}904 + 3{,}168) \cdot 0{,}2$
$\quad = 33{,}103 \cdot 0{,}2 = 6{,}6206$

$n = 20$: Intervallbreite 0,1.
$U = 56{,}597 \cdot 0{,}1 = 5{,}6597$
$O = 60{,}562 \cdot 0{,}1 = 6{,}0562$

c) Zeichnung für $n = 6$

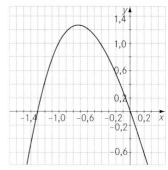

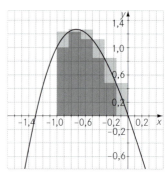

Untersumme: Dunkelgrau;
Obersumme: Hellgrau

Von –1 bis –0,72 ist der Graph streng monoton steigend, danach streng monoton fallend. Die Minimal- und Maximalwerte sind also manchmal am linken Rand, manchmal am rechten Rand oder auch innerhalb des Intervalls!
$n = 6$:
$U = 0{,}779$
$O = 1{,}033$

Übung 2   Seite 177

a) Verwendet wird die Summenregel

$$\int_1^3 x^2\,dx + \int_1^3 2x\,dx = \int_1^3 (x^2 + 2x)\,dx = \left[\tfrac{1}{3}x^3 + x^2\right]_1^3$$

$$= \left(\tfrac{1}{3} \cdot 3^3 + 3^2\right) - \left(\tfrac{1}{3} \cdot 1^3 + 1^2\right) = 18 - \tfrac{4}{3} = \tfrac{50}{3}$$

b) Umkehrung der Integrationsrichtung, die Faktor- und die Summenregel

TEIL II **Lösungen**

3 Bestimmung von Stammfunktionen

$$\int_3^5 5x^3\,dx - \int_5^3 x^2\,dx + \int_3^5 3x\,dx$$

$$= \int_3^5 5x^3\,dx + \int_3^5 x^2\,dx + \int_3^5 3x\,dx$$

$$= \int_3^5 (5x^3 + x^2 + 3x)\,dx$$

$$= \left[5 \cdot \tfrac{1}{4}x^4 + \tfrac{1}{3}x^3 + 3 \cdot \tfrac{1}{2}x^2\right]_3^5$$

$$= \left(\tfrac{5}{4} \cdot 5^4 + \tfrac{1}{3} \cdot 5^3 + \tfrac{3}{2} \cdot 5^2\right)$$

$$- \left(\tfrac{5}{4} \cdot 3^4 + \tfrac{1}{3} \cdot 3^3 + \tfrac{3}{2} \cdot 3^2\right)$$

$$= \left(\tfrac{3124}{4} + \tfrac{125}{3} + \tfrac{75}{2}\right) - \left(\tfrac{405}{4} + 9 + \tfrac{27}{2}\right)$$

$$= \tfrac{9375 + 500 + 450}{12} - \tfrac{1215 + 108 + 162}{12}$$

$$= \tfrac{10325 - 1485}{12} = \tfrac{8840}{12} = \tfrac{2210}{3}$$

c) Intervalladditivität

$$\int_2^4 2x\,dx + \int_4^7 2x\,dx = \int_2^7 2x\,dx = [x^2]_2^7 = 7^2 - 2^2 = 45$$

d) Intervalladditivität, Faktor- und Summenregel

$$\int_1^3 x^3\,dx + \int_3^5 x^3\,dx - \int_1^5 6x^2\,dx = \int_1^5 x^3\,dx - \int_1^5 6x^2\,dx$$

$$= \int_1^5 (x^3 - 6x^2)\,dx = \left[\tfrac{1}{4}x^4 - 6 \cdot \tfrac{1}{3}x^3\right]_1^5$$

$$= \left(\tfrac{1}{4} \cdot 5^4 - 2 \cdot 5^3\right) - \left(\tfrac{1}{4} \cdot 1^4 - 2 \cdot 1^3\right)$$

$$= \tfrac{625}{4} - 250 - \tfrac{1}{4} + 2 = \tfrac{624}{4} - 248$$

$$= 156 - 248 = -92$$

---

3 Bestimmung von Stammfunktionen

3.2 Potenzfunktionen mit Exponenten ungleich −1

Hinweis: Bei allen Stammfunktionen wird aus Gründen der Einfachheit die Integrationskonstante weggelassen. Ergänzen Sie also jeweils „+ c".

Übung 1 — Seite 181

Ableitungsfunktionen

	$f(x)$	$f'(x)$			$f(x)$	$f'(x)$
a)	$5x^8$	$40x^7$		d)	$\tfrac{3}{x^2}$	$-\tfrac{6}{x^3}$
b)	$4x^3$	$12x^2$		e)	$4\,x^{\frac{3}{4}}$	$3x^{-\frac{1}{4}}$
c)	$2{,}5x^4$	$10x^3$		f)	$-\tfrac{2}{3}x^{-\frac{3}{5}}$	$\tfrac{2}{5}x^{-\frac{8}{5}}$

Übung 2 — Seite 182

Stammfunktionen

	$f(x)$	$F(x)$			$f(x)$	$F(x)$
a)	x^3	$\tfrac{1}{4}x^4$		d)	$x^{-\frac{5}{6}}$	$6x^{\frac{1}{6}}$
b)	x^{-3}	$-\tfrac{1}{2x^2}$		e)	$x^{-\frac{3}{2}}$	$-2x^{-\frac{1}{2}}$
c)	$x^{\frac{1}{7}}$	$\tfrac{7}{8} \cdot x^{\frac{8}{7}}$		f)	$x^{\frac{3}{11}}$	$\tfrac{11}{14} \cdot x^{\frac{14}{11}}$

Übung 3 — Seite 183

Stammfunktionen

	$f(x)$	$F(x)$			$f(x)$	$F(x)$
a)	$5x^3$	$\tfrac{5}{4} \cdot x^4$		c)	$\tfrac{-2}{x^6}$	$\tfrac{2}{5x^5}$
b)	$\tfrac{3}{x^5}$	$-\tfrac{3}{4x^4}$		d)	$\tfrac{3}{4} \cdot x^{-\frac{1}{4}}$	$x^{\frac{3}{4}}$

3.3 Ganzrationale Funktionen

Übung 1 — Seite 184

	$f(x)$	$f'(x)$
a)	$x^3 - 2x^2 + 5x - 4$	$3x^2 - 4x + 5$
b)	$-x^5 + 4x^3 - 2x^2 + 1$	$-5x^4 + 12x^2 - 4x$
c)	$\tfrac{1}{3}x^3 - 2x^2 + 4x - 7$	$x^2 - 4x + 4$
d)	$-\tfrac{2}{3}x^5 - \tfrac{3}{4}x^3 + 2x$	$-\tfrac{10}{3}x^4 - \tfrac{9}{4}x^2 + 2$

Übung 2 — Seite 185

	$f(x)$	$F(x)$
a)	$x^3 - 2x^2 + 5x - 4$	$\tfrac{1}{4}x^4 - \tfrac{2}{3}x^3 + \tfrac{5}{2}x^2 - 4x$
b)	$-x^5 + 4x^3 - 2x^2 + 1$	$-\tfrac{1}{6}x^6 + x^4 - \tfrac{2}{3}x^3 + x$
c)	$\tfrac{1}{3}x^3 - 2x^2 + 4x - 7$	$\tfrac{1}{12}x^4 - \tfrac{2}{3}x^3 + 2x^2 - 7x$
d)	$-\tfrac{2}{3}x^5 - \tfrac{3}{4}x^3 + 2x$	$-\tfrac{1}{9}x^6 - \tfrac{3}{16}x^4 + x^2$

251

3 Bestimmung von Stammfunktionen

3.5 Gebrochenrationale Funktionen

Übung 1 — Seite 188

	$f(x)$	$F(x)$
a)	$\dfrac{3x^2 + 2x - 3}{x^3 + x^2 - 3x + 1}$	$\ln\lvert x^3 + x^2 - 3x + 1\rvert$
b)	$\dfrac{x - 1}{x^2 - 2x + 1}$	$\dfrac{1}{2} \cdot \ln\lvert x^2 - 2x + 1\rvert$
c)	$\dfrac{4x - 2}{(x - 2)^2 + (x + 1)^2}$	$\ln\lvert (x - 2)^2 + (x + 1)^2\rvert$

Beim Nachweis mit der Kettenregel muss die *innere Ableitung* beachtet werden!

$$(\ln\lvert x^3 + x^2 - 3x + 1\rvert)' = \frac{1}{x^3 + x^2 - 3x + 1} \cdot (3x^2 + 2x - 3)$$

$$= \frac{3x^2 + 2x - 3}{x^3 + x^2 - 3x + 1}$$

$$\left(\frac{1}{2} \cdot \ln\lvert x^2 - 2x + 1\rvert\right)' = \frac{1}{2} \cdot \frac{1}{x^2 - 2x + 1} \cdot (2x - 2)$$

$$= \frac{x - 1}{x^2 - 2x + 1}$$

$$(\ln\lvert (x - 2)^2 + (x + 1)^2\rvert)'$$

$$= \frac{1}{(x - 2)^2 + (x + 1)^2} \cdot [2 \cdot (x - 2) + 2 \cdot (x + 1)]$$

$$= \frac{2x - 4 + 2x + 2}{(x - 2)^2 + (x + 1)^2} = \frac{4x - 2}{(x - 2)^2 + (x - 1)^2}$$

Übung 2 — Seite 189

Allgemeine Hinweise zu Übung 2:

Bei der Partialbruchzerlegung gehen wir davon aus, dass der Nenner (nennen wir ihn $N(x)$) als Produkt zweier oder mehrerer Faktoren vorliegt oder so zerlegt werden kann. Falls er zerlegt werden muss, so geschieht dies nach folgendem Verfahren:

- Bestimmung einer Nullstelle von $N(x)$, z. B. x_1.
- Division von $N(x)$ durch den Term $(x - x_1)$ mithilfe der Polynomdivision. Dieser Term ist sicher als Faktor in $N(x)$ enthalten, sonst wäre x_1 keine Nullstelle. Der entstehende Term sei $R(x)$, also $N(x) = (x - x_1) \cdot R(x)$.
- Behandlung von $R(x)$ auf die gleiche Weise, und zwar so lange, bis keine Nullstelle mehr gefunden werden kann oder $R(x)$ den Grad 1 hat.
  Zur Erinnerung: Der Grad eines Polynoms ist der höchste vorkommende Exponent.
- Die dadurch erhaltenen Faktoren sind die Nenner der gesuchten Partialbrüche.
- Die Zähler dieser Partialbrüche sind ebenfalls Polynome. Ihr Grad ist i. A. um 1 kleiner als der Grad der jeweiligen Nenner. Sie enthalten unbekannte Koeffizienten, die berechnet werden müssen.

- Nach den Regeln der Bruchrechnung werden die Partialbrüche wieder zu einem Bruchterm zusammengefasst.
- Der Zähler dieses Bruchterms wird mit dem Zähler des Ausgangsterms verglichen. Dieser Vergleich liefert Gleichungen zur Bestimmung der Koeffizienten.

a) $f(x) = \dfrac{2x - 4}{(x - 5) \cdot (x + 1)} = \dfrac{a}{x - 5} + \dfrac{b}{x + 1} = \dfrac{a(x + 1) + b(x - 5)}{(x - 5) \cdot (x + 1)}$

$$= \frac{(a + b) \cdot x + (a - 5b)}{(x - 5) \cdot (x + 1)}$$

Daraus ergeben sich die Gleichungen:

$a + b = 2$

$a - 5b = -4$.

Die Lösungen dieses Gleichungssystems sind $a = 1$ und $b = 1$. Für die Funktion f bedeutet dies:

$$f(x) = \frac{1}{x - 5} + \frac{1}{x + 1}.$$

Eine Stammfunktion des ersten Terms ist F_1 mit $F_1(x) = \ln\lvert x - 5\rvert$, eine Stammfunktion des zweiten Terms ist F_2 mit $F_2(x) = \ln\lvert x + 1\rvert$. Stammfunktion von f ist F mit

$$F(x) = \ln\lvert x - 5\rvert + \ln\lvert x + 1\rvert.$$

b) $f(x) = \dfrac{4x + 7}{(2x - 1) \cdot (x + 4)} = \dfrac{a}{2x - 1} + \dfrac{b}{x + 4}$

$$= \frac{a(x + 4) + b(2x - 1)}{(2x - 1) \cdot (x + 4)} = \frac{(a + 2b) \cdot x + (4a - b)}{(2x - 1) \cdot (x + 4)}$$

Zur Bestimmung von a und b erhalten wir das Gleichungssystem:

$a + 2b = 4$

$4a - b = 7$.

Lösungen dieses Gleichungssystems sind $a = 2$ und $b = 1$, also $f(x) = \dfrac{2}{2x - 1} + \dfrac{1}{x + 4}$ und damit $F(x) = \ln\lvert 2x - 1\rvert + \ln\lvert x + 4\rvert$.

Beachten Sie: Die Ableitung der *inneren Funktion* $2x - 1$ ist 2!

c) $f(x) = \dfrac{12x + 5}{6x^2 + 5x + 1} = \dfrac{12x + 5}{(3x + 1) \cdot (2x + 1)} = \dfrac{a}{3x + 1} + \dfrac{b}{2x + 1}$

$$= \frac{(2a + 3b) \cdot x + (a + b)}{(3x + 1) \cdot (2x + 1)}$$

Gleichungssystem:

$2a + 3b = 12$

$a + b = 5$

Lösungen: $a = 3$ und $b = 2$

$$\Rightarrow f(x) = \frac{3}{3x + 1} + \frac{2}{2x + 1}$$

und somit:

$$F(x) = \ln\lvert 3x + 1\rvert + \ln\lvert 2x + 1\rvert$$

TEIL II   Lösungen

3   Bestimmung von Stammfunktionen

3.8 Partielle Integration und Integration durch Substitution

Übung 1   Seite 194

a) $F(x) = \int x \cdot \sin x \, dx$.

Wir setzen $u(x) = x$ und $v'(x) = \sin x$. Also gilt:

$F(x) = x \cdot (-\cos x) - \int 1 \cdot (-\cos x) \, dx$

$ = -x \cdot \cos x + \sin x$.

b) $F(x) = \int x^2 \cdot \cos x \, dx$.

Mit $u(x) = x^2$ und $v'(x) = \cos x$ ergibt sich:

$F(x) = x^2 \cdot \sin x - \int 2x \cdot \sin x \, dx$.

In diesem Term kommt der Term $\int 2x \cdot \sin x \, dx = 2 \cdot \int x \cdot \sin x \, dx$ vor, der ebenfalls mit partieller Integration berechnet werden muss. Eine Lösung findet sich in der vorigen Aufgabe. Setzt man die Funktion von dort ein, so ergibt sich insgesamt:

$F(x) = x^2 \cdot \sin x - 2 \cdot (-x \cdot \cos x + \sin x)$

$ = x^2 \cdot \sin x + 2x \cdot \cos x - 2 \sin x$.

c) $F(x) = \int x^2 \cdot \sin x \, dx$.

Wir setzen analog $u(x) = x^2$ und $v'(x) = \sin x$.

$F(x) = x^2 \cdot (-\cos x) - \int 2x \cdot (-\cos x) \, dx$

$ = -x^2 \cdot \cos x + 2 \cdot \int x \cdot \cos x \, dx$

Im Buch findet sich für letztere:

$\int x \cdot \cos x \, dx = x \cdot \sin x + \cos x$.

Setzt man dies ein, so entsteht:

$F(x) = -x^2 \cdot \cos x + 2 \cdot (x \cdot \sin x + \cos x)$

$ = -x^2 \cdot \cos x + 2x \cdot \sin x + 2 \cos x$.

d) $F(x) = \int x \cdot e^x \, dx$.

Setzen wir $u(x) = x$ und $v'(x) = e^x$, so erhalten wir:

$F(x) = x \cdot e^x - \int 1 \cdot e^x \, dx = x \cdot e^x - \int e^x \, dx$

$ = x \cdot e^x - e^x$.

Übung 2   Seite 196

a) $F(x) = \int (1 - x^3)^5 \cdot x^2 \, dx$

Substitution: $u(x) = 1 - x^3$, also $u'(x) = -3x^2$

$F(x) = \int -\frac{1}{3} \cdot (1 - x^3)^5 \cdot (-3x^2) \, dx$

$ = -\frac{1}{3} \int [u(x)]^5 \cdot u'(x) \, dx = -\frac{1}{3} \int u^5 \, du$

$ = -\frac{1}{3} \cdot \frac{1}{6} u^6 + c = -\frac{1}{18} \cdot (1 - x^3)^6 + c$

b) $F(x) = \int (2x - 1)^3 \, dx$

Substitution: $u(x) = 2x - 1$, also $u'(x) = 2$

$F(x) = \frac{1}{2} \cdot \int (2x - 1)^3 \cdot 2 \, dx$

$ = \frac{1}{2} \cdot \int [u(x)]^3 \cdot u'(x) \, dx = \frac{1}{2} \cdot \int u^3 \, du$

$ = \frac{1}{2} \cdot \frac{1}{4} u^4 + c$

$ = \frac{1}{8} \cdot (2x - 1)^4 + c$

c) $F(x) = \int \frac{1}{\sqrt{x - 1}} \, dx$

Substitution: $u(x) = \sqrt{x - 1}$, also $u'(x) = \frac{1}{2 \cdot \sqrt{x - 1}}$

$F(x) = 2 \cdot \int \frac{1}{2 \cdot \sqrt{x - 1}} \, dx = 2 \cdot \int u'(x) \, dx$

$ = 2 \cdot \int 1 \, du = 2u + c = 2 \cdot \sqrt{x - 1} + c$

d) $F(x) = \int \frac{4x^3 + 6x^2 - 4x + 2}{x^4 + 2x^3 - 2x^2 + 2x + 5} \, dx$

Substitution: $u(x) = x^4 + 2x^3 - 2x^2 + 2x + 5$, also $u'(x) = 4x^3 + 6x^2 - 4x + 2$

$F(x) = \int \frac{u'(x)}{u(x)} \, dx = 2 \cdot \int \frac{1}{u} \, du = \ln |u| + c$

$ = \ln |x^4 + 2x^3 - 2x^2 + 2x + 5| + c$

Übung 3   Seite 196

a) $F(x) = \int \frac{1}{\sqrt{3x}} \, dx$

Substitution: $u(x) = \sqrt{3x}$

$u'(x) = \frac{3}{2 \cdot \sqrt{3x}} \;\Rightarrow$

$F(x) = \frac{2}{3} \cdot \int \frac{3}{2 \cdot \sqrt{3x}} \, dx = \frac{2}{3} \cdot \int u'(x) \, dx = \frac{2}{3} \cdot \int 1 \, du$

$ = \frac{2}{3} \cdot u + c = \frac{2}{3} \cdot \sqrt{3x} + c$

b) $F(x) = \int \frac{1}{\sqrt{5 + 2x}} \, dx$

Substitution: $u(x) = \sqrt{5 + 2x}$

$u'(x) = \frac{2}{2 \cdot \sqrt{5 + 2x}} = \frac{1}{\sqrt{5 + 2x}} \;\Rightarrow$

$F(x) = \int u'(x) \, dx = \int 1 \, du = u + c = \sqrt{5 + 2x} + c$

c) $F(x) = \int \frac{1}{(2x + 3)^2} \, dx$

Substitution: $u(x) = 2x + 3$

$u'(x) = 2 \Rightarrow$

$F(x) = \frac{1}{2} \cdot \int \frac{2}{(2x + 3)^2} \, dx = \frac{1}{2} \cdot \int \frac{u'(x)}{[u(x)]^2} \, dx$

$ = -\frac{1}{2} \cdot \int \frac{-1}{u^2} \, du = -\frac{1}{2} \cdot \frac{1}{u} + c = \frac{1}{2 \cdot (2x + 3)} + c$

d) $F(x) = \int \frac{4x + 6}{x^2 + 3x - 3} \, dx$

Substitution: $u(x) = x^2 + 3x - 3$

$u'(x) = 2x + 3 \Rightarrow$

$F(x) = \int \frac{2 \cdot (2x + 3)}{x^2 + 3x - 3} \, dx = \int \frac{2 \cdot u'(x)}{u(x)} \, dx = 2 \cdot \int \frac{1}{u} \, du$

$ = 2 \cdot \ln |u| + c = 2 \cdot \ln |x^2 + 3x - 3| + c$

253

3 Bestimmung von Stammfunktionen

Test Kapitel 3

Übung 1 — Seite 198

	$f(x)$	$F(x)$
a)	x^{12}	$\frac{1}{13}x^{13}$
b)	x^{-7}	$-\frac{1}{6} \cdot x^{-6}$
c)	$x^{\frac{4}{3}}$	$\frac{3}{7} \cdot x^{\frac{7}{3}}$

Übung 2 — Seite 198

	$f(x)$	$F(x)$
a)	$12x^7$	$\frac{3}{2} \cdot x^8$
b)	$3x^{\frac{2}{5}}$	$\frac{15}{7} \cdot x^{\frac{7}{5}}$
c)	$5x^6 = 5 \cdot \frac{1}{7} \cdot 7 \cdot x^6$	$5 \cdot \frac{1}{7} \cdot x^7 = \frac{5}{7} \cdot x^7$
d)	$3x^{\frac{1}{2}} = 3 \cdot \frac{2}{3} \cdot \frac{3}{2} \cdot x^{\frac{1}{2}}$	$3 \cdot \frac{2}{3} \cdot x^{\frac{3}{2}} = 2 \cdot x^{\frac{3}{2}}$

Übung 3 — Seite 198

	$f(x)$	$F(x)$
a)	$2x^3 - 5x + 2$	$0{,}5x^4 - 2{,}5x^2 + 2x$
b)	$\frac{1}{4}x^2 - \frac{2}{3}x + \frac{1}{2}$	$\frac{1}{12}x^3 - \frac{1}{3}x^2 + \frac{1}{2}x$
c)	$-\frac{3}{4}x^4 + 6x^3 - 3x^2 + 4x - 1$	$\frac{3}{20}x^5 + \frac{3}{2}x^4 - x^3 + 2x^2 - x$

Übung 4 — Seite 198

$F(x) = 3 \cdot \ln |x|$

Übung 5 — Seite 199

$$f(x) = \frac{x^2 + 4x}{(x + 1) \cdot (x - 2) \cdot (x + 2)} = \frac{a}{x + 1} + \frac{b}{x - 2} + \frac{c}{x + 2}$$

$$= \frac{a(x - 2) \cdot (x + 2) + b(x + 1) \cdot (x + 2) + c(x + 1) \cdot (x - 2)}{(x + 1) \cdot (x - 2) \cdot (x + 2)}$$

$$= \frac{ax^2 - 2ax + 2ax - 4a + bx^2 + bx + 2bx + 2b + cx^2 + cx - 2cx - 2c}{(x + 1) \cdot (x - 2) \cdot (x + 2)}$$

$$= \frac{(a + b + c) \cdot x^2 + (3b - c) \cdot x + (-4a + 2b - 2c)}{(x + 1) \cdot (x - 2) \cdot (x + 2)}$$

Durch Vergleich mit dem gegebenen Funktionsterm erhält man das Gleichungssystem:

$$a + b + c = 1$$
$$3b - c = 4$$
$$-4a + 2b - 2c = 0$$

Lösungen sind $a = 1$, $b = 1$ und $c = -1$.

Daraus folgt: $f(x) = \frac{1}{x + 1} + \frac{1}{x - 2} - \frac{1}{x + 2}$.

Übung 6 — Seite 199

a) $F(x) = \frac{1}{2} \cdot e^{2x}$ b) $F(x) = e^{3x}$

Übung 7 — Seite 199

a) $F(x) = x^2 \cdot e^x - \int 2x \cdot e^x \, dx$
   $= x^2 \cdot e^x - (2x \cdot e^x - 2 \cdot e^x) = (x^2 - 2x + 2) \cdot e^x$

b) $F(x) = \int e^x \cdot \sin x \, dx = e^x \cdot \sin x - \int e^x \cdot \cos x \, dx$
   $= e^x \cdot \sin x - (e^x \cdot \cos x + \int e^x \cdot \sin x \, dx)$
   $\Rightarrow 2 \cdot \int e^x \cdot \sin x \, dx = e^x \cdot \sin x - e^x \cdot \cos x$
   $\Rightarrow F(x) = \frac{1}{2} \cdot e^x \cdot (\sin x - \cos x)$

Übung 8 — Seite 199

a) $F(x) = e^{(x^2)}$
b) $F(x) = e^{3x + 1}$
c) $F(x) = x^2 + x + 3$

TEIL II Lösungen

4 Bestimmung von Flächeninhalten

4.1 Fläche zwischen Graph und x-Achse
Übung 1 Seite 203

a) $f(x) = 4 - x^2$; $I = [0; 2]$

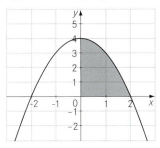

$$A = \int_0^2 (4 - x^2)\, dx = \left[4x - \tfrac{1}{3}x^3\right]_0^2 = \left(4 \cdot 2 - \tfrac{1}{3} \cdot 2^3\right)$$
$$- \left(4 \cdot 0 - \tfrac{1}{3} \cdot 0^3\right) = 8 - \tfrac{8}{3} = \tfrac{16}{3}$$

b) $f(x) = \sqrt{x}$; $I = [0; 9]$

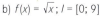

$$A = \int_0^9 \sqrt{x}\, dx = \int_0^9 x^{\frac{1}{2}}\, dx = \left[\tfrac{2}{3}x^{\frac{3}{2}}\right]_0^9$$
$$= \tfrac{2}{3} \cdot 9^{\frac{3}{2}} - \tfrac{2}{3} \cdot 0^{\frac{3}{2}} = \tfrac{2}{3} \cdot \sqrt{9^3} = \tfrac{2}{3} \cdot 9 \cdot \sqrt{9} = 18$$

c) $f(x) = \tfrac{1}{x^2}$; $I = [1; 5]$

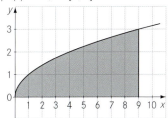

$$A = \int_1^5 \tfrac{1}{x^2}\, dx = \int_1^5 x^{-2}\, dx = \left[-1 \cdot x^{-1}\right]_1^5$$
$$= \left[-\tfrac{1}{x}\right]_1^5 = \left(-\tfrac{1}{5}\right) - \left(-\tfrac{1}{1}\right) = -\tfrac{1}{5} + 1 = \tfrac{4}{5} = 0{,}8$$

d) $f(x) = \cos x$; $I = \left[-\tfrac{\pi}{2}; +\tfrac{\pi}{2}\right]$

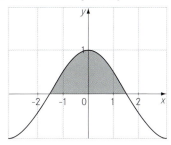

$$A = \int_{-\frac{\pi}{2}}^{\frac{\pi}{2}} \cos x\, dx = [\sin x]_{-\frac{\pi}{2}}^{\frac{\pi}{2}} = \sin \tfrac{\pi}{2} - \sin\left(-\tfrac{\pi}{2}\right)$$
$$= 1 - (-1) = 2$$

e) $f(x) = x^3 - 3x^2 + 4$

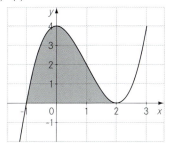

Gesucht ist die Fläche zwischen Graph und x-Achse.
Zur Bestimmung der Grenzen müssen also die Nullstellen der Funktion berechnet werden.
$x^3 - 3x^2 + 4 = 0$ ist eine Gleichung dritten Grades, deshalb muss eine Lösung erraten werden, z. B. durch Einsetzen von $x = 1$, $x = -1$, $x = 2$ usw. in die Gleichung. Normalerweise gelangen Sie so relativ schnell am Ziel, hier bei $x = -1$. Dividieren Sie nun den Funktionsterm durch $(x + 1)$, so erhalten Sie:
$(x^3 - 3x^2 + 4) : (x + 1) = x^2 - 4x + 4$
oder:
$f(x) = (x + 1) \cdot (x^2 - 4x + 4)$.
Weitere Nullstellen der Funktion finden Sie also durch Lösung der quadratischen Gleichung $x^2 - 4x + 4 = 0$. Mithilfe der p-q-Formel ergibt sich $x = 2$ als doppelte Lösung. Das Integrationsintervall ist $I = [-1; 2]$.

255

4 Bestimmung von Flächeninhalten

$A = \int_{-1}^{2}(x^3 - 3x^2 + 4)\,dx = \left[\frac{1}{4}x^4 - x^3 + 4x\right]_{-1}^{2}$

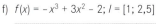

$= \left(\frac{1}{4}\cdot 2^4 - 2^3 + 8\right) - \left(\frac{1}{4}(-1)^4 - (-1)^3 - 4\right)$

$= (4 - 8 + 8) - \left(\frac{1}{4} + 1 - 4\right) = 7 - \frac{1}{4} = 6{,}75$

f) $f(x) = -x^3 + 3x^2 - 2;\ I = [1;\ 2{,}5]$

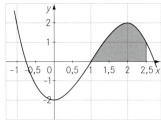

$A = \int_{1}^{2,5}(-x^3 + 3x^2 - 2)\,dx = \left[-\frac{1}{4}x^4 + x^3 - 2x\right]_{1}^{2,5}$

$= \left(-\frac{1}{4}\cdot(2{,}5)^4 + (2{,}5)^3 - 2\cdot 2{,}5\right) - \left(-\frac{1}{4} + 1 - 2\right)$

$= \frac{-39{,}0625 + 62{,}5 - 20 + 1 - 4 + 8}{4} \approx 2{,}1$

Übung 2   Seite 206

Hinweis: Aus der Aufgabenstellung im Zusammenhang mit negativen Normalflächen ergibt sich, dass im Integrationsintervall **keine Nullstellen** liegen. Ist dies nicht von vorneherein klar, müssen Sie zuerst Nullstellen bestimmen!
Da alle Flächen unterhalb der *x*-Achse liegen, liefert das Integral einen negativen Wert. Zur Bestimmung des Flächeninhalts muss der **Betrag** dieses Werts genommen werden.

a) $f(x) = 2x^3 - 3x^2 - 1;\ I = [-1;\ 1]$

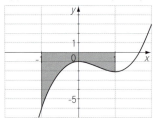

$A = \left|\int_{-1}^{1}(2x^3 - 3x^2 - 1)\,dx\right| = \left|\left[\frac{2}{4}x^4 - x^3 - x\right]_{-1}^{+1}\right|$

$= \left|\left(\frac{1}{2}\cdot 1^4 - 1^3 - 1\right) - \left(\frac{1}{2}\cdot(-1)^4 - (-1)^3 - (-1)\right)\right|$

$= \left|-\frac{3}{2} - \frac{5}{2}\right| = \left|-\frac{8}{2}\right| = 4$

b) $f(x) = \sin x - 1;\ I = \left[-\frac{3}{2}\pi;\ \frac{\pi}{2}\right]$

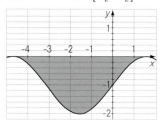

$A = \left|\int_{-\frac{3}{2}\pi}^{\frac{1}{2}\pi}(\sin x - 1)\,dx\right| = \left|[-\cos x - x]_{-\frac{3}{2}\pi}^{\frac{1}{2}\pi}\right|$

$= \left|\left(-\cos\frac{\pi}{2} - \frac{\pi}{2}\right) - \left(-\cos\left(-\frac{3}{2}\pi\right) - \left(-\frac{3}{2}\pi\right)\right)\right|$

$= \left|\left(0 - \frac{\pi}{2}\right) - \left(-0 + \frac{3}{2}\pi\right)\right| = \left|-\frac{4}{2}\pi\right| = 2\pi$

c) $f(x) = -x^3 - 5x^2 + x + 5;\ I = [-4;\ -2]$

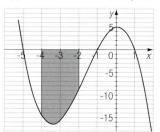

$A = \left|\int_{-4}^{-2}(-x^3 - 5x^2 + x + 5)\,dx\right|$

$= \left|\left[-\frac{1}{4}x^4 - \frac{5}{3}x^3 + \frac{1}{2}x^2 + 5x\right]_{-4}^{-2}\right|$

$= \left|\left[-\frac{1}{4}\cdot(-2)^4 - \frac{5}{3}\cdot(-2)^3 + \frac{1}{2}\cdot(-2)^2 + 5\cdot(-2)\right]\right.$

$\left. - \left[-\frac{1}{4}\cdot(-4)^4 - \frac{5}{3}\cdot(-4)^3 + \frac{1}{2}\cdot(-4)^2 + 5\cdot(-4)\right]\right|$

$= \left|\left(-4 + \frac{5}{3}\cdot 8 + 2 - 10\right) - \left(-64 + \frac{5}{3}\cdot 64 + 8 - 20\right)\right|$

$= \left|\frac{192}{3} - \frac{280}{3}\right| = \frac{88}{3} = 29\frac{1}{3}$

d) $f(x) = x^3 - x^2$
Hier sind wieder zuerst die Nullstellen zu bestimmen, um die Integrationsgrenzen festzulegen. Wegen $x^3 - x^2 = x^2\cdot(x - 1)$ sind die Nullstellen $x = 0$ (doppelt) und $x = 1$. Integrationsintervall ist also $I = [0;\ 1]$.

TEIL II Lösungen

4 Bestimmung von Flächeninhalten

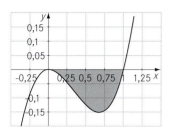

$$A = \left| \int_0^1 (x^3 - x^2)\,dx \right| = \left| \left[\tfrac{1}{4}x^4 - \tfrac{1}{3}x^3 \right]_0^1 \right|$$

$$= \left| \left[\tfrac{1}{4}\cdot 1^4 - \tfrac{1}{3}\cdot 1^3 \right] - 0 \right| = \left| -\tfrac{1}{12} \right| = \tfrac{1}{12}$$

Übung 3 — Seite 211

Hinweis: Bei diesen Aufgaben **müssen** Sie vor der Rechnung eine Nullstellenbestimmung vornehmen. Die Integration muss dann von Nullstelle zu Nullstelle erfolgen, da positive und negative Normalflächen sich sonst – zumindest teilweise – aufheben würden. Die Fläche erhalten Sie, indem Sie die **Beträge** der Teilintegrale addieren.

a) $f(x) = 1 - x^2$; $I = [-1; 2]$
 $1 - x^2 = 0 \Leftrightarrow 1 = x^2 \Leftrightarrow 1 = x \vee -1 = x$
 Die Nullstelle $x = 1$ liegt im Intervall $[-1; 2]$.

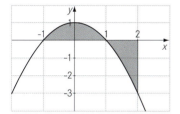

$$A = \left| \int_{-1}^1 (1 - x^2)\,dx \right| + \left| \int_1^2 (1 - x^2)\,dx \right|$$

$$= \left| \left[x - \tfrac{1}{3}x^3 \right]_{-1}^1 \right| + \left| \left[x - \tfrac{1}{3}x^3 \right]_1^2 \right|$$

$$= \left| \left(1 - \tfrac{1}{3}\right) - \left(-1 + \tfrac{1}{3}\right) \right| + \left| \left(2 - \tfrac{8}{3}\right) - \left(1 - \tfrac{1}{3}\right) \right|$$

$$= \left| \tfrac{2}{3} + \tfrac{2}{3} \right| + \left| -\tfrac{2}{3} - \tfrac{2}{3} \right| = \tfrac{4}{3} + \tfrac{4}{3} = \tfrac{8}{3} = 2\tfrac{2}{3}$$

b) $f(x) = 2 - x - x^2$; $I = [-3; 1]$
 Mit der p-q-Formel erhalten Sie:
 $2 - x - x^2 \Leftrightarrow x^2 + x - 2 = 0 \Leftrightarrow x = 1 \vee x = -2$
 Hier liegt die Nullstelle $x = -2$ im Intervall $[-3; 1]$.

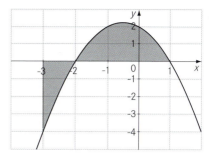

$$A = \left| \int_{-3}^{-2} (2 - x - x^2)\,dx \right| + \left| \int_{-2}^{1} (2 - x - x^2)\,dx \right|$$

$$= \left| \left[2x - \tfrac{1}{2}x^2 - \tfrac{1}{3}x^3 \right]_{-3}^{-2} \right| + \left| \left[2x - \tfrac{1}{2}x^2 - \tfrac{1}{3}x^3 \right]_{-2}^{1} \right|$$

$$= \left| \left(-4 - 2 + \tfrac{8}{3}\right) - \left(-6 - \tfrac{9}{2} + 9\right) \right| + \left| \left(2 - \tfrac{1}{2} - \tfrac{1}{3}\right) - \left(-4 - 2 + \tfrac{8}{3}\right) \right|$$

$$= \left| \left(-6 + \tfrac{8}{3}\right) - \left(3 - \tfrac{9}{2}\right) \right| + \left| \left(2 - \tfrac{5}{6}\right) - \left(-6 + \tfrac{8}{3}\right) \right|$$

$$= \left| -6 + \tfrac{8}{3} - 3 + \tfrac{9}{2} \right| + \left| 2 - \tfrac{5}{6} + 6 - \tfrac{8}{3} \right|$$

$$= \left| -9 + \tfrac{16 + 27}{6} \right| + \left| 8 - \tfrac{5 + 16}{6} \right| = \tfrac{11}{6} + \tfrac{27}{6} = \tfrac{19}{3} = 6\tfrac{1}{3}$$

c) $f(x) = x^4 - 3x^2 - 4$
 Die Gleichung zur Bestimmung der Nullstellen lautet: $x^4 - 3x^2 - 4 = 0$. Dies ist eine **biquadratische Gleichung**, die Sie durch die **Substitution** $u = x^2$ in eine **quadratische Gleichung** umwandeln können: $u^2 - 3u - 4 = 0$. Diese lösen Sie mit der p-q-Formel und erhalten die Lösungen $u = -1$ und $u = 4$. Aus diesen Lösungen für u erhalten Sie $x^2 = -1$ und $x^2 = 4$ für die Lösungen bezüglich x.

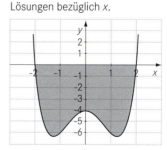

Die Gleichung $x^2 = -1$ ist nicht lösbar (Wurzel aus einer **negativen** Zahl!), führt also zu keiner Nullstelle. Aus der Gleichung $x^2 = 4$ ergeben sich die Nullstellen $x = 2$ und $x = -2$. Integrationsintervall ist $I = [-2; 2]$.

257

4 Bestimmung von Flächeninhalten

$$A = \left|\int_{-2}^{2}(x^4 - 3x^2 - 4)\,dx\right| = \left|\left[\tfrac{1}{5}x^5 - x^3 - 4x\right]_{-2}^{2}\right|$$

$$= \left|\left(\tfrac{32}{5} - 8 - 8\right) - \left(-\tfrac{32}{5} + 8 + 8\right)\right|$$

$$= \left|\tfrac{32}{5} - 16 + \tfrac{32}{5} - 16\right| = \left|\tfrac{64}{5} - 32\right|$$

$$= \left|\tfrac{64 - 160}{5}\right| = \tfrac{96}{5} = 19{,}2$$

d) $f(x) = \tfrac{1}{2}x^3 - 3x^2 + \tfrac{3}{2}x + 5$
Nullstellenbestimmung:
$\tfrac{1}{2}x^3 - 3x^2 + \tfrac{3}{2}x + 5 = 0 \Leftrightarrow x^3 - 6x^2 + 3x + 10 = 0$
Diese Gleichung ist dritten Grades, eine Lösung müssen Sie also durch Probieren finden. Bei $x = 2$ sind Sie am Ziel. Nun dividieren Sie die linke Seite durch $(x - 2)$ und erhalten $(x^2 - 4x - 5)$.
Die Restgleichung $x^2 - 4x + 5 = 0$ hat die Lösungen $x = -1$ und $x = 5$. Nullstellen der Funktion sind also $x = -1$, $x = 2$ und $x = 5$.

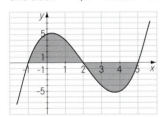

$$A = \left|\int_{-1}^{2} f(x)\,dx\right| + \left|\int_{2}^{5} f(x)\,dx\right|$$

$$= \left|\left[\tfrac{1}{8}x^4 - x^3 + \tfrac{3}{4}x^2 + 5x\right]_{-1}^{2}\right|$$

$$+ \left|\left[\tfrac{1}{8}x^4 - x^3 + \tfrac{3}{4}x^2 + 5x\right]_{2}^{5}\right|$$

$$= \left|(2 - 8 + 3 + 10) - \left(\tfrac{1}{8} + 1 + \tfrac{3}{4} - 5\right)\right|$$

$$+ \left|\left(\tfrac{625}{8} + 125 + \tfrac{75}{4} + 25\right) - (2 - 8 + 3 + 10)\right|$$

$$= \left|7 - \left(\tfrac{7}{8} - 4\right)\right| + \left|\tfrac{775}{8} - 100 - 7\right| = \tfrac{162}{8} = 20{,}25$$

e) $f(x) = -x^3 + 3x^2 - 2$
Hier ist zur Nullstellenbestimmung wieder eine Gleichung dritten Grades zu lösen. Eine Lösung ist $x = 1$, wie Sie hoffentlich nach kurzem Nachdenken herausgefunden haben.
Durch Polynomdivision mit $(x - 1)$ ergibt sich die Restgleichung $-x^2 + 2x + 2 = 0$ bzw. $x^2 - 2x - 2 = 0$ mit den Lösungen $x = 1 + \sqrt{3}$ und $x = 1 - \sqrt{3}$. Also ist die gesuchte Fläche in zwei Stücken zu berechnen.

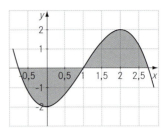

Damit die Umformungen nicht zu kompliziert werden, setzen Sie hier die Näherungswerte ein.

$$A \approx \left|\int_{-0,73}^{1}(-x^3 + 3x^2 - 2)\,dx\right|$$

$$+ \left|\int_{1}^{2,73}(-x^3 + 3x^2 - 2)\,dx\right|$$

$$\approx \left|\left[-\tfrac{1}{4}x^4 + x^3 - 2x\right]_{-0,73}^{1}\right|$$

$$+ \left|\left[-\tfrac{1}{4}x^4 + x^3 - 2x\right]_{1}^{2,73}\right|$$

$$= |-1{,}25 - 1| + |1 - (-1{,}25)|$$

$$= |2{,}25 + 2{,}25| = 4{,}5$$

4.2 Fläche zwischen zwei Graphen

Übung 1 Seite 215

Hinweis: Erster Schritt bei diesen Aufgaben ist stets die Bildung der Differenzfunktion und die Bestimmung der Nullstellen dieser Funktion, denn diese Nullstellen sind die Stellen, an denen sich die Graphen der gegebenen Funktionen schneiden.

a) $f(x) = 2x^2$ und $g(x) = x + 1$
Differenzfunktion: $h(x) = 2x^2 - x - 1$
Nullstellen: $x = -0{,}5$ und $x = 1$

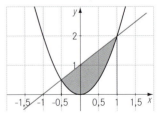

$$A = \left|\int_{-0,5}^{1}(2x^2 - x - 1)\,dx\right| = \left|\left[\tfrac{2}{3}x^3 - \tfrac{1}{2}x^2 - x\right]_{-0,5}^{1}\right|$$

$$= \left|\left(\tfrac{2}{3} - \tfrac{1}{2} - 1\right) - \left(-\tfrac{0{,}25}{3} - \tfrac{0{,}25}{2} + 0{,}5\right)\right| = 1{,}125$$

258

TEIL II   Lösungen

4   Bestimmung von Flächeninhalten

b) $f(x) = x^3 + x^2 - x$ und $g(x) = 2x^2 + x$
Differenzfunktion: $h(x) = x^3 - x^2 - 2x$
Nullstellen: $x = -1$, $x = 0$ und $x = 2$
Die gesuchte Fläche besteht also aus zwei Stücken.

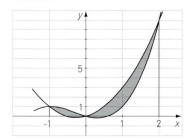

$A = \left| \int_{-1}^{0} (x^3 - x^2 - 2x)\,dx \right| + \left| \int_{0}^{2} (x^3 - x^2 - 2x)\,dx \right|$

$= \left| \left[\frac{1}{4}x^4 - \frac{1}{3}x^3 - x^2 \right]_{-1}^{0} \right| + \left| \left[\frac{1}{4}x^4 - \frac{1}{3}x^3 - x^2 \right]_{0}^{2} \right|$

$= \frac{5}{12} + \frac{8}{3} = \frac{37}{12} \approx 3{,}08$

c) $f(x) = x^4 - x^2$ und $g(x) = 3x^2$
Differenzfunktion: $h(x) = x^4 - 4x^2$
Nullstellen: $x = -2$, $x = 0$ und $x = 2$
Die Graphen und damit die gesuchte Fläche sind achsensymmetrisch zur y-Achse.

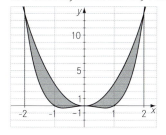

$A = 2 \cdot \left| \int_{0}^{2} (x^4 - 4x^2)\,dx \right| = 2 \cdot \left| \left[\frac{1}{5}x^5 - \frac{4}{3}x^3 \right]_{0}^{2} \right|$

$= 2 \cdot \left| \left(\frac{32}{5} - \frac{32}{3} \right) - 0 \right| = \frac{128}{15} \approx 8{,}53$

d) $f(x) = 5 - x^2$ und $g(x) = \frac{4}{x^2}$
Differenzfunktion: $h(x) = 5 - x^2 - \frac{4}{x^2}$
Nullstellen: $x = -2$, $x = -1$, $x = 1$ und $x = 2$
Wie Sie aus der Skizze ersehen, besteht die gesuchte Fläche aus **zwei** Teilflächen, die links und rechts symmetrisch zu der Definitionslücke von g liegen. Es wird also nur **eine** Teilfläche berechnet und diese dann verdoppelt.

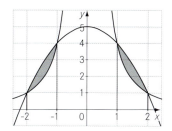

$A = 2 \cdot \left| \int_{1}^{2} \left(5 - x^2 - \frac{4}{x^2} \right) dx \right| = 2 \cdot \left| \left[5x - \frac{1}{3}x^3 + \frac{4}{x} \right]_{1}^{2} \right|$

$= 2 \cdot \left| \left(12 - \frac{8}{3} \right) - \left(9 - \frac{1}{3} \right) \right| = \frac{4}{3}$

4.3 Parameteraufgaben zur Flächenberechnung

Übung 1 Seite 217

Für den zweiten Fall des durchgerechneten Beispiels, nämlich $m < 0$, gestaltet sich die Lösung wie folgt: Bestimmungsgleichung für den Schnittpunkt ist $x^2 = m \cdot x$ mit $m < 0$, also sind $x = 0$ und $x = m$ auch Lösungen für diesen Fall, nur ist jetzt der zweite Schnittpunkt links vom Ursprung, da $m < 0$ vorausgesetzt wurde. Die Flächenberechnung mithilfe des Integrals ergibt auch hierbei $A = \left| -\frac{1}{6}m^3 \right|$. Will man auf die Betragsstriche verzichten, muss jedoch die Annahme $m < 0$ berücksichtigt werden. Damit ist nämlich $A = -\frac{1}{6}m^3$! Das entstandene Gleichungssystem lautet jetzt:
$A(m) = -\frac{1}{6}m^3$ und $A(m) = \frac{4}{3}$.
Also: $-\frac{1}{6}m^3 = \frac{4}{3} \Leftrightarrow m^3 = -\frac{24}{3} = -8 \Leftrightarrow m = -2$.

Die Aufgabe hat also für den betrachteten Fall die **formale** Lösung $m = -2$. Dies ist verträglich mit der obigen Bedingung $m < 0$. Setzt man den Wert $m = -2$ in die Gleichung für g ein, so erkennt man, dass die Angaben der Aufgabenstellung tatsächlich auch alle zutreffen: $g(x) = -2x$, Schnittpunkte bei $x = 0$ und $x = -2$, eingeschlossene Fläche:

$A = \left| \int_{-2}^{0} (x^2 + 2x)\,dx \right| = \left| \left[\frac{1}{3}x^3 + x^2 \right]_{-2}^{0} \right| = \left| 0 - \left(-\frac{8}{3} + 4 \right) \right|$

$= \left| \frac{4}{3} \right| = \frac{4}{3}$

Auch diese Lösung ist also eine **wirkliche** Lösung der Aufgabe.

259

4 Bestimmung von Flächeninhalten

Übung 2 — Seite 219

Im zweiten durchgerechneten Beispiel ergab sich als zweite Lösung die Funktion $f_2(x) = -3x^3 + 9x^2$. Wir überprüfen die Bedingungen der Aufgabe an der Funktion f_2.
- geht durch den Ursprung: $f_2(0) = 0$ (Bedingung erfüllt)
- hat dort die Steigung 0: $f_2'(x) = -9x^2 + 18x$, $f_2'(0) = 0$ (Bedingung erfüllt)
- in $P(1; y_P)$ existiert ein Wendepunkt: $f_2''(x) = -18x + 18$, $f_2''(1) = 0$, $f_2'''(x) = -18 < 0$ (Bedingung erfüllt)

Fläche zwischen Graph und negativer x-Achse im Intervall zwischen $x = -3$ und $x = 0$:

$$A = \left|\int_{-3}^{0}(-3x^3 + 9x^2)\,dx\right| = \left|\left[-\tfrac{3}{4}x^4 + 3x^3\right]_{-3}^{0}\right|$$

$$= \left|-\left(\tfrac{243}{4} + 81\right)\right| = \left|\tfrac{-243 + 324}{4}\right| = \tfrac{81}{4}$$

Auch dieser Wert stimmt. f_2 ist also ebenfalls eine Lösung der Aufgabe.

Übung 3 — Seite 222

Hinweis: Zuerst erstellen Sie eine Skizze, die das Problem der Aufgabe veranschaulicht. Danach werden die Vorgaben der Aufgabe einzeln aufgeführt und – falls möglich – in eine Gleichung umgeformt. Mithilfe dieser Gleichungen wird die Aufgabe dann gelöst. Den Abschluss bildet eine Plausibilitätsbetrachtung, d. h. eine Prüfung, ob die gefundene formale Lösung eine echte Lösung der Aufgabe ist.

a) $f(x) = x^2$ und $g(x) = c$ mit $c \in \mathbb{R}$ sollen eine Fläche einschließen, die die Größe 36 FE hat.

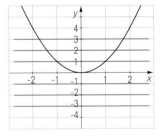

An der Zeichnung erkennen Sie: $c > 0$, denn sonst gibt es keine eingeschlossene Fläche. Die Schnittpunkte bestimmen Sie mithilfe der Gleichung $x^2 = c$, also $x = \sqrt{c}$ und $x = -\sqrt{c}$. Integration über die Differenzfunktion:

$$A = \left|2 \cdot \int_{0}^{\sqrt{c}}(x^2 - c)\,dx\right| = 2 \cdot \left|\left[\tfrac{2}{3}x^3 - cx\right]_{0}^{\sqrt{c}}\right|$$

$$= 2 \cdot \left|\tfrac{2}{3}(\sqrt{c})^3 - c \cdot \sqrt{c}\right| = 2 \cdot \left|\tfrac{2}{3}c \cdot \sqrt{c} - c \cdot \sqrt{c}\right|$$

$$= 2 \cdot \left|-\tfrac{1}{3}c \cdot \sqrt{c}\right| = \tfrac{2}{3}c \cdot \sqrt{c}$$

Aus der Angabe des Flächeninhalts (36 FE) folgt: $\tfrac{2}{3}c \cdot \sqrt{c} = 36 \Leftrightarrow c \cdot \sqrt{c} = 54$.
Diese Gleichung müssen Sie durch Quadrieren lösen. Dabei müssen Sie beachten, dass dies **keine Äquivalenzumformung** ist. Es können dadurch eventuell formale Lösungen hinzukommen, die keine echten Lösungen sind. Quadrieren der linken und der rechten Seite ergibt:

$$c^2 \cdot c = 54^2 \Leftrightarrow c^3 = 2916 \Leftrightarrow c = \sqrt[3]{54^2} \approx 14{,}3.$$

Probe:
Schnittstellen bei $x = -\sqrt[3]{54}$ und $x = \sqrt[3]{54}$.
Flächenberechnung:

$$A = 2 \cdot \int_{0}^{\sqrt[3]{54}}\left(x^2 - \sqrt[3]{54^2}\right)dx = 2 \cdot \left|\left[\tfrac{2}{3}x^3 - \sqrt[3]{54^2}\right]_{0}^{\sqrt[3]{54}}\right|$$

$$= 2 \cdot \left|\tfrac{2}{3} \cdot 54 - 54\right| = 36.$$

Es handelt sich also bei dem gefundenen Wert um eine echte Lösung.

b) Auflistung der Vorgaben und mathematische Formulierung:
- quadratische Parabel: $f(x) = ax^2 + bx + c$
- $P(-4; 0)$: $f(-4) = 0$
- $Q(3; 0)$: $f(3) = 0$

Bevor Sie weiterrechnen, sollten Sie an dieser Stelle die erhaltenen Aussagen in Gleichungen umschreiben, da jetzt nur noch die Angabe einer Fläche folgt und diese Angabe schwieriger umzusetzen ist.

$f(-4) = 0 \Rightarrow a \cdot (-4)^2 + b \cdot (-4) + c = 0$
$\Leftrightarrow 16a - 4b + c = 0$
$f(3) = 0 \Rightarrow a \cdot 3^2 + b \cdot 3 + c = 0$
$\Leftrightarrow 9a + 3b + c = 0$

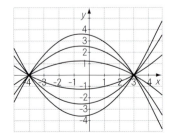

TEIL II — Lösungen

4 Bestimmung von Flächeninhalten

Quadratische Parabeln haben höchstens zwei Nullstellen, d. h., die Integrationsgrenzen zur Bestimmung der Fläche zwischen Graph und x-Achse sind $x = -4$ und $x = 3$. Einige Parabeln mit diesen Nullstellen sind im Bild dargestellt. Für die Fläche erhalten Sie:

$$A = \left| \int_{-4}^{3} (ax^2 + bx + c)\,dx \right| = \left| \left[\frac{a}{3}x^3 + \frac{b}{2}x^2 + cx \right]_{-4}^{3} \right|$$

$$= \left| \left(\frac{27}{3}a + \frac{9}{2}b + 3c \right) - \left(-\frac{64}{3}a + \frac{16}{2}b - 4c \right) \right|$$

$$= \left| \frac{27+64}{3} \cdot a + \frac{9-16}{2} \cdot b + 7c \right| = \left| \frac{91}{3}a - \frac{7}{2}b + 7c \right|$$

Ob man hier die Betragsstriche weglassen kann oder nicht, sieht man nicht, denn dazu ist der Term zu komplex. Sie müssen also eine Fallunterscheidung einführen. In beiden Fällen muss der Betrag des Terms den Wert $\frac{343}{8}$ haben. Zur Vereinfachung der Schreibweise kürzen wir ab:
$T = \frac{91}{3}a - \frac{7}{2}b + 7c$.

Fall I: Es ist $T > 0$. Dann ist

$T = \frac{343}{8} \Leftrightarrow 728a - 84b + 168c = 1\,029$.

Fall II: Es ist $T < 0$. Dann ist

$T = -\frac{343}{8} \Leftrightarrow 728a - 84b + 168c = -1\,029$.

In beiden Fällen haben Sie nun drei Gleichungen zur Bestimmung von a, b und c: Gemeinsam sind beiden Fällen die Gleichungen
$16a - 4b + c = 0$ und $9a + 3b + c = 0$.
Durch Subtraktion erhalten Sie: $7a - 7b = 0$, also **a = b**.
Fall I: Zusätzlich gilt $728a - 84b + 168c = 1\,029$. Multiplikation der zweiten Gleichung mit 168 und anschließende Subtraktion der dritten Gleichung liefert: $784a + 588b = -1\,029$. Damit ist das Gleichungssystem auf zwei Gleichungen reduziert:
a = b und $784a + 588b = -1\,029$.
Setzt man die erste in die zweite ein, so erhält man:
$784a + 588a = -1\,029$ und daraus **a = -0,75**.
Also ist auch **b = -0,75**. Aus $9a + 3b + c = 0$ ergibt sich: **c = 9**.
Die gesuchte Funktion hat also die Gleichung:
$f_1(x) = -0,75x^2 - 0,75x + 9$.
Der Flächeninhalt zwischen ihrem Graphen und der x-Achse ist:

$$A = \left| \int_{-4}^{3} (-0,75x^2 - 0,75x + 9)\,dx \right|$$

$$= \left[-0,25x^3 - 0,375x^2 + 9x \right]_{-4}^{3}$$
$$= |(-0,25 \cdot 27 - 0,375 \cdot 9 + 9 \cdot 3)$$
$$\quad - (-0,25 \cdot (-64) - 0,375 \cdot 16 + 9 \cdot (-4))|$$
$$= |(-6,7 - 3,375 + 27) - (16 - 6 - 36)|$$
$$= |16,875 + 26| = 42,875 = \frac{343}{8}.$$

Fall II: Zusätzlich gilt
$728a - 84b + 168c = -1\,029$.
Die Multiplikation der zweiten Gleichung mit 168 und anschließende Subtraktion der dritten liefert jetzt: $784a + 588b = 1\,029$.
Durch Einsetzen von $a = b$ erhält man
$784a + 588a = 1\,029$ bzw. **a = 0,75**, also auch **b = 0,75**. Aus $9a + 3b + c = 0$ folgt nun **c = -9**.

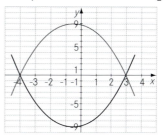

Es gibt also eine zweite – formale – Lösung, nämlich die Funktion f_2 mit
$f_2(x) = 0,75x^2 + 0,75x - 9$.
Da sich alle Vorzeichen umgekehrt haben, ist der Graph dieser Funktion ein Spiegelbild des Graphen der ersten Funktion an der x-Achse. Die eingeschlossene Fläche liegt jetzt über der x-Achse, muss aber gleich groß sein. Auch f_2 ist also eine echte Lösung der Aufgabe, diese ist demzufolge **nicht eindeutig** lösbar.

4.4 „Unendliche" Flächen, uneigentliche Integrale

Übung 1   Seite 224

Hinweis: Zu jedem uneigentlichen Integral definieren Sie sich vorher eine Flächenfunktion $A(k)$, indem Sie die Grenze, die das Problem verursacht, nämlich ∞ oder eine Definitionslücke, durch einen Parameter k ersetzen. Dadurch wird das Integral berechenbar. Nach der Berechnung untersuchen Sie, ob der erhaltene Ausdruck einen Grenzwert

4 Bestimmung von Flächeninhalten

besitzt, wenn Sie k nah an den problematischen Wert herangehen lassen.

a) $\int_{1}^{\infty} \frac{1}{\sqrt{x}} dx = \lim_{k \to \infty} \int_{1}^{k} \frac{1}{\sqrt{x}} dx$, also $A(k) = \int_{1}^{k} \frac{1}{\sqrt{x}} dx$

mit $k > 1$.

$A(k) = \int_{1}^{k} \frac{1}{\sqrt{x}} dx = \int_{1}^{k} x^{-\frac{1}{2}} dx = \left[2x^{+\frac{1}{2}}\right]_{1}^{k} = \left[2 \cdot \sqrt{x}\right]_{1}^{k}$

$= 2 \cdot \sqrt{k} - 2$

Für $k \to \infty$ geht auch $\sqrt{k} \to \infty$, also existiert **kein Grenzwert**.

b) $\int_{0}^{1} \frac{1}{\sqrt{x}} dx = \lim_{k \to 0} \int_{k}^{1} \frac{1}{\sqrt{x}} dx$, also $A(k) = \int_{k}^{1} \frac{1}{\sqrt{x}} dx$ mit $k > 0$, aber $k < 1$.

$A(k) = \int_{k}^{1} \frac{1}{\sqrt{x}} dx = \int_{k}^{1} x^{-\frac{1}{2}} dx = \left[2x^{+\frac{1}{2}}\right]_{k}^{1} = \left[2 \cdot \sqrt{x}\right]_{k}^{1}$

$= 2 - 2 \cdot \sqrt{k}$

Für $k \to 0$ geht auch $\sqrt{k} \to 0$, also $2 - 2 \cdot \sqrt{k} \to 2$.
$A(k)$ hat folglich den Grenzwert 2, d. h.,

$\int_{0}^{1} \frac{1}{\sqrt{x}} dx = 2$.

Test Kapitel 4

Übung 1   Seite 225

a) $f(x) = 9 - x^2$

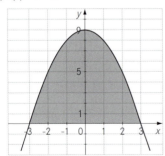

Gesucht ist die Fläche zwischen Graph und x-Achse.
Zur Bestimmung der Grenzen müssen die Nullstellen der Funktion berechnet werden.
$9 - x^2 = 0 \Leftrightarrow 9 = x^2 \Leftrightarrow 3 = x \lor -3 = x$
Die Fläche ist also über dem Intervall $I = [-3; 3]$ zu berechnen.

$A = \int_{-3}^{3} (9 - x^2) dx = \left[9x - \frac{1}{3}x^3\right]_{-3}^{3}$

$= \left(9 \cdot 3 - \frac{1}{3} \cdot 3^3\right) - \left(9 \cdot (-3) - \frac{1}{3} \cdot (-3)^3\right) = 36$

b) $f(x) = x^4 - 6x^2 + 5$; $I = [-1; 1]$

Wegen der Achsensymmetrie des Funktionsgraphen können Sie die Berechnung vereinfachen, indem Sie nur die Fläche über dem Intervall [0; 1] (oder [−1; 0]) berechnen. Die gesuchte Fläche erhalten Sie dann durch Verdoppeln.

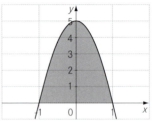

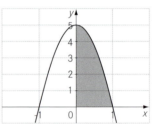

$A = 2 \cdot \int_{0}^{1} (x^4 - 6x^2 + 5) dx = 2 \cdot \left[\frac{1}{5}x^5 - 2x^3 + 5x\right]_{0}^{1}$

$= 2 \cdot \left(\frac{1}{5} \cdot 1 - 2 + 5\right) = 6{,}4$

Übung 2   Seite 225

a) $f(x) = x^2 + x$; $I = [-1; 0]$

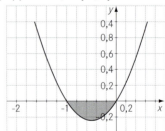

262

TEIL II Lösungen

4 Bestimmung von Flächeninhalten

$$A = \left|\int_{-1}^{0}(x^2 + x)\,dx\right| = \left|\left[\frac{1}{3}x^3 + \frac{1}{2}x^2\right]_{-1}^{0}\right|$$

$$= \left|0 - \left(\frac{1}{3}\cdot(-1)^3 + \frac{1}{2}\cdot(-1)^2\right)\right| = \left|-\frac{1}{6}\right| = \frac{1}{6}$$

b) $f(x) = x^2 - 4x - 5$

Hier bestimmen Sie zunächst Nullstellen zur Festlegung des Intervalls. Die *p-q*-Formel liefert $x = -1$ und $x = 5$, also ist $I = [-1;\,5]$.

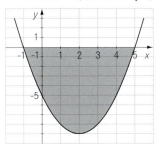

$$A = \left|\int_{-1}^{5}(x^2 - 4x - 5)\,dx\right| = \left|\left[\frac{1}{3}x^3 - 2x^2 - 5x\right]_{-1}^{5}\right|$$

$$= \left|\left(\frac{125}{3} - 50 - 25\right) - \left(-\frac{1}{3} - 2 + 5\right)\right|$$

$$= \left|\frac{125}{3} - 75 + \frac{1}{3} - 3\right| = \left|\frac{126}{3} - 78\right| = 36$$

Übung 3   Seite 225

a) $f(x) = 5x - x^2;\ I = [0;\,7]$

Die Berechnung der Nullstellen ergibt wegen $5x - x^2 = x\cdot(5 - x)$ die Werte $x = 0$ und $x = 5$, also muss die Fläche in zwei Teilstücken berechnet werden.

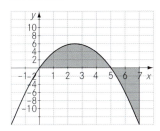

$$A = \left|\int_{0}^{5}(5x - x^2)\,dx\right| + \left|\int_{5}^{7}(5x - x^2)\,dx\right|$$

$$= \left|\left[\frac{5}{2}x^2 - \frac{1}{3}x^3\right]_{0}^{5}\right| + \left|\left[\frac{5}{2}x^2 - \frac{1}{3}x^3\right]_{5}^{7}\right|$$

$$= \left|\left(\frac{125}{2} - \frac{125}{3}\right) - 0\right| + \left|\left(\frac{245}{2} - \frac{343}{3}\right) - \left(\frac{125}{2} - \frac{125}{3}\right)\right|$$

$$= \frac{375 - 250}{6} - \left|\frac{735 - 686}{6} - \frac{375 - 250}{6}\right|$$

$$= \frac{125}{6} + \left|\frac{49}{6} - \frac{125}{6}\right| = \frac{201}{6} = 33{,}5$$

b) $f(x) = x^4 - 6x^2 + 5$

Hier ist zur Nullstellenbestimmung wieder eine biquadratische Gleichung zu lösen, die nach der Substitution $u = x^2$ auf die quadratische Gleichung $u^2 - 6u + 5 = 0$ führt. Diese hat die Lösungen $u = 1$ und $u = 5$, also hat die Funktion f die Nullstellen $x = 1$, $x = -1$, $x = +\sqrt{5}$ und $x = -\sqrt{5}$.

Der Graph ist achsensymmetrisch zur *y*-Achse, folglich wird die Hälfte der Fläche berechnet und dieser Wert anschließend verdoppelt.

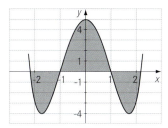

$$A = 2\cdot\left|\int_{0}^{1}(x^4 - 6x^2 + 5)\,dx\right|$$

$$+\ 2\cdot\left|\int_{1}^{\sqrt{5}}(x^4 - 6x^2 + 5)\,dx\right|$$

$$= 2\cdot\left|\left[\frac{1}{5}x^5 - 2x^3 + 5x\right]_{0}^{1}\right| + 2\cdot\left|\left[\frac{1}{5}x^5 - 2x^3 + 5x\right]_{1}^{\sqrt{5}}\right|$$

$$= 2\cdot\frac{16}{5} + 2\cdot\left|5\cdot\sqrt{5} - 10\cdot\sqrt{5} + 5\cdot\sqrt{5} - \frac{16}{5}\right|$$

$$= 12{,}8$$

Beachten Sie: Der Wert für $\sqrt{5}$ wurde nicht durch ca. 2,24 ersetzt – aber es sind alle Ausdrücke, in denen er vorkam, vollständig weggefallen! Es lohnt sich also, nicht sofort alle komplizierten Ausdrücke durch Näherungswerte zu ersetzen.

Übung 4   Seite 226

$f(x) = 4x^3 - 14x + 1$ und $g(x) = 8x^2 - 10x - 7$
Differenzfunktion: $h(x) = 4x^3 - 8x^2 - 4x + 8$
Nullstellen: $x = -1$, $x = 1$ und $x = 2$
Die Fläche besteht also aus zwei Teilen.

263

4 Bestimmung von Flächeninhalten

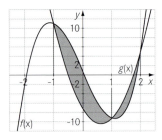

$$A = \left| \int_{-1}^{1} h(x)\,dx \right| + \left| \int_{1}^{2} h(x)\,dx \right|$$

$$= \left| \left[x^4 - \tfrac{8}{3}x^3 - 2x^2 + 8x \right]_{-1}^{1} \right|$$

$$+ \left| \left[x^4 - \tfrac{8}{3}x^3 - 2x^2 + 8x \right]_{1}^{2} \right|$$

$$= \left| \left(1 - \tfrac{8}{3} - 2 + 8\right) - \left(1 + \tfrac{8}{3} - 2 - 8\right) \right|$$

$$+ \left| \left(16 - \tfrac{64}{3} - 8 + 16\right) - \left(1 - \tfrac{8}{3} - 2 + 8\right) \right|$$

$$= \left| \left(7 - \tfrac{8}{3}\right) - \left(-9 + \tfrac{8}{3}\right) \right| + \left| \left(24 - \tfrac{64}{3}\right) - \left(7 - \tfrac{8}{3}\right) \right|$$

$$= \tfrac{32}{3} + \tfrac{5}{3} = \tfrac{37}{3} \approx 12\tfrac{1}{3}$$

Übung 5   Seite 226

Eine ganzrationale Funktion dritten Grades hat die Funktionsgleichung $f(x) = ax^3 + bx^2 + cx + d$.
in $P(0; 0) \Rightarrow f(0) = 0$
einen Wendepunkt $\Rightarrow f''(0) = 0$
in $Q\left(\tfrac{1}{3} \cdot \sqrt{3}; y_Q\right)$ die Steigung null $\Rightarrow f'\left(\tfrac{1}{3} \cdot \sqrt{3}\right) = 0$
Die Angabe der Fläche betrachten wir später.
1. und 2. Ableitung: $f'(x) = 3ax^2 + 2bx + c$
$f''(x) = 6ax + 2b$
$f(0) = 0 \Rightarrow d = 0$
$f''(0) = 0 \Rightarrow b = 0$

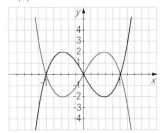

Im Folgenden werden diese Werte schon berücksichtigt, es ist also

$f(x) = ax^3 + cx$, $f'(x) = 3ax^2 + c$, $f''(x) = 6ax$,
$f'\left(\tfrac{1}{3} \cdot \sqrt{3}\right) = 0 \Rightarrow 3a \cdot \tfrac{1}{9} \cdot 3 + c = 0 \Leftrightarrow a + c = 0$.
Nun zur Fläche: Die von dem Graphen und der positiven x-Achse eingeschlossene Fläche hat die Größe $\tfrac{3}{4}$ FE.
Versuchen Sie, sich die Situation zuerst zu veranschaulichen. Mit $a + c = 0$ wissen Sie, dass a und c **verschiedene Vorzeichen** haben müssen. In dem Funktionsterm $ax^3 + cx$ kommen nur ungerade Exponenten vor, d. h., der Funktionsgraph ist punktsymmetrisch zum Ursprung.
Durch Ausklammern von x erhalten Sie
$f(x) = x \cdot (ax^2 + c)$ und damit die Gleichung
$ax^2 + c = 0$ zur Bestimmung weiterer Nullstellen.

$$ax^2 + c = 0 \Leftrightarrow x^2 = -\tfrac{c}{a} \Leftrightarrow x = \sqrt{-\tfrac{c}{a}} \vee x = -\sqrt{-\tfrac{c}{a}}$$

Da a und c verschiedene Vorzeichen haben, existieren tatsächlich zwei weitere Nullstellen, eine davon mit positivem x-Wert, nämlich $x = \sqrt{-\tfrac{c}{a}}$.

Die Fläche zwischen positiver x-Achse und Funktionsgraph ist also:

$$A = \int_{0}^{\sqrt{-c/a}} (ax^3 + cx)\,dx = \left[\tfrac{a}{4}x^4 + \tfrac{c}{2}x^2\right]_0^{\sqrt{-c/a}}$$

$$= \left| \left[\tfrac{a}{4}\cdot\left(-\tfrac{c}{a}\right)^2 + \tfrac{c}{2}\cdot\left(-\tfrac{c}{a}\right)\right] \right| = \left| -\tfrac{c^2}{4a} \right|.$$

Aus $a + c = 0$ erhält man $a = -c$
und durch Einsetzen: $A = \left| -\tfrac{c^2}{4 \cdot (-c)} \right| = \left| \tfrac{c}{4} \right|$.
Dieser Wert ist laut Aufgabe gleich $\tfrac{3}{4}$.

Also muss gelten: $c = \tfrac{16}{3}$ oder $c = -\tfrac{16}{3}$ und damit $a = -\tfrac{16}{3}$ oder $a = \tfrac{16}{3}$.

Es gibt also zwei formale Lösungen (s. Bild):

I: $f_1(x) = -\tfrac{16}{3}x^3 + \tfrac{16}{3}x$

II: $f_2(x) = \tfrac{16}{3}x^3 - \tfrac{16}{3}x$

Auch hier liegt im Graphen wieder eine Spiegelung an der x-Achse vor (alle Vorzeichen umgekehrt!), folglich genügt die Überprüfung **eines** Ergebnisses. Wir überprüfen das Ergebnis I:
$f_1(x) = -\tfrac{16}{3}x^3 + \tfrac{16}{3}x$.

Nullstellen sind $x = 0$, $x = -1$ und $x = +1$. Die Fläche ist also im Intervall $[0; 1]$ zu berechnen.

TEIL II Lösungen

5 Rauminhalte bei Rotationskörpern

$$A = \left|\int_0^1 \left(-\frac{16}{3}x^3 + \frac{16}{3}x\right) dx\right| = \left|\left[-\frac{4}{3}x^4 + \frac{8}{3}x^2\right]_0^1\right|$$

$$= \left|-\frac{4}{3} + \frac{8}{3}\right| = \frac{4}{3}$$

Damit ist gezeigt, dass die formale Lösung eine echte Lösung ist. Wegen der Symmetrie des zweiten Graphen zum ersten ist auch die zweite Lösung eine echte Lösung, die Aufgabe ist wiederum **nicht eindeutig lösbar**.

Übung 6 — Seite 226

$$\int_1^\infty \frac{1}{x^3} dx = \lim_{k\to\infty} \int_1^k \frac{1}{x^3} dx, \text{ also } A(k) = \int_1^k \frac{1}{x^3} dx \text{ mit } k > 1.$$

$$A(k) = \int_1^k \frac{1}{x^3} dx = \int_1^k x^{-3} dx = \left[-\frac{1}{2}x^{-2}\right]_1^k$$

$$= -\frac{1}{2k^2} - \left(-\frac{1}{2}\right) = -\frac{1}{2k^2} + \frac{1}{2}$$

Für $k \to \infty$ geht $\frac{1}{k^2} \to 0$, also $-\frac{1}{2k^2} + \frac{1}{2} \to \frac{1}{2}$,

d.h., $\lim_{k\to\infty} A(k) = \frac{1}{2}$, folglich $\int_1^\infty \frac{1}{x^3} dx = \frac{1}{2}$.

5 Rauminhalte bei Rotationskörpern

5.1 Rotation um die y-Achse

Übung 1 — Seite 231

a) Im Intervall [0; 2] hat die Funktion untenstehenden Graphen. Die Integrationsgrenzen sind die y-Werte an den Intervallgrenzen, da die Funktion streng monoton fallend ist. Für $x = 0$ ist $y = 4$ und für $x = 2$ ist $y = 0$. Das Integral muss also in den Grenzen 0 und 4 berechnet werden.

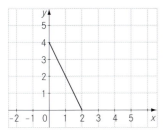

Die Fläche einer Kreisscheibe ist $A = \pi \cdot x^2$. Das Volumen wird also durch das Integral

$$\int_0^4 \pi \cdot x^2 \, dy$$ berechnet.

Die Funktionsgleichung ($y = -2x + 4$) lösen Sie nach x auf: $x = \frac{4-y}{2}$, es folgt:

$$V = \int_0^4 \pi \cdot \left(\frac{4-y}{2}\right)^2 dy = \int_0^4 \pi \cdot \frac{16 - 8y + y^2}{4} dy$$

$$= \int_0^4 \left(4\pi - 2\pi y + \frac{1}{4}\pi y^2\right) dy$$

$$= \left[4\pi y - \pi y^2 + \frac{1}{12}\pi y^3\right]_0^4$$

$$= \left(16\pi - 16\pi + \frac{16}{3}\pi\right) = \frac{16}{3}\pi.$$

Das Volumen des entstehenden Kegels beträgt ca. 5,3 Einheiten.

b)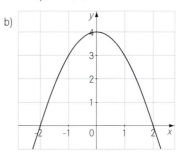

Der Teil der Parabel, der über der x-Achse liegt, wird von den x-Werten −2 und +2 begrenzt. Die Funktion ist im Intervall [−2; 2] **nicht monoton**, folglich müssen als Integrationsgrenzen der kleinste und der größte y-Wert im Intervall gewählt werden. Dies sind $y = 0$ und $y = 4$. Die Fläche einer Kreisscheibe ist $A = \pi \cdot x^2$. Wie in der ersten Aufgabe wird das Volumen durch das Integral $\int_0^4 \pi \cdot x^2 \, dy$ berechnet.

Durch Auflösen der Funktionsgleichung ($y = -x^2 + 4$) nach x^2 und Einsetzen in das Integral erhält man:

265

5 Rauminhalte bei Rotationskörpern

$$V = \int_0^4 \pi \cdot (4 - y)\, dy = \pi \cdot \int_0^4 (4 - y)\, dy$$

$$= \pi \cdot \left[4y - \tfrac{1}{2}y^2\right]_0^4 = \pi \cdot (16 - 8) = 8\pi \approx 25{,}1.$$

Der entstehende Körper hat ein Volumen von ca. 25,1 Einheiten.

5.2 Rotation um die x-Achse

Übung 1   Seite 232

a)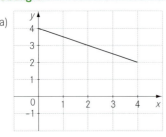

Der entscheidende Teil des Graphen ist im Bild zu sehen. Da um die x-Achse gedreht werden soll, müssen die Grenzen nicht berechnet werden, sondern sie sind direkt gegeben: $x = 0$ und $x = 4$.
Die Fläche einer Kreisscheibe ist $A = \pi \cdot y^2$.
Das Volumen wird also durch das Integral

$$\int_0^4 \pi \cdot y^2\, dx$$

berechnet. Setzt man für y den Funktionsterm ein, so erhält man:

$$V = \int_0^4 \pi \cdot (-0{,}5x + 4)^2\, dx = \int_0^4 \pi \cdot \left(-\tfrac{1}{2}x + 4\right)^2 dx$$

$$= \pi \cdot \int_0^4 \left(\tfrac{1}{4}x^2 - 4x + 16\right) dx$$

$$= \pi \cdot \left[\tfrac{1}{4} \cdot \tfrac{1}{3}x^3 - 2x^2 + 16x\right]_0^4$$

$$= \pi \cdot \left(\tfrac{64}{12} - 32 + 64\right) = \tfrac{112}{3}\pi \approx 117{,}3.$$

Das Volumen des Körpers beträgt ca. 117,3 Einheiten.

b) Die Zeichnung der von der x-Achse und dem Funktionsgraphen eingeschlossenen Fläche ergibt die Grenzen $x = 0$ und die Nullstelle der Funktion, nämlich $x = 2$.
Die Fläche einer Kreisscheibe ist $A = \pi \cdot y^2$.

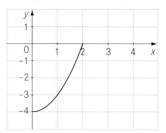

Das Volumen wird also durch das Integral

$$\int_0^2 \pi \cdot y^2\, dx$$

berechnet. Setzt man für y den Funktionsterm ein, so erhält man:

$$V = \int_0^2 \pi \cdot (x^2 - 4)^2\, dx = \pi \cdot \int_0^2 (x^4 - 8x^2 + 16)\, dx$$

$$= \pi \cdot \left[\tfrac{1}{5}x^5 - \tfrac{8}{3}x^3 + 16x\right]_0^2$$

$$= \pi \cdot \left[\left(\tfrac{1}{5} \cdot 2^5 - \tfrac{8}{3} \cdot 2^3 + 16 \cdot 2\right)\right]$$

$$= \pi \cdot \left(\tfrac{32}{5} - \tfrac{64}{3} + 32\right) = \tfrac{256}{15}\pi \approx 53{,}6.$$

Das gesuchte Volumen hat die Größe von ca. 53,6 Einheiten.

> **TEIL II** Lösungen

5 Rauminhalte bei Rotationskörpern

Test Kapitel 5

Übung 1   Seite 233

Aus den beiden angegebenen Punkten ergibt sich

$m = \frac{(0-3)}{(2-0)} = -1{,}5$ und damit die Geradengleichung

$y = -\frac{3}{2} \cdot x + 3$.

Da die Strecke um die y-Achse rotieren soll, ist der Wert der x-Koordinate der Radius der Kreisscheibe. Deren Flächeninhalt ist also $A_K = \pi \cdot x^2$.

Löst man die Geradengleichung nach x auf

$\left(x = -\frac{2}{3} \cdot (y - 3) = -\frac{2}{3} \cdot y + 2\right)$ und setzt ein, erhält

man: $A_K = \pi \cdot \left(-\frac{2}{3} \cdot y + 2\right)^2 = \frac{4}{9}\pi y^2 - \frac{8}{3}\pi y + 4\pi$.

Der Inhalt des Rotationskörpers berechnet sich über das Integral längs der y-Achse in den Grenzen 0 und 3 (man summiert quasi alle Kreisscheiben auf):

$$\begin{aligned}
V &= \int_0^3 A_K \, dy = \int_0^3 \left(\frac{4}{9}\pi y^2 - \frac{8}{3}\pi y + 4\pi\right) dy \\
&= \left[\frac{4}{27}\pi y^3 - \frac{4}{3}\pi y^2 + 4\pi y\right]_0^3 \\
&= \frac{4}{27}\pi \cdot 3^3 - \frac{4}{3}\pi \cdot 3^2 + 4\pi \cdot 3 \\
&= 4\pi - 12\pi + 12\pi = 4\pi
\end{aligned}$$

Zur Kontrolle: Der Rotationskörper ist ein Kegel mit dem Grundflächenradius 2 und der Höhe 3, hat also (Geometrie der Mittelstufe!) das Volumen

$V = \frac{1}{3} \cdot G \cdot h = \frac{1}{3}\pi \cdot 2^2 \cdot 3 = 4\pi$.

Übung 2   Seite 233

Bei Rotation um die x-Achse ist der Wert der y-Koordinate Kreisradius, die Kreisscheibe hat folglich den Flächeninhalt

$A = \pi y^2 = \pi \cdot \left(-\frac{3}{2}x + 3\right)^2 = \frac{9}{4}\pi x^2 - 9\pi x + 9\pi$.

Diesmal wird längs der x-Achse integriert, und zwar zwischen den Grenzen 0 und 2. Damit erhält man für das Volumen des Rotationskörpers:

$$\begin{aligned}
V &= \int_0^2 \left(\frac{9}{4}\pi x^2 - 9\pi x + 9\pi\right) dx \\
&= \left[\frac{3}{4}\pi x^3 - \frac{9}{2}\pi x^2 + 9\pi x\right]_0^2 = \frac{3}{4}\pi \cdot 2^3 - \frac{9}{2}\pi \cdot 2^2 \\
&\quad + 9\pi \cdot 2 = 6\pi - 18\pi + 18\pi = 6\pi.
\end{aligned}$$

Zur Kontrolle: Der Rotationskörper ist ein Kegel mit dem Grundflächenradius 3 und der Höhe 2, hat also das Volumen

$V = \frac{1}{3} \cdot G \cdot h = \frac{1}{3}\pi \cdot 3^2 \cdot 2 = 6\pi$.

Übung 3   Seite 233

Die y-Koordinate von A und die x-Koordinate von B müssen identisch sein, da mal der eine Wert und mal der andere als Integrationsgrenze verwendet werden.

Übung 4   Seite 233

Radius der Kreisscheibe ist der Wert der x-Koordinate, die Kreisscheibe hat demnach den Flächeninhalt $A = \pi x^2 = \pi y$. Integrationsgrenzen sind 0 und der Wert der Höhe h, das Volumen ist also:

$$V = \int_0^h \pi y \, dy = \left[\frac{1}{2}\pi y^2\right]_0^h = \frac{1}{2}\pi h^2.$$

h	V
3	$\frac{1}{2}\pi \cdot 3^2 = 4{,}5\pi$
5	$12{,}5\pi$
10	50π

267

6 Anwendung der Integralrechnung

6.5 Integralrechnung in anderen Sachzusammenhängen

Übung 1 Seite 239

Skizze der Querschnittsfläche bei Höchststand:

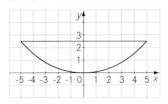

a) Wie man der Zeichnung entnehmen kann, ist die maximale Tiefe gleich dem Funktionswert am linken oder rechten Rand, also $T = f(5) = 2,5$.

b) Die Querschnittsfläche ist gleich der Fläche des Rechtecks mit $a = 10$ und $b = 2,5$, verringert um die Fläche unterhalb der Parabel im Intervall $[-5; 5]$.

$$A = 10 \cdot 2,5 - \int_{-5}^{5} \frac{1}{10}x^2\, dx = 25 - \left[\frac{1}{30}x^3\right]_{-5}^{5}$$

$$= 25 - \left(\frac{1}{30} \cdot 125 - \frac{1}{30} \cdot (-125)\right)$$

$$= 25 - \frac{1}{30} \cdot 250 = 25 - \frac{25}{3} = \frac{50}{3}$$

Zur Vereinfachung wurde bei der Berechnung die Einheit (m²) weggelassen.

c) Das Volumen ergibt sich aus dem Produkt aus Querschnittsfläche und Länge, also pro km:

$$V = \frac{50}{3} \cdot 1\,000 = \frac{50\,000}{3} = 16\,666,\overline{6}.$$

Diese Angabe bezieht sich auf m³. 1 m³ entspricht einem Volumen von 1 000 Litern, also enthält der Kanal pro Kilometer Länge ca. 16,7 Millionen Liter Wasser.

Übung 2 Seite 239

Da die Hyperbel zu einer Funktion gehört, die an der Stelle $x = 0$ nicht definiert ist, muss das Intervall $[-2,5; 2,5]$ in drei Teile geteilt werden. Die Grenzen sind diejenigen x-Werte, die zu der gegebenen Höhe (4 m) der Stützen gehören, also $x = -0,5$ und $x = 0,5$.

a) Die Querschnittsfläche ergibt sich dann aus den beiden Integralen in den Intervallen $[-2,5; -0,5]$ und $[0,5; 2,5]$ und der Fläche des Rechtecks mit der Breite 1 und der Höhe 4. Aus Symmetriegründen sind die beiden Integrale gleich, daraus folgt:

$$A = 2 \cdot \int_{0,5}^{2,5} \frac{1}{x^2}\, dx + 1 \cdot 4 = 2 \cdot \left[-\frac{1}{x}\right]_{0,5}^{2,5} + 4$$

$$= 2 \cdot \left(-\frac{1}{2,5} - \left(-\frac{1}{0,5}\right)\right) + 4 = 2 \cdot \frac{-1 + 5}{2,5} + 4$$

$$= \frac{8}{2,5} + 4 = 7,2.$$

b) Das Volumen einer Stütze beträgt also $7,2 \cdot 10$ m³ = 72 m³ und die Masse demnach

$$72\,m^3 \cdot 2,8 \frac{t}{m^3} = 201,6\,t.$$

Übung 3 Seite 239

Gemäß der Gleichung

$$Q = \int_{t_1}^{t_2} I(t)\, dt \text{ ergibt sich mit } t_1 = 0 \text{ und } t_2 = 5$$

$$|Q| = \int_{0}^{5} 2,5 e^{-0,5t}\, dt = \left[2,5 \cdot \frac{1}{-0,5} \cdot e^{-0,5t}\right]_{0}^{5}$$

$$= -5 \cdot (e^{-0,5 \cdot 5} - e^{-0,5 \cdot 0}) = -5 \cdot (e^{-2,5} - 1)$$

$$\approx 4,59$$

Da die Stromstärke in mA und die Zeit in s angegeben sind, ist die Einheit der Ladung $mA \cdot s = mC$ (Milli-Coulomb).

Test Kapitel 6

Übung 1 Seite 240

Skizze der Brücke mit Umrahmung der benötigten Querschnittsfläche:

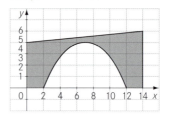

TEIL II Lösungen

6 Anwendung der Integralrechnung

a) Gegeben sind die folgenden Punkte der Parabel: $P_1\,(2;\,0)$, $P_2\,(7;\,5)$ und $P_3\,(12;\,0)$. Wegen der Symmetrie sind P_1 und P_3 gleichwertig. Die Gleichung der Funktion lautet $y = a \cdot (x-7)^2 + c$. Setzt man die Koordinaten von P_1 und P_3 ein, so erhält man als Lösung des linearen Gleichungssystems $a = -0{,}2$ und $c = 5$.

Also:
$$y = -0{,}2 \cdot (x-7)^2 + 5 = -0{,}2x^2 + 2{,}8x - 4{,}8.$$

b) Die Querschnittsfläche des Bogens ergibt sich aus dem Integral der Funktion in dem Intervall $[2;\,12]$

$$A = \int_2^{12} (-0{,}2x^2 + 2{,}8x - 4{,}8)\,dx = [F(x)]_2^{12}$$
$$= F(12) - F(2).$$

Dabei ist $F(x)$ eine Stammfunktion des Integranden, z. B.

$$F(x) = -\frac{0{,}2}{3}x^3 + 1{,}4x^2 - 4{,}8x \Rightarrow$$
$$A = -\frac{0{,}2}{3} \cdot 12^3 + 1{,}4 \cdot 12^2 - 4{,}8 \cdot 12$$
$$\quad - \left(-\frac{0{,}2}{3} \cdot 2^3 + 1{,}4 \cdot 2^2 - 4{,}8 \cdot 2\right)$$
$$= -\frac{0{,}2}{3} \cdot (12^3 - 2^3) + 1{,}4 \cdot (12^2 - 2^2)$$
$$\quad - 4{,}8 \cdot (12 - 2)$$
$$= -\frac{0{,}2}{3} \cdot 1\,720 + 1{,}4 \cdot 140 - 4{,}8 \cdot 10$$
$$= -\frac{344}{3} + 148 = \frac{100}{3} = 33\tfrac{1}{3}$$

c) Um den Materialverbrauch zu ermitteln, muss die in b) errechnete Fläche von der Fläche des umgebenden Trapezes subtrahiert und mit der Tiefe der Brücke (= Fahrbahnbreite) multipliziert werden.

$$A = \tfrac{1}{2} \cdot 14 \cdot (5 + 6) - \frac{100}{3} = 77 - \frac{100}{3} = \frac{131}{3} = 43\tfrac{2}{3}$$
$$V = 43\tfrac{2}{3} \cdot 6 = 262$$

Es wurden $262\,\mathrm{m^3}$ Material verbaut.

b) Die Durchflussmenge ergibt sich als Wert der Fläche unter der Kurve im Intervall $[0;\,12]$. Da die Kurve in diesem Intervall abschnittsweise definiert ist, muss das Intervall in drei Teilintervalle gemäß diesen Abschnitten aufgeteilt werden. Also ist, wenn D die Durchflussmenge ist:

$$D = \int_0^2 0{,}6x\,dx + \int_2^8 6\,dx$$
$$\quad + \int_8^{12} \left(\frac{3}{16}x^3 - \frac{45}{8}x^2 + 54x - 162\right)dx$$

Natürlich hätte man die beiden ersten Integrale auch durch elementargeometrische Berechnung ersetzen können: Im ersten Teilintervall liegt ein Dreieck, im zweiten ein Rechteck vor. Durch Integration erhält man:

$$D = [0{,}3x^2]_0^2 + [6x]_2^8$$
$$\quad + \left[\frac{3}{64}x^4 - \frac{15}{8}x^3 + 27x^2 - 162x\right]_8^{12}$$
$$= 0{,}3 \cdot 4 + 6 \cdot (8 - 2)$$
$$\quad + \left(\frac{3}{64} \cdot 12^4 - \frac{15}{8} \cdot 12^3 + 27 \cdot 12^2 - 162 \cdot 12\right)$$
$$\quad - \left(\frac{3}{64} \cdot 8^4 - \frac{15}{8} \cdot 8^3 + 27 \cdot 8^2 - 162 \cdot 8\right)$$
$$= 37{,}2 + 12 = 49{,}2$$

In den 12 Zeiteinheiten betrug die Durchflussmenge $49{,}2\,\mathrm{m^3}$. Durch Vergleich der tatsächlich im Probelauf gemessenen Menge mit diesem berechneten Wert kann man z. B. die Messanlagen eichen.

Übung 2 — Seite 240

a)

Stichwortverzeichnis

Ableitung 167
    Flächenmaßzahlfunktion 172–173
additive Konstante 174–176
Arbeit 237
Ausgangsfunktion 174–176

Beschleunigung 152–154, 234–236
bestimmtes Integral 163–168
Betragsfunktion 187
    negative Integralwerte 205
biquadratische Funktion 210
Bremsweg 236
Bruchterme 187–189

Definitionsbereich 186
Differenzenquotient 173
Differenzfunktion 213–214
Differenzialrechnung, Hauptsatz 243–244
Durchflussmenge 238–239

elektrische Ladung 237–238
Energie 237
eulersche Zahl 185, 191
Exponent 180
Exponentialfunktionen 191–192
Extremstellen 221
    Integrationsgrenzen 203

Faktorregel 170, 178–179
Fallunterscheidung 200
Flächen
    Flächeninhalt 155
    Flächenmaßzahlfunktion 172–173
    „unendliche" 222–224
formale Lösung 217–221
freier Fall 235

ganzrationale Funktionen 183–185
gebrochenrationale Funktionen 186
Geschwindigkeit-Zeit-Diagramm 151–152
Grenzwert
    Ober-/Untersumme 163–168
    uneigentliche Integrale 222–224

Hauptsatz der Differenzial- und
    Integralrechnung 243–244

Integralfunktionen 241–243
Integralschreibweise 165
Integrationsgrenzen bestimmen 203
Integrationskonstante 176
Integrierbarkeit 165, 168
Intervalladditivität 169

Kettenregel 186
    partielle Integration 192–193
Konstante, additive 174–176
Kosinusfunktion 189–190
Kotangensfunktion 190
Kreisscheiben 232
kubische Funktion 208
Kugelvolumen 231–232

Leistung 237
Logarithmus
    als Integralfunktion 243–244
    als Stammfunktion 187

Monotonie 161, 167

Näherung, zeichnerische 211
negative Exponenten 180, 184
negative Integralwerte 204
Normalflächen 158–159, 201
Normalparabel 163
    Rotationskörper 230–231
Nullstellen 221
    Integrationsgrenzen 203, 207

Obersumme 158–159
    Grenzwert 163–168

Parabelschar 220–221
Parameterfunktionen 215–222
Partialbruchzerlegung 188–189
partielle Integration 192–193
physikalische Anwendungen 150–154,
    234–239
Polynome 183–185, 205

TEIL II

Stichwortverzeichnis

positive Normalfläche 159, 201
Potenzfunktionen 180
Punktsymmetrie 214–215

quadratische Funktion 207

Rotationskörper 227–232
Rücksubstitution 195

Schnittpunkt von Funktionsgraphen 212–214
Sinusfunktion 189–190
Stammfunktion 174–176, 196–197, 244
    Exponentialfunktionen 191–192
    Potenzfunktionen 181–182
    trigonometrische Funktionen 189–190
Stromstärke 237–238
Substitution 194–196
Summengrenzwerte 163–168
Summenregel 169, 178–179

Tangensfunktion 190
Teilflächen 155–156
Teilintervalle 160
trigonometrische Funktionen 189–190

Umkehrfunktion 191, 230
Umkehrung der Integrationsrichtung 170
unbestimmtes Integral 175
uneigentliche Integrale 222–224
Untersumme 158–159
    Grenzwert 163–168

Volumenberechnung 227–232

Wendestellen 221

zeichnerische Näherung 211

Verzeichnis der Zeichen und Abkürzungen

Bezeichnung in diesem Buch	Bedeutung
F	Stammfunktion zur Funktion f
f	Funktion f, Ableitungsfunktion von F
$f(x), g(x), h(x), u(x), v(x)$	Funktionsterme der Funktionen f, g, h, u, v in Abhängigkeit von x
f', f'', f'''	1., 2., 3. Ableitungsfunktion der Funktion f
I_k	Intervall mit der Nummer k
O, U	Obersumme, Untersumme
$\lim\limits_{n \to \infty} O, \lim\limits_{n \to \infty} U$	Grenzwert von Ober- oder Untersumme, wenn die Anzahl n der Teilintervalle gegen unendlich geht
$\int\limits_0^4 f(x)\,dx$	(Bestimmtes) Integral der Funktion f über dem Intervall $[0; 4]$
$[a; b]$	geschlossenes Intervall, Integrationsintervall
c	Integrationskonstante
$\ln x$	Logarithmus x zur Basis e (natürlicher Logarithmus)
$\sin x, \cos x, \tan x$	Winkelfunktionen Sinus, Kosinus, Tangens
$\mathbb{R}, \mathbb{N}, \mathbb{Z}$	Menge der reellen, natürlichen, ganzen Zahlen
$\in (\notin)$	... ist (nicht) Element von ...
e, π	eulersche Zahl (= 2,718 28...), Kreiszahl (3,141 59...)
$|a|$	Betrag von a
I	Integralwert
m	Steigung eines Funktionsgraphen
$E(x; y), W(x; y)$	Extrempunkt, Wendepunkt eines Funktionsgraphen
$S(x; y)$	Sattelpunkt eines bzw. Schnittpunkt zweier Funktionsgraphen
h	Differenzfunktion; Höhe
FE	Flächeneinheit
A	Flächeninhalt
$A(x)$	Flächenmaßzahlfunktion
$A'(x)$	Ableitung der Flächenmaßzahlfunktion A
V, r	Volumen, Radius
P, W	Leistung, Arbeit
s, v, a, t	Weg, Geschwindigkeit, Beschleunigung, Zeit
a, b	Intervallgrenzen, Seitenlängen eines Rechtecks, Halbachsen einer Ellipse
I, Q	elektrische Stromstärke, Ladung
F	Kraft
L	Integralfunktion